消防监督管理实务

赵承建　王洪龙　于孝红　著

吉林科学技术出版社

图书在版编目（CIP）数据

消防监督管理实务 / 赵承建，王洪龙，于孝红著
. -- 长春：吉林科学技术出版社，2023.5
ISBN 978-7-5744-0530-1

Ⅰ．①消… Ⅱ．①赵… ②王… ③于… Ⅲ．①消防－监督管理－研究－中国 Ⅳ．①D631.6

中国国家版本馆CIP数据核字(2023)第103783号

消防监督管理实务

著	赵承建　王洪龙　于孝红
出 版 人	宛　霞
责任编辑	吕东伦
封面设计	南昌德昭文化传媒有限公司
制　　版	南昌德昭文化传媒有限公司
幅面尺寸	185mm×260mm
开　　本	16
字　　数	560 千字
印　　张	25.75
印　　数	1-1500 册
版　　次	2023年5月第1版
印　　次	2024年2月第1次印刷
出　　版	吉林科学技术出版社
发　　行	吉林科学技术出版社
地　　址	长春市福祉大路5788号
邮　　编	130118
发行部电话/传真	0431-81629529 81629530 81629531
	81629532 81629533 81629534
储运部电话	0431-86059116
编辑部电话	0431-81629518
印　　刷	三河市嵩川印刷有限公司

书　　号	ISBN 978-7-5744-0530-1
定　　价	130.00元

版权所有　翻印必究　举报电话：0431-81629508

前 言

随着经济社会的飞速发展，消防安全形势日益复杂严峻，消防安全工作的重要性也日益凸显。消防安全工作的有效推进，既涉及到规划、建设、消防安全设施和技术设备，又与有效有序有力的消防监督管理密切相关。

为了让广大消防安全工作者更好地了解消防安全监督管理工作，我们组织来自长期工作在消防监督管理一线的人员，编写了这本消防安全监督管理实务的专业性著作，本书共分为十一章，系统性地阐述了消防安全监督管理的基本理论、基本知识、实际操作技能及消防监督管理的有关法律法规和技术标准。

本书第1章、第二章第四节、第三章第二节、第九章第一节由朱本韶编写；第2章第一节至第三节由王海祥编写；第3章第一节和第九章第三节由王延岚编写；第3章第三节至第五节由王洪龙编写；第3章第六节、第四章第四节至第七节由李伟自编写；第3章第七节由任汉信编写；第3章第八节、第9章第三节、第10章第一节、第二节由丁海波编写；第4章第一节、第二节、第五章第六节由吕玉洁编写；第4章第三节由纪永红编写；第5章第一节、第二节由付萍编写；第5章第三节、第五节由丁敏编写；第6章、第7章第三节、第六节由于孝红编写；第7章第一节至第四节由武韫编写；第8章由赵承建编写；第10章第三节由常虹编写；徐京峰对全书的配图进行技术审核。

本书图文并茂，深广相宜，通俗易懂，是一本具有真知灼见和理论联系实际的作品。本书是消防工程技术人员提高技术水平的必备学习资料，可作为高等职业教育安全类、化工类及其他相关大类专业教材，也可以供从事消防、企业防火防爆管理以及化工生产工作的人员参考。

编写说明

  火灾是严重危害人类生命财产、直接影响到社会发展及稳定的一种最为常见的灾害。近年来，随着经济建设的快速发展，物质财富的急剧增多，建筑行业的高速发展，火灾发生的频率也越来越高，造成的损失也越来越大。建筑火灾的严重性，时刻提醒人们要加大消防工作的力度，做到防患于未然。这就对从事消防工程的设计、施工、监测、运行维护人员的要求大大增加，对于从业人员的知识积累、技能要求、学习能力提出了更高的要求。因此，为满足消防设计、施工人员全面系统学习的需求，并结合我国近年来各种消防安全设计、施工、管理等方面的经验，且遵循"预防为主，防消结合"的消防工作方针，培养更多掌握建筑消防法律法规、设备消防安全技术、防火灭火工程技术等技术的人才，我们编写了此书。

  本书由浅入深、由表及里，系统地阐述了消防监督管理特点、涵盖的主要内容以及消防工程专业的背景与发展。全书力求简明扼要、通俗易懂，通过大量的分析图表，介绍了消防监督管理涉及的多个领域的专业知识，既体现了消防工程专业知识内容的基础性、理论性和系统性，又体现了消防工程综合性、交叉性的学科特点以及消防工程行业的专业性、技术性、应用性和拓展性。本着理论与实践相结合的原则，读本力求实用，有针对性。读本从消防监督管理的对象入手，让读者对消防监督管理的含义、现状和发展趋势有所了解。全面介绍了机关、团体、企业以及事业单位等消防安全管理的要点。智慧消防行业的诞生，是城市消防监督管理体系的一个新兴技术。本书文末基于智慧消防，特别是在建筑消防设备中运用物联网技术进行研究的基础上对消防监督管理做了一定的补充。

  本书的特色主要有以下三点：

  （1）保持消防监督系统的严谨性与逻辑性。以"社会消防系统"的时代要求与场所需求为依据编写，按照认知特点，合理安排了各章节的知识点。

  （2）按照最新的国家标准规范编写。建筑消防系统的名称等严格按照国家标准规范命名、定义，以培养参考者的规范性。

  （3）理论性和工程应用性紧密结合。力求理论性与实践性相结合，从消防监督管理角度出发，着力解决实际工程问题，可以为有关人员提供理论参考。

  在全书的撰写过程中，编者参考和借鉴了大量国内外相关专著、论文等理论研究成果，在此，向其作者致以诚挚的谢意。

  行业的持续优化发展依托于全世界的行业共识和新技术的迭代升级，因为编者水平有限，时间仓促，难免存在不足之处，希望读者批评指正。任何意见和建议，请发120526817@qq.com，以便再版时补充和完善。

目录 CONTENTS

第一章　消防监督管理概论 ········· 1
　第一节　消防监督管理的性质、特点和作用 ········· 1
　第二节　消防监督管理工作内容及流程 ········· 3

第二章　消防安全管理 ········· 9
　第一节　消防安全管理概述 ········· 9
　第二节　消防管理的基本方法 ········· 15
　第三节　建筑内部电气防火管理 ········· 20
　第四节　消防系统管理 ········· 32

第三章　民用建筑消防安全管理 ········· 40
　第一节　大型综合商业体防火措施 ········· 40
　第二节　公共娱乐场所消防安全 ········· 42
　第三节　重要办公场所的消防安全 ········· 46
　第四节　公共聚集场所的防火管理 ········· 52
　第五节　公共聚集场所投入使用、营业前的消防安全检查 ········· 57
　第六节　中小学、幼儿园消防安全 ········· 68
　第七节　高等学校消防安全 ········· 76
　第八节　密室逃脱、剧本类娱乐经营场所消防安全 ········· 107

第四章　建筑消防设施的维护管理 ········· 111
　第一节　消防设施维护管理 ········· 111
　第二节　消防控制室管理 ········· 116
　第三节　灭火设施与系统的维护管理 ········· 119
　第四节　防排烟系统的维护管理 ········· 144
　第五节　应急照明系统维护管理 ········· 147
　第六节　火灾自动报警系统维护管理 ········· 152
　第七节　城市消防远程监控系统维护管理 ········· 155

第五章　消防产品监督管理 ········· 162
　第一节　消防产品监督管理概述 ········· 162

第二节　消防产品质量的责任主体及其责任 …………………… 183
第三节　消防产品市场准入制度 …………………………………… 189
第四节　消防产品管理制度 ………………………………………… 200
第五节　火灾自动报警系统产品现场性能检测 ………………… 202
第六节　消防产品监督检查 ………………………………………… 216

第六章　防火分隔的消防监督管理 …………………………………… 232
第一节　防火分隔基本理念 ………………………………………… 232
第二节　外街和室外庭院分隔技术 ……………………………… 236
第三节　地下空间防火分隔技术 ………………………………… 238
第四节　室内空间室外化防火分隔技术 ………………………… 241
第五节　防火玻璃加喷淋保护的防火分隔技术 ………………… 246
第六节　安全空间防火分隔技术 ………………………………… 250

第七章　安全疏散的消防监督管理 …………………………………… 255
第一节　人员疏散理论与研究方法 ……………………………… 255
第二节　建筑功能区段的疏散技术 ……………………………… 266
第三节　准安全区疏散技术 ………………………………………… 271
第四节　安全走道疏散技术 ………………………………………… 277
第五节　辅助疏散技术 ……………………………………………… 280
第六节　安全疏散与自救逃生 …………………………………… 287

第八章　消防监督管理系统的设计 …………………………………… 294
第一节　消防监督管理系统的设计概述 ………………………… 294
第二节　系统功能需求分析 ………………………………………… 298
第三节　消防监督管理系统的架构模式与开发技术 ………… 318

第九章　城市消防物联网与消防监督管理 ………………………… 333
第一节　城市消防物联网的基本定义和系统构架 …………… 333
第二节　城市消防物联网的组成系统 …………………………… 338
第三节　城市消防物联网支撑技术的现状与发展 …………… 365

第十章　智慧消防在消防监督管理中的发展趋势 ………………… 372
第一节　智慧消防概述 ……………………………………………… 372
第二节　智慧消防的组成系统 …………………………………… 377
第三节　智慧消防的技术支撑研究 ……………………………… 382

参考文献 …………………………………………………………………… 402

第一章 消防监督管理概论

第一节 消防监督管理的性质、特点和作用

消防监督管理是国家赋予消防救援机构的一项重要职责。《消防法》（2021年4月29日第十三届全国人民代表大会常务委员会第二十八次会议修订版）明确规定，消防救援机构应当对机关、团体、企业、事业单位遵守消防法律以及法规的情况依法进行监督检查。因此，消防监督管理是消防救援机构依照法律行使社会消防监督管理的一项职权。

一、消防监督管理的性质

消防监督管理是行政机关的执法行为。由消防救援机构依法对机关、团体、企业、事业单位遵守消防法律及法规情况进行监督检查；对于违反消防法律、法规行为责令改正，并依法实施行政处罚。

消防监督管理是国家消防监督制度的主要组成部分，是预防火灾和减少火灾危害，保护公民、公共财产和公民财产安全，维护公共安全的有效措施。早在1957年，新中国成立初期，全国人大常委会第86次会议批准的第一部消防法律《消防监督条例》就确立了国家施行消防监督制度，明确规定"消防监督工作由各级公安机关实施"。1984年在改革开放初期，第六届全国人大常委会第5次会议批准的《消防条例》进一步明确

规定，县以上公安机关设立消防监督机构，负责消防监督工作，并赋予包括消防监督管理在内的十一项职权。2008年，第十一届全国人民代表大会常务委员会第五次会议修订《消防法》，进一步明确了消防监督管理的权限和任务。公安部制定了《消防监督管理规定》，从而使消防监督制度更加完善，体现依法治国的基本方略。

二、消防监督管理的特点

消防监督管理是消防救援机构依法行使的消防监督管理职责，具有以下三个特点：

1. 具有权威性

由于消防监督管理是法律赋予的职责，并且依据国家和地方消防（或与之有关的）法律法规，因此具有权威性。

2. 具有强制性

消防法律、法规对公民、法人和其他组织具有普遍约束力。消防救援机构对机关、团体、企业、事业单位的消防监督管理不受时间和场所的限制，不管被监督者是否愿意接受，监督检查具有强制作用。这种监督检查不同于企业事业单位内部的防火检查，单位内部的防火检查是企业事业单位自身的管理行为，不是执法行为。

3. 具有客观公正性

消防监督管理是一种抽查性检查，通过监督检查，督促企业事业单位履行消防安全职责。消防救援机构在检查中发现和纠正违反消防法律法规行为，提出整改意见，消除火灾隐患，逾期不改的依法实施处罚。监督检查的目的是纠正，辅之以处罚，具有客观公正性。

三、检查形式

（1）对单位（场所）履行法定消防安全职责情况的监督检查。
（2）对举报投诉的消防安全违法行为的核查。
（3）对居民住宅区物业服务企业、居（村）民委员会履行消防安全职责情况的监督检查。
（4）根据需要进行的其他消防监督管理。

四、消防监督管理的作用

1. 督促作用

督促企业事业单位切实贯彻预防为主，防消结合的消防工作方针，落实消防安全责任制。预防为主，防消结合这一方针是我国人民同火灾作斗争的科学总结，它正确地反映了消防工作的客观规律。企业事业单位应当认真贯彻落实各项消防法律、法规，制定消防安全管理制度和技术措施，切实落实消防安全责任制和逐级防火责任制。消防救援机构依法进行检查、监督，促进了消防工作经常化、制度化。

2. 纠正作用

及时发现和纠正违反消防法律、法规的行为，消除火灾隐患。当前，由于人们的消防法制意识和安全意识不强，忽视消防安全，违法违章行为时有发生。据统计，每年由于违法违章造成的火灾占火灾总数的近一半，给社会造成很大危害。消防监督管理通过正确地行使法律手段，可以纠正违法违章行为，消除火灾隐患，保障消防安全。

第二节　消防监督管理工作内容及流程

消防监督检查是消防监督管理的重要组成，既是法律赋予消防救援机构、公安派出所的一项重要职责，也是消防监督管理的重要手段。《消防法》第五十三条第一款规定：消防救援机构应当对机关、团体、企业、事业等单位遵守消防法律、法规的情况依法进行监督检查。公安派出所可以负责日常消防监督检查、开展消防宣传教育，具体办法由国务院公安部门规定。

《消防监督检查规定》对消防监督检查的分工原则、形式、内容、程序等做了具体规定。规范和加强消防监督检查工作，对促进消防救援机构严格依法履行消防监督管理职责，及时发现和消除火灾隐患，维护公共消防安全，具有重要意义。

一、消防监督检查

（一）消防监督检查的性质、主体与形式

消防监督检查是消防救援机构、公安派出所代表国家行使消防监督管理职权，对单位遵守消防法律、法规情况进行监督检查的消防行政执法行为，消防监督检查的这一性质包括以下3个方面含义：

（1）消防监督检查的主体是消防救援机构、公安派出所。《消防法》赋予了消防救援机构消防监督管理职权，具有消防行政执法的主体资格，可以自己的名义实施消防监督检查等各项消防行政执法行为。公安派出所依法对单位遵守消防法律、法规情况进行日常消防监督检查时，也就具有了消防行政执法的主体资格，但是对公安派出所日常消防监督检查的单位范围，法律并未做明确规定，而是由各省级公安机关确定。

（2）消防监督检查的对象是单位。消防监督检查的单位一般包括机关、团体、企业、事业等单位，公民个人不属于监督检查的对象。同时，《消防监督检查规定》第三十九条规定："有固定生产经营场所且具有一定规模的个体工商户，应当纳入消防监督检查范围。具体标准由省、自治区、直辖市消防救援机构确定并公告。"据此，"有固定生产经营场所且具有一定规模的个体工商户"在民事法律上虽属于公民的范围，但不同于

作为自然人的公民，由于其特殊的身份和性质，也列入消防监督检查的对象
（3）消防监督检查的内容是单位遵守消防法律、法规的情况。消防监督检查是对单位守法情况的检查。《消防法》等消防法律、法规对单位应当履行的消防安全职责和义务作出了明确的规定。单位作为消防安全责任主体，应履行法定消防安全职责，确保本单位的消防安全。消防救援机构和公安派出所应当对单位消防安全职责是否依法、正确、全面履行进行检查，对违反消防法律、法规的行为依法作出相应处理。

消防监督检查实行分级监督制度。《消防监督检查规定》对各级消防救援机构和公安派出所的消防监督检查职责划分工做了具体规定。具体实施主体包括：

（1）直辖市、市（地区、州、盟）、县（市辖区、县级市、旗）消防救援机构。省、自治区消防救援机构不具体实施消防监督检查。直辖市、市、县三级消防救援机构消防监督检查的单位范围由各地按有关标准确定。上级消防救援机构应当对下级消防救援机构实施消防监督检查的情况进行指导和监督

（2）公安派出所。可以对居民住宅区的物业服务企业、居民委员会、村民委员会履行消防安全职责的情况和上级公安机关确定的单位实施日常消防监督检查。公安派出所日常消防监督检查的单位范围由省级消防救援机构、公安派出所工作主管部门共同研究拟定，报省级公安机关确定。

消防救援机构应当与公安派出所共同做好辖区的消防监督工作，并且对公安派出所开展日常消防监督检查工作进行指导，定期对公安派出所民警进行消防监督业务培训。

（二）消防监督检查的形式及基本要求

根据《消防监督检查规定》第六条的规定，消防监督检查的形式有以下五类：

（1）对场所在用营业前的消防安全检查。公众聚集场所在投入使用、营业前，设单位或者使用单位应当向消防救援机构申请消防安全检查；未经消防安全检查或者经检查不符合消防安全要求的，不得投入使用、营业。因此，这种形式的消防监督检查性质上属于消防行政许可。

（2）对单位履行法定消防安全职责情况的监督抽查。消防救援机构应当根据本地区火灾规律的特点等消防安全需要组织监督抽查。这种形式的消防监督检查在消防监督管理工作实践中应用得最为普遍。

（3）对举报投诉的消防安全违法行为的核查。消防救援机构接到对消防安全违法行为的举报投诉，应当及时受理、登记，并按照规定时限进行实地核查，依法作出相应处理。这种形式的消防监督检查因群众举报投诉而启动。

（4）对大型群众性活动举办前的消防安全检查。消防救援机构应当根据本级公安机关治安部门的书面通知，对于大型群众性活动现场在举办前进行消防安全检查。这种形式的消防监督检查属于公安机关大型群众性活动安全许可的一个环节，

（5）根据需要进行的其他消防监督检查。主要包括对大型人员密集场所和其他特殊建设工程施工现场的消防监督检查，对当事人申请恢复施工、使用、生产、经营的消防监督检查等等。

各种形式的消防监督检查，其检查内容各有侧重，检查的具体程序也各不相同，但都应当遵循以下基本要求：

（1）调阅相关文书档案，了解掌握单位的基本情况、建筑情况，以及建筑消防的设施设置和对该单位的相关监督执法情况，准备好相关法律文书和检查器材。

（2）实施现场检查时，消防监督检查人员不得少于2人，并出示执法身份证件。

（3）填写《消防监督检查记录》，如实记录检查情况，并由消防监督检查人员和被检查单位随同检查人员阅后签名；对记录有异议或者拒绝签名的，消防监督检查人员应当在记录上注明。

（4）对检查发现的问题区分不同情况依法作出相应处理。

二、对单位履行消防安全职责情况的消防监督抽查

对单位履行消防安全职责情况的监督抽查，是消防救援机构中常见的一项消防监督管理工作，对督促单位落实消防安全主体责任，保障消防法律、法规的实施，维护公共消防安全具有十分重要的现实意义。《消防监督检查规定》对消防监督抽查组织实施的基本要求、消防监督抽查程序等做了明确规定。

（一）消防监督抽查组织实施的基本要求

1. 时间和对象要求

消防救援机构根据本地区火灾规律、特点等消防安全需要组织监督抽查；在火灾多发季节、重大节日、重大活动前或者期间，应当组织监督抽查。监督抽查对象包括消防安全重点单位和非消防安全重点单位。消防安全重点单位应当作为监督抽查的重点，非消防安全重点单位必须在监督抽查的单位数量中占有一定比例，对属于人员密集场所的消防安全重点单位每年至少监督检查一次。

2. 工作安排要求

每次组织监督抽查，消防救援机构都应当根据本辖区内消防安全重点单位和其他单位的总量。分布、类型、火灾危险性等情况，以及本级消防救援机构从事监督检查人员的数量和抽查工作的量化标准，制订并向社会公告抽查计划，确定检查的范围、内容、抽查单位的数量、时间安排等，并按计划组织实施。对监督检查的结果，消防救援机构可以通过适当的方式向社会公告；对检查发现的影响公共安全的重大火灾隐患应当定期向社会公布。

3. 程序要求

消防监督抽查应当事前做好相应的准备，并按照法定的程序和要求进行；对检查发现的火灾隐患和消防违法行为，应区分不同情形依法作出相应处理。消防监督抽查的程序具体包括现场检查、责令改正、重大火灾隐患监督整改、临时查封、强制执行和消防行政处罚等，但不是对每一个单位地监督抽查都会经历所有程序和步骤。

（二）消防监督抽查准备

消防救援机构应当根据抽查计划随机确定具体检查的单位，并明确检查任务分工。消防监督检查人员在接到检查任务后，应当首先做好检查前的有关准备工作。

1. 了解拟检查单位的基本情况。

查阅有关台账或档案资料，了解单位的地址、建筑规模、生产经营性质、火灾危险性、消防安全管理要求、以往发生的火灾事故等情况，查看消防救援机构对单位的历次消防监督检查、执法档案等。

2. 准备检查的文书和器材

监督抽查的法律文书主要包括：《消防监督检查记录》《责令立即改正通知书》《责令限期改正通知书》、询问笔录等法律文书。使用移动执法终端的，可以不携带相关法律文书，利用移动执法终端现场录入并打印。实施消防监督抽查所需器材一般包括：移动执法终端；消火栓测压接头、测压装置、室外消火栓扳手等检测仪器；强光手电筒、录音笔、照相机等监督检查员所需的辅助设备；烟、温探测器检验仪等自动火灾报警系统检测装置；照度计、风速计、微压计等疏散及防排烟设施检测装置；红外测温仪、测厚仪以及便携式可燃气体检测仪等其他检测设备。

3. 通知被抽查的单位

告知检查的时间、内容等，并做好有关配合工作。

（三）现场检查

消防监督检查人员应当根据单位的实际情况，通过查阅档案、实地查看、功能测试、询问、组织演练等方法对下列内容进行检查，并填写《消防监督检查记录》：

1. 对单位都应当检查的内容

建筑物或者场所的合法性，公众聚集场所是否依法通过投入使用、营业前的消防安全检查；建筑物或者场所的使用情况是否与设计确定的使用性相符；消防安全制度、灭火和应急疏散预案是否制定；消防设施、器材和消防安全标志是否定期组织维修保养，是否完好、有效；电器线路、燃气管路是否定期维护保养、检测；疏散通道、安全出口、消防车通道是否畅通，防火分区是否改变，防火间距是否被占用；是否组织防火检查、消防演练和员工消防安全教育培训，自动消防系统操作人员是否持证上岗；生产、储存、经营易燃易爆危险品的场所是否与居住场所设置在同一建筑物内；生产、储存、经营其他物品的场所和居住场所设置在同一建筑物内的，是否符合消防技术标准；其他依法需要检查的内容。

对人员密集场所还应当抽查室内装修材料是否符合消防技术标准、外墙门窗上是否设置影响逃生和灭火救援的障碍物。

2. 对消防安全重点单位应当检查的内容

对消防安全重点单位履行法定消防安全职责情况的监督抽查，除检查前述内容外，还应当检查下列内容：

是否确定消防安全管理人；是否开展每日防火巡查并建立巡查记录；是否定期组织消防安全培训和消防演练；是否建立消防档案、确定消防安全重点部位。

对属于人员密集场所的消防安全重点单位，还应检查单位灭火和应急疏散预案中承担灭火和组织疏散任务的人员是否确定。

（四）责令改正

对消防监督抽查发现的消防安全违法行为或火灾隐患，应当区分情况按照下列要求予以责令改正：

1. 责令立即改正

对下列违反消防法律、法规的行为，能够立即改正的，应当责令立即改正，当场制作、送达《责令立即改正通知书》：消防设施、器材、消防安全标志的配置、设置不符合标准；消防设施、器材、消防安全标志未保持完好、有效；损坏、挪用消防设施、器材；擅自拆除、停用消防设施、器材；占用、堵塞、封闭疏散通道、安全出口；埋压、圈占、遮挡消火栓，占用防火间距；违反了消防安全规定进入生产、储存易燃易爆危险品的场所；违反规定使用明火作业，在具有火灾、爆炸危险的场所吸烟、使用明火；占用、堵塞、封闭消防车通道，妨碍消防车通行；人员密集场所外墙门窗上设置影响逃生、灭火救援的障碍物；其他消防安全违法行为和火灾隐患。

2. 责令限期改正和复查

对下列违反消防法律、法规的行为，不能立即改正的，应当根据改正违法行为的难易程度合理确定改正期限，责令限期改正，自检查之日起3个工作日内制作、送达《责令限期改正通知书》。

消防设施、器材、消防安全标志配置、设置不符合标准，未保持完好、有效；损坏、挪用、擅自拆除消防设施、器材；占用、堵塞、封闭疏散通道、安全出口；埋压、圈占、遮挡消火栓，占用防火间距；占用、堵塞、封闭消防车通道，妨碍消防车通行；人员密集场所外墙门窗上设置影响逃生、灭火救援的障碍物；使用不符合市场准入、不合格、国家明令淘汰的消防产品；电器产品、燃气用具的安装、使用及其线路、管路的设计、敷设、维护保养、检测不符合消防技术标准和管理规定；不履行《消防法》第十六条、第十七条、第十八条、第二十一条第二款规定的其他消防安全职责；其他消防安全违法行为和火灾隐患。

责令限期改正期限届满或收到当事人复查申请的，消防监督检查人员应当自期限届满或收到复查申请之日起3个工作日内进行复查。复查时，应当根据《责令限期改正通知书》指出的问题，逐条对照进行现场检查，确认是否改正，并填写《消防监督检查记录》（其他形式消防监督检查适用）。

3. 重大火灾隐患监督整改

对影响公共安全的重大火灾隐患，消防救援机构应当组织集体研究确定，在重大火灾隐患确定之日起 3 个工作日内制作、送达《重大火灾隐患整改通知书》。重大火灾隐患判定涉及复杂或者疑难技术问题的，消防救援机构应当在确定前组织专家论证。组织专家论证的，前述期限可以延长 10 个工作日。

重大火灾隐患整改期限届满或者收到当事人复查申请的，应当自期限届满或收到复查申请之日起 3 个工作日内进行复查。复查时，应根据《重大火灾隐患整改通知书》指出的重大火灾隐患，逐条进行现场检查，确认是否整改，并填写《消防监督检查记录》（其他形式消防监督检查适用）。对于复查确认重大火灾隐患已经消除的，应向单位制作并送达《重大火灾隐患销案通知书》。

（五）其他相关处理程序

（1）消防行政处罚。对消防监督抽查中发现的消防安全违法行为，依法应当给予处罚的，应当在责令改正的同时，依法实施消防行政处罚。违法行为轻微并当场改正完毕，依法可以不予行政处罚的。可以口头责令改正的，应在《消防监督检查记录》上注明。

（2）临时查封。根据《消防法》和《消防监督检查规定》，火灾隐患不及时消除将严重威胁公共安全的，应当依法对危险部位或场所予以临时查封。

（3）强制执行。对具有《消防法》第六十条第三款规定的情形，拒不改正的，消防救援机构应当依法强制执行。

（4）报请政府组织整改。对本地区存在影响公共安全的重大火灾隐患的，消防救援机构应当组织集体研究确定，自检查之日起 7 个工作日内提出处理意见，由所属公安机关报告本级人民政府。

第二章 消防安全管理

近年来，我国经济发展速度不断加快，消防安全管理水平也有了显著的提升。但是，从整体来看，现阶段我国消防安全管理以及现行消防监督管理模式仍然存在不足。基于此，本文主要针对当前我国安全管理现状中存在的问题进行分析，希望能为今后我国消防安全管理水平的进一步提升提供参考。

第一节 消防安全管理概述

一、消防安全管理组织机构及职责

（一）消防安全责任人的主要职责
1. 贯彻执行消防法规，保障单位消防安全符合规定，掌握本单位的消防安全情况。
2. 将消防工作和本单位的活动统筹安排，批准实施年度消防工作计划。
3. 为本单位的消防安全提供必要的经费和组织保障。
4. 确定逐级消防安全责任，批准实施消防安全制度和保障消防安全的操作规程。
5. 组织防火检查，督促落实火灾隐患整改，及时处理涉及消防安全的重大问题。
6. 根据消防法规的规定建立专职消防队、义务消防队。
7. 组织制定符合本单位实际的灭火和应急疏散预案，并且实施演练。

（二）消防安全管理人的主要职责

1. 拟订年度消防工作计划，组织实施日常消防安全管理工作。
2. 组织制定消防安全制度和保障消防安全的操作规程并且检查督促其落实。
3. 拟订消防安全工作的资金投入和组织保障方案。
4. 组织实施防火检查和火灾隐患整改工作。
5. 组织实施对本单位消防设施、灭火器材和消防安全标志的维护保养，确保其完好有效，确保疏散通道和安全出口畅通。
6. 组织管理专职消防队和义务消防队。
7. 在员工中组织开展消防知识、技能的宣传教育和培训，组织灭火和应急疏散预案的实施和演练。
8. 单位消防安全责任人委托的其他消防安全管理工作。

（三）单位员工的主要职责

1. 贯彻执行单位的消防安全管理制度，了解岗位的职责制度。
2. 熟悉本单位的消防设施、灭火器材和消防安全标志的使用以及维护保养方法，定期保养，使其完好有效。
3. 了解本单位的火灾危险性，能够检查和整改火灾隐患。
4. 了解单位的灭火和应急疏散预案，了解火灾等突发情况的处置程序。
5. 其他需要履行的消防职责。

二、消防安全管理的任务

在我国建设的新时期，消防安全管理的总任务，就是要依据经济发展规律和经济建设的新情况及新特点，适应市场经济发展来决定消防管理的总目标，坚持"预防为主、防消结合"的方针，通过各级党政领导，充分发动群众，进行严格管理，科学管理，依法管理，更有效地防止和减少火灾危害，保卫了社会主义现代化建设及保障公民生命财产的安全。

具体地说，消防安全管理的任务是：

第一，贯彻预防为主、防消结合的方针，坚持专门机关和群众相结合的原则，实行防火安全责任制。

第二，建立健全各级消防安全管理机构，选择、考核以及培养各种消防安全管理人员。

第三，制订消防安全管理计划，选择并决定近期或远期消防安全管理目标。

第四，开展消防宣传教育，普及消防安全管理知识，动员每个职工群众都参加消防安全管理活动。

第五，研究如何利用最少的人力、财力、物力、时间，采取现代化的科学方法，为单位提供最佳消防安全环境。

第六，建立健全消防安全管理规章制度，实行规范管理、从严管理。
第七，加强对消防安全事务进行监督、检查、控制以及协调工作。
第八，对在消防工作中有突出贡献或成绩显著的单位及个人予以奖励。

三、消防安全管理的作用

火灾是一种破坏力很大的灾害，因此做好消防安全管理工作对于保障公民的人身安全，保卫我国现代化建设具有十分重要的作用。

（一）保护公民生命财产安全的需要

火灾是一种最为常见的严重危害人民生命财产安全的灾害。在火灾发展过程中，通常情况下火灾会被控制在小范围内，人员有时间逃生。但因为很多建筑物，尤其是公众聚集场所、机关、团体、企业、事业单位大量使用易燃可燃材料装修，并且疏散通道堵塞、消防设备失效现象严重，以致火灾迅速蔓延、损失扩大、人员大量伤亡。所以，加强消防安全管理，针对我国严峻的火灾形势和发展趋势，为有效预防及减少火灾危害，就必须贯彻实施《单位消防安全管理规定》，坚持"预防为主、防消结合"的方针，积极采取防范措施，保证公民生命财产的安全。

（二）保卫现代化经济建设的需要

随着改革开放的不断深化及市场经济的持续发展，尤其是我国加入WTO以后，我国经济发展，社会不断进步。但经济的高速发展也给我们带来一个严肃的课题，那就是如何让经济建设健康、安全地发展。这当中有一个非常值得人们重视的问题：做好防火工作，确保现代化经济建设，机关、团体、企业、事业单位，在同火灾作斗争的过程中，要始终把预防火灾放在首位，从思想上、组织上、制度上采取各种积极措施，以避免火灾的发生。

建设一个车间、建造一幢高楼需要一二年，营造一个林场常需十几年、二十几年。但是火灾一旦发生，即会将人们长期辛勤劳动创造出来的财富化为灰烬。做好了消防工作就使经济建设成果有了安全保障。随着我国现代化建设的迅猛发展，新材料、新设备以及新工艺的广泛应用，用火、用电、用易燃化学物品的单位大量增多，新的不安全因素也随之不断增加，就更需要加强消防工作，以保证现代化建设事业的顺利进行。

（三）维护社会治安的需要

火灾的危害程度随经济发展而增加，这是客观规律。而目前我国虽然正处在经济建设的高速发展时期，因为没有系统的多层次的消防法律、法规体系。尤其是管理体制改革、权力下放，而且审批制度又不完善，缺乏统一的法律、法规依据，形成单位消防安全宣传教育、安全检查、火险整改及消防监督形同虚设，加之职工群众消防意识淡薄，遇有火情缺乏经验，一旦发生火灾难以抢救，将导致极大的人员伤亡及财产损毁。火灾是一种治安灾害事故，发生火灾会给受害群众带来困难和不幸，也会使当地的社会治安受到一定的影响。所以，从维护社会治安的角度出发，也要求加强消防安全管理，方便于减少这种治安灾害事故的发生。

消防安全管理涉及各行各业、千家万户，是一种全民事业。各级消防救援机构及社会单位应当本着对党、对人民负责的精神，把预防火灾作为自己应尽的责任，在各级党委和政府的领导下，借助广大群众，努力做好防火工作，大力减少及消除火灾的危害，创造良好的社会秩序，保证我国现代化建设事业的顺利进行。

四、消防安全管理的原则

任何一项管理活动都必须遵循一定的原则。依据我国消防安全管理的性质，消防安全管理除应遵循普遍的政治原则和科学管理原则外，还必须遵循下列一些特有的原则：

（一）统一领导，分级管理

根据消防安全管理的性质与消防实践，我国的消防安全管理实行统一领导，即实行统一的法律、法规、方针、政策，以确保全国消防管理工作的协调一致。但是，由于我国是一个人口众多、地域广阔的国家，各地经济、文化以及科技发展不平衡，发生火灾的具体规律和特点也不同，不可能用一个统一的模式来管理各地区以及各部门的消防业务。所以，必须在国家消防主管部门的统一领导下，实行纵向的分级管理，赋予各级消防管理部门一定的职责及权限，调动其积极性与主动性。

（二）专门机关管理与群众管理相结合

各级消防救援机构是消防管理的专门机关，担负着主要的消防管理职能，但是消防工作涉及各行各业，千家万户，消防工作和每一个社会成员息息相关，如果不发动群众参与管理，消防工作的各项措施就很难落实。只有坚持在专门机关组织指导与群众参加管理相结合，才能够卓有成效地搞好这一工作。

（三）安全与生产相一致

安全和生产是一个对立统一的整体。安全是为更好地生产，生产必须要以安全为前提，二者不可偏废。消防救援机构在消防管理中，要认真坚持安全与生产相一致的原则，对机关、团体、企业以及事业单位存在的火灾隐患绝不姑息迁就，而应积极督促其整改，使安全与生产同步前进。若忽视这一点，则会导致很大的损失。

（四）严格管理、依法管理

由于各种客观因素的存在，一部分单位与个人往往对消防安全的重要性认识不足，存在着对消防安全不重视的现象，导致大量的火灾隐患得不到发现或发现后不能及时进行整改。为了减少和消除引发火灾的各种因素，消防管理组织，尤其是消防救援机构严格管理的原则，对所有监督管理范围内的单位、部门以及区域的消防安全提出严格的要求，发现火灾隐患严格督促检查、整改。

依法管理，就是要依照国家司法机关和行政机关制定和颁布的法律、法规以及规章等，对消防事务进行管理。消防管理要依法进行，这是由于火的破坏性所决定的。

火灾危害社会安宁，破坏人们正常的生产、工作以及生活秩序，这就需要有强制性的管理措施才能够有效地控制火灾的发生。而强制性的管理又必须以法律做后盾，因此消防安全管理工作必须坚持依法管理的原则。

（五）消防安全管理制度

1. 消防工作制度

（1）认真学习并贯彻落实《消防法》及公安部61号令，加大宣传、培训力度，对员工进行消防常识的教育，做到人人都对企业的消防工作负责。

（2）明确任务，落实责任，逐级签订安全防火责任书，按照"谁主管，谁负责"的工作原则，真正把消防工作落到实处。

（3）加大检查整改力度，除每周组织专项检查外，每天都要有保卫部三级巡查制检查安全防火情况，发现问题，及时汇报，及时处理。

（4）每年组织企业灭火疏散演练不低于两次。

（5）做好重大节日期间的防火工作，并且制订具体的保卫方案。

（6）加强火源、电源的管理，落实好天然气液化气的检查制度，电气线路设备的检查制度，及时消除火灾隐患。

（7）建立企业消防档案，组建义务消防队，做到预防为主，防消结合。加强吸烟管理制度，商场为无烟商场的禁止吸烟。

（8）坚持做好安全出口、疏散通道的专项治理和检查工作，对发生火灾隐患整改不及时的部门，应对相关责任人予以责罚。

（9）保障消防设施设备就位，完整好用，符合法律法规要求，并且落实维护责任人。

2. 消防监控中心交接班制度

（1）接班人员必须提前15min到达本岗位，做好交接准备。

（2）上岗前必须按规定着装，检查仪容仪表，精神面貌良好。

（3）检查岗位的设备运行是否良好和交接巡视检查、执机注意事项。

（4）当班人员必须在记录本上填写好设备运行、巡检等情况，并要求字迹清楚，记录齐全。

（5）各消防应急工具，相关资料如数按规定摆放整齐。

（6）做好中控室卫生清理工作，保证机器、地面以及墙面洁净。

（7）接班人员未到，在岗人员不得离岗，应及时向有关领导汇报，请示处理办法。

（8）交接班各项内容经确认后必须在交接班本上签姓名和时间，以示确认和负责。

（9）如遇到突发事件等特殊情况，接班者协助交班者对事件进行处理，待事件处理告一段落，经交上级领导批准，再进行交接班。

（10）当接班人酒醉、情绪不稳、意识不清等情况时，不得交接班，应上报请示处理办法。

（11）交班者要按本制度进行交班，如未按规定办，接班者可以提出意见，要求交班人员立即补办，否则可以不接班，并向有关领导报告。

（12）消防中控室双人执机，不得单人交接执机，不能电话信誉交接，应有文字体现。

3. 消防监控中心安全巡查工作制度

（1）防火巡查每两小时一次，主要包括以下内容：①用火、用电有无违章情况。商场为无烟商场禁止吸烟，禁止随意用火。餐饮用火：微波炉、灶具1m内不得有易燃可燃危险品，灶具与气瓶之间的净距离不得小于0.5m，灶具与气瓶连接的软管长度不得超过2m。②安全出口、疏散通道是否通畅，安全疏散指示标志、应急照明是否完好。安全出口不得封闭、堵塞、安全出口处不得设置门槛，疏散门应当向疏散方向开启，不得采用卷帘门、转门、吊门、侧拉门。③消防设施、器材和消防安全标志是否在位、完整。任何店铺、个人不得损坏或擅自挪用、拆除、停用消防设施、器材，不得埋压、圈占、遮挡消火栓，不得占用防火间距、堵塞消防车通道。④常闭式防火门是否处于关闭状态，防火卷材下是否堆放物品影响使用。商场使用甲级防火门，查闭门器、顺位器是否完好，防火卷帘下1m处不得堆放物品影响使用。⑤消防安全重点部位的人员在岗情况。配电室、机房、库房、厨房的人员责任落实和管理情况。

（2）巡查人员应当及时纠正违章行为，要妥善处置火灾风险，无法当场处置的应当立即报告。发现初起火灾应当立即报警并及时扑救。

（3）防火巡查、检查应当填写巡查、检查记录，巡查、检查人员及其主管人员应当在巡查、检查记录上签名，存档备查。

（4）巡查人员是保安部的安防力量，遇有可疑人、可疑事要有跟进、有交接，对店铺、个人的违规行为、危险举动（吸烟、拍照、溜旱冰、散发广告、带宠物、擅自施工、危险搬运、长时间逗留在通道内、做客服调查、着装不整、新闻媒体擅自采、顾客纠纷、客诉、斗殴等）要及时发现、询问、制止，保证合法人的权益，保持商场的有序经营环境。通道内有无杂物、门锁杠推是否完好。安防执勤时注意自我保护。

（5）巡查人员禁止利用工作时间闲谈或办私事，不得擅自进入独立经营管理的区域，工作需要，应两人以上经上级、区域负责人同意后方可进入，并配合负责人的工作。

4. 消防监控中心工作制度

（1）严格遵守国家的法律、法规和公司的相关规章制度。了解和掌握消防报警控制设备设施各项性能指标及操作方法，熟悉相关专业理论知识和安全操作规程，持证上岗。

（2）坚守岗位，时刻保持高度警惕。监视火灾报警控制和监控设备设施，严格按程序操作，认真处理当班发生的事件，并且如实记录。

（3）经常对消防控制室的设备及通信器材等进行检查，定期做好各系统功能试验、维护等工作，确保消防设施运行状况良好。

（4）保持室内清洁卫生，设施设备无污渍、无尘土，室内物品摆放整齐、墙面、地面洁净；要妥善保管和使用控制室内相关设备设施和各种公用物品，杜绝丢失和损坏，并且做好领用、借用登记。

（5）发现设备设施故障时，及时通知值班领导和工程技术人员进行修理维护，不得擅自拆卸、挪用和停用设备设施，主动配合相关人员进行设备设施检修和维护并如实登记。

（6）充分发挥监控系统的优势，密切关注商场内的各种情况，注意发现可疑人或者可疑物。发现异常情况应及时报告值班领导，按照操作程序果断采取应对措施，不得麻痹大意、延误战机。

（7）做好中控室的保密工作。无关人员禁止进入消防控制室内，因工作需要进入监控室的，需经保安部经理同意后方可进入，当班值班员应做好记录。

（8）认真填写当值期间相关设施设备的运行记录、发生的情况和处理结果。当班未处理完毕的应交代接班人员继续跟进，并且做好物品交接工作。

（9）完成领导交给的其他工作任务。

5. 消防监控中心值班员制度

（1）值机员必须坚守岗位，不得擅离职守。按规定准时接岗、巡视，认真执行岗位职责，除楼层巡视和处警以外，值班机员不做与本职工作无关的事情。

（2）值机员不得无故缺勤和私自换班，因特殊情况急需换班时，值机员必须提前三天向消防领班申请并填写"换班申请表"，上报部门领导同意后方可调班。换班过程中若发生重大责任事故，当班者要负主要责任。

（3）积极配合保安员做好日常工作，发生紧急情况时，若值机员无法处理或超出职权范围时应及时按程序上报公司领导，值机员不得擅自做主。

（4）建立完善的工作记录制度，值机员应将本人姓名、日期、班次、消防监控系统运行情况、值班情况及需跟进事项详细记录在案，并认真做好交接。

（5）无关人员不得擅自进入中控室，如果有公司领导批准的，中控人员应严格执行来客登记制度。

第二节　消防管理的基本方法

一、分级负责法

分级负责是指某项工作任务，单位或机关、部门之间，纵向层层负责，一级对一级负责，横向分工把关，分线负责，从而形成纵向到底，横向到边，纵横交错的严密的工作网络的一种工作方法。该方法在消防安全管理的工作实践中，主要有以下两种：

（一）分级管理

消防监督管理工作中的分级管理，是指对各个社会单位和居民的消防安全工作在消防救援机构内部根据行政辖区的管理范围、权限等，按照市、县两级消防救援机构和公安派出所分级进行管理。

（二）消防安全责任制

所谓消防安全责任制就是政府、政府部门、社会单位、公民个人按照自己的法定职责行事，一级对一级负责。对于机关、团体、企事业单位的消防工作而言，就是单位的法定代表人要对本单位的消防安全负责，法定代表人授权某项工作的领导人，要对自己主管内的消防安全负责，其实质就是逐级防火责任制。

二、重点管理法

重点管理法也就是抓主要矛盾的方法。即指在处理两个以上矛盾存在的事务时，全力找出其主要的起着领导和决定作用的矛盾，从而抓住主要矛盾，化解其他矛盾，推动整个工作全面开展的一种工作方法。

由于消防安全工作是涉及各个机关、团体、工厂、矿山、学校等企事业单位和千家万户以及每个公民个人的工作，社会性很强，在开展消防安全管理中，也必须学会运用抓主要矛盾，从思维方法和工作方法上掌握抓主要矛盾的工作方法，从而推动全社会消防安全工作的开展。

（一）专项治理

专项治理就是针对一个大的地区性各项工作或一个单位的具体工作情况，从中找出主要的起到领导和决定作用的工作，即主要矛盾，作为一个时期或一段时间内的中心工作去抓的工作方法。这种工作方法若能运用得好，可避免不分主次，一面平推，眉毛胡子一把抓的局面，从而达到事半功倍的效果。

（二）抓点带面

抓点带面就是领导决策机关，为了推动某项工作的开展，或完成某项工作任务，决策人员根据抓主要矛盾和调查研究的工作原理，带着要抓或推广的工作任务，深入实际，突破一点，取得经验（通常称为抓试点），然后利用这种经验去指导其他单位，进而考验和充实决策任务的内容，并把决策任务从面上推广开来的一种工作方法。这种工作方法既可以检验上级机关决策是否正确，又可以避免大的失误，还可以提高工作效率，以极小的代价取得最佳成绩。

（三）消防安全重点管理

消防安全重点管理，是根据抓主要矛盾的工作原理，把在消防工作中的火灾危险性大、火灾发生后损失大、伤亡大、影响大，即对火灾的发生以及火灾发生后的损失、伤亡、政治影响、社会影响等起主要的领导和决定作用的单位、部位、工种、人员和事项，作为消防安全管理的重点来抓,从而有效地防止火灾发生的一种管理方法。

三、调查研究法

调查研究既是领导者必备的基本素质之一,又是实施正确决策的基础。调查研究的方法是管理者能否管理成功的最重要的工作方法。由于消防安全管理工作的社会性、专业性很强,所以在消防安全管理工作中调查研究方法的应用十分重要。加之目前社会主义市场经济的建立和发展,消防工作出现了很多新情况、新问题,为了适应新形势,通过调查研究,研究新办法,探索新路子,也必须大兴调查研究之风,才能深入解决实际问题。

在消防安全管理的实际工作中,调查研究最直接的运用就是消防安全检查或消防监督检查。具体归纳起来大体有以下四种方法:

(一)普遍调查法

普遍调查法是指对某一范围内所有研究对象不留遗漏地进行全面调查。如某市消防救援机构为了全面掌握"劳动密集型企业"的消防安全管理状况,组织调查小组对全市所属的所有"劳动密集型企业"逐个进行调查。通过调查发现该市"劳动密集型企业"存在的安全体制管理不顺,过分依赖保险,主观忽视消防安全等问题,并写出专题调查报告,上报下发,有力地促进了问题的解决。

(二)典型调查法

典型调查法是指在对被调查对象有初步了解的基础上,依据调查目的的不同,有计划地选择一个或几个有代表性的单位进行详细调查,以期取得对对象的总体认识的一种调查方法。这种方法是认识客观事物共同本质的一种科学方法,只要典型选择正确,材料收集方法得当,作出的措施就会有普遍的指导意义。比如,某市消防救援机构根据流通领域的职能部门先后改为企业集团,企业性职能部门也迈出了政企分开的步伐的实际情况,及时选择典型对部分市县(区)两级商业、物资、供销、粮食等部门进行了调查,发现其保卫机构、人员和保卫工作职能都发生了变化,为此,他们认真分析了这些变化给消防工作可能带来的有利和不利因素,及时提出了加强消防立法,加强了专职消防队伍建设,加强消防安全重点单位管理和加强社会化消防工作的建议和措施。

(三)个案调查法

个案调查法就是把一个社会单位(一个人、一个企业、一个乡等)作为一个整体进行尽可能全面、完整、深入、细致的调查了解。这种调查方法属于集约性研究,探究的范围比较窄,但是调查得深透,得到的资料也较为丰富。实质上这种调查方法,在消防安全管理工作中的火灾原因调查和具体深入某个企业单位进行专门的消防监督检查等都是最具体、最实际的运用,如在对一个企业单位进行消防监督检查时,可最直观地发现企业单位领导对消防安全工作的重视程度,职工的消防安全意识,消防制度的落实,消防组织建设和存在的火灾隐患，消防安全违法行为及整改落实情况等。

（四）抽样调查法

抽样调查法就是指从被调查的对象中，依据一定的规则抽取部分样本进行调查，以期获得对有关问题的总的认识的一种方法。如《消防法》第十条、第十三条分别规定，国务院住房和城乡建设主管部门规定的特殊建设工程，建设单位应当将消防设计文件报送住房和城乡建设主管部门审查，住房和城乡建设主管部门依法对审查的结果负责。特殊建设工程未经消防设计审查或者审查不合格的，建设单位、施工单位不得施工；其他建设工程，建设单位未提供满足施工需要的消防设计图纸及技术资料的，有关部门不得发放施工许可证或者批准开工报告，这些都是具体运用抽样调查法的法律依据。

再如，对签订消防责任状这种工作措施的社会效果如何，不太清楚，某消防救援机构有重点地深入有关乡、镇、村和有关主管部门的重点单位开展调查研究，通过调查发现，消防责任状仅仅是促使人们做好消防工作的一种行政手段，不是万能的、永恒的措施，它往往受到各种条件的制约，不能发挥其应有的作用，更不能使消防工作社会化持之以恒地开展下去。针对这一情况，采取了相应对策，克服其不利因素，使消防工作得到了健康的发展。

四、消防安全评价法

目前，可以用于生产过程或者设施消防安全评价的方法有安全检查表法、火灾爆炸危险指数评价法、危险性预先分析法、危险可操作性研究法、故障类型与影响分析法、故障树分析法、人的可靠性分析法、作业条件危险性评价法、概率危险分析法等，已达到几十种。按照评价的特点，消防安全评价的方法可有定性评价法、着火爆炸危险指数评价法、概率风险评价法和半定量评价法等几大类。在具体运用时，可根据评价对象、评价人员素质和评价的目的进行选择。

（一）定性评价法

定性评价法主要是根据经验和判断能力对生产系统的工艺、设备、环境、人员、管理等方面的状况进行定性的评价。此类评价方法主要有列表检查法（安全检查表法）、预先危险性分析法、故障类型和影响分析法以及危险可操作性研究法等。这类方法的特点是简单、便于操作，评价过程及结果直观，目前在国内外企业消防安全管理工作中被广泛使用。但是这类方法含有相当高的经验成分，带有一定的局限性，对系统危险性的描述缺乏深度，不同类型评价对象的评价结果没有可比性。

（二）指数评价法

该评价方法操作简单，避免火灾事故概率及其后果难以确定的困难，使系统结构复杂、用概率难以表述其火灾危险性单元的评价有了一个可行的方法，是目前应用较多的评价方法之一。该评价方法的缺点是：评价模型对系统消防安全保障体系的功能重视不够，特别是易燃易爆危险物质和消防安全保障体系间的相互作用关系未予考虑。各因素之间均以乘积或相加的方式处理，忽视了各因素之间重要性的差别；评价自开始起就用指标值给出，使得评价后期对系统的安全改进工作较困难；指标值的确定只和指标的设置与否有关，而与指标因素的客观状态无关等，致使易燃易爆危险物质的种类、含量、空间布置相似而实际消防安全水平相差较远的系统评价结果相近。该评价法目前在石油、化工等领域应用较多。

（三）火灾概率风险评价法

火灾概率风险评价方法是根据子系统的事故发生概率，求取整个系统火灾事故发生概率的评价方法。本方法系统结构简单、清晰，相同元件的基础数据相互借鉴性较强，这种方法在航空、航天、核能等领域得到了广泛应用。另外，该方法要求数据准确、充分，分析过程完整，判断和假设合理。但是该方法需要取得组成系统各子系统发生故障的概率数据，目前在民用工业系统中，这类数据的积累并不充分，是使用这一方法的根本性障碍。

（四）重大危险源评价法

重大危险源评价方法分为固有危险性评价与现实危险性评价，后者是在前者的基础上考虑各种控制因素，反映了人对控制事故发生和事故后果扩大的主观能动作用。固有危险性评价主要反映物质的固有特性、易燃易爆危险物质生产过程的特点和危险单元内、外部环境状况，分为事故易发性评价和事故严重度评价两种。事故的易发性取决于危险物质事故易发性和工艺过程危险性的耦合。易燃、易爆、有毒重大危险源辨识评价方法填补了我国跨行业重大危险源评价方法的空白，在事故严重度评价中建立了伤害模型库，采用了定量的计算方法，使我国工业火灾风险评价方法的研究从定性评价进入定量评价阶段。实际应用表明，使用该方法得到的评价结果科学、合理，符合中国的国情。

由于消防安全评价不仅涉及技术科学，而且涉及管理学、伦理学、心理学、法学等社会科学的相关知识，评价指标及其权值的选取与生产技术水平、管理水平、生产者和管理者的素质以及社会和文化背景等因素密切相关。因此，每种评价方法都有一定的适用范围和限度。目前，国外现有的消防安全评价方法主要适用评价具有火灾风险的生产装置或生产单元发生火灾事故的可能性和火灾事故后果的严重程度。

第三节 建筑内部电气防火管理

一、爆炸危险场所的电气设备

(一) 爆炸性混合物

爆炸性混合物指的是遇火源在瞬间发生爆炸或燃烧的物质。一般包括以下四种：
1. 可燃气体和空气的混合物。
2. 易燃液体蒸气和空气的混合物。
3. 闪点低于或等于场所环境温度的可燃液体蒸气与空气的混合物。
4. 悬浮状的可燃粉尘和可燃纤维和空气的混合物。

(二) 爆炸危险场所的分类、分级

爆炸危险场所的分类、分级指的是按爆炸性物质出现的频率、持续时间及危险程度划分为不同危险等级区域。见表2-1。

表2-1 爆炸和火灾风险区域类别及区域等级表

	按爆炸性混合物出现的频繁程度和持续时间划分	
爆炸性气体环境危险区域	0区	连续出现或长期出现爆炸性气体混合物的环境
	1区	在正常运行时，可能出现爆炸性气体混合物的环境
	2区	在正常运行时，不可能出现爆炸性气体混合物的环境，即使出现也仅是短时间存在的爆炸性气体混合物的环境
按爆炸性混合物出现的频繁程度和持续时间划分		
爆炸性粉尘环境危险区域	10区	连续出现或长期出现爆炸性粉尘的环境
	11区	有时会将积留的粉尘扬起而偶然出现爆炸性粉尘混合物的环境
按火灾事故发生的可能性的后果、危险程度及物质状态划分		
火灾风险区域	21区	具有闪点高于环境温度的可燃液体，在数量和配置上能引起火灾风险的环境
	22区	具有悬浮状、堆积状爆炸性或可燃性粉尘，虽不可能形成爆炸性混合物，但在数量和配置上能引起火灾风险的环境
	23区	具有固体状可燃物质，在数域和配置上能引起火灾风险的环境

(三) 防爆电气设备的类型、标志及选型

爆炸危险场所的防爆电气设备在运行过程中必须具备不引燃周围爆炸性混合物的性能。能满足以上要求而制成的防爆电气设备类型主要有：

1. 隔爆型电气设备（d）。
2. 增安型电气设备（e）。
3. 本质安全型电气设备（i）。
4. 正压型电气设备（p）。
5. 充油型电气设备（o）。
6. 充砂型电气设备（q）。
7. 无火花型电气设备（n）。
8. 防爆特殊型电气设备（s）。

爆炸性气体环境防爆电气设备选型见表2-2。

表2-2 爆炸性气体环境防爆电气设备选型表

爆炸危险区域	适用的防护形式电气设备类型	符号
0区	①本质安全型	ia
	②其他特别为0区设计的电气设备（特殊型）	s
1区	①适用于0区的防护类型	
	②隔爆型	d
	③增安型	e
	④本质安全型	i
	⑤充油型	o
	⑥正压型	p
	⑦充砂型	q
	⑧其他特别为1区设计的电气设备（特殊型）	s
2区	①适用于0区或1区的防护类型	
	②无火花型	n

二、建筑消防用电

（一）安全电压

安全电压是指50V以下特定电源供电的电压系列。

安全电压是为防止触电事故而采用的50V以下特定电源供电的电压系列，有42V、36V、24V、12V和6V五个等级，根据不同的作业条件，选用不同的安全电压等级。建筑施工现场常用的安全电压有12V、24V以及36V。

特殊场所必须采用安全电压供电照明。

以下特殊场所必须采用安全电压供电照明：

（1）室内灯具离地面低于2.4m，手持照明灯具，一般潮湿作业场所（地下室、潮湿室内、人防工程、潮湿楼梯、隧道以及有高温、导电灰尘等）的照明，电源电压应不大于36V。

（2）在潮湿和易触及带电体场所的照明电源电压，应不大于24V。

（3）在特别潮湿的场所、锅炉或者金属容器内，导电良好的地面使用手持照明灯具等，照明电源电压不得超过12V。

（二）施工现场临时用电档案管理

（1）施工现场的临时用电必须建立安全技术档案，并且应包括以下内容：①用电组织设计的全部资料；②修改用电组织设计的资料；③用电工程检查验收表；④用电技术交底资料；⑤电气设备的试、检验凭单和调试记录；⑥接地电阻、绝缘电阻和漏电保护器漏电动作参数测定记录表；⑦定期检（复）查表；⑧电工安装、巡检、维修及拆除工作记录。

（2）安全技术档案应由主管该现场的电气技术人员负责建立与管理。其中，"电工安装、巡检、维修、拆除工作记录"可以指定电工代管，每周由项目经理审核认可，并应在临时用电工程拆除后统一归档。

（3）临时用电工程应定期检查。定期检查时，应复查接地电阻值和绝缘电阻值。检查周期最长可为：基层公司每季一次，施工现场每月一次。

（4）临时用电工程定期检查应按分部、分项工程进行，及时处理安全隐患，并应履行复查验收手续。

（三）消防用电设备的电源的要求

（1）下列建筑物、储罐（区）以及堆场的消防用电应按一级负荷供电：①建筑高度大于50m的乙、丙类厂房和丙类仓库。②单罐容量大于1000m^{3}或总储量大于5000m^{3}的甲、乙类液体储罐区；单罐容量大于2000m^{3}或总储量大于10000m^{3}的丙类液体储罐区；总储量大于100000m^{3}的甲、乙类气体储罐区；单罐容量大于200m^{3}或总储量大于500m^{3}的液化烃储罐区。③一类高层民用建筑。

（2）下列建筑物、储罐（区）和堆场的消防用电应按二级负荷供电：①室外消防用水量大于30L/s的厂房、仓库；②室外消防用水量大于35L/s的可燃材料堆场、可燃气体储罐（区）和甲、乙类液体储罐（区）；③粮食仓库及粮食筒仓；④二类高层民用建筑；⑤座位数超过1500个的电影院、剧院，座位数超过3000个的体育馆，任一层建筑面积大于3000m^{2}的商店、展览建筑、省（市）级及以上的广播电视建筑、电信建筑和财贸金融建筑，室外消防用水量大于25L/s的其他公共建筑。

（3）除本条第（1）、（2）款外的建筑物、储罐（区）和堆场等的消防用电可采用三级负荷供电。

（4）消防电源的负荷分级应当符合现行国家标准《供配电系统设计规范》（GB50052-2009）的有关规定。

（四）消防用电设备的配电线路的敷设

消防用电设备配电线路的敷设应符合以下规定：

（1）暗敷时，应穿管并应敷设于不燃烧体结构内且保护层厚度不应小于30mm。明敷时（包括敷设在吊顶内），应穿金属管或封闭式金属线槽，并且应采取防火保护措施。

（2）当采用阻燃或耐火电缆时，敷设在电缆井、电缆沟内可不采取防火保护措施。

（3）当采用矿物绝缘类不燃性电缆时，可直接明敷。

（4）宜与其他配电线路分开敷设；当敷设在同一井沟内时，宜分别布置在井沟的两侧。

（五）导线类型的选择

目前，室内配线通常采用橡皮绝缘线和塑料绝缘线；户外用裸铝绞线、裸铜绞线和钢芯铝绞线；电缆则用于有特殊要求的场所。为避免选型不当，影响使用导线必须按照使用环境场所的不同认真选用。常用导线的型号及使用场所见表2-3。

表2-3　常用导线的型号及使用场所

型号	名称	使用场所
BLX	棉纱编织、橡皮绝缘线（铝芯）	正常干燥环境
BX	棉纱编织、橡皮绝缘线（铜芯）	正常干燥环境
RXS	棉纱编织、橡皮绝缘双绞软线（铜芯）	室内干燥场所，日用电器用
RX	棉纱总编织、橡皮绝缘软线（铜芯）	室内干燥场所，日用电器用
BVV	铜芯，聚氯乙烯绝缘、聚氯乙烯护套电线	潮湿和特别潮湿的环境
BLVV	铝芯，聚氯乙烯绝缘、聚氯乙烯护套电线	潮湿和特别潮湿的环境
BXF	铜芯，短丁橡皮绝缘电线	多尘环境（不含火灾及爆炸危险尘埃）
BLV	铝芯，聚氯乙烯绝缘电线	多尘环境（不含火灾及爆炸危险尘埃）
BV	铜芯，聚氯乙烯绝缘电线	有腐蚀性的环境

（六）导线截面大小的确定

导线截面应根据导线长期连续负载的允许载流量、线路的允许电压降及导线的机械强度三项基本条件来合理选定。

1. 允许载流量

按允许载流量选择导线截面时，还应依据使用情况来确定。

（1）一台电动机导线的允许载流量（安）大于或等于电动机的额定电流。

（2）多台电动机导线的允许载流量（安）大于或者等于容量最大的一台电动机的额定电流加上其余电动机的计算负载电流。

（3）电灯及电热负载导线的允许载流量（安）应大于或等于所有电器额定电流的总和。

同一截面的导线，环境温度不同，允许载流量也不同。环境温度越高，其允许载流能力越低。所以，导线截面经初步确定后，还要根据环境的实际温度加以修正。绝缘导线在不同环境温度下对载流量的修正系数和电力电缆最高允许温度见表2-4、表2-5。

表 2-4　环境温度对载流量的修正系数

环境温度 /℃	15	20	25	30	35	40	15
修正系数	1.12	1.06	1.00	0.935	0.866	0.791	0.707

表 2-5　电力电缆最高允许温度

电缆种类及额定系数	3kV 及以下	6kV	10kV	20～35kV		
	油浸纸绝缘	橡皮绝缘	油浸纸绝缘	油浸纸绝缘	油浸纸绝缘	空气
电缆芯的最高容许温度 /℃	80	65	65	60	50	80
电缆表面最高容许温度 /℃	60		50	45	35	

2. 允许电压降

在输电过程中，因为线路本身具有一定的阻抗，通过电流时也会产生电压降即电压损失。电压降过大时，将会造成用电设备性能变差，不能正常工作，甚至可以使电动机温升过高而烧毁。由变压器低压母线至用电设备进线端的电压降（按用电设备额定电压计）不应超过表 2-6 所列数值。

表 2-6　电路允许电压降

用电设备种类	允许电压降%
电动机正常连续运转	5
电动机个别在较远处	8～10
起重电动机滑触线供电点	5
电焊机	5
电热设备	5
照明灯具	3

3. 导线的机械强度

导线截面的确定还应考虑有足够的机械强度，因受积雪、风力以及气温过低时导线的收缩力及机械外力等影响，导线会发生断线。高压配电线路不准使用单股的铜线、裸铝线和合金线。

（七）电气线路短路的预防

从短路的形成看短路的原因。

1. 绝缘导线短路的原因

因为绝缘导线的绝缘强度、绝缘性能不符合规定要求；或雷击使电压突然升高而将导线绝缘击穿；或用金属导线捆扎绝缘导线，把绝缘导线挂在金属物体上，由于日久磨损和生锈腐蚀使绝缘层受到损坏;或受潮湿、高温、腐蚀作用而使导线的绝缘性能降低;或由于导线使用时间过长,致使绝缘层受损、陈旧、线芯裸露等。另外,也有由于不懂用电常识人为造成的短路。

2. 裸导线发生短路的原因

由于导线安装过低,在搬运较高大的物体时,不慎触碰导线,或使两根导线碰在一起;遇风吹导线摆动造成两线相碰;在线路附近有树木,大风时树枝拍打导线;大风把各种杂物刮挂在导线上;线路上的绝缘子、横担等支持物脱落或破损,造成两根或两根以上导线相碰;以及倒杆事故等。

由于短路时产生的后果严重,因此在供电系统的设计、运行中应设法消除可能引起短路的原因。此外,为减轻短路的严重后果,避免故障扩大,就需计算短路电流,以便正确地选择和校验各种电气设备,进行继电保护装置的整定电流计算及选用限制短路电流的电器(电汽器)。为了避免正在运行中的电气线路短路,室内布线多使用绝缘导线,绝缘导线的绝缘强度应符合电源电压的要求,电源电压为380V的应采用额定电压为500V的绝缘导线,电源电压为220V的应采用额定电压是250V的绝缘导线。此外,屋内布线还必须满足机械强度和连接方式的要求。

导线类型的选择要依据使用环境确定,一般场所可采用一般绝缘导线,特殊场所应采用特殊绝缘导线。见表2-7。

表2-7 不同场所导线的选择

场所	导线
干燥无尘的场所	一般绝缘导线
潮湿场所	有保护层的绝缘导线,如铅皮线、塑料线,或在钢管内或塑料管内敷设普通绝缘导线
在可燃粉尘和可燃纤维较多的场所	有保护层的绝缘导线
有腐蚀性气体的场所	可采用铅皮线、管子线(钢管涂耐酸漆)、硬塑料管线或塑料线
高温场所	应采用以石棉、瓷管、云母等作为绝缘层的耐热线
经常移动的电气设备	软线或软电缆

应当定期用兆欧表(摇表)检测绝缘强度;导线绝缘性能必须符合环境要求,同时要正确安装;线路上要按规定安装断路器或熔断器(经常使用的胶盖闸刀开关,通常都和熔断器装在一起,所以熔断器在线路上是较多的,但是要注意熔丝的熔断电流应符合要求)。

(八)电气线路过负荷的预防

(1)要合理规划配电网络和调节负载,作出本区域内的负荷曲线,由于过负荷主要是由导线截面选用过小或负载过大造成的。

(2)不准许乱拉电线和接入过多负载,在原线路设计或新改建线路时要留出足够余量。由于任何电气设备或任何用户，它们的负荷并非恒定的，电气设备的工作状态有轻有重，或者时通时断，其负荷会经常发生变化。

（3）要定期用钳形电流表测量或者用计算的方法检查线路的实际负荷情况，定期检查线路的断路器、熔断器的运行情况，禁止使用铁丝、铜丝代替熔断器的熔丝，或更换大容量的保险丝，从而保证过负荷时能及时切断电源。

（九）电气线路接触电阻过大的预防

1. 产生接触电阻过大的原因

（1）导线与导线或导线与电气设备的连接点连接不牢，连接点由于热作用或振动导致接触点松动，接触表面不平整等，使电流所通过的截面减少；

（2）不同金属（如铜铝）接触产生电化学腐蚀，使连接处氧化导致电阻率增大等。

2. 接触电阻过大的预防措施

（1）在敷设电气线路时，导线与导线或导线与电气设备的连接，必须可靠、牢固；

（2）经常对运行的线路和设备进行巡视检查，发现接头松动或者发热，应及时紧固或做适当处理；

（3）大截面导线的连接应用焊接法或者压接法，铜铝导线相接时宜采用铜铝过渡接头，并在铜铝导线接头处垫锡箔，或者在铜线鼻子搪锡再与铝线鼻子连接的方法来减小接触电阻；

（4）在易发生接触电阻过大的部位涂变色漆或者安放试温蜡片，以及时发现过热现象等。

（十）配电箱与开关箱的防火要求

施工现场临时用电通常采用三级配电方式，即总配电箱（或配电室），下设分配电箱，再以下设开关箱，用电设备在开关箱以下。

配电箱和开关箱的安全防火要求如下：

（1）配电箱、开关箱的箱体材料，通常应选用钢板，也可选用绝缘板，但不宜选用木质材料。

（2）电箱、开关箱不得歪斜、倒置，应安装端正、牢固。固定式配电箱、开关箱的下底与地面之间的垂直距离应大于或者等于1.3m、小于或等于1.5m；移动式分配电箱、开关箱的下底与地面的垂直距离应大于或等于0.6m、小于或等于1.5m。

（3）进入开关箱的电源线，禁止用插销连接。

（4）电箱之间的距离不宜太远。

（5）分配电箱与开关箱的距离不得大于30m，开关箱和固定式用电设备的水平距离不宜超过3m。

（6）每台用电设备应有各自专用的开关箱。施工现场每台用电设备应有各自专用的开关箱，且必须符合"一机一闸一漏"的规定，禁止用同一个开关电器直接控制两台及两台以上用电设备（含插座）。

开关箱中必须设置漏电保护器,其额定漏电动作电流应不大于30mA,漏电动作时间应不大于0.1s。

(7)所有配电箱门应配锁,不得在配电箱与开关箱内挂接或插接其他临时用电设备,严禁在开关箱内放置杂物。

(十一)配电室的安全防火要求

(1)配电室应靠近电源,并应设在潮气少、灰尘少、振动小、无腐蚀介质、无易燃易爆物及道路畅通的地方。

(2)成列的配电柜和控制柜两端应与重复接地线及保护零线做电气连接。

(3)配电室和控制室应能自然通风,并应采取防止雨雪侵入和动物进入的措施。

(4)配电室内的母线涂刷有色涂装,以标志相序。以柜正面方向为基准,其涂色满足表2-8的规定。

(5)配电室的建筑物与构筑物的耐火等级不低于3级,室内配置沙箱和可用于扑灭电气火灾的灭火器。

(6)配电室的门向外开,并配锁。

(7)配电室的照明分别设置正常照明及事故照明。

(8)配电柜应编号,并应有用途标记。

(9)配电柜或配电线路停电维修时,应挂接地线,并应悬挂"禁止合闸、有人工作"停电标志牌,停送电必须由专人负责。

(10)应保持配电室整洁,不得堆放任何妨碍操作、维修的杂物。

表2-8 母线涂色

相别	颜色	垂直排列	水平排列	引下排列
L1(A)	黄	上	后	左
L2(B)	绿	中	中	中
L3(C)	红	下	前	右
N	淡蓝	—	—	—

(十二)配电箱及开关箱安全防火设置

(1)配电系统应设置配电柜或者总配电箱、分配电箱、开关箱,实行三级配电。

配电系统宜使三相负荷平衡。220V或者380V单相用电设备宜接入220/380V三相四线系统;当单相照明线路电流大于30A时,宜采用220/380V三相四线制供电。

(2)总配电箱以下可设若干分配电箱;分配电箱以下可设若干开关箱。

总配电箱应设在靠近电源的区域,分配电箱宜设在用电设备或者负荷相对集中的区域,分配电箱与开关箱之间的距离不得超过30m,开关箱和其控制的固定式用电设备的水平距离不宜超过3m。

(3)每台用电设备必须有各自专用的开关箱。禁止用同一个开关箱直接控制2台及 2 台以上用电设备（含插座）。

（4）动力配电箱与照明配电箱宜分别设置。当合并设置为同一配电箱时，动力及照明应分路配电；动力开关箱和照明开关箱必须分设。

（5）配电箱、开关箱应装设在干燥、通风及常温场所，不得装设在有严重损伤作用的烟气、天然气、潮气及其他有害介质中，亦不得装设在易受外来固体物撞击、强烈振动、液体喷溅及热源烘烤场所，否则，应予清除或者做防护处理。

（6）配电箱、开关箱周围应有足够 2 人同时工作的空间和通道，不得有灌木、杂草，不得堆放任何妨碍操作、维修的物品。

（7）配电箱、开关箱应采用冷轧钢板或阻燃绝缘材料制作，钢板厚度应为 1.2～2.0mm，其开关箱箱体钢板厚度不得小于 1.2mm，配电箱箱体的钢板厚度不得小于 1.5mm，箱体表面应进行防腐处理。

（8）配电箱、开关箱应装设端正、牢固。固定式配电箱、开关箱的中心点与地面的垂直距离应为 1.4～1.6m。移动式配电箱、开关箱应装设在坚固、稳定的支架上。中心点与地面之间的垂直距离宜为 0.8～1.6m。

（9）配电箱、开关箱内的电器（含插座）应先安装在金属或者非木质阻燃绝缘电器安装板上，然后方可整体紧固于配电箱及开关箱箱体内。金属电器安装板与金属箱体应做电气连接。

（10）配电箱、开关箱内的电器（含插座）应按照规定位置紧固在电器安装板上，不得歪斜和松动。

（11）配电箱的电器安装板上必须分设 N 线端子板与 PE 线端子板。N 线端子板必须与金属电器安装板绝缘；PE 线端子板必须与金属电器安装板做电气连接。

进出线中的 N 线必须利用 N 线端子板连接；PE 线必须利用 PE 线端子板连接。

（12）配电箱、开关箱内的连接线必须采用铜芯绝缘导线。导线绝缘的颜色标志应按《施工现场临时用电安全技术规范》（JGJ46-2018）的有关规定配置并排列整齐；导线分支接头不得采用螺栓压接，应采用焊接并做绝缘包扎，不得有外露带电部分。

（13）配电箱、开关箱的金属箱体、金属电器安装板及电器正常不带电的金属底座、外壳等必须利用 PE 线端子板与 PE 线做电气连接，金属箱门与金属箱体必须利用采用编织软铜线做电气连接。

（14）配电箱、开关箱的箱体尺寸应与箱内电器的数量及尺寸相适应，箱内电器安装板板面电器安装尺寸可按照表 2-9 确定。

（15）配电箱、开关箱中导线的进线口与出线口应设在箱体的下底面。

（16）配电箱、开关箱的进、出线口应配置固定线卡，进出线应加绝缘护套并成束卡固在箱体上，不得与箱体直接接触。移动式配电箱、开关箱的进以及出线应采用橡皮护套绝缘电缆，不得有接头。

（17）配电箱、开关箱外形结构应能防雨以及防尘。

表 2-9 配电箱、开关箱内电器安装尺寸选择值

间距名称	最小净距 /mm
并列电器（含单极熔断器）间	30
电器进、出线瓷管（塑胶管）孔与电器边沿间	15A，30 20～30A，50 60A 及以上，80
上、下排电器进、出线瓷管（塑胶管）孔间	25
电器进、出线瓷管（塑胶管）孔至板边	40
电器至板边	40

（十三）电缆线路安全消防管理

（1）电缆中必须包含全部工作芯线与用作保护零线或保护线的芯线。需要三相四线制配电的电缆线路必须采用五芯电缆。

五芯电缆必须包含淡蓝、绿/黄两种颜色绝缘芯线。淡蓝色芯线必须用作 N 线。绿黄双色芯线必须用作 PE 线，禁止混用。

（2）电缆截面的选择应符合《施工现场临时用电安全技术规范》（JGJ46-2018）的有关规定，根据其长期连续负荷允许载流量和允许电压偏移确定。

（3）电缆线路应采用埋地或架空敷设，严禁沿地面明设，并应防止机械损伤和介质腐蚀，埋地电缆路径应设方位标志。

（4）电缆类型应依据敷设方式、环境条件选择。埋地敷设宜选用铠装电缆。当选用无铠装电缆时，应能防水、防腐。架空敷设宜选用无铠装电缆。

（5）电缆直接埋地敷设的深度不应小于 0.7m，并应在电缆紧邻上、下、左、右侧均匀敷设不小于 50mm 厚的细砂，然后覆盖砖或者混凝土板等硬质保护层。

（6）埋地电缆在穿越建筑物、道路、构筑物、易受机械损伤、介质腐蚀场所及引出地面从 2.0m 高到地下 0.2m 处，必须加设防护套管，防护套管的内径不应小于电缆外径的 1.5 倍。

（7）埋地电缆与其附近外电电缆与管沟的平行间距不得小于 2m，交叉间距不得小于 1m。

（8）埋地电缆的接头应设在地面上的接线盒内，接线盒应能防水、防尘以及防机械损伤，并应远离易燃、易爆、易腐蚀场所。

（9）架空电缆应沿电杆、支架或墙壁敷设，并且采用绝缘子固定，绑扎线必须采用绝缘线，固定点间距应保证电缆能承受自重所带来的荷载，敷设高度应满足《施工现场临时用电安全技术规范》（JGJ46-2018）规范中第 7.1 节架空线路敷设高度的要求，但沿墙壁敷设时的最大弧垂距地不得小于 2.0m。架空电缆严禁沿脚手架、树木或其他设施敷设。

（10）在建工程内的电缆线路必须采用电缆埋地引入，禁止穿越脚手架引入。电缆垂直敷设应充分利用在建工程的竖井、垂直孔洞等，并宜靠近用电负荷中心，固定点

每楼层不得少于一处。电缆水平敷设宜沿墙或者门口刚性固定,最大弧垂距地不得小于2.0m,装饰装修工程或其他特殊阶段,应补充编制单项施工用电方案。电源线可沿墙角及地面敷设,但是应采取防机械损伤和电火措施。

(11)电缆线路必须有短路保护及过载保护,短路保护和过载保护电器与电缆的选配应符合《施工现场临时用电安全技术规范》(JGJ46—2018)规范的有关要求。

(十四)室内配线安全防火设置

(1)室内配线必须采用绝缘导线或者电缆。

(2)室内配线应根据配线类型采用瓷瓶、嵌绝缘槽、瓷(塑料)夹、穿管或钢索敷设。潮湿场所或者埋地非电缆配线必须穿管敷设,管口和管接头应密封。当采用金属管敷设-金属管必须做等电位连接,并必须与PE线相连接。

(3)室内非埋地明敷主干线距地面高度不得小于2.5m。

(4)架空进户线的室外端应采用绝缘子固定,过墙处应穿管保护,距地面高度不得小于2.5m,并应采取防雨措施。

(5)室内配线所用导线或电缆的截面应根据用电设备或者线路的计算负荷确定,但铜线截面不应小于1.5mm^2,铝线截面不应小于2.5mm^2。

(6)钢索配线的吊架间距不宜大于12m。采用瓷瓶固定导线时,导线间距不应小于100mm,瓷瓶间距不应大于1.5m。当采用瓷夹固定导线时,导线间距不应小于35mm,瓷夹间距不应大于800mm。采用了护套绝缘导线或电缆时,可直接敷设于钢索上。

(7)室内配线必须有短路保护及过载保护,短路保护和过载保护电器与绝缘导线、电缆的选配应满足《施工现场临时用电安全技术规范》(JGJ46-2018)规范的有关要求。对穿管敷设的绝缘导线线路,其短路保护熔断器的熔体额定电流不应大于穿管绝缘导线长期连续负荷允许载流量的2.5倍。

三、建筑防雷击火灾

雷电是指大气中自然放电的现象,放电时,放电通道的温度可高达数万度,能使可燃建筑物或物资堆垛起火燃烧,甚至导致金属熔化,击穿铁皮层顶,引燃室内的可燃物。雷电还有很大的机械破坏力,击毁树木、烟囱、水塔及其他建筑物,使用火、用电设备或者易燃、可燃液体罐等遭到破坏而起火。

(一)雷电的火灾危险性

雷电的火灾危险性主要表现在雷电放电时所出现的各种物理现象效应及作用。

1.电效应。雷电放电时,能够产生高达数万伏甚至数十万伏的冲击电压。

2.热效应。当几十至上千安的强大雷电流通过导体时,在极短的时间内将转换成为大量的热能。

3.机械效应。因为雷电的热效应,还将使雷电通道中木材纤维缝隙和其他结构中的空气剧烈膨胀,同时使水分以及其他物质分解为气体,所以在被雷击物体内部出现强大的机械压力。

以上3种效应是直接雷击所造成的,这种直接雷击所产生的电、热机械的破坏作用都十分大。同时还有:

4. 电磁感应。
5. 静电感应。
6. 雷电波侵入。
7. 防雷装置上的高电压对建筑物的反应作用。

(二)雷电的防火措施

1. 直击雷防护措施

装设避雷针、避雷线及避雷网都是防护直击雷的重要措施。避雷针分为独立避雷针和附设避雷针,独立避雷针是离开建筑物单独装设的。禁止在装有避雷针、避雷线的建筑物上架设通信线、广播线或者其他电气线路。防雷装置受击时,其接闪器、引下线和接地装置都呈现很高的冲击电压,可能击穿与邻近导体之间的绝缘体造成反击,所以必须保证接闪器、引下线、接地装置与邻近导体之间有足够的安全距离。

2. 雷电波引入防护措施

雷电波引入又叫作高电位引入,它可以沿各种金属导体、管路,特别是天线或者架空电线引入室内。沿架空电线引入雷电波的防护问题比较复杂,通常采取了以下三种办法:

(1)配电线路全部采用地下电缆。
(2)采用电缆线段进线方式供电。
(3)在架空电线引入的地方,加装放电保护间隙或者避雷器等。

3. 雷电感应防护措施

雷电感应,特别是静电感应也能产生很高的冲击电压。在建筑物中主要应考虑由反击导致的爆炸和火灾事故。

依据建筑物的不同屋顶,应采取相应的防止静电感应的措施。对于金属屋顶,应将屋顶妥善接地;对钢筋混凝土层顶,应把屋面钢筋焊成边长6～12m的网络,连成通路,并予以接地。对非金属屋顶,应在屋面上加装边长6～12m的金属网络,并予以接地。屋顶或者其上金属网络的接地不得少于两处,并其间距应在10～30m范围内。

4. 可燃、易燃液体贮罐的防雷措施

(1)当罐顶钢板厚度大于3.5mm,并且装有呼吸阀时,可以不设防雷装置。但是油罐体应做良好的接地,接地点不少于两处,间距不大于30m,其接地装置的冲击接地电阻不大于30Ω。

(2)当罐顶钢板厚度小于3.5mm时,虽装有呼吸阀,也应在罐顶装设避雷针,并且避雷针与呼吸阀的水平距离不应小于3m,保护范围比呼吸阀高不应小于2m。

(3)浮顶油罐可不设防雷装置,但浮顶和罐体应有可靠的电气连接。

（4）非金属易燃液体贮罐，应采用独立的避雷针，避免直接雷击。同时，还应有防雷电感应措施。避雷针冲击接地电阻不小于30Ω。

（5）覆土厚度大于0.5m的地下油罐，可以不考虑防雷措施。但呼吸阀、量油孔以及采光孔应做好接地，接地点不少于两处，冲击电阻不大于10Ω。

（6）易燃液体的敞开式贮罐，应设独立避雷针，其冲击接地电阻不大于5Ω。

5. 棉、麻、毛及可燃物堆放的防雷措施

必须安装独立的防雷装置。其安装位置，应依据雷云的常年走向选定，一般是在迎向雷云走向的位置安装避雷针，其冲击接地电阻不大于30Ω。

第四节 消防系统管理

一、消防系统的选择

（一）消防系统的供电

1. 对消防供电的要求及规定

建筑物中火灾自动报警和消防设备联动控制系统的工作特点是连续、不间断。为了确保消防系统的供电可靠性及配线的灵活性，根据《火灾自动报警系统设计规范》（GB50116—2013）应满足下列要求。

（1）火灾自动报警系统应设置交流电源和蓄电池备用电源。

（2）火灾自动报警系统的交流电源应采用消防电源，备用电源可采用火灾报警控制器和消防联动控制器自带的蓄电池电源或消防设备应急电源。当备用电源采用消防设备应急电源时，火灾报警控制器和消防联动控制器应采用单独的供电回路，并应保证在系统处于最大负载状态下不影响火灾报警控制器和消防联动控制器的正常工作。

（3）消防控制室图形显示装置、消防通信设备等的电源，宜由UPS电源装置或消防设备应急电源供电。

（4）火灾自动报警系统主电源不应设置剩余电流动做保护和过负荷保护装置。

（5）消防设备应急电源输出功率应大于火灾自动报警及联动控制系统全负荷功率的120%，蓄电池组的容量应保证火灾自动报警以及联动控制系统在火灾状态同时工作负荷条件下连续工作3h以上。

（6）消防用电设备应采用专用的供电回路，其配电设备应设有明显标志，其配电线路和控制回路宜按防火分区划分。

（7）火灾自动报警系统接地装置的接地电阻值应符合下列规定：①采用共用接地装置时，接地电阻值不应大于1Ω；②采用专用接地装置时，接地电阻值不应大于

4Ω。

（8）消防控制室内的电气和电子设备的金属外壳、机柜、机架和金属管、槽等，应采用等电位连接。

（9）由消防控制室接地板引到各消防电子设备的专用接地线应选用铜芯绝缘导线，其线芯截面面积不应小于 4mm²。

（10）消防控制室接地板与建筑接地体之间，应采用线芯截面面积不小于 25mm² 的铜芯绝缘导线连接。

2．消防设备供电系统

消防设备供电系统应能充分确保设备的工作性能，当火灾发生时能充分发挥消防设备的功能，将火灾损失降到最小。这就要求对电力负荷集中的高层建筑或者一、二级电力负荷（消防负荷），通常采用单电源或者双电源的双回路供电方式，用两个 10kV 电源进线及两台变压器构成消防主供电电源。

（1）一级负荷消防供电系统，如图 2-1 所示

图 2-1（a）中，表示采用不同电网构成双电源，而两台变压器互为备用，单母线分段提供了消防设备用电源；图 2-1（b）中，则表示采用同一电网双回路供电，两台变压器备用，单母线分段，设置柴油发电机组作为应急电源向消防设备供电，和主供电电源互为备用，符合一级负荷要求。

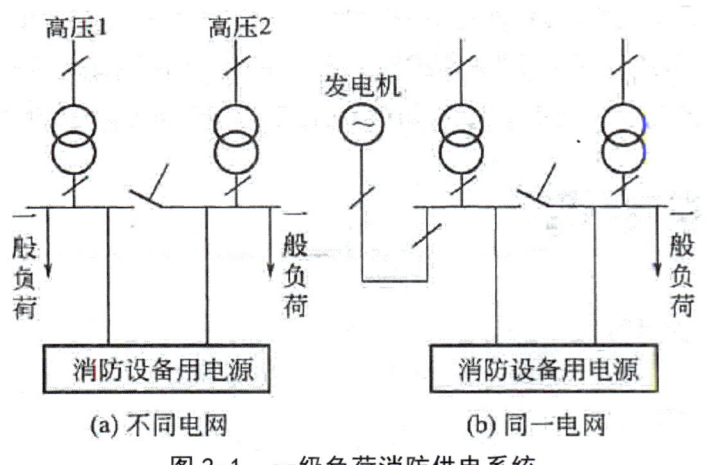

图 2-1　一级负荷消防供电系统

（2）二级负荷消防供电系统，如图 2-2 所示

从图 2-2（a）中可知，表示由外部引来的一路低压电源和本部门电源（自备柴油发电机组）互为备用，供给消防设备电源；图 2-2（b）表示双回路供电，可以符合二级负荷要求。

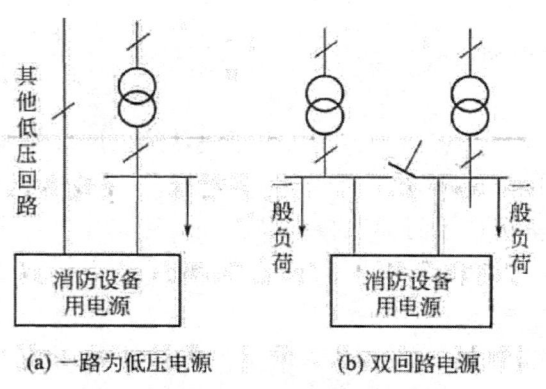

图 2-2　二级负荷消防供电系统

3. 备用电源的自动投入

备用电源的自动投入装置（BZT）可以使两路供电互为备用，也可用于主供电电源与应急电源（如柴油发电机组）的连接以及应急电源自动投入。

（1）备用电源自动投入线路组成。由两台变压器、1KM、2KM、3KM三只交流接触器、自动开关QF、手动开关SAI、SA2、SA3组成，如图2-3所示。

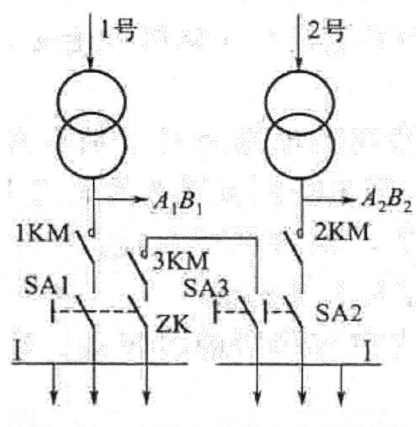

图 2-3　电源自动投入装置接线

（2）备用电源自动投入原理。正常时，两台变压器分列运行，自动开关闭合状态，合上SA1、SA2先后，再合上SA3，接触器1KM、2KM线圈通电闭合，3KM线圈断电触头释放。如母线失压（或1号回路掉电），1KM失电断开，3KM线圈通电其常开触头闭合，使母线经过Ⅱ段母线接受2号回路电源供电，从而实现自动切换。

应当指出：两路电源在消防电梯以及消防泵等设备端实现切换（末端切换）常采用备用电源自动投入装置。

（二）消防系统的布线与接地

1. 布线及配管火灾自动报警系统用导线最小截面如表2-10所列。

表 2-10　火灾自动报警系统用导线最小截面

类别	线芯最小截面 /mm²	备注
穿管敷设的绝缘导线线槽内	1.00	
敷设的绝缘导线	0.75	
多芯电缆	0.50	
由探测器到区域报警器	0.75	多股铜芯耐热线
由区域报警器到集中报警器	1.00	单股铜芯线
水流指示器控制线	1.00	
湿式报警阀及信号阀	1.00	
排烟防火电源线	1.50	控制线 > 1.00mm²
电动卷帘门电源线	2.50	控制线 > 1.50 mm²
消火栓控制按钮线	1.50	

（1）火灾自动报警系统的传输线路应采用铜芯绝缘导线或者铜芯电缆，其电压等级不应低于交流 250V。

（2）火灾探测器的传输线路宜采用不同颜色的绝缘导线，从而方便识别，接线端子应有标号。

（3）配线中使用的非金属管材、线槽及其附件，都应采用不燃或非延燃性材料制成。

（4）火灾自动报警系统的传输线，当采用绝缘电线时，应采取穿管（金属管或者不燃、难燃型硬质、半硬质塑料管）或者封闭式线槽进行保护。

（5）不同电压、不同电流类别、不同系统的线路，不可共管或者在线槽的同一槽孔内敷设。横向敷设的报警系统传输线路，如果采用穿管布线，则不同防火分区的线路不可共管敷设。

（6）消防联动控制、自动灭火控制、事故广播、通信以及应急照明等线路，应穿金属管保护，并宜暗敷设在非燃烧体结构内，其保护层的厚度不宜小于 3cm。若必须采用明敷设，则应对金属管采取防火保护措施。当采用具有非延燃性绝缘和护套的电缆时，可不穿金属保护管，但应将其敷设在电缆竖井内。

（7）弱电线路的电缆宜和强电线路的电缆竖井分别设置。如因条件限制，必须合用一个电缆竖井时，则应将弱电线路和强电线路分别布置在竖井两侧。

（8）横向敷设在建筑物的暗配管，钢管直径不宜大于 25mm；水平或者垂直敷设在顶棚内或墙内的暗配管–钢管直径不宜大于 20mm。

（9）从线槽、接线盒等处引到火灾探测器的底座盒、控制设备的接线盒、扬声器箱等的线路，应穿金属软管保护。

2．消防系统的接地

为了确保消防系统正常工作，对系统的接地规定如下：

（1）火灾自动报警系统应在消防控制室设置专用接地板—接地装置的接地电阻值应符合以下要求：若采用专用接地装置，则接地电阻值不大于 4Ω；若采用了共用接地装置时，则接地电阻值不应大于 1Ω。

（2）火灾报警系统应设专用接地干线，通过消防控制室引到接地体。

（3）专用接地干线应采用铜芯绝缘导线，其芯线截面积应不小于 $25mm^2$，专用接地干线宜穿硬质型塑料管埋设至接地体。

（4）由消防控制室接地板引到各消防电子设备的专用接地线应选用铜芯塑料绝缘导线，其芯线截面积不应当小于 $4mm^2$。

（5）消防电子设备凡采用交流供电时，设备金属外壳和金属支架等应做保护接地，接地线应和电气保护接地干线（PE线）相连接。

（6）区域报警系统与集中报警系统中各消防电子设备的接地亦应符合上述①~⑤条的要求。

二、消防系统的维护管理

（一）一般要求

（1）消防系统的调试，应在建筑内部装修及该系统施工结束后进行。

（2）消防系统调试前应具备相关文件及调试必需的其他文件。

（3）调试负责人必须由有资格的专业技术人员担任，所有参加调试人员应职责明确，并应按照调试程序工作。

（二）调试前的准备

（1）调试前应按设计要求查验设备的规格、型号、数量以及备品备件等。

（2）应按要求检查系统的施工质量。对属于施工中出现的问题，应会同有关单位协商解决，并有文字记录。

（3）应按要求检查系统线路，对错线、开路、虚焊以及短路等应进行处理。

（三）消防系统调试

（1）消防系统调试应先分别对火灾探测器、集中火灾报警控制器、区域火灾报警控制器、火灾警报装置和消防控制设备等逐个进行单机通电检查－正常之后方可进行系统调试。

（2）消防系统通电后，应按现行国家标准《火灾报警控制器》（GB4717—2005）的有关要求，对火灾报警控制器进行以下功能检查：

①火灾报警自检功能。

②消声、复位功能。

③火灾优先功能。

⑤故障报警功能。

⑥报警记忆功能。

⑦电源自动转换及备用电源的自动充电功能。

⑧备用电源的欠压及过压报警功能。

⑨检查消防系统的主电源和备用电源，其容量应分别满足现行有关国家标准的要求，在备用电源连续充放电3次后，主电源和备用电源应能自动转换。

⑩应采用专用的检查仪器对探测器逐个进行试验，并且其动作应准确无误。

⑪应分别用主电源和备用电源供电，检查火灾自动报警系统的各项控制功能和联动功能。

⑫消防系统应在运行120h无故障后，填写调试报告。

（四）消防系统验收

消防系统的竣工验收是对系统施工质量的全面检查。必须按国家标准火灾自动报警系统施工及验收标准（GB50166—2019）的规定严格执行。

1. 一般要求

（1）消防系统的竣工验收，由建设主管单位主持，设计、施工以及调试等单位参加，共同进行。

（2）消防系统的竣工验收应包括下列装置：①火灾自动报警系统装置（包括各种火灾探测器、手动火灾报警按钮、区域火灾报警控制器以及集中火灾报警控制器等）；②灭火系统控制装置（包括室内消火栓、自动喷水、卤代烷、干粉、二氧化碳、泡沫等固定灭火系统的控制装置）；③电动防火门及防火卷帘控制装置；④通风空调、防烟排烟及电动防火阀等消防控制装置；⑤火灾应急广播、消防通信、消防电源、消防电梯以及消防控制室的控制装置。⑥火灾应急照明和疏散指示控制装置。

（3）消防系统验收前，建设单位应向住房城乡建设部门提交验收申请报告，并附以下技术文件：①消防系统竣工表；②消防系统竣工图；③施工记录（包括隐蔽工程验收记录）。④调试报告；⑤管理、维护人员登记表。

（4）消防系统验收时，住房城乡建设部门应对操作、管理以及维护人员的配备情况进行检查。

（5）消防系统验收时，住房城乡建设部门应进行施工质量核查。核查应包括以下内容：①消防系统的主电源、备用电源、自动切换装置等安装位置以及施工质量；②消防用电设备的动力线、控制线、接地线和火灾报警信号传输线的敷设方式；③火灾探测器的类别、型号、适用场所、安装高度、保护半径、保护面积及探测器的间距；④火灾应急照明和疏散指示控制装置的安装位置及施工质量。

2. 系统竣工验收要求

（1）消防用电设备电源的自动切换装置，应进行3次切换试验，每次试验都应正常。
①实际安装数量在5台以下者，全部抽检。
②实际安装数量在6～10台者，抽检5台。
③实际安装数量超过10台者，按实际安装数量30%～50%的比例抽检，但是不得少于5台，抽检时每个功能应能重复1～2次，而被抽检火灾控制器的基本功能应符合现行国家标准火灾自动报警系统施工及验收标准（GB50166—2019）中的功能要求。

（2）火灾探测器（包括手动报警按钮），应按下列要求进行模拟火灾响应试验和故障报警抽检。

①实际安装数量在100只以下者，抽检10只。

②实际安装数量超过100只，按实际安装数量5%～10%的比例抽检，但不少于得10只，被抽检探测器的试验均应正常。

（3）室内消火栓的功能验收应在出水压力符合现行国家有关建筑设计防火规范的条件之下进行，并应符合以下要求：

①工作泵、备用泵转换运行1～3次。

②消防控制室内操作启、停泵1～3次。

③消火栓操作启泵按钮按照5%～10%的比例抽检。

上述室内消火栓的控制功能应正常、信号应正确。

（4）自动喷水灭火系统的抽检，应在符合现行国家标准《自动喷水灭火系统设计规范》（GB50084—2017）的条件下，抽检以下控制功能：

①工作泵与备用泵转换运行1～3次。

②消防控制室内操作启、停泵1～3次。

③水流指示器、闸阀关闭器与电动阀等按实际安装数量的10%～30%的比例进行末端放水试验。

上述自动喷水灭火系统的控制功能、信号都应正常。

（5）卤代烷、泡沫、二氧化碳以及干粉等灭火系统的抽检，应在符合现行有关系统设计规范的条件下，按照实际安装数量的20%～30%抽检下列控制功能：

①人工启动和紧急切断试验1～3次。

②与固定灭火设备联动控制的其他设备（关闭防火门窗、停止空调风机、关闭防火阀以及落下防火幕等）试验1～3次。

③抽一个防护区进行喷放试验（卤代烷系统应采用氮气等介质代替）。

上述气体灭火系统的试验控制功能、信号都应正常。

（6）电动防火门和防火卷帘的抽检，应按实际安装数量的10%～20%抽检联动控制功能，其控制功能及信号均应正常。

（7）通风空调和防排烟设备（包括风机与阀门）的抽检，应按照实际安装数量的10%～20%抽检联动控制功能，其控制功能、信号均应正常。

（8）消防电梯的检验应进行1～2次人工控制以及自动控制功能检验，其控制功能、信号均应正常。

（9）火灾应急广播设备的检验，应按实际数量的10%～20%进行以下功能检验：

①共用的扬声器强行切换试验。

②在消防控制室选层广播。

③备用扩音机控制功能试验。

以上功能应正常，语音应清楚。

（10）消防通信设备的检验，应符合以下要求：

①消防控制室及设备间所设的对讲电话进行1～3次通话试验。

②电话插孔按照实际安装数量的5%～10%进行通话试验。

③消防控制室的外线电话和"119台"进行1～3次通话试验。

以上功能应正常，语音应清楚。

（11）上述各项检验项目中，当有不合格时，应限期修复或更换，并进行复检。复检时，对有抽检比例要求的，应进行加倍试验。其中，复检不合格者，不能通过验收。

（五）日常维护与定期清洗

消防系统中所有设备均应做好日常维护保养工作，注意防潮、防尘、防电磁干扰、防冲击、防碰撞等各项安全防护工作，保持设备经常处在完好状态。

做好火灾探测器的定期清洗工作，对保持火灾监控系统的良好运行非常重要。火灾探测器投入运行后，由于环境条件的原因，容易受污染、积聚灰尘，使可靠性降低，引起误报或漏报，尤其是感烟火灾探测器，更易受环境影响。所以，国家标准火灾自动报警系统施工及验收标准（GB50166—2019）明确规定：点型感烟火灾探测器投入运行2年后，应每隔3年至少全部清洗一遍；通过采样管采样的吸气式感烟火灾探测器根据使用环境的不同，需对采样管道进行定期吹洗，最长的时间间隔不应超过一年；探测器的清洗应由有相关资质的机构根据产品生产企业的要求进行。探测器清洗后应做响应阈值及其他必要的功能试验，合格者方可继续使用。不合格探测器严禁重新安装使用，并应将该不合格品返回产品生产企业集中处理，严禁将离子感烟火灾探测器随意丢弃。可燃气体探测器的气敏元件超过了生产企业规定的寿命年限后应及时更换，气敏元件的更换应由有相关资质的机构根据产品生产企业的要求进行。我国地域辽阔，南北方气候差别较大。南方多雨潮湿，水汽大，容易凝结水珠；北方干燥多风，容易积聚灰尘。在同一地区、不同行业、不同使用性质的场所，污染也不相同。应当根据不同情况，确定对探测器清洗的周期与批量。清洗工作要由有条件的专门清洗单位进行，不得随意自行清洗，清洗之后，火灾探测器应做响应阈值和其他必要的功能试验，以确保其响应性能符合要求。发现不合格的，应予报废，并立即更换，不得维修之后重新安装使用。

第三章 民用建筑消防安全管理

第一节 大型综合商业体防火措施

一、商场的火灾危险性

商场是人员和货物集中的场所，一旦发生火灾，容易造成群死群伤和巨额财产损失，商场的火灾危险性主要有以下五个方面：

（1）营业厅面积大，且每层空间上下贯通，容易造成火灾蔓延扩大；
（2）可燃商品多，容易造成重大经济损失；
（3）商场人员聚集，流动量大，容易造成重大伤亡；
（4）电气照明设备多，导致火灾的因素多；
（5）扑救难度极大。

二、商场的防火管理措施

（一）建筑防火要求

根据国家有关消防技术规范规定，新建商场的耐火等级一般应当不低于二级，商场内的吊顶和其他装饰材料，不准使用可燃材料，对于原有建筑中可燃的木构件和耐火极限较低的钢架结构，必须采取措施，提高其耐火等级。商场内的货架和柜台，应采用金属框架和玻璃板组合制成。

大型商业建筑应设置环形消防车道。当确有困难时，应保证两个长边或不小于1/2

周长范围形成消防车道。消防车道内边路缘距建筑外墙突出物边缘不宜小于5米。消防车道的转弯半径应满足大型消防车的要求。

(二) 布局及防火分隔

（1）保证人员通行和安全疏散通道面积。商场营业厅作为公共场所，顾客人流所需的面积应予充分考虑。这方面目前国内尚无规范明确规定，但是根据实际情况和参考外国经验型商场或多层商场一般不小于1：1.5；较小的商场为3米。

（2）分防火分区。多层商场地上按2500平方米为一个分区，地下按500平方米作为一个防火分区；如商场装有自动喷水灭火系统时，防火分区面积可增加一倍；高层商场如果设有火灾自动报警系统，自动喷水灭火系统，并采用不燃或难燃材料装修时，地上商场防火分区面积可扩大到4000平方米，地下商场防火分区面积可扩大到2000平方米。

（3）对于电梯间、楼梯间、自动扶梯等贯通上下楼层的孔洞，应安装防火门或防火卷帘进行分隔、对于管道井、电缆井等，其每层检查口应安装丙级防火门，且每隔2～3层楼板处用相当于楼板耐火极限的材料进行分隔。

（4）商场的小型中转仓库、服装加工及家用电器、钟表、眼镜修理部维修部等应同营业厅分开独立设；

（5）油浸电力变压器不宜设在地下商场内，如必须设置时，应避开人员密集的部位和出入口，且应用耐火极限不低于3小时的隔墙和耐火极限不低于2小时的楼板与其他部位隔开，墙上的门应采取甲级防火门，变压器下面应设有能储存变压器全部油量的事故储油设施。

（6）空调机房进入每个楼层或防火分区的水平支持管上，均应按规定设置火灾时能自动关闭的防火阀门。空调风管上所使用的保温材料、吸音材料应选用不燃或者难燃材料。

(三) 安全疏散

商场是人员集中的场所，安全疏散必须满足消防规范的要求，要按照规范设置相应的防烟楼梯间、封闭楼梯间或者室外疏散楼梯。商场要有足够数量的安全出口并多方位地均匀布置，不应设置影响安全疏散的旋转门及侧拉门等。

安全出口的门禁系统必须具备从向疏散方向开启，并且有发出声光报警信号的功能，以及断电自动停止锁闭的功能，禁止使用只能由控制中心遥控开启的门禁系统。

安全出口、疏散通道及疏散楼梯等都应按要求设置应急照明灯和疏散指示标志，应急照明灯的照度不应低于0.5勒克斯，连续供电时间不得少于20分钟，疏散指示标志的间距不大于20米。袋形走道不应大于10米，在走道转角区，不应大于1米。禁止在楼梯、安全出口和疏散通道上设置摊位、堆放货物。

(四) 消防设施

商场的消防设施包括火灾自动报警系统、室内外消火栓系统、自动喷水灭火系统、防排烟系统、疏散指示标志、应急照明、事故广播、防火门、防火卷帘以及灭火器材。

1. 火灾自动报警系统

商场中任一层建筑面积大于3000平方米或者总建筑面积大于6000平方米的多层商场，建筑面积大于500平方米的地下、半地下商场及一些一类高层商场，应设置火灾自动报警系统。火灾自动报警系统的设置应符合《火灾自动报警系统的设计规范》（GB50116-2013），营业厅等人员聚集场所宜设置漏电火灾报警系统。

2. 灭火设施

商场应设置室内、室外消火栓系统，并应满足有关消防技术规范要求。按照《消防给水及消火栓系统技术规范》（GB50974-2014）的要求设置消防软管卷盘。建筑面积大于200平方米的商业服务网点应设置消防软管卷盘或轻便消防水龙。

商场应按照《建筑灭火器配置设计规范》（GB50140-2005）的要求配置灭火器。

第二节　公共娱乐场所消防安全

一、公共文化娱乐场所的防火要求

（一）公共文化娱乐场所的设置

（1）设置位置、防火间距、耐火等级。公共文化娱乐场所不得设置在文物古建筑、博物馆以及图书馆建筑内，不得毗连重要仓库或危险物品仓库。不得在居民住宅楼内建公共娱乐场所。在公共文化娱乐场所的上面、下面或毗邻位置，不准布置燃油、燃气的锅炉房以及油浸电力变压器室。

公共文化娱乐场所在建设时，应与其他建筑物保持一定的防火间距，通常与甲、乙类生产厂房、库房之间应留有不少于50m的防火间距。而建筑物本身不宜低于二级耐火等级。

（2）防火分隔在建筑设计时应当考虑必要的防火技术措施。影剧院等建筑的舞台和观众厅之间，应采用耐火极限不低于3h的不燃体隔墙，舞台口上部和观众厅闷顶之间的隔墙可采用耐火极限不低于1.5h的不燃体，隔墙上的门应采用乙级防火门；舞台下面的灯光操作室和可燃物贮藏室，应用耐火极限不低于2h的不燃体墙与其他部位隔开；电影放映室应用耐火极限不低于1.5h的不燃体隔墙与其他部分隔开，观察孔和放映孔应设阻火闸门。

对超过1500个座位的影剧院与超过2000个座位的会堂、礼堂的舞台，以及与舞台相连的侧台、后台的门窗洞口，都应设水幕分隔；对于超过1500个座位的剧院与超过2000个座位的会堂的屋架下部，以及建筑面积超过400m的演播室、建筑面积超过

500m 的电影摄影棚等,均应设雨淋喷水灭火系统。

公共文化娱乐场所与其他建筑相毗连或附设于其他建筑物内时,应当按照独立的防火分区设置。商住楼内的公共文化娱乐场所和居民住宅的安全出口应当分开设置。

(3)公共文化娱乐场所的内部装修设计和施工,必须符合《建筑内部装修设计防火规范》(GB50222-2017)和有关装饰装修防火规定。

(4)在地下建筑内设置公共娱乐场所除符合有关消防技术规范的要求外,还应符合以下规定:①允许设在地下一层;②通往地面的安全出口不应少于2个,每个楼梯宽度应当满足有关建筑设计防火规范的规定;③应当设置机械防烟、排烟设施;④应当设置火灾自动报警系统及自动喷水灭火系统;⑤禁止使用液化石油气。

(二)公共文化娱乐场所的安全疏散

(1)公共文化娱乐场所观众厅、舞厅的安全疏散出口,应当按照人流情况合理设置,数目不应少于2个,并且每个安全出口平均疏散人数不应超过250人,当容纳人数超过2000人时,其超过部分按每个出口平均疏散人数不超过400人计算。

(2)公共文化娱乐场所观众厅的入场门、太平门不应设置门槛,其宽度不应小于1.4m。紧靠于门口1.4m范围内不应设置踏步。同时,太平门不准采用卷帘门、转门、吊门以及侧拉门,门口不得设置门帘、屏风等影响疏散的遮挡物。公共文化娱乐场所在营业时,必须保证安全出口和走道畅通无阻,严禁将安全出口上锁、堵塞。

(3)为了确保安全疏散,公共文化娱乐场所室外疏散通道的宽度不应小于3m。为满足灭火需要,超过2000个座位的礼堂、影院等超大空间建筑四周,宜设环形消防车道。

(4)在布置公共文化娱乐场所观众厅内的疏散走道时,横走道之间的座位不宜超过20排。而纵走道之间的座位数每排不宜超过22个,当前后排座椅的排距不小于0.9m时,可以增加1倍,但是不得超过50个;仅仅一侧有纵走道时,其座位数应减半。

(三)公共文化娱乐场所的应急照明

(1)在安全出口和疏散走道上,应设置必要的应急照明及疏散指示标志,以利于发生火灾时引导观众沿着灯光疏散指示标志顺利疏散。疏散用的应急照明,其最低照度不应低于1.0lx。而照明供电时间不得少于20min。

(2)应急照明灯应设在墙面或者顶棚上,疏散指示标志应设于太平门的顶部和疏散走道及其转角处距地面1m以下的墙面上,走道上的指示标志间距不应大于20m。

(四)公共文化娱乐场所的灭火设施及器材的设置

公共文化娱乐场所发生火灾蔓延快,扑救困难。所以,必须配备消防器材等灭火设施。根据规定,对于超过800个座位的剧院、电影院、俱乐部以及超过1200个座位的礼堂,都应设置室内消火栓。

为了确保能及时有效地控制火灾,座位超过1500个的剧院和座位超过2000个的会堂或礼堂,室内人员休息室与器材间应设置自动喷水灭火系统。

室内消火栓的布置,通常应布置在舞台、观众厅和电影放映室等重点部位醒目并便于取用的地方。另外，对放映室（包括卷片室）、配电室、储藏室、舞台以及音响操作等重点部位，都应配备必要的灭火器。

二、娱乐场所的安全防火技术

设置在综合性建筑内的公共娱乐场所，其消防设施及火灾器材的配备，应符合规范对综合性建筑的防火要求。

（一）场所的设置要求

（1）设置位置、防火间距以及建筑物耐火等级。按照《娱乐场所管理条例》第七条的规定："娱乐场所不得设在下列地点：（一）居民楼、博物馆、图书馆和被核定为文物保护单位的建筑物内；（二）居民住宅区和学校、医院、机关周围；（三）车站、机场等人群密集的场所；（四）建筑物地下一层以下；（五）与危险化学品仓库毗连的区域。娱乐场所的边界噪声，应当符合国家规定的环境噪声标准。"

（2）防火分区。影剧院以及会堂舞台上部与观众厅闷顶之间应采用防火墙进行分隔，防火墙上不应开设门、窗、洞孔或穿越管道，若确需要在隔墙上开门时，其门应采用甲级防火门。舞台灯光操作室与可燃物贮藏室之间，应用耐火极限不低于1h的非燃烧的墙体分隔。

（3）装修规定。娱乐场所要正确选用装修材料，内部装修应妥善处理舒适豪华的装修效果和防火安全之间的矛盾，尽量选用不燃和难燃材料，少用可燃材料，特别是尽量避免使用在燃烧时产生大量浓烟和有毒气体的材料。如剧院观众厅顶棚，应用轻钢龙骨、纸面石膏板材料装修，严禁使用木龙骨、纸板或者塑料板等材料装修。

剧院、会堂水平疏散通道及安全出口的门厅，其顶棚装饰材料应采用不燃装修材料。内部无自然采光的楼梯间、封闭楼梯间、防烟楼梯间及其前室的顶棚、墙面和地面，都应采用不燃装修材料。

（二）安全疏散设施

公共娱乐场所的安全疏散设施应严格按照相关规范要求设置。否则，一旦发生火灾，极易造成人员伤亡。安全疏散设施包括安全出口、疏散门、疏散走道、疏散楼梯、应急照明以及疏散指示标志。

（1）安全出口。安全出口或者疏散出口的数量应按相关规范规定计算确定。除规范另有规定外，安全出口的数量不应少于2个。安全出口或疏散出口应分散合理设置，相邻2个安全出口或疏散出口最近边缘之间的水平距离不应小于5m。

（2）疏散门。疏散门的数量应当依据计算合理设置，数量不应少于2个，影剧院的疏散门的平均疏散人数不应超过250人，当容纳人数大于2000人时，其超过的部分按每樘疏散门平均疏散人数不超过400人计算。

疏散门不应设置门槛，其净宽度不应小于1.4m，并且紧靠门口内、外各1.4m范围内不应设置踏步。疏散门均应向疏散方向开启，不准使用卷帘门、转门、吊门、折叠门、铁栅门以及侧拉门，应为朝疏散方向开启的平开门，门口不得设置门帘以及屏风等影响疏散的遮挡物。公共场所在营业时，必须保证安全出口畅通无阻，禁止将安全出口上锁、堵塞。

为确保安全疏散，公共娱乐场所室外疏散小巷的宽度不应小于3m。为保证灭火的需要，超过2000个座位的会堂等建筑四周，宜设置环形消防车道。

（3）疏散楼梯和走道。多层建筑的室内疏散楼梯宜设置楼梯间，大于2层的建筑应采用封闭楼梯间。当娱乐场所设置在一类高层建筑或者超过32m的二类高层建筑中时，应设置防烟楼梯间。

剧院的观众厅的疏散走道宽度应按照其通过人数，每100人不小于0.6m，但是最小净宽度不应小于1m，边走道的净宽度不应小于0.8m。在布置疏散走道时，横走道之间的座位排数不宜大于20排；纵走道之间的座位数，每排不宜超过22个；前后排座椅的排距不小于0.9m时，可以增加一倍，但不得超过50个；仅仅一侧有纵走道时，座位数应减少一半。

（4）应急照明和疏散指示标志。公共娱乐场所内应按照相关规范条文配置应急照明和疏散指示标志，场所内的疏散走道和主要疏散路线的地面或者靠近地面的墙上应设置发光疏散指示标志，以便引导观众沿着标志顺利疏散。疏散用的应急照明其最低照度不应低于0.5lx，设置的应急照明以及疏散指示标志的备用电源，其连续供电的时间不应少于20～30min。

（三）消防设施

（1）消火栓系统。除相关规范另有规定之外，娱乐场所必须设置室内、室外消火栓系统，并且宜设置消防软管卷盘。系统的设计应符合相关规范要求。

（2）自动灭火系统。设置在地下、半地下，建筑的首层、二层以及三层且任一层建筑面积超过300m^2时，或建筑在地上四层及四层以上以及设置在高层建筑内的娱乐场所，都应设置自动喷水灭火系统，系统的设置应符合相关规范的要求。

（3）防排烟系统。设置在高层建筑内三层以上的娱乐场所应设置防排烟系统，设置在多层建筑一、二、三层且房间建筑面积超过200m^2时，设置在四层及四层以上，或者地下、半地下的娱乐场所，该场所中长度大于20m的内走道，都应设置防排烟系统。

（4）灭火器的配置。建筑面积在200m^2及以上的娱乐场所应按照严重危险级配置灭火器。建筑面积在200m^2以下的娱乐场所应按中危险级配置灭火器。应依据场所可能发生的火灾种类选择相应的灭火器，在同一灭火器配置场所，当选用两种或者两种以上类型的灭火器时，应采用灭火剂相容的灭火器。

灭火器的设置、配置应满足《建筑灭火器配置设计规范》（GB50140-2005）的规定。

三、娱乐场所的建筑防火及安全疏散设施检查

娱乐场所建筑防火及安全疏散检查重点为:

1. 设置在多功能建筑内的公共娱乐场所,应采用耐火极限不低于1h的楼板和2h的隔墙与其他部位隔开,并且应满足各自不同工作或使用时间对安全疏散的要求。

2. 公共娱乐场所不应布置在地下二层及二层以下。当公共娱乐场所设置在地下一层、四层或四层以上楼层时,一个厅、室的建筑面积不应大于200m,并应用耐火极限不低于1h的不燃烧体楼板和不低于2h的不燃烧体隔墙作防火分隔,厅、室的疏散门应为不低于乙级的防火门。

3. 当设置在地下一层时,顶棚、墙面的装修材料应为A级,地面的装修材料应不低于B1级;设置在四层及四层以上楼层时,顶棚的装修材料应为A级,墙面、地面的装修材料应不低于B1级。

4. 疏散楼梯宜通至屋面,且宜在屋面设置辅助疏散设施。

5. 公共娱乐场所在各楼层的明显位置是否设置安全疏散指示图,指示图上应标明疏散路线、安出口、人员所在位置和必要的文字说明。

6. 卡拉OK厅以及其包房内应设置声音或视像警报,保证在火灾发生初期,将其画面、音响消除。

播送火灾警报,引导人们安全疏散。

7. 各种灯具距离周围窗帘、幕布、布景等可燃物应不小于0.5m。

8. 进行设备维电气焊、油粉刷等施工、维修作业。在娱乐场所非营业期间动火施工时应符合以下规定:

(1) 需要动火施工的区域和非施工区域之间应进行防火分隔。

(2) 电气焊等明火作业前,实施动火的部门和人员应按照制度规定办理动火审批手续,清除易燃、可燃物,配置灭火器材,落实现场监护人和安全措施,在确认无火灾、爆炸危险后方可动火施工。

9. 营业时间和营业结束后,应指定专人进行消防安全检查,清除了烟蒂等遗留火种。

10. 营业期间安全出口、疏散通道和楼梯间是否畅通和完好。

第三节　重要办公场所的消防安全

一、会议室防火管理

办公楼通常都设有各种会议室,小则容纳几十人,大则可容纳数百人。大型会议室人员集中,而且参加会议者往往对大楼的建筑设施、疏散路线并不了解。所以,一旦发

生火灾，会出现各处逃生的混乱局面。所以，必须注意下列防火要求。

（1）办公楼的会议室，其耐火等级不应低于二级，单独的中和小会议室，最好用一、二级，不得低于三级。会议室的内部装修，尽量选用不燃材料。

（2）容纳50人以上的会议室，必须设置两个安全出口，其净宽度不小于1.4m。门必须向疏散方向开，并不能设置门槛，靠近门口1.4m内不能设踏步。

（3）会议室内疏散走道的宽度应按照其通过人数每100人不小于60cm计算，边走道净宽不得小于80cm，其他走道净宽不得小于1m。

（4）会议室疏散门、室外走道的总宽度，分别应按照平坡地面每通过100人不小于65cm、阶梯地面每通过100人不小于80cm计算，室外疏散走道净宽不应小于1.4m。

（5）大型会议室座位的布置，横走道之间的排数不宜大于20排，纵走道之间每排座位不宜超过22个。

（6）大型会议室应设置事故备用电源和事故照明灯具。

（7）每次会议进行之后，要对会议室内的烟头、纸张等进行清理、扫除，避免遗留烟头等火种引起火灾。

二、图书馆、档案馆及机要室防火管理

图书馆、档案机要室是收集、整理、收藏以及保存图书资料和重要档案，供读者学习、参考、研究的部门和提供重要档案资料的机要部门，通常收藏有大量的古今中外的图书、报纸、刊物等资料，保存具有参考价值的收发电文、会议记录、人事材料、会议文件、财会簿册、出版物原稿、印模、影片、照片、录音带、录像带及各种具有保存价值的文书等档案材料。有的设有目录检索、阅览室以及复印、装订、照相、录放音像、电子计算机等部门。大型的图书馆还设有会议厅，举办各种报告会及其他活动。

图书馆、档案机要室收藏的各类图书报刊及档案材料，绝大多数都是可燃物品，公共图书馆和科研、教育机构的大型图书馆还要经常接待大量的读者，图书馆以及档案机要室一旦发生火灾，不仅会使珍贵的孤本书籍、稀缺报刊和历史档案及文献资料化为灰烬，价值无法计算，损失难以弥补，而且会危及人员的生命安全。所以，火灾是图书馆、档案机要室的大敌。在我国历史上，曾有大批珍贵图书资料毁于火患的记载；在近代，这方面的火灾也产不少见。纵观图书馆等发生火灾的原因，主要是电气安装使用不当和火源控制不严所导致，也有受外来火种的影响。保障图书馆、档案机要室的安全，是保护祖国历史文化遗产的一个重要方面，对促进文化、科学等事业的发展关系极大。所以必须把它们列为消防工作的重点，采取严密的防范措施，做到万无一失。

（一）提高耐火等级、限制建筑面积，注意防火分隔

（1）图书馆、档案机要室要设于环境清静的安全地带，与周围易燃易爆单位，保持足够的安全距离，并应设在一、二级耐火等级的建筑物内。不超过三层的一般图书馆及档案机要室应设在不低于三级耐火等级的建筑物内，藏书库、档案库内部的装饰材料，

都采用不燃材料制成，闷顶内不得用稻草及锯末等可燃材料保温。

（2）为防止一旦发生火灾造成大面积蔓延，减少火灾损失，对书库建筑的建筑面积应适当加以限制。一、二级耐火等级的单层书库建筑面积不应超过4000m²，防火墙隔间面积不应超过1000m²；二级耐火等级的多层书库建筑面积不应超过3000m²，防火墙隔间面积也不应超过1000m²；三级耐火等级的书库，最多允许建三层，单层的书库，建筑面积不应超过2100m²，防火墙隔间面积不应大于700m²；二、三层的书库，建筑面积不应超过1200m²，防火墙隔间面积不应超过400m²。

（3）图书馆、档案机要室内的复印、装订、照相以及录放音像等部门，不要与书库、档案库、阅览室布置在同一层内，若必须在同一层内布置时，应采取防火分隔措施。

（4）遗留的硝酸纤维底片资料库房的耐火等级不应低于二级，一幢库房面积不应超过180m²。而内部防火墙隔间面积不应超过60m²。

（5）图书馆、档案机要室的阅览室，其建筑面积应按照容纳人数每人1.2m²计算。阅览室不宜设在高层，如果建筑耐火等级为一、二级的，应设在四层以下；耐火等级为三级的应设在三层以下。

（6）书库、档案库，应作为一个单独的防火分区处理，同其他部分的隔墙，均应为不燃体，耐火极限不得低于4h。书库与档案库内部的分隔墙，如是防火单元的墙，应按防火墙的要求执行，如作为内部的一般分隔墙，也应采取不燃材料，耐火极限不得低于1h。书库和档案库与其他建筑直接相通的门，均应是防火门，其耐火极限不应小于2h，内部分隔墙上开设的门也应采取防火措施，耐火极限要求不小于1.2h。书库、档案库内楼板上不准随便开设洞孔，比如需要开设垂直联系渠道时，应做成封闭式的吊井，其围墙应采用不燃材料制成，并且保持密闭。书库及档案库内设置的电梯，应为封闭式的，不允许做成敞开式的。电梯门不准直接开设在书库、资料库以及档案库内，可做成电梯前室，避免起火时火势向上、下层蔓延。

（二）注意安全疏散

图书馆、档案机要室的安全疏散出口不应少于两个，但单层面积在100m²左右的，允许只设一个疏散出口，阅览室的面积超过60m²，人数超过50人的，应设置两个安全出口，门必须向外开启，其宽度不小于1.2m，不应设置门槛；装订及修理图书的房间，面积超过150m²，且同一时间内工作数超过15人的，应设两个安全出口；一般书库的安全出口不少于两个，面积小的库房可设一个，库房的门应向外或靠墙的外侧推拉。

（三）书库、档案库的内部布置要求

重要书库、档案库的书架、资料架以及档案架，应采用不燃材料制成。一般书库、资料库以及档案库的书架、资料架也尽量不采用木架等可燃材料。单面书架可贴墙安放，双面书架可单放，两个书架之间的间距不得小于0.8m，横穿书架的主干线通道不得小于1~1.2m，贴墙通道可为0.5~0.6m，通道尽量与窗户相对应。重要的书库及档案库内，不得设置复印、装订以及音像等作业间，也不准设置办公、休息、更衣等生活用

房。对硝酸纤维底片资料应储存在独立的危险品仓库，并应有良好的通风及降温措施，加强养护管理，注意防潮防霉，避免发生自燃事故。

（四）严格电气防火要求

（1）重要的图书馆（室）、档案机要室，电气线路应全部选用铜芯线，外加金属套管保护。书库、档案库内严禁设置配电盘，离库时必须将电源切断。

（2）书库、档案库内不准用碘钨灯照明，也不宜用荧光灯。当采用一般白炽灯泡时，尽量不用吊灯，最好采用吸顶灯。灯座位置应在走道的上方，灯泡与图书、资料以及档案等可燃物应保持50cm的距离。

（3）书库、档案库内不准使用电炉、电视机、交流收音机、电熨斗、电烙铁、电钟以及电烘箱等用电设备，不准用可燃物做灯罩，不准随便乱拉电线，禁止超负荷用电。

（4）图书馆（室）、档案机要室的阅览室、办公室采用荧光灯照明时，必须选择优质产品，防止镇流器过热起火。在安装时切忌将灯架直接固定在可燃构件上，离开时须切断电源。

（5）大型图书馆、档案机要室应设计及安装避雷装置。

（五）加强火源管理

（1）图书馆（室）、档案机要室应加强日常的防火管理，严格控制一切用火，并不准将火种带入书库和档案库，不准在阅览室、目录检索室等处吸烟及点蚊香。工作人员必须在每天闭馆前，对于图书馆、档案室和阅览室等处认真进行检查，避免留下火种或不切断电源而造成火灾。

（2）未经有关部门批准，防火措施不落实，禁止在馆（室）内进行电焊等明火作业。为保护图书、档案必须进行熏蒸杀虫时，由于许多杀虫药剂都是易燃易爆的化学危险品，存在较大的火灾风险。所以应经有关领导批准，在技术人员的具体指导之下，采取绝对可靠的安全措施。

（六）应有自动报警、自动灭火、自动控制措施

为了保证知识宝库永无火患，书林常在，做到万无一失，在藏书量超过100万册的大型图书馆及档案馆，应采用现代化的消防管理手段，装备现代化的消防设施，建立高技术的消防控制中心。其功能主要有：火灾自动报警系统，二氧化碳自动喷洒灭火系统，闭式自动喷水、自动排烟系统，闭路电视监控，火灾紧急电话通信，事故广播及防火门、卷帘门、空调机通风管等关键部位的遥控关闭，等等。

三、电子计算机中心防火管理

电子计算机房里，一块块清晰的电视荧屏，一排排闪动的电子数字，将各种信息传达给各种不同需要的人们，给城市管理、生产指挥、交通运输、国防工程以及科学实验等各个系统注入了现代文明的活力，使各项工作越发敏捷、方便以及高效。

随着电子计算机技术的推广应用－从中央到地方，各行各业较为普遍地建立了各自的"管理信息系统"，一个信息系统就是一个电子计算机中心，不同的只是规模大小而已。

电子计算机系统价格昂贵，机房平均每平方米的设备费用高达数万元甚至数十万元。一旦失火成灾，不仅会造成巨大的经济损失，并因为信息、资料数据的破坏，会给有关的管理、控制系统产生严重影响，后果不堪设想。所以电子计算机中心一向是消防安全管理的重点。

（一）电子计算机中心的火灾危险性

电子计算机中心主要由计算机系统、电源系统、空调系统以及机房建筑四部分组成。其中，计算机系统主要包括"输入设备""输出设备""存储器""运算器"以及"控制器"五大件。在电子计算机房发生的各类事故中，火灾事故占80%左右。据国内外发生的电子计算机房火灾事故的分析，起火部位大多是：计算机内部的风扇、空调机、打印机、配电盘、通风管以及电度表等。其火灾危险性主要源于下列四个方面：

（1）建筑内部装修、通风管道使用大量可燃物。一般，为了保持电子计算机房的恒温和洁净，建筑物内部需要用相当数量的木材、胶合板及塑料板等可燃材料建造或者装饰，使建筑物本身的可燃物增多，耐火性能相应降低，极易引燃成灾。同时，空调系统的通风管道采用聚苯乙烯泡沫塑料等可燃材料进行保温，如保温材料靠近电加热器，长时间受热亦会被引燃起火。

（2）电缆竖井、管道以及通风管道缺乏防火分隔。计算机中心的电缆竖井、电缆管道及通风管道等系统未按照规定独立设置和进行防火分隔时，易造成外部火灾的引入或内部火灾蔓延。

（3）用电设备多、易出现机械故障和电火花。机房内电气设备及电路较多，如果电气设备和电线选型不合理或安装质量差；违反规程乱拉临时电线或任意增设电气设备，电炉以及电烙铁，用完后不拔插销，长时间通电或者与可燃物接触而没有采取隔热措施；日光灯镇流器和闷顶或者活动地板内的电气线路缺乏检查维修；电缆线与主机柜的连接松动，致使接触电阻过大等，均可能起火造成火灾。电子计算机需要长时间连续工作，如若设备质量不好或者元器件发生故障等，均有可能导致绝缘被击穿、稳压电源短路或者高阻抗元件因接触不良、接触点过热而起火。机房内工作人员穿涤纶、腈纶以及氯纶等服装或聚氯乙烯拖鞋，容易产生静电放电。

（4）工作中使用的可燃物品易被火源引燃起火。用过的纸张及清洗剂等可燃物品未能及时清理，或者使用易燃清洗剂擦拭机器设备及地板等，遇电气火花及静电放电火花等火源而起火。

（二）电子计算机中心的防火管理措施

（1）选址。独立设置的电子计算机中心，在选址时，应注意远离散发有害气体及生产、储存腐蚀性物品和易燃易爆物品的地方，或建于其上风方向，避免设于落雷区、矿山"采空区"以及杂填土、淤泥、流沙层、地层断裂段以及地震活动频繁的地区和低洼潮湿的地方。应尽量建立在电力、水源充足，自然环境清洁，交通运输方便的区域。并且尽量避开强电磁场的干扰，远离强振动源和强噪声源。

（2）建筑构造。新建、改建或扩建的电子计算机中心，其建筑物的耐火等级不应低于一、二级，主机房与媒体存放间等要害部位应为一级。安装电子计算机的楼层不宜超过五层，且不应安装于地下室内，不应布置在燃油、燃气锅炉房，油浸电力变压器室、充有可燃油的高压电器以及多油开关室等易燃易爆房间的上、下层或者贴近布置，应与建筑物的其他房间用防火墙（门）及楼板分开。房间外墙、间壁和装饰，要用不燃或者阻燃材料建造，并且计算机机房和媒体存放间的防火墙或隔板应从建筑物的地板起直到屋顶，将其完全封闭。信息储存设备要安装于单独的房间，室内应配有不燃材料制成的资料架及资料柜。电子计算机主机房应设有两个以上安全出口，并且门应向外开启。

（3）空调系统。大中型计算机中心的空调系统应与其报警控制系统实行联动控制，其风管及其保温材料、消声材料以及黏结剂等，均应采用不燃或者难燃材料。当风管内设有电加热器时，电加热器的开关与通风机开关亦应联锁控制。通风、空调系统的送、回风管道通过机房的隔墙和楼板处应设防火阀，既要有手动装置，又应设置易熔片或者其他感温、感烟等控制设备。当管内温度超过正常工作的最高温度25℃时，防火阀即行顺气流方向严密关闭，并应有附设单独支吊架等避免风管变形而影响关闭的措施。

（4）电气设备。电子计算机中的电气设备应特别注意下列防火要求：①电缆竖井及其电管道竖井在穿过楼板时，必须用耐火极限不低于1h的不燃体隔板分开。水平方向的电缆管道及其电管道在通过机房大楼的墙壁处时，也要设置耐火极限不低于0.75h的不燃体板分隔。电缆和其电管道穿过隔墙时，应用金属套管引出，缝隙用不燃材料密封填实。机房内要预先开设电缆沟，以便分层铺设信号线、电源线及电缆线地线等，电缆沟要采取防潮及防鼠咬的措施，电缆线和机柜的连接要有锁紧装置或者采用焊接加以固定。②大中型电子计算机中心应当建立不间断供电系统或者自备供电系统，对于24h内要求不间断运行的电子计算机系统，要按照一级负荷采取双路高压电源供电。电源必须有两个不同的变压器，以两条可交替的线路供电。供电系统的控制部分应靠近机房并且设置紧急断电装置，做到供电系统远距离控制，一旦系统出现故障，能够较快地切断电源。为确保安全稳定供电，计算机系统的电源线路上，不得接有负荷变化的空调系统和电动机等电气设备，其供电导线截面不应小于 $2.5mm^2$ 并采用屏蔽接地。③弱电线路的电缆竖井宜与强电线路的电缆竖井分开设置，如受条件限制必须合用时，弱电与强电线路应分别布置在竖井两侧。④计算机房和已记录的媒体存放间应设置事故照明，其照度在距地面0.8m处，不应低于5lx。主要通道及有关房间亦应设事故照明，其照度在距地面0.8m处不应低于1lx。事故照明可以采用蓄电池做备用电源，连续供电时间不应少于20min，并且应设置玻璃或者其他不燃材料制作的保护罩。卤钨灯和额定功率为100W及100W以上的白炽灯泡的吸顶灯、槽灯以及嵌入式灯的引入线应穿陶瓷管，并用石棉、玻璃丝等不燃材料做隔热保护。⑤电气设备的安装及检查维修及重大改线和临时用线，要严格执行国家的有关规定和标准，由正式电工操作安装。禁止使用漏电的烙铁在带电的机柜上焊接。信号线要分层、分排整齐排列。蓄电池房应靠外墙设置，并加强通风，其电气设备应满足有关防火要求。

（5）防雷、防静电保护。机房外面应设有良好的防雷设施。计算机交流系统工作接地与安全保护接地电阻均不宜大于 4Ω，直流系统工作接地的接地电阻不宜大于计算机直流系统工作接地极和防雷接地引下线之间的距离应大于 5m，交流线路走线不应与直流地线紧贴或者平行敷设，更不能相互短接或混接。机房内宜选用具有防火性能的抗静电活动地板或水泥地板，以将静电消除。有关防雷和消除静电的具体措施，应达到有关规范和标准。

（6）消防设施的设置。大中型电子计算机中心应设置火灾自动报警及自动灭火系统。自动报警和自动灭火系统主要设置在计算机机房和已记录的媒体存放间。火灾自动报警与自动灭火系统的设备，应采用经国家有关产品质量监督检测单位检验合格的产品。大中型电子计算机中心宜配套设置消防控制室，并应具有：接受火灾报警，发出起火的声、光信号及事故广播及安全疏散指令，控制消防水泵、固定灭火装置、通风空调系统、阀门、电动防火门、防火卷帘及防排烟设施和显示电源运行情况等功能。

（7）日常的消防安全管理。计算机中心特别应注意抓好日常的消防安全管理工作，禁止存放腐蚀品和易燃危险品。维修中应尽量避免使用汽油、酒精、丙酮及甲苯等易燃溶剂，若确因工作需要必须使用时，则应采取限量的办法，每次带入量不得超过 100g，随用随取，并禁止使用易燃品清洗带电设备。维修设备时，必须先关闭设备电源再进行作业。维修中使用的测试仪表、电烙铁以及吸尘器等用电设备，用完后应立即切断电源，存放至固定地点。机房及媒体存放间等重要场所应严禁吸烟和随意动火。计算机中心应配备轻便的二氧化碳等灭火器，并且放置在显要并且便于取用的地点。工作人员必须实行全员安全教育和培训，使之掌握必要的防火常识及灭火技能，并经考试合格才能上岗。值班人员应定时巡回检查，发现异常情况，及时处理和报告，当处理不了时，要停机检查，排除隐患后才可继续开机运行，并把巡视检查情况做好记录。要定期检查设备运行状况及技术和防火安全制度的执行情况，及时分析故障原因并且积极修复。要切实落实可靠的防火安全措施，确保计算机中心的使用安全。

各办公场所对其他火灾危险性大的部位比如物资仓库、易燃易爆危险品的储存、使用，汽车库、电气设备以及礼堂等都应列为重点，加强防火的管理。

第四节　公共聚集场所的防火管理

消防安全管理是公共聚集场所的一项长期性的工作任务，做好消防安全工作，必须切实做好以下四个方面的工作：

一、消防安全管理要求

公众聚集场所面向社会公众开放，容纳人员多，流动性大。尤其是一些商场市场在营业高峰期间体育和展览场馆在开馆、闭馆时，更是人员高度集中，密度大，而且人员多数对建筑环境和疏散通道不熟悉，在火灾情况下惊慌失措，相互拥堵（推挤），短时间内易造成疏散通道和安全出口堵塞。加之在停电无法正常照明和烟火的情况下，秩序混乱，容易发生踩踏事故而导致群死群伤。

公众聚集场所经营、使用的可燃物品多，如果商场、市场经营的商品及其包装，大部分是可燃物品；歌舞厅、夜总会等娱乐场所，采用大量木材、塑料、纤维织品等可燃材料进行装修装饰；宾馆、饭店的客房和办公及其他功能区域，也使用大量可燃、易燃装饰装修材料及生活、办公用品。一些影剧院、礼堂的舞台上使用的幕布、布景和道具，大都是可燃的，观众厅的顶棚和墙面为满足声学音响效果，也大多采用可燃材料。这些可燃物，一旦在火灾中被引燃，容易快速形成猛烈燃烧，一些装饰装修用的高分子材料、化纤聚合物在燃烧时，还会释放大量有毒有害气体，给人员疏散和火灾扑救带来极大困难。多数公众聚集场所建筑空间大，使用功能和建筑结构复杂。一些大型宾馆饭店和商场市场更是集餐饮、会议、购物、娱乐、住宿等功能为一体，建筑内部有自动扶梯、共享中庭、敞开楼梯间等开口部位。楼梯、电梯井、管道井、电缆井、垃圾井等竖井林立，通风管道纵横交叉，一旦发生火灾，建筑开口部位、竖井等产生的烟囱效应，会使火焰和热气流沿着竖井和通风管道迅速蔓延、扩大，形成大面积、立体燃烧。

公众聚集场所用火用电用气频繁，着火源多。比如影剧院、歌舞厅、体育馆等场所，使用的台口景天幕灯、布景灯等种类和数量多，功率大，还有各种音响设备；商场、市场往往安装广告霓虹灯和箱，在商品橱窗和柜台等处使用大量的照明和装饰灯具，如果使用不当，很容易造成局部过载、接阻电阻过大、线路短路等而引起火灾。宾馆、饭店和公共娱乐场所厨房、锅炉房等部位，由于液体、体燃料泄漏或用火不慎，都可能引发火灾。不少公众聚集场所由于人员多、流动性大，因为吸烟乱打烟头等引起火灾的情况也时有发生。

（一）实行消防安全责任制

（1）公共聚集场所在进行改建扩建和建筑内部装修工程时，应报当地住建部门审核合格后，方可施工，竣工后，经住建部门验收合格并且经消防救援机构开业前检查合格后，方可投入使用。

（2）确定公共聚集场所领导层和所属的各部门各岗位的消防安全责任人。

（3）明确各级消防安全责任人的职责、任务，做到责任明确、职责清楚，消防工作层层有人抓，处处有人管。

（4）签订消防安全责任状，明确消防安全责任目标，制定消防安全责任评估方法，做到奖惩兑现。

（二）建立消防安全组织

建立健全消防安全组织是抓好消防安全工作落实的重要途径，公共聚集场所在消防安全责任人的领导下，开展消防安全工作。义务消防队是公共聚集场所自防自救必不可少的队伍，一旦发生火灾事故能及时扑救和组织人员疏散。

（三）制定消防安全管理制度

消防安全管理制度主要包括：消防工作制度；消防安全管理责任制度；重点部位消防安全管理制度；火源、电源消防安全管理制度；消防设施以及器材管理制度。

（四）消防安全宣传教育、培训、演练

消防安全宣传教育、培训和灭火、应急疏散预案演练的目的，是使公共聚集场所工作人员认识本单位、本岗位的火灾危害性和防火措施，懂得扑救初起火灾以及自救逃生的知识和技能，明确消防安全规定要求，掌握消防设施的性能、灭火器材的使用和安全疏散的基本方法，做好消防安全工作。消防安全宣传教育、培训和灭火、安全疏散演练的内容主要包括消防安全法规、消防科普知识。演出如果使用易燃易爆物品做火焰效果，必须经相关部门审批，并在使用时由专人操作，专人负责监督；制作特殊效果的易燃易爆物品不准存放在舞台上。

（五）消防安全检查

消防安全检查就是察看消防安全工作的落实情况和查找消防安全隐患，通过消防安全检查，督促落实各项消防规章制度和安全防火措施，及时发现和整改火灾隐患。消防安全检查的内容主要包括消防安全管理和消防安全设施两个方面。消防安全管理方面包括：消防安全法律、法规、规章制度的落实情况，消防安全宣传的教育培训、演练情况，用火用电管理情况等。消防安全设施方面包括：消防设施、设备、器材状态情况，电气线路和设备运行情况等。消防安全检查的形式主要包括定期检查、专项检查、抽查和巡查等。

（六）火灾隐患整改

通过消防安全检查，对发现的火灾隐患要进行分析，确定其性质，采取针对性的措施整改，对发现的火灾隐患要认真研究整改方案。方案的内容包括负责整改工作的责任人、经费的落实、整改的方法等。对下列违反消防安全规定的行为，单位应当责成有关人员当场改正并督促落实：①违章进入生产、存储易燃易爆危险物品场；②违章使用明火作业或者违反禁令在具有火灾、易燃易爆危险的场所吸烟、使用明火等的；③将安全出口上锁、遮挡，或者占用、堆放物品影响疏散通道畅通的；④消火栓、灭火器材被遮挡，影响使用或者被挪作他用的；⑤常闭式防火门处于开启状态，防火卷帘下堆放物品影响使用的；⑥消防设施管理，值班人员和防火巡查人员脱岗的；⑦违章关闭消防设施，切断消防电源的；⑧其他可以当场改正的行为。对于不能当场改正的火灾隐患，消防工作归口管理职能部门或者专兼职消防管理人员应当根据本单位的管理分工，及时将存在

的火灾隐患向单位的消防安全管理人或者消防安全责任人报告，提出整改方案。消防安全管理人或者消防安全责任人应当确定整改措施、整改限期以及负责整改的部门、人员，并落实整改资金。在火灾隐患未消除之前，单位应当落实防范措施，保障消防安全。不能确保消防安全，随时可能引发火灾或一旦发生火灾将严重危及人身安全的，应当将危险部位停产停业整改。

（七）消防安全管理档案

要建立包括消防安全基本情况和消防安全管理情况在内的消防档案。坚持做好动态管理，并统一保管、备查。

二、使用期间防火管理

使用期间防火管理要注意以下七个方面：

（1）舞台、观众厅等部位工作人员的消防安全工作职责要明确，公共聚集场所的安全保卫人员要每两小时进行一次防火巡查和检查，并填写巡查和检查记录。

（2）观众厅要有安全可靠的疏散措施，应根据场内座位多少划区定门，在安全出口处留服务员专座，方便火灾发生时引导观众疏散。

（3）观众厅内禁止吸烟，禁止将易燃易爆物品带入观众厅，服务员应配备手电引导观众入座，禁止使用火柴、打火机寻找座位。

（4）观众厅在演出和放映时，所有的安全出口和疏散通道必须保持畅通，在一切通向室外的通道及门厅、休息厅禁止放置易燃易爆和影响疏散的物品。疏散通道净高2m内不得有突出物，以免阻碍疏散。

（5）公共聚集场所在使用期间，要坚持做到使用前进行一次全面性的安全检查，使用中要进行反复巡查，使用后要进行彻底清场，确认无隐患后，工作人员才能离开现场。

（6）舞台上的灭火器要放置在醒目位置，一旦发生火灾，便于及时取用灭火。

（7）舞台在使用期间要明确专人管理安全，做到用前检查，用中监督，用后清查，发现隐患及时整改，确保安全。

三、电气火灾预防管理

电气火灾预防管理需要注意以下六方面：

（1）电气设备必须由具有电工资格的人员负责安装和检查维修，电气线路敷设应符合相关规范的规定，应尽量选用铜芯导线；配电线路应穿管敷设，敷设在闷顶内的配电线路应穿金属管保护；移动式电气设备的电源线应采用橡胶护套电缆线，不应采用普通塑料电线。

（2）电气设备的安装应符合相关规范的规定，严禁在线路上擅自增加电气设备，以防止过载引发火灾，日光灯镇流器不应直接安装在木质结构上或者暗装在木吊顶内，对每一台电气设备应安装空气限流开关，超过限定功率的、发热量大的电气设备不应直接安装在可燃装修或可燃构件上，引入线应按规定做隔热保护。

（3）配电盘接线端子应连接牢固；要经常检查配电盘有无发热、烤焦烤湖的迹象；严禁用铜丝、铝线代替熔断丝；配电盘下方严禁堆放可燃物。

（4）定期进行电气线路和设备的绝缘测试，关注老鼠对电线的危害；导线接头及电气连接应保持完好，尤其是迪斯科舞厅宜每月检查一次所有电线接头是否松动，避免接触电阻过大发热引起火灾。

（5）所有电器线路均应由电源总开关控制，以保证在营业结束时切断非消防电源；消防用电设备应采用专用供电回路，其配电线路应满足火灾时连续供电的需要，其敷设应满足相关规范的规定。

（6）公共聚集场所必须加强电气防火安全管理，及时消除火灾隐患；不得超负荷用电，不得擅自拉接临时电线。

四、公共聚集场所的应急措施与逃生

（一）报警

在发生火灾的情况下，首先应及时扑救，如自己无力将火扑灭，要及早报警，可大声呼喊、启动建筑物内的报警设施、打报警电话等，牢记"119"火警电话。打报警电话应注意说清起火单位地址；燃烧物的名称、性质及部位；火势的大小；报警电话的号码及报警人的姓名。报警后有条件的情况下还应迅速走到街道路口等候、引导消防车。

安装有自动消防系统的建筑物，在各楼层通道均安装有手动报警按钮，比如烟感报警系统的手动报警系统、消火栓箱内的报警按钮，在确认火灾的情况下，应及时报警，通知建筑内的消防控制中心。因此，要求该场所工作人员应熟悉有关设施的设置部位及操作方法。

（二）引导疏散

公众聚集场所的工作人员必须牢记自己有引导在场人员疏散的义务，不得只顾自己逃命。人多场合要沉着冷静，做到有序疏散，倘若争先恐后，导致自相践踏，会造成不必要的死伤，因此要求公众聚集场所的工作人员应熟悉本单位的疏散设施及应急疏散预案，平日应组织学习及演练。《消防法》第四十九条规定："公共场所发生火灾时，该公共场所的现场工作人员不履行组织、引导在场群众疏散的义务，造成人身伤亡，尚不构成犯罪的，处十五日以下拘留。"

（三）火场逃生

（1）在火场中无路可逃时，可以将床单、台布、窗帘等结成绳索，牢系窗槛，顺绳滑下；或是逃至烟、火在短时间内难以到达的相对安全且易被人发现的地带，呼救等待救援。

（2）邻室起火，万勿开门，应用湿毛巾、床单、衣服等物堵塞门缝、窗缝，然后跳入窗户阳台，呼喊救援或按上述方法脱险。

（3）烟雾较浓时，宜贴地匍匐前进，因为低处往往残留清新空气。注意呼吸要小而浅。

（4）在非上楼不可的情况下，必须屏住呼吸上楼，因为浓烟上升的速度是每秒3～5米，而人上楼的速度约是每秒0.5米。

（5）逃离时，要用湿毛巾、湿衣服等布料掩住口鼻；带婴儿逃离时，可用湿布轻蒙在其脸上，一手抱着婴儿，一手着地爬行前进。

（6）逃离前必须先把有火房间的门关紧，尤其是在住户多的大楼及旅馆里，采取这一措施，使火焰、浓烟禁锢在一个房间之内，不致迅速蔓延，能为本人和大家赢得时间。

第五节　公共聚集场所投入使用、营业前的消防安全检查

一、受理申请

消防机构受理窗口对申请人提交的公众聚集场所投入使用、营业前消防安全检查申请材料进行初步审查，并作出是否同意受理的决定。

对公众聚集场所同时申请建设工程消防验收和投入使用、营业前消防安全检查的，应当一并受理、办理，分别出具相应的法律文书。

（一）审查场所性质是否为公众聚集场所

根据《消防法》第七十三条规定，公众聚集场所，是指宾馆、饭店、商场、集贸市场、客运车站候车室、客运码头候船厅、民用机场航站楼、体育场馆、会堂以及公共娱乐场所，等等。

根据《公共娱乐场所消防安全管理规定》第二条规定，公共娱乐场所，是指向公众开放的下列室内场所：影剧院、录像厅、礼堂等演出、放映场所；舞厅、卡拉ＯＫ厅等歌舞娱乐场所；具有娱乐功能的夜总会、音乐茶座和餐饮场所；游艺、游乐场所；保龄球馆、旱冰场、桑拿浴室等营业性健身及休闲场所。[中华人民共和国公安部《关于营业性健身、休闲类公共娱乐场所范围的批复》（公法〔2005〕241号）批复如下：《公共娱乐场所消防安全管理规定》（公安部令第39号）第二条第（五）项是采用不完全列举的表述，该项所规定的营业性健身、休闲场所不限于该项所列的保龄球馆、旱冰场、桑拿浴室，还包括其他与所列场所功能相同或者相似的营业性场所，比如美容院、棋牌

室、洗脚房等。]

根据《安全生产法》第十条规定，对新兴行业、领域的安全生产监督管理职责不明确的，由县级以上地方各级人民政府按照业务相近的原则确定监督管理部门。新兴行业确定为公众聚集场所的，纳入监管范围。

（二）审查申请材料是否齐全并符合法定形式

1. 不采用告知承诺制方式办理

根据《应急管理部关于贯彻实施新修改〈中华人民共和国消防法〉全面实行公众聚集场所投入使用营业前消防安全检查告知承诺管理的通知》（应急〔2021〕34号），公众聚集场所在投入使用、营业前申请消防安全检查，建设单位或使用单位应当提交下列材料：

（1）《消防安全检查申报表》；
（2）营业执照；（由审批部门通过"国家企业信用信息公示系统"查询）；
（3）消防安全制度、灭火和应急疏散预案；
（4）场所平面布置图、场所消防设施平面图；
（5）法律、行政法规规定的其他材料。例如：委托书，委托人、受委托人证明材料。申请互联网上网服务营业场所的应当按照《娱乐场所管理条例》《互联网上网服务营业场所管理条例》提交文化部门核发的同意筹建的批准文件。

第（1）项材料通过消防在线政务服务平台或者消防业务受理窗口提交；其他材料可以在消防救援机构现场核查时提交。申请材料于检查之日起3个工作日内上传到消防监督管理系统，完成归档。

申请人选择不采用告知承诺制方式办理的，消防救援机构应当自受理申请之日起10个工作日内对该场所进行检查并且将行政许可结果送达当事人。经检查符合消防安全要求的，应当予以许可。

2. 采用告知承诺制方式办理

公众聚集场所在投入使用、营业前，建设单位或者使用单位应当向场所所在地的县级以上地方人民政府消防救援机构申请消防安全检查，作出场所符合消防技术标准和管理规定的承诺，提交规定的材料，并对其承诺和材料的真实性负责。消防救援机构对申请人提交的材料进行审查；申请材料齐全、符合法定形式的，应当予以许可。消防救援机构应当根据消防技术标准和管理规定，及时对作出承诺的公众聚集场所进行核查。建设单位或者使用单位应当提交下列材料：

（1）《公众聚集场所投入使用、营业消防安全告知承诺书》（含《消防安全告知事项》《消防安全承诺》《基本信息登记表》）；
（2）营业执照；（由审批部门通过"国家企业信用信息公示系统"查询）；
（3）消防安全制度、灭火和应急疏散预案；
（4）场所平面布置图、场所消防设施平面图；

（5）法律、行政法规规定的其他材料。比如：委托书，委托人、受委托人证明材料。申请互联网上网服务营业场所的应当按照《娱乐场所管理条例》《互联网上网服务营业场所管理条例》提交文化部门核发的同意筹建的批准文件。

第（1）项材料通过消防在线政务服务平台或者消防业务受理窗口提交；其他材料可以在消防救援机构现场核查时提交。申请材料于检查之日起3个工作日内上传到消防监督管理系统，完成归档。

根据公安部消防局（现为国家消防救援局）《公众聚集场所投入使用、营业前消防安全检查规则（试行）》（公消〔2010〕368号文件），对公众聚集场所所在建筑属于1998年9月1日前投入使用，申请人不能提供消防验收合格的法律文件的，可以提交证明其投入使用时间和当时使用性质的房产证明文件。但是1998年9月1日后进行改建、扩建（含室内装修、用途变更）的建筑物，仍应依法提交建设工程消防验收或者进行竣工验收消防备案的法律文件复印件。

建筑面积小于300m^{2}或工程投资低于三十万元等依法无须办理施工许可的建设工程，可不要求其提交建设工程消防验收或者进行竣工验收消防备案的法律文件复印件。

公众聚集场所进行扩建、改建（含室内装修、用途变更）或者变更场所名称、法定代表人、消防安全责任人等事项的，应重新申请投入使用、营业前消防安全检查，消防救援机构应当依法核发新的消防安全检查合格证，并收回原发证件。若公众聚集场所仅变更法人名称、法定代表人的，申请消防安全检查时可以不提交前文所列第（3）项材料。

消防救援机构受理人员对申请材料进行审查时，一方面要审查申请材料是否齐全，另一方面还要审查其是否符合法定形式。前述申请材料中，消防安全检查申报表、营业执照、企业名称预先核准通知书、建设工程消防验收意见书、消防备案凭证、职业资格证书都要求有法定形式，受理人员应当核对复印件和原件是否一致。

（三）受理意见

经初步审查后，消防救援机构应作出同意受理或不予受理的决定，出具受理或不予受理的凭证，加盖消防救援机构业务受理专用印章并注明作出决定的日期。

1. 受理

申请事项符合下列条件，消防救援机构应当受理并出具受理凭证：
（1）场所性质属于消防安全检查范围；
（2）申请材料齐全、符合法定形式；
（3）按照规定属于本机构职权范围。
受理的项目应当当场录入消防监督管理系统，实行在网上审批。

2. 不予受理

申请事项具有下列情形之一的，消防救援机构应当不予受理并出具不予受理凭证：
（1）依法不需要消防安全检查；
（2）不属于消防救援机构职权管辖，应向有关行政机关申请；

（3）申请材料不齐全或者不符合法定形式。

不予受理的书面凭证，应当载明不予受理的理由。对因申请材料不齐全及不符合法定形式而决定不予受理的，应当当场或在收到申请材料后五日内一次性告知需要补正的材料内容。逾期不告知的，自收到申请材料之日起即为受理。

二、交办

受理后，承办部门负责人应当及时交办给具体消防监督检查人员。

三、实施消防安全检查

（一）检查程序

（1）承办消防安全检查的消防监督检查人员，应及时对申请材料的内容进行资料审查。

（2）消防监督检查人员应当自受理申请之日起十个工作日内进行现场检查。

（3）现场检查时消防监督检查人员不得少于两人，并出示执法身份证件。

（二）检查内容

消防救援机构应当对公众聚集场所的消防安全责任、消防安全技术条件、消防安全管理等有关事项进行抽查，并填写《公众聚集场所投入使用、营业消防安全检查记录表》。

公众聚集场所设置在建筑局部的，对场所消防安全技术条件的检查，包括场所设置位置、场所内部消防安全技术条件，及场所所在建筑中与场所安全疏散、消防设施联动控制、灭火救援直接相关的消防安全技术条件。

1. 消防安全责任的落实情况

（1）是否明确逐级和岗位消防安全职责，确定各级、各岗位的消防安全责任人员和责任范围。

（2）消防安全责任人是否由该场所单位法定代表人、主要负责人担任，并明确消防安全职责。

（3）公众聚集场所是否依法确定本场所的消防安全管理人负责场所消防工作。

（4）消防安全责任人、消防安全管理人是否熟悉消防法律法规和消防技术标准，具备与本单位所从事的经营活动相应的消防安全知识和管理能力。

（5）公众聚集场所实行承包、租赁或委托经营、管理时，当事人订立的相关租赁或承包合同是否依照有关法规明确各方的消防安全责任。

（6）公众聚集场所所在建筑由两个以上单位管理或者使用的，应当明确各方的消防安全责任，并且确定责任人对共用的疏散通道、安全出口、建筑消防设施和消防车通道进行统一管理。

2. 消防安全技术条件是否符合要求

（1）抽查场所所在建筑防火间距是否符合要求、是否被占用，抽查设置的消防车通道是否被占用、堵塞、封闭，设置的消防扑救面是否被占用；核查场所设置是否符合要求；设置的防火分区和防火分隔是否符合要求；核查电缆井、管道井等是否采用防火封堵材料封堵；抽查室内装修材料燃烧性能等级是否符合要求。

（2）核查疏散通道和安全出口数量、宽度和疏散距离，抽查疏散通道和安全出口有无占用、堵塞、封闭以及其他妨碍安全疏散的情况。对于公共娱乐场所全数检查；对其他公众聚集场所按照本条第二款抽查到的防火分区或者楼层，进行全数检查。对于设在民用建筑中的电影院、高层民用建筑中的儿童活动场所，以及与住宅部分设置在同一建筑内的公众聚集场所，还要核查是否设置独立安全出口和疏散楼梯。

（3）火灾自动报警系统：对抽查到的防火分区或者楼层，至少抽查2个火灾报警探测器、1处手动报警按钮及其配电线路，检查火灾报警探测器探测、发出信号、主机接收信号以及配电线路防火保护情况；设置消防电话的，应至少抽查1个消防电话，测试通话情况；至少抽查1处火灾应急广播的播放情况。

（4）室内消火栓系统：对抽查到防火分区或者楼层及最不利点，抽查2个室内消火栓，检查器材配备是否完善，水压是否正常，并测试远程启泵或者联动启泵功能。

（5）自动喷水灭火系统：全数检查报警阀，至少抽取1个报警阀组，在最不利点处测试末端试水装置，检查自动喷水灭火系统水压是否正常，并检查水流指示器、压力开关动作情况和喷淋泵联动情况。

（6）消防水源和室外消火栓：对所有消防水池、消防水箱、消防水泵房进行检查。至少抽查1处室外消火栓，进行放水检查。

（7）水泵接合器：查看是否被埋压、圈占、遮挡，是否标明供水区域和供水系统类型。

（8）气体灭火系统：抽查气瓶间的气瓶压力，以及装置运行情况。

（9）防烟排烟系统：对抽查到的防火分区或者楼层，抽查防烟排烟风机的运行情况；每个至少抽查1个送风口、排烟口以及防火阀、排烟防火阀外观、运行情况。

（10）防火卷帘：对于抽查到的防火分区或者楼层，每个全数检查防火卷帘外观、联动、手动升降情况。

（11）防火门：对抽查到的防火分区或者楼层，查看封闭楼梯间、防烟楼梯间及其前室的防火门的外观、开启方向，以及顺序器、闭门器是否完好有效；查看常开防火门是否能联动、手动关闭，启闭状态能否在消防控制室正确显示。

（12）疏散指示标志、应急照明：对抽查到的防火分区或者楼层，每个至少抽查1处疏散路线上的疏散指示标志、应急照明，设置方式、外观、指示方向是否准确，切断主电源后测试是否具备应急功能，抽查数量最多不超过6处。不足6处的，全数检查。

（13）灭火器：对抽查到的防火分区或者楼层，每个至少检查3个灭火器配置点，抽查数量最多不超过6个灭火器配置点；查看配置数量、类型是否正确，压力是否符合要求。不足6个的，全数检查。

（14）消防电梯：对抽查到的防火分区或楼层，检查消防电梯的设置、运行情况。

（15）消防控制室：检查场所所在建筑消防控制室的设置和运行情况。

（16）其他消防设施：应抽查设置和运行情况。

前款各项涉及抽查楼层和防火分区数量的，公众聚集场所防火分区为3个及以下的，全数检查；防火分区为4个至9个的，至少抽查其中的3个；防火分区为10个及以上的，至少抽查其中的4个，最多抽查不超过10个。公众聚集场所使用层数为3层及以下的，全数检查；使用层数为4层至9层的，至少抽查其中的3层；

使用层数为10层及以上的，至少抽查其中的4层，最多抽查不超过10层。场所使用楼层涉及建筑首层、地下层、标准层、避难层、顶层的，应列为必抽楼层。

检查内容有距离、宽度、长度、面积以及厚度等要求的，在不影响正常使用功能的情况下，允许误差不超过5%。

3. 消防安全管理情况

（1）是否制定消防安全制度和操作规程，制度和规程内容是否完整。

（2）用火、用电、用油、用气安全管理是否符合要求。

（3）消防设施、器材标识的设置是否符合要求，是否定期维护保养，是否确保完好有效。

（4）是否将容易发生火灾、一旦发生火灾可能严重危及人身和财产安全以及对消防安全有重大影响的部位确定为消防安全重点部位，是否设置明显的防火标志、实行严格管理。

（5）消防控制室是否实行每日24小时值班制度，每班是否不少于2人，值班操作人员是否持有相应的消防职业资格证书。

（6）是否对新上岗员工或者进入新岗位的员工进行上岗前的消防安全培训。

（7）是否制定灭火和应急疏散预案，是否组织员工熟悉灭火和应急疏散预案并开展演练。

（8）是否按照标准建立专职消防队、志愿消防队（微型消防站）。

（9）公众聚集场所是否依法建立消防档案。

前款各项涉及抽查员工数量的，如果员工在50人以上的，抽查不少于10人；员工不足50人的，抽查不少于5人；员工不足5人的，全数检查。

（三）检查方法

以下1项、2.①项、3.①项为资料审查，其余为实地检查。

1. 申报的公众聚集场所合法性检查

审查建筑物或者场所使用性质和规模，与申请建筑物或者场所是否一致，核查是否存在擅自改建、扩建或者室内装修的情况。

2. 消防安全管理制度检查

①查看是否建立消防安全制度，是否包括以下必要内容：员工消防安全教育培训，

用火、用电、用油以及用气安全管理，防火检查、巡查，消防设施、器材维护管理，电器线路、燃气管路维护保养，火灾隐患整改，消防（控制室）值班，灭火和应急疏散预案演练；

②查看是否依法明确消防安全责任人、消防安全管理人，现场提问单位消防安全责任人、消防安全管理人，检查是否熟悉消防安全职责。

3. 灭火和应急疏散预案检查

①重点检查预案是否符合单位实际，内容是否完整。

②提问承担灭火和组织疏散任务的人员，检查职责明确以及预案熟悉情况。有条件的，可以要求单位组织灭火和应急疏散演练。

4. 自动消防系统操作人员持证上岗及员工岗前消防安全培训情况检查

①全数检查自动消防系统操作人员，检查是否持证上岗；设有消防控制室的，值班人员人数是否符合二十四小时专人值班及每班二人的要求；提问是否掌握消防控制室管理及应急处置程序，要求自动消防系统操作人员对自动消防系统逐项进行操作，检查操作是否熟练。

②检查员工岗前消防安全培训记录，抽查员工参加消防安全教育培训和消防安全知识掌握情况对抽查到的单位员工，提问是否懂本岗位火灾危险性，是否会报警、会扑救初起火灾、会疏散逃生。

5. 消防设施、器材完好有效情况检查

应当根据场所所在建筑的层数、防火分区数以及消防设施的设置情况，确定抽查的项目及数量。依照消防技术标准不需要设置自动消防设施，而公众聚集场所自行设置的，应当进行检查，并对存在的问题提出整改意见，在《公众聚集场所投入使用、营业消防安全检查记录表》中注明，但是不列入判定范围。

对具体消防设施、器材完好有效情况的检查，按照以下要求进行：

（1）检查消防控制室所有自动消防系统、联动设备的运行、控制和显示情况，检查消防电话通话情况、火灾应急广播的播放情况。

（2）现场抽查消防设施运行情况：

①火灾自动报警系统：选择不同回路进行抽查，每个回路至少抽查3个探测器、1处手动报警按钮和1处消防电话。

②自动喷水灭火系统：全数检查报警阀；至少抽取1个报警阀，在最不利点的末端试水装置进行放水检查。

③气体灭火系统：检查气瓶间的气瓶重量、压力，以及自动、手动装置的运行情况。

④泡沫灭火系统：检查泡沫泵房，启、停水泵；检查泡沫液贮量以及有效期，泡沫产生设备的运行情况。

⑤防排烟系统：检查风机的运行情况；对抽查到的防火分区或者楼层，每个至少抽查1个送风口、排烟口。

⑥防火卷帘：采用防火卷帘进行防火分隔的场所，检查防火卷帘联动、手动升降情

况；对抽查到的防火分区或楼层，每个全数检查防火卷帘动作情况。

⑦防火门：查看封闭楼梯、防烟楼梯及其前室的防火门的开启方向，是否具有自闭功能；常开防火门是否能联动、手动关闭，启闭状态能否在消防控制室正确显示。

⑧室内消火栓：在消防水泵房启、停消防水泵，检查运行情况；在每个消防给水分区的最不利点抽查1处室内消火栓进行放水检查。

⑨室外消火栓：至少抽查1处室外消火栓，进行放水检查。

⑩水泵接合器：查看是否被埋压、圈占、遮挡，是否标明供水区域和供水系统类型。

疏散指示标志、应急照明：对抽查到的防火分区或楼层，每个至少检查4处疏散指示标志、应急照明，切断主电源后测试是否具备应急功能。

⑪消防水源：查看消防水池、消防水箱的水量，消防水箱出水管阀门是否常开。

⑫灭火器：对抽查到的防火分区或者楼层，每个至少检查3个灭火器配置点；查看配置类型是否正确，压力是否符合要求。

⑬对其他消防设施进行抽查。

6. 疏散通道、安全出口、消防车通道畅通情况检查

①检查疏散通道和安全出口有无占用、堵塞、封闭以及其他妨碍安全疏散的情况。

对公共娱乐场所全数检查。对其他公众聚集场所，单层建筑，只有1个防火分区的全数检查，3个防火分区（含）以上的，抽查防火分区数不少于总数的二分之一；多层或者高层建筑，18层（含）以下的，抽查楼层数不少于总层数的三分之一，18层以上的，抽查楼层数不少于总层数的五分之一。

②建筑物周围消防车通道是否被占用、堵塞以及封闭。

7. 室内装修材料检查

（1）对场所提交的装修材料产品质量证明文件，核实防火性能是否符合消防技术标准。

（2）对有防火性能要求的室内装修材料，无法提供证明文件的，应当取样后送具有资质的检测机构进行防火性能检测。送检时间不计入消防安全检查时限。

8. 外墙门窗障碍物检查

检查公众聚集场所的外墙门窗是否摆放影响逃生和灭火救援的障碍物。

（四）填写《公众聚集场所投入使用、营业消防安全检查记录表》

消防监督检查人员应当根据资料审查和现场检查的情况，填写《公众聚集场所投入使用、营业消防安全检查记录表》。检查完毕，《公众聚集场所投入使用、营业消防安全检查记录表》应由消防监督检查人员、被检查场所随同检查人员签名确认；对于记录有异议或拒绝签名的，消防监督检查人员在《公众聚集场所投入使用、营业消防安全检查记录表》末尾的"备注"栏注明情况。

1. 封面

未确定消防安全管理人，可不填写。对是否属于消防安全重点单位，不予勾选。其

他内容均应填写完整。

2. 消防许可及验收备案

填写被查建筑物的名称，根据检查发现的场所性质勾选是否属于公众聚集场所。对建筑物的消防验收及竣工验收消防备案情况，一般应判定是否依法通过消防验收和依法进行竣工验收消防备案，并且予勾选；对属于1998年9月1日之前竣工建筑且此后未改建（含装修、用途变更）的建筑物，可勾选一个选项。未办理建设工程消防验收和备案手续，或属于其他不需要办理消防验收和备案手续（依法不需要取得施工许可的建设工程）的，在"其他情况"栏填写注明具体情况。对建筑物或场所是否保持办理消防验收或者竣工验收消防备案时的使用性质，应勾选是否相符。

3. 消防安全管理

对涉及的所有选项均应勾选。因未依法投入使用、营业而未作要求的"防火检查、巡查"至"消防档案"的内容，可勾选"不涉及"，对有统一管理机构的共用建筑，如果存在这些内容，仍应填写。有关消防安全管理的其他特殊情况，在"其他情况"栏填写注明。

4. 建筑防火、安全疏散、消防控制室、消防设施器材

根据实地检查情况，客观记录所列全部内容。检查的具体情况，对于有抽查部位、数量要求的，应按要求填写，内容较多不能全部记录的，可添加附页，附页下方应有消防监督检查人员和被检查单位随同检查人员的签名。

四、拟定处理意见

将实地检查情况与《公众聚集场所投入使用营业前消防安全检查判定不合格要点》（公消〔2010〕368号文件）进行比照，作出合格或者不合格的判定，并且在消防监督管理系统中的审批表中载明检查情况、存在的问题以及不合格的情形。发现存在下列情形之一的，应当判定为不合格：

1. 未依法申请消防验收或者进行竣工验收消防备案（依法不需要竣工验收消防备案的除外）；或者经消防验收不合格，经竣工验收消防备案抽查不合格的；

2. 存在擅自改建、扩建和室内装修情况，依法需要申报建设工程消防设计审核、消防验收或者进行竣工验收消防备案的；

3. 改变场所使用性质的；

4. 单位未建立消防安全制度，或者未依法明确消防安全责任人、消防安全管理人，或者未制定灭火和应急疏散预案的；

5. 自动消防系统操作人员未持证上岗的，或数量不能满足二十四小时专人值班、每班二人要求的；

6. 自动消防系统操作人员未掌握消防控制室管理和应急程序，不会操作设施、设备的；

7. 未进行员工岗前消防安全培训，抽查的员工中超过三分之一达不到"一懂三会"要求的；

8. 疏散通道、安全出口、消防车通道存在影响疏散、通行的障碍物，不能立即改正的；

9. 外墙门窗设置影响逃生和灭火救援的障碍物，不能立即改正的；

10. 应急照明和疏散指示标志不具备应急功能的；

11. 火灾探测器的火灾报警、故障报警、火灾优先功能不能实现的，手动报警按钮不能实现报警功能的，或联动控制功能不能实现的；

12. 消防电话系统、应急广播系统功能不能实现的；

13. 报警阀组等主要组件缺失、损坏，无法实现正常功能的；

14. 消火栓泵、喷淋泵不能正常工作，或者联动功能不能实现，信号不能正常反馈的；

15. 气体灭火系统的模拟自动启动不能实现的，或者联动功能不能实现，信号不能正常反馈的；

16. 防排烟风机、排烟口、送风口不能正常启动的，或者联动功能不能实现，信号不能正常反馈的；

17. 防火卷帘手动、联动控制功能不能实现的，或者信号不能正常反馈的；

18. 防火门开启方向不正确，或者常闭防火门不具备自闭功能，常开防火门不能联动手动关闭，启闭状态不能正确显示的；

19. 应当设置的其他消防系统、设施无法正常使用的；

20. 顶棚、墙面、装修、地面、隔断装饰材料的燃烧性能、固定家具、装饰织物（窗帘、帷幕）和其他装饰材料违反消防技术标准，采用易燃、可燃材料进行室内装修装饰的；

21. 装修遮挡消防设施、器材，影响其正常使用的。

五、审批

消防监督检查人员拟定处理意见后，应当按规定在消防监督管理系统中履行内部审批程序，报消防救援机构行政负责人签发。

六、制作并送达法律文书

消防监督检查人员应根据消防救援机构行政负责人的审批意见，自检查之日起三个工作日内制作并送达《公众聚集场所投入使用、营业前消防安全检查合格证》或《不同意投入使用、营业决定书》。

送达《公众聚集场所投入使用、营业前消防安全检查合格证》时应使用《送达回证》。

七、建档

公众聚集场所投入使用、营业前消防安全检查卷的归档内容以及装订顺序如下：

1. 卷内文件目录；

2.公众聚集场所投入使用、营业前消防安全检查合格证复印件/不同意投入使用、营业决定书及审批表；

3.消防安全检查申报表；

4.营业执照或工商行政管理部门出具的企业名称预先核准通知书；

5.依法取得的建设工程消防验收或者竣工验收消防备案的法律文书；

6.消防安全管理制度、灭火和应急疏散预案、场所平面布置图；

7.员工岗前消防安全教育培训记录，自动消防系统操作人员取得的消防行业特有工种职业资格证书；

8.场所室内装修消防设计施工图，消防产品质量合格证明文件，装修材料防火性能符合消防技术标准的证明文件、出厂合格证；

9.消防安全检查申请受理凭证；

10.公众聚集场所投入使用、营业消防安全检查记录表；

11.现场抽样检查、功能测试、检测等有关记录与资料，现场照片；

12.集体讨论意见；

13.送达回证；

14.其他有关材料；

15.备考表。

公众聚集场所投入使用、营业后，消防救援机构应督促单位在互联网社会单位消防安全户籍化管理系统建立消防安全"户籍化"管理档案。

八、消防监督管理系统应用

办理公众聚集场所投入使用、营业前消防安全检查，应当按照"网上录入、网上流转、网上审批"的要求，在消防监督管理系统中形成法律文书。

（一）受理申请

消防救援机构受理窗口的工作人员接到建设单位或使用单位报送的消防安全检查申请材料后，应当将《消防安全检查申报表》的信息录入消防监督管理系统"行政许可"模块的"安全检查"栏目。

对申请材料进行形式审查，作出是否受理的决定，制作打印《消防安全检查申请受理/不予受理凭证》，并且当场将全部申请材料上传到消防监督管理系统"申请材料"栏下。

（二）任务分配

消防救援机构的消防安全检查承办部门负责人，通过系统选定主责承办人、协办人负责消防安全检查。

（三）消防安全检查

主责承办人、协办人应当将资料审查和现场检查的情况，写入《公众聚集场所投入使用、营业消防安全检查记录表》，利用消防移动执法终端设备录入消防监督管理系统或当日（夜查的于次日）返回办公地点后完成补录。

（四）制作处理决定文书

主责承办人、协办人完成现场检查后，应当提出是否同意投入使用、营业的处理意见，在消防监督管理系统中草拟《公众聚集场所投入使用、营业前消防安全检查合格证》或《不同意投入使用、营业决定书》。需要组织集体研究的，主责承办人、协办人应当将参加人员的发言如实、完整地录入《集体讨论记录》，根据讨论结论制作处理决定文书。

（五）报送审批

承办人将处理意见连同《消防安全检查审批表》，按照事先设定的审批流程将处理决定文书上传领导审批。消防救援机构的行政负责人在系统审批流程中签批处理决定文书，作出最终决定。

（六）印制、送达处理决定文书

主责承办人对已经完成系统审批流程的《公众聚集场所投入使用、营业前消防安全检查合格证》《不同意投入使用、营业决定书》进行文字校核和排版，打印系统生成的处理决定文书、《送达回证》，并且在送达后在消防监督管理系统"送达"栏下做送达登记。

第六节　中小学、幼儿园消防安全

一、中小学与幼儿园的火灾危险性

中、小学和幼儿园是分别实施基础教育和学前教育的场所，遍及全国各地。幼儿园和小学校舍以教学为主，中学除教室外，还有图书馆、实验室、食堂、礼堂，有的还有学生宿舍、健身房等。孩子们尚未成年而活动能力却很强，学校的每一个班级人数较多（一般约50人左右），学校的下课时间和课间活动时间很集中，易形成人员拥挤和围观现象，一旦发生火灾事故，疏散困难，易造成混乱，很可能造成伤亡。因此，具体了解中小学和幼儿园实际存在的火灾危险性，对加强防火安全工作，确保广大师生的安全，无疑具有重要的意义。中小学和幼儿园的火灾危险性主要体现在以下两点：

（一）中小学的火灾危险性

（1）原有的旧教学楼和旧校舍，建筑多为砖木结构，耐火等级低。加上桌椅、床铺、玩具等可燃物较多，一旦发生火灾，火势蔓延迅速，很难控制。

（2）电气线路老化，绝缘层脱落，线芯裸露，尤其是用电设施增加后，线路负荷增大，很容易过负载运行引起火灾。

（3）人员密度大，且时间性极强，上下课时教室门口处往往非常拥挤。此时一旦发生火灾，疏散通道就会显得不畅、安全出口数量不足或宽度不够。

（4）部分学校和幼儿园并没有按照规定配置灭火器材、消防安全疏散标志和应急照明。即便这些设施齐全，有些教职员工根本就不会使用和保养。一旦发生火灾，只能眼睁睁看着初期火灾发展成大的火灾事故。

（5）部分学校与周围建筑的防火间距不足，消防车道不畅通。一旦发生火灾，不但危及自身建筑和邻近建筑，而且消防车无法进入现场，只能望"火"兴叹。

（6）火源难以控制，特别是在学生宿舍，学生违章使用电热器具，所使用的充电器、应急灯多为伪劣产品，夜间熄灯后点蜡烛以及学生在宿舍中吸烟、点蚊香等，稍有不慎，即会引起火灾。

（二）幼儿园的火灾危险性

幼儿园是集中培养教育学龄前儿童的主要场所。其特点是孩子年龄小，遇紧急情况时，应变、自我保护和迅速撤离的能力有限；老师和保育员又大多是女同志，通常欠缺相关消防知识；室内装饰、设备和孩子的玩具以易燃、可燃物居多，发生火灾会迅速蔓延；并有电视机、电风扇、电冰箱等用电设备。如忽视消防安全，一旦发生火灾事故，秩序混乱，疏散困难，很可能造成伤亡。

中小学和幼儿园的火灾危险性不仅仅体现在建筑的火灾危险性上，单位领导及相关人员的消防意识淡薄也是引发火灾的重要原因之一。中小学及幼儿园消防安全事故的频频发生，表明消防安全教育仍是目前中小学及幼儿园安全教育的薄弱环节，中小学和幼儿园消防安全教育亟须加强。

由于历史原因和经济条件限制，一些学校幼儿园校舍消防安全先天不足，存在建筑布局不合理、耐火等级低、防火间距不足、消防车道不畅通和消防设施缺乏等问题。此外，有的学校为防盗和便于日常安全管理，在教学楼、学生宿舍的走道、外廊、门窗上设置铁栅栏、锁闭安全出口。这些突出隐患的存在，一旦发生火灾，极易因扑救困难，人员不能及时、有效疏散而造成重大的人员伤亡。学校幼儿园宿舍住宿人员多、密度大，使用蜡烛照明、蚊香驱蚊和热得快、电炉、电饭煲、电热毯等加热取暖设备，许多大中学生还配备了电脑、电视机、电风扇、空调等电气设备，为了用电方便，私拉乱接电线，如果疏于管理，极易发生火灾。学校实验室使用一些易燃易爆危险物品，如果违反安全使用和操作规程，也容易发生火灾爆炸事故。此外，中小学生因好奇玩火引发的火灾事故偶有发生。一些学生的消防安全意识不强，消防安全知识缺乏，逃生自救能力差，特别是托儿所、幼儿园的幼儿，因为年龄小，其判断、行动、应变和自救能力很弱，往往成为火灾事故的受害者。

二、中小学防火措施

中小学火灾危险性大，发生火灾后果严重，社会影响大，必须采取各种措施，加强防火管理，增强师生的消防意识，做到防患于未然。学校的教学楼、实验室、宿舍楼等场所的火灾原因及火灾危险性各不相同，必须分别有针对性地制定安全防火措施。

（一）教学楼防火

（1）教学楼距火灾危险性较大的实验楼、甲乙类物品生产厂房、化学危险品库房的防火间距不应小于25m。

（2）作为教学楼使用的建筑，其耐火等级应为一、二级，采用一、二级耐火等级的建筑确有困难且层数不高时，也可采用三级耐火等级的建筑，对于五六十年代建造的砖木结构的教学楼，要逐步进行适当的技术改造。

（3）教学楼的安全出口应分散布置。每个防火分区、一个防火分区的每个楼层，其相邻两个安全出口最近边缘之间的水平距离不应小于5m。

（4）供疏散使用的楼梯间应为封闭或防烟楼梯间，且楼梯间应保持畅通，不应设置卷帘门、栅栏等影响安全疏散的设施；首层应设直通室外的出口；教学用房间疏散门的数量应经计算确定，并且不应少于两个，该房间相邻两个疏散门最近边缘之间的水平距离不应小于5m。

（5）超过5层或体积超过1万 m^3 的教学楼应设室内消防管网及室内消火栓。

（6）改造旧建筑中的电气线路，进行扩容增容；对严重老化、损坏的线路不应再继续使用；平时做好维护工作，从而消除火灾隐患。

（7）应根据国家有关消防设计规范的要求设置自动喷水灭火系统和火灾自动报警系统等自动消防设施。

（二）宿舍楼防火

1. 建筑防火措施

宿舍楼要求有较好的耐火性能，并尽量将防火分区的面积划分得小一些，阻止火势蔓延，同时，改善住宿条件，使学生的居住不要过于拥挤。这样一来，既提高了住宿水平，也降低了火灾荷载，减小了宿舍楼的火灾危险性。

2. 严格用火用电管理

宿舍内乱拉电线、乱用电器是引起火灾的一个主要原因。所以，学校一定要加强对学生宿舍的管理，严禁在宿舍内使用电炉、电熨斗、电热杯等电热器具，对学生进行经常性的安全教育，一经发现使用必须从严处理；严禁在宿舍中乱拉、乱接电线，并定期检查电气线路是否良好，如发现老化破损，应及时进行检修更换，每间集体宿舍均应设置用电超载保护装置，防止因电线短路引起火灾。另外，还应对学生使用明火进行严格控制，坚决禁止在宿舍点蜡烛。

3. 加强消防安全意识教育

消防安全问题是生死攸关的一个大问题，这就要求从学校领导到学生都必须加强消防意识，重视消防安全工作，大力宣传有关的安全知识，使人人心中有消防、重消防，真正了解它的重要性，了解防火防灾、安全逃生的方法，使其在火灾发生时有一定的自救能力。

4. 落实消防安全制度

学生宿舍内，必须切实落实安全制度，并有专人负责楼内的卫生和安全等项工作，宿舍楼内还应按消防设计规范的要求设置消火栓、移动式灭火设备等消防设施，教育学生爱护消防设施，以便火灾发生时能够及时进行扑救，尽量降低损失。

5. 宿舍日常防火

需要控制人员随意出入的安全出口、疏散门，或设有门禁系统的，应保证火灾时无须使用钥匙等任何工具即能从内部打开，并应在显著位置设置"紧急出口"标志和使用提示。其设置可以根据实际需要选用以下方法：

（1）设置报警延迟时间不应超过15s的安全控制与报警逃生门锁系统。

（2）设置能与火灾自动报警系统联动，且具备远程控制和现场手动开启装置的电磁门锁装置。

（3）设置推闩式外开门。

（三）实验室防火

（1）对实验室的各种器材、设备、药品均应有严格的管理制度，特别是实验用的易燃易爆化学危险物品，应随用随取，不应在实验现场存放；零星少量的备用化学危险物品，存储量不应超过一天的使用量，应由专人负责，存放在金属柜中；对存放大量危险物品的库房，必须有完善的消防安全措施，并且满足相关规范的要求。

（2）实验室中使用的电器设备必须有确切、固定的位置，定点使用，专人管理，周围应与可燃物保持0.5m以上的间距。电源线必须是橡胶护套的电缆线。

（3）使用电烙铁，要放在不燃的支架上，周围也不可堆放可燃物品，用完后立即拔下电烙铁插头，下课后将实验室的电源切断。

（4）有变压器、电感线圈的设备，须设置在非燃的基座上，其散热孔不应覆盖，周围严禁存放易燃物。

（5）对性质不明或未知的物料进行实验之前，应先做小实验，从最小量开始，同时采取安全措施，做好防火防爆的准备。

（6）实验中使用可燃气体时，设备的安装和使用均应符合相关规范的要求，各种气体的钢瓶都要远离火源，放置于室外阴凉通风的地方，氢、氧和乙炔不能混放在一处。

（7）化学物品一经放置于容器内，必须立即贴上标签，如发现异常或有疑问，应进行检验或询问保管人员，不能随意乱丢乱放，有毒的物品要集中存放并指定专人保管。

（8）向容器内灌装大量的易燃、可燃液体时，要有防静电措施，对一级溶剂，如醚、苯、乙醇、丙酮等极易燃液体的防火措施，应给以特别的注意，主要包括：实验室的火焰口要远离这些溶剂；存放这类物品的房间内不能有煤气嘴、酒精灯以及有电火花产生的任何设备；增强通风，严格密封等。

（9）实验室的管理人员自身应树立严格的消防安全意识，了解相关的知识，在此基础上，对进入实验室的人员进行安全教育，讲明实验中可能发生的危险和安全常识，要求其严格按照实验规程进行操作，并使他们能够了解和掌握实验室内的水、电、气的开关和灭火设备的位置以及安全出口等问题，做到心中有数，进入实验室的人员应进行登记。

（10）在有易燃易爆蒸汽和可燃气体散逸的实验室，应采用防爆型的电气设备。烘干机、加温器、恒温箱等加热设备必须经常检查，防止因温控器损坏而引起加热失控。

（四）计算机中心防火

1. 提高建筑物耐火等级，降低火灾荷载

计算中心建筑的耐火等级应为一、二级，主机房和重要的信息资料室应采用一级耐火等级，机房不应与燃油燃气锅炉房、油浸电力变压器室和大功率发电机房等危险性高的房间邻近布置；为保障人员安全疏散，每个房间均应设置两个以上的安全出口，其附属房间的疏散路线不能横穿计算机房；机房工作室、信息资料室等应单独设置，资料架、工作台等应为非燃材料制成，机房内外墙的装饰装修及其他物品，如窗帘、门帘、计算机罩等，均应采用非燃或经过阻燃处理的材料，尽量减少可燃物的数量。

2. 电气设备防火

（1）室内照明的功率较大的白炽灯、卤钙灯，其引线应穿套瓷管、石棉玻璃丝等不燃材料作为隔热保护；蓄电池室应靠外墙设置，加强通风，并且采用防爆型电气设备。

（2）各类电气设备的安装和维修，线路改动和临时用线，须由专业电工按国家有关标准和规定操作安装，严禁在机器运行的状态下进行；要经常对电气设备和线路进行检查和维修，以确保安全，消除事故隐患。

3. 防雷、防静电

（1）避雷针接地体埋深不小于1m，离开建筑物不小于3m。

（2）机房外设良好防雷设施，其接地电阻不大于10Ω；计算机交流系统工作接地和安全保护接地电阻均不宜大于4Ω，直流系统工作接地电阻不大于1。

（3）计算机系统的电源线，必须有良好的绝缘，并采取穿金属管或难燃PVC管安装。

（4）计算机直流系统工作接地极与防雷接地引下线之间的距离应大于5m，交流线路走线不应与直流线路紧贴平行敷设，更不能互相短接或混接；电源线、动力线、照明线、机器弱电线等，须和避雷针引下线保持一定的安全距离。

（5）选择具有防火性能的抗静电活动地板，并采取其他的防静电措施。

(五)消防设施

(1)大中型计算机中心应设置消防控制室,控制室应有接受火灾报警、发出声光信号、控制灭火装置及通风空调系统和电动防火门、防排烟等设施的功能。

(2)设置火灾自动报警装置,自动报警系统应设有主电源和直流备用电源,主电源应采用专用的消防电源,并保证消防系统在最大负载的状态下不影响报警控制器的正常工作;机房内应同时安装感温式和感烟式两种探测器,争取在最短时间内报警;自动报警系统应设有自动、手动两种触发装置。

(3)安装固定灭火装置,及时迅速地进行灭火,另外,还必须正确选择灭火剂,可以选用对计算机系统无害的二氧化碳和七氟丙烷灭火剂,不能选用水、泡沫、干粉等灭火剂。

三、幼儿园防火措施

(一)建筑防火

(1)幼儿园应布置在安全地点。工矿企业所设的托儿所、幼儿园应布置在生活区,远离生产厂房和仓库。如受条件限制,应至少与甲、乙类生产厂房保持50m以上的安全距离。

(2)幼儿园一般宜单独建造,面积不应过大。其耐火等级不应低于三级。如设在楼层建筑中,最好布置在底层;若必须布置在楼上时,三级耐火等级建筑不应超过两层,一、二级耐火等级建筑不应超过三层。居民建筑中的托儿所、幼儿园应用耐火极限不低于1h的不燃烧体与其他部位隔开。

(3)幼儿园不应设置在易燃建筑内,与易燃建筑的防火间距不得小于30m。

(4)幼儿园的儿童用房不宜设在地下人防工程内。

(5)幼儿园建筑的耐火等级、层数、长度、面积以及和其他民用建筑的防火间距,应符合有关规定。

(6)三级耐火等级的托儿所、幼儿园建筑的吊顶,应采用耐火极限不低于0.25h的难燃烧体。

(7)幼儿园内部的厨房、液化石油气储存间、杂品库房、烧水间应与儿童活动场所或儿童用房分开设置;如毗邻建造时,应用耐火极限不低于1h的不燃烧材料与其隔开。

(8)幼儿园室内装饰材料宜采用不燃或难燃材料,限制使用塑料制品。

(二)安全疏散

1.幼儿园的安全疏散出口不应少于两个。

2.幼儿园房间门至外部出口或封闭楼梯间的最大距离。

(1)位于两个外部出口或者楼梯间之间的房间,一、二级建筑为25m,三级建筑为20m;

(2)位于袋形走道或尽端的房间,一、二级建筑为20m,三级建筑为15m。

3. 楼梯、扶手、栏杆和踏步应符合下列规定。

（1）楼梯除设成年人扶手外，并应在靠墙一侧设幼儿扶手，其高度不应大于0.6m。

（2）楼梯栏杆垂直线之间的净距不应大于0.11m，当楼梯井净宽度大于0.2m时，必须采取安全措施。

（3）楼梯踏步的高度不应大于0.15tn，宽度不应小于0.26m。

（4）在严寒、寒冷地区设置的室外安全疏散楼梯，应有防滑措施。

4. 幼儿园用于疏散的楼梯间内，不应附设烧水间、可燃材料的储藏室、非封闭的电梯井、可燃气体管道等。

楼梯间内宜有天然采光，不应有影响疏散的凸出物。

5. 室外疏散楼梯和每层出口平台，均应采用不燃烧材料制作。

楼梯和出口平台内严禁存放物品，保持通道畅通。

6. 疏散用楼梯和疏散通道上的阶梯，不应采用螺旋楼梯和扇形踏步，踏步上下两级所形成的平面角度不超过100，但离扶手25cm的踏步宽度超过22cm时可不受此限

7. 疏散用门不应采用吊门或拉门，严禁采用转门，并应向疏散方向开启

（三）采暖和电气设备

幼儿园的采暖和电气设备的防火有着较为严格的要求。

（1）幼儿园内不应装设蒸汽锅炉房。采暖锅炉房宜单独建造，如因条件、规模限制，可在建筑的地下室、半地下室或首层中设置锅炉房，但锅炉房不应紧靠儿童比较集中的游戏室、教室等房间的左、右或上、下及主要疏散出口的两旁。在锅炉房30m以内不准搭建易燃建筑或堆放可燃物。

（2）幼儿园用火炉采暖时，必须注意安全。

（3）幼儿园配电线路应符合电气安装规程的要求。闷顶内有可燃物时，应采取隔热、散热等防火措施。

（4）照明灯具的高温表面靠近可燃物时，应采取隔热、散热等防火保护措施。若使用额定功率为100W或100W以上的白炽灯泡的吸顶灯、槽灯、嵌入式灯，其引入线应采用瓷管、石棉以及玻璃丝等不燃材料做隔热保护。

（5）日光灯（包括镇流器）和超过60W的白炽灯，不应直接安装在可燃构件上。白炽灯与可燃物的距离应不小于0.5m。

（6）幼儿园不准使用落地灯和台灯照明，灯泡不准用纸或其他可燃物遮光。

（7）电源开关、电闸、插座等距地面不应小于1.3m，灯头距地面一般不应小于2m，防止碰坏或儿童触摸而发生触电事故。

（8）禁止在寝室内使用电炉、电熨斗等电气设备，不准随便乱拉电线。

（9）电视机要放置在通风散热良好的地方，收看完电视后要切断电源；如使用室外天线，一定要装接地线，最好装避雷器，以防雷击。电视机出现故障时，必须立即关机，停止使用。

（10）使用空调器的托儿所、幼儿园，空调器应有接地线，周围不得堆放易燃物品；

窗帘不能贴搭在空调器上。

四、中小学和幼儿园的防火管理

（一）中小学的防火管理

中小学除了教室，还有图书馆、实验室、食堂、礼堂和学生宿舍等建筑。做好学校的消防工作，创造一个安全的学习环境，对顺利完成教学任务，使学生健康成长，都有着重要的意义。

除了在建筑方面必须符合《建筑设计防火规范》（GB50016）的要求，在电气线路和设备以及消防设施、消防器材配备等方面必须遵照有关规定外，还须做到以下几点：

1. 学校应当落实消防安全责任制，寄宿制的中小学应配备专职安全管理人员，其他学校应确定兼职消防管理人员

2. 学校以下部门或部位应确定为防火重点部位，实行严格管理。

（1）学生宿舍（公寓）、招待所；

（2）图书馆（阅览室、资料室）、各类档案室；

（3）体育馆、大礼堂、报告厅、学生活动中心等人员密集场所；

（4）重点实验室、危险化学品仓库；

（5）变配电间、锅炉房；

（6）网络管理中心、计算机管理中心；

（7）消防控制中心、消防水泵房、对于消防安全有重大影响的部位；

（8）其他需确定的部位。

3. 学校要妥善处理好防火与防盗的关系，统筹兼顾。

应保障疏散通道、安全出口畅通，按照国家规定设置消防安全疏散指示标识和应急照明设施，保持该设施处于正常状态。

4. 举办大型集会、舞会、晚会、招生就业咨询会等大型活动，有火灾风险的，主办部门应落实防火安全措施和应急疏散措施，向学校职能部门和属地消防部门申报，经批准后方可举行

5. 在教学、科研等工作中，需要使用易燃易爆、压缩气体等危险化学品，应做到少量领取和少量存放，专人负责，规范操作，并配置必要的灭火器具。

6. 学校应建立有机溶液回收处理制度，禁止将实验中的有机溶液、腐蚀性和放射性液体直接排放在下水管道内，应盛放于专门容器内，放置在指定地点，学校统一回收处理。

7. 严格控制在民用冰箱内存放挥发性易燃液体浸泡的实验标本。

当需要使用炉火采暖时，应设专人负责，夜间应定时进行防火巡查。禁止在学生宿舍（公寓）、办公室及其他场所使用"热得快"等易引起火灾的电热器。对在宿舍内不遵守安全用电规定的学生，应按校纪校规严肃处理。

8. 每间集体宿舍均应设置用电超载保护装置。

9. 集体宿舍应设置醒目的消防设施、器材以及出口等消防安全标识。

10. 图书馆、教学楼、实验楼和集体宿舍的公共疏散走道、疏散楼梯间不应设置卷帘门、栅栏等影响安全疏散的设施。

11. 学校应在校区和学生的生活园区设置形式多样的消防安全标识，营造消防安全氛围。

12. 学校的消防安全检查每季度应进行一次，并定时开展消防安全培训，制定应急疏散和灭火预案。

（二）幼儿园的防火管理

为了有效避免火灾的发生，除了幼儿园的建筑要达到相应的防火规范的要求，园内的工作人员还需加强消防安全管理。具体措施如下：

（1）幼儿园为多层楼房时，应将年龄较大的儿童安置在楼上，以利于安全疏散。

（2）使用石油液化气的幼儿园，对使用人员应进行安全教育，使其了解液化气的性质，懂得安全操作技术，并能正确处理设备故障和漏气事故。使用时先点火，后开气，使用后要将阀门关严。

（3）老师、保育员用的火柴、打火机要保管好，放在儿童拿不到的地方，并应教育儿童不要玩火。

（4）幼儿园应和当地消防部门共同制订应急方案，包括疏散、灭火等，使工作人员明确各自的职责范围，并保持定期进行演练。

（5）幼儿园应按照有关规定配置消防器材，并定期进行检查、更换、保养。规模较大的托儿所、幼儿园应安装火灾自动报警系统和自动灭火系统。

第七节　高等学校消防安全

一、高校消防安全形势概述

（一）高校消防安全形势概述

火的出现和使用是人类文明发展的重要转折点，火不但改善了人类的饮食和取暖条件，还不断促进着社会生产力的发展，为人类创造出大量的社会财富。总之，火的使用推动了社会的进步，是人类伟大创举之一，在人类文明发展的历史长河中起着无可替代的重要作用。但是火也具有双重性，一旦失去控制，将会四处蔓延，吞噬一切，成为一种具有很大破坏能力的多发性灾害——火灾。火灾是各种自然灾害中最常见、最危险、最具毁灭性的灾害之一。火灾的代价包括直接、间接财产损失、人员伤亡损失、扑救费用、保险管理费用以及投入的火灾防护工程费用等。另外,火灾的燃烧产物对环境和生态系统也会造成不同程度的破坏。

近年来,高校火灾发生频率日益增长,据统计,自2000年以来,全国高校共发生火灾4000余起,死亡50余人。虽然大部分高校火灾没有造成人员伤亡,但是火灾造成了巨大影响,包括在火灾扑救过程中会产生大量水渍问题,还会面临学生生活安置、财产损失补偿以及作息恢复事宜等,并且会影响学生后期的课程学习安排。因此,高校一旦发生火灾,不仅会对学生的身心造成伤害,影响学校整体的稳定性,同时也会对社会造成不良影响。

此外,高校校园消防安全还涉及其他各种灾害事故,包括实验室危化品管理、大型群体活动安全,以及供电、供热、供气管道安全等,这些均需要在高校管理工作中予以重视。

(二)高校主要建筑类型及火灾特点

高校校园火灾主要指发生在建筑内的火灾,其产生的火焰、有毒烟气会对人员造成伤害,对建筑结构和财物造成破坏。虽然不同类型的高等院校在个别建筑功能上有所差异,但一般高等院校都建有教学楼、学生宿舍楼、办公楼、图书馆、实验室、食堂餐厅、体育馆等,这些建筑由于建筑形式不同、使用功能不同,其发生火灾的特点与规律也有所不同。认识不同建筑类型的火灾发生发展规律,对指导高校消防安全管理工作具有重要的意义。

1. 教学楼

教学楼,顾名思义,就是老师教学的地方,主要功能为教室、自习室等。该类场所往往布置装修较为简洁,主要有学生课桌、简易的灯具及空调等电气设施。普通教学楼一般火灾危险性不高,但目前大部分教学楼是综合性的,是教师和学生进行教学科研活动的主要场所,使用频率较高,在特定时段内人员较多且较为集中,属于人员密集的场所,一旦发生火灾事故,极易造成严重的人员伤亡、财产损失和恶劣的社会影响。

(1)火灾特点

①火灾荷载较高。学校教室内的装修虽较为简洁,但其内部固有的可燃物较多,如大量课桌、用电器具、书籍及学生携带的其他临时物品;一些艺术院校的教室还存在大量纸质制品,部分学校教室还被用作临时储藏物品的仓库。这些都会导致火灾荷载的增加,一旦发生火灾,火势极易通过课桌、书籍、临时杂物等可燃物在教室甚至整个建筑内大范围蔓延。

②不同时间段的人员响应速度不一。教学活动场所的单个房间建筑面积不大,学生学习期间发生火灾后,教室内的人员察觉较快,可快速掌握火灾情况。同时,学校各个区域基本覆盖有教学广播、课铃,当火灾情况逐级向上反映后,火情信息可向全校大部分范围内直播并警告师生及其他人员快速撤离。

但对晚间或下课后的自习室,其内部停留的学生一般不多,若学生休息期间发生火灾,则往往不容易被察觉,极可能引起大规模火灾后才被察觉,此时人员安全会受到较大威胁。

③高校学生灭火能力较弱。消防安全知识较少进入课堂教学，在学生中没有普及该方面的理论知识。高校学生虽然整体素质较高，但大部分学生对灭火工具的动手实操经验欠缺，没有进行专门的操作训练，能实际掌握灭火工具使用方法的学生并不多。

④人员逃生出口可能受阻。部分学校教室、自习室等场所为便于管理，采用锁具将出入口锁闭，在日常上课或自习期间可能只打开其中一扇门进出，而其他的出入口则保持锁闭状态，这样等同于降低了房间原有的通行能力，火灾逃生时人员均拥堵在某一出口处，难以快速逃生；另外，教室、自习室内布局发生变化，疏散走道及门口处堆放物品等，也都将影响内部人员的逃生。

（2）火灾诱发因素

①电线老化或接触不良。有些高校建校时间比较长，对电气线路的检测维护不够重视，教学楼的电气线路由于长期使用而出现电线老化现象；加之在电气施工过程中未按规程操作或使用铜铝接头处置不当，就会引发线路起火，发生火灾。

②使用大功率电器。学校教室的供电线路、供电设备都是根据实际使用情况进行设置的，如果使用大功率电器超出负荷，电线就会发热，加速线路的老化，极易引起火灾的发生。此外，电器使用无人看管，人走不断电，导致电器通电时间过长，会引起电器内部发热、短路起火。

2. 学生宿舍

学生宿舍楼是高校大学生休息的地方，同时也是其学习、娱乐、交流的主要场所之一。并且随着学习、生活用品的增加，宿舍中的可燃物也随之增多，形成较多安全隐患，是目前火灾事故较容易发生的地方。另外，学生宿舍人员密度大、同一栋楼内居住人员众多，一旦发生火灾事故，容易造成学生群死群伤，严重影响学校正常教学秩序和社会稳定。

学生宿舍主体的特殊性（学生）、居住上的集体性、成员上的流动性，决定了学生宿舍发生火灾事故有其自身的特点。

（1）火灾荷载大。宿舍相当于大学生学习生涯中的一个小家，学生不可或缺的生活用品、学习用品等充斥其中，休息的床铺及床铺上的被褥、蚊帐、衣物、书本、灯具、水盆等将宿舍狭小的空间占据，这些物品基本可燃或者易燃，若稍有不慎引起火灾，便能快速燃烧并蔓延，火灾危险性极大。

（2）火灾原因多样。学生宿舍发生的火灾事故大多是由于学生违规使用大功率电器，如"热得快"、电暖器、空调器等，造成电气线路过载、短路等引发火灾。也可能由于学生在宿舍内抽烟后随意丢弃烟头或焚烧纸张等导致火灾。有些宿舍可能还存放有酒精、烟花爆竹等易燃易爆物品，具有较大的火灾危险性。

（3）大学生消防知识欠缺。火灾一旦发生，需要专业人员来进行扑救，由于许多学生自身消防安全意识不足、灭火自救能力较差，在火势面前不知所措，容易错过扑灭初期火灾的最佳时机。一些宿舍火灾案例显示，火灾时纵然身边有灭火器，学生的第一反应还是去寻找水源灭火，有些甚至忘记拨打119火警电话或向学校管理人员或者老师反映。学生扑救火灾时的不知所措也反映了其消防安全知识的欠缺。

（4）火灾后果严重。学生宿舍人员高度密集、公共疏散通道狭窄，发生火灾人员逃生时，大量人员拥挤在通道处，再加上火灾时人员心理紧张，极易引发踩踏事故，这也同时严重影响了宿舍人员火场内的紧急逃生，这些均可能引发大规模的人员伤亡。

学生宿舍引发火灾的原因，既有人员密度、电气线路、建筑本身、消防设施等客观因素，也有违章用电、乱扔烟头、乱堆可燃物、堵塞通道等主观因素。

（1）客观因素。①学生人数多，居住密度高。部分高校招生规模扩大，基础设施建设滞后，校舍短缺，不能满足大量涌入校园学子的需求。于是，校方不得不降低学生宿舍的居住面积标准，将原先四人住的房间增加到住六人，甚至增加到住八人。学生人数剧增，居住密度高，宿舍内的易燃、可燃物必然增多，增加火灾发生的概率。②房屋耐火等级低，电气线路老化。建校较早的学校由于建筑年代久远，学校的一些宿舍房屋耐火等级较低，且破旧不堪。与之相应的是，电气线路数十年没有改造，而现今的家用电器不断增多，因此用电量较先前设计要大得多，电气线路处于高负荷或超负荷运转状态。在高负荷、超负荷下，随时都有发生火灾事故的可能性。③消防设施配备不足，灭火器材配置不足。在资金投入有限的情况下，部分高校在资金流向和分配上，往往优先考虑教学第一线，其次才会考虑到消防安全经费的需求。因此，分配到消防经费的份额不足，消防设施、灭火器材的维护更新难以得到保证。

（2）主观因素。①宿舍违规改造。现今许多学校的学生宿舍底层布置有较多小型生活服务设施，包括洗衣房、文印店、停车库、小卖部等，有些学校为了商业利益，擅自将低楼层的学生宿舍大量改造为商铺，使得商铺与许多学生宿舍相邻，这样也增加了学生宿舍的火灾风险。②出入口锁闭。宿舍日常作息管理困难，学校内每栋宿舍楼均配有一名宿舍管理员，由于楼栋内宿舍多、学生数量庞大，日常生活方面的管理常出现人手不足，而为保证学生正常休息，防止社会闲杂人等进入，许多宿舍楼将原有的两处甚至三处出入口通过上锁的方式仅预留一处出入口。当夜间学生休息后，管理员又将宿舍楼上锁，导致出入口难以打开。还有些学校迫于扩招压力，为解决学生宿舍不足的情况，将同一栋楼改造为男女混住的模式，原疏散楼梯或出口可能在某些楼层被封锁，这就使得部分楼层疏散出口不足，影响人员疏散逃生。③楼梯间及走道堆放垃圾。学生个人日常垃圾较多，许多学生习惯将宿舍垃圾堆积在宿舍门口待清洁人员清理，导致学生宿舍走道可能堆积大量垃圾。也有些学校宿舍为了学生倒垃圾便利，在每个楼层的楼梯间位置安置有大型垃圾桶。有些宿舍的清洁人员为了工作方便，甚至将各楼层的垃圾堆积在楼梯间角落，然后统一清理。上述现象都对人员通行造成不便。若楼梯间内堆放的垃圾引发火灾，将会堵住宿舍楼内人员逃生的唯一路径，同时火灾也较容易沿着楼梯间竖向蔓延，造成更大的危害。④用电不规范。主要是指私自使用大功率电器，乱拉乱接电线，宿舍无人时未关闭电器设备，以及将用电设备靠近易燃可燃物品等。现代高校宿舍用电设备普遍较多，几乎每个人都使用各种电子设备、充电装置等，这些都可能成为不安全因素。⑤用火随意性。学生在宿舍内违规使用酒精炉、电炉、大功率取暖器等现象十分常见，在床铺上抽烟，烟头未熄灭便随地乱扔等，均可能引发火灾。

3. 办公楼

办公楼是高校的综合办公场所，是行政管理与教学的重要纽带，其地位和作用均十分重要。办公楼内可燃物的种类和数量相对较多，其内部家具、办公用品、日用品大多是可燃的。另外，由于高校办公用房资源有限，对房源分配难以全面做到一幢办公楼属于同一部门来使用，造成办公楼交叉办公现象普遍，给办公楼消防安全管理带来诸多问题。

（1）火灾特点

①火灾荷载较大、蔓延途径多。办公楼内的办公家具、设备、文书、档案大多是可燃物品，许多办公楼内的装饰装修大都采用木材、纤维板、聚合塑料、聚氨酯等可燃材料，火灾荷载大。据统计，办公楼的平均火灾载荷一般为 $420MJ/m^2$。可燃物品和装修材料不仅会助长火势的蔓延，而且能使轰燃提前到来；许多有机装修材料燃烧时会产生大量的有毒烟气，使办公楼内能见度降低，影响安全疏散，威胁人员的生命安全。

②疏散困难，容易造成人员伤亡。办公楼内人员比较集中，少则数十人，多则数百人。尤其是高层办公楼垂直疏散距离远、疏散时间长，火灾时人员逃生困难。楼梯是办公楼的主要疏散通道，若不能有效地防止烟火侵入，烟气会很快蔓延至楼梯间，成为火灾蔓延的通道，影响人员安全疏散。

③扑救困难，经济损失和社会影响大。高层办公楼登高扑救困难，不易接近着火点；因烟火阻挡，内部进攻容易受阻，火灾扑救难度较大。特别是办公楼内图书、文件、档案多，一旦发生火灾，造成的经济损失和社会影响大，甚至可能造成无可挽回的损失。

④火灾隐患多，致灾因素增多。办公楼建筑面积大，特别是高层办公楼，功能复杂、使用部门多、人员总量大。越来越多的高校办公楼朝着多功能、复合型发展，除配备有办公用房、服务用房、水电辅助用房和汽车库外，还设有多功能共享厅堂、会议室、多功能报告厅、信息网络中心等，功能复杂，在防火安全方面容易出现漏洞，发生火灾的概率大。

（2）火灾诱发因素

①电气设备故障。办公楼内的电气设备较多，比如电脑、打印机、扫描仪、传真机、复印机、空调或电风扇、灯具、饮水机、电视机等，如使用、管理、维护不当，则可能造成短路、过载或接触不良；网络、用电设备故障等也都极易引起火灾事故。

②明火管理不严，外来火源引发火灾。明火管理不严是办公楼引发火灾事故的较常见原因，尤其在建筑和设备维修时，如果进行电气焊、油漆、烘烤、切割等作业中，因操作不当或违反安全操作规程引发火灾。

③人员流动频繁。办公楼每天有大量的人员进出，有可能将易燃、可燃、危险物品带进楼内，若管理不当，就会引发火灾事故。

4. 图书馆

高校图书馆担负着为教学和科研服务的双重任务，是培养人才和开展科学研究的重要基地之一。图书馆内收藏的大量图书、报刊、档案材料、音像和光盘资料等都是可燃物质。再加之图书馆内部的书架、柜、箱和供读者使用的桌椅板凳甚至软座沙发等多为可燃物品，而且这些物品的放置都比较集中，稍有不慎，就会引起较大火灾。当前，高校图书馆为了满足现代化信息化的发展，购买了许多现代设备（如计算机、网络设备、打印机、复印机、投影仪等），这些电子设备的大量使用，致使诱发图书馆火灾的因素增多。另外，图书馆人员往来众多，图书馆开放时间长，许多高校图书馆仿效国外图书馆的管理经验，给师生提供任意连续的学习时间，实行全天开放制度，学生可该携带大量电子产品、生活用品等进入图书馆学习交流，图书馆里面还附带小型饮料食品服务功能，这些都将使图书馆的火灾危险性增大。

（1）火灾特点

①火势蔓延迅速。图书馆内的书籍、期刊等都是以纸为载体的易燃物，可燃物堆积较多，一旦燃烧，便会产生大量的烟和热，这些烟和热混合便形成了炽热的烟气流，烟气流在风力的作用下会迅速向四周蔓延，一层书库起火，烟气流会立刻向其他书库流动，形成立体燃烧的局面，从而使火灾难以控制。

②火灾扑救困难。由于图书馆的面积较大、垂直高度较高，扑救难度大。图书馆内存放了大量书籍纸张，火灾荷载高，一旦失火后，火灾蔓延迅速，放热量大，施救时消防人员靠近困难，特别是图书馆内书架林立，消防人员无法快速准确地找到着火点，施救时容易被书架阻挡，使火灾扑救工作更加困难。

③容易造成人员伤亡事故。图书馆一旦着火，火灾现场就会产生大量的烟尘和各种有毒有害的气体，这些烟尘和有毒有害气体对人体危害很大，而且流动的速度很快，一旦充满安全出口，就会严重阻碍人员疏散，进而造成人员伤亡。

④损失严重。高校图书馆一般都收藏有大量古今中外的图书、报纸和刊物、胶片、光盘、磁盘等资料，有的是孤本或珍贵的历史资料，它们传承着人类从古到今的物质文明和精神文明，一旦遭遇火灾，则可能损失殆尽，将会给人类文化遗产带来不可估量的损失。

（2）火灾诱发因素

①高校图书馆可燃物品多。高校图书馆收藏的主要是以纸为载本的各类图书、报刊和档案材料，这些物品都属于可燃物，有些甚至是易燃物；同时，用于摆放、陈列物品的书架、柜台等大部分也是采用木材等可燃材料做成的，火灾荷载大。

②高校图书馆建筑结构先天不足。为扩大生源，很多高校纷纷扩建校区，为了赶工期、赶进度，很多新建校区的高校建筑（包括图书馆）未经主管部门审核、验收就投入使用，在消防方面留下许多"先天性"的火灾隐患。一些高校历史悠久，图书馆也是有一定历史的老式建筑，这些老式建筑有的采用木质结构，有的采用普通砖混结构，耐火等级较低，而且面积大、书架载重高、缺乏必要的防火分隔，建筑内的消防设施不到位，很难满足消防技术标准的要求。

③电气设施设置不规范。设计、安装、管理好电气设备是保证图书馆防火安全的重

要措施,但有些高校图书馆却忽视了这一点,主要表现在电气线路配置不当,荷载过大引起燃烧,电气线路绝缘损坏出现短路起火,照明灯具安装使用不当引燃可燃物,以及电气设置距离不符合要求等。例如,图书馆工作人员在摆放图书时,未将图书与灯具保持一定安全距离,使得图书被长时间烘烤,最后被引燃着火;在一些没条件安装中央空调的图书馆,一些工作人员在冬季使用大功率电炉取暖,稍有不慎,极易引发火灾。此外,许多大学图书馆已经容许读者在图书馆内进行学术讨论,并提供咖啡、饮料、小食品等,读者可以携带各种个人电子产品、充电设备等进入,这些电子产品的使用也会带来一定的火灾隐患。

5. 食堂餐厅

高校食堂餐厅主要是为高校教师、学生、职工等提供餐饮服务的场所,是大量人群集体用餐的地方,在一定时段内也是高校人员比较集中的场所之一。食堂餐厅内一般使用明火,并且用电设备较多、功率较大,容易出现接触不良、线路老化、电量超载、设备故障等问题,极易引发火灾事故。当前,高校食堂餐厅大多采取对外承包制,人员流动性大、日常管理松散、人员安全意识淡薄,对食堂餐厅的消防安全构成威胁。

(1) 火灾特点

①火灾规模大,危险性高。学校食堂主要分为厨房、档口、就餐等三部分,由于高校人员众多,每日食物消耗大,厨房准备或储存的食材、餐具等总量巨大,如油类、干货类、包装纸箱等,大多属于可燃物品,再加上厨房内的火源众多,稍有不慎,极易引发火灾。同时,一些食堂还在使用液化石油气等作为燃料,大量液化石油气罐的存放,其造成火灾的威胁不言而喻。

②人员反应慢。高校食堂一般层高较高,除了厨房可能安装可燃气体探测装置外,其内部基本难以安装火灾自动报警系统,且食堂在用餐期间人员攒动,食堂内部发生火灾后往往只能通过人员识别并且呼喊的方式发出警告,此时人员受到的干扰较多,难以快速地识别火灾风险。

③高校食堂属于人员密集场所,中餐或晚餐时间为人流量高峰时段,若在此期间发生火灾,大量人群涌动逃生,在疏散逃离的过程中,食堂内的座椅布置将极大地限制人员逃生的速度,也易引发跌倒、踩踏等事故,从而造成较大的人员伤亡。

(2) 火灾诱发因素

①厨房火灾是引发食堂火灾的主要原因,并由于厨房火灾通常是高闪点(315-450Y)的食用油燃烧,其火灾特点为:火势蔓延速度快,热容量大,烟道火灾隐蔽性强,扑救困难。厨房火灾主要有由于工作人员操作失误引发油烟道起火、打翻菜油引起大火、炸制食品时油锅起火等。

②高校食堂布局杂乱的情况比较常见,除食堂原档口位置经常变动或增加外,师生就餐区经常部分位置也经常装修,或改造成独立包厢、小卖部、饮品店等,以上情况将极大地增加高校食堂内的火灾荷载。

③随着生活水平的提高,学生的饮食需求变化较快,高校食堂各店面维持时间较短,

许多店面处于快速装修转让、再装修的状况，装修施工过程中若用火用电不规范，再加上采用易燃、有毒等室内装饰材料，极易引发火灾。另外，一些餐厅的独立包厢内人员吸烟、明火火锅等也会诱发火灾。

④高校食堂与其他建筑合建时，如娱乐场所、购物场所火灾突发性较高，不同场所之间的防火分隔措施不完善时，其他场所火灾对食堂影响较大。

6. 实验室

实验室中各种化学危险物品种类繁多、性质活泼、稳定性差，有的易燃易爆，有的极易自燃，在储存和使用中稍有不慎，就可能酿成火灾事故，火灾使得实验室内的各种贵重仪器设备、物资和高校师生的科研成果、珍贵资料等毁于一旦，损失巨大。

高校实验室内各种实验仪器和设备，包括计算机、加热设备、空调、测试仪器等，还会带来以下五个方面的问题：一是很多仪器设备功率较大，变电箱和整体供电线路的负荷较大；二是部分加热设备加热温度高，造成周边环境温度高；三是很多实验室内的实验持续时间较长，存在实验人员脱岗的现象；四是仪器设备种类多，涉及高温、高压、超声波、电离辐射、静电、真空微波辐射等多种工况，引火源方式多样，导致灭火方式各异；五是使用人员流动性大，特别是当前研究生进入实验室自主开展各类实验，仪器使用不熟练。

（1）火灾特点

①易燃易爆化学品种类多、数量大。不同实验室的易燃易爆化学品种类多，涉及化学、物理、生物等多个学科的试剂、耗材用品。即使同一院系的实验室之间，化学试剂也可能有很大区别。一旦发生火灾，起火原因常常不明，且多伴有有毒气体，对灭火救援造成很大障碍。虽然单一实验室化学品的数量可能不多，但从整个实验楼或学校的角度来说，易燃易爆化学品的数量则非常大。

②仪器设备种类多、引火方式多样。高校实验室内具有较多的实验仪器和设备，包括计算机、加热设备、空调、测试仪器等，所涉及的仪器设备种类多，安全操作流程各不相同。因此，高校实验室发生火灾的可能性较高，且一旦发生火灾，较难判断火情。

③安全出口、疏散通道堵塞。安全出口、疏散通道是发生火灾时保证人员安全疏散的重要设施。但高校实验室普遍存在堵塞安全出口和疏散通道的现象，安全隐患较大。此外，一些高校实验室常常根据后期使用情况进行改造，存在实验室内部搭建多层平台或邻近实验室房间打通使用的现象。内部搭建多层平台往往会造成火灾荷载增大，且给事故时人员疏散和初期灭火造成一定的障碍。紧邻实验室打通也会导致火灾更易蔓延至邻近房间。

④经济损失巨大。近年来，随着高校招生数量和教学条件的不断提高，高校实验室不但数量明显增多，而且室内使用的仪器设备特别是先进仪器设备也在不断增加。许多实验室拥有的设备价值动辄百万甚至上千万元，一旦发生火灾，就会造成巨大的经济损失，同时给教学、科研工作造成极大的干扰。

（2）火灾诱发因素

有调查结果表明，在高校实验室火灾中，21%的火灾由电气设备引起，20%的火灾由易燃溶剂使用不当引起，13%的火灾由各种爆炸事故引起，而易燃气体或者自然因素所致的火灾各占7%与6%。在所有的火灾当中，实验室工作人员由于工作不慎、操作失误所致的火灾事故占71%；由于没有必要的灭火器具无法及时扑灭火源，从而酿成重大灾情的占89%。导致高校实验室发生火灾事故的因素主要表现为以下五个方面：

①安全防火规章制度不健全。目前，在很多学校，由于消防安全意识不强，导致实验室的防火工作只停留在口头层面，没有制定相应的防火安全制度，或制定的制度不够健全严密，无法严格约束实验室的工作人员，导致工作人员无章可循或有章不循。

②电气线路老化，用电超负荷。随着近年年各院校的扩招，受基础条件的限制，很多院校对实验室进行了合并改造，乱接乱拉电线、随意安置仪器设备的现象普遍存在，导致实验室用电严重超负荷。当用电量急剧增加时，很容易发生电气线路故障，从而引发火灾。

③危险品管理不规范。实验室内根据需要，通常都存放有一定的易燃易爆危险品，对这些危险品的管理直接关系到实验室的消防安全。目前，部分高等院校对实验室危险品的管理不规范，对实验用危险品的存放不合理，没有进行分类放置，存在混放、乱放现象，有的对使用后的剩余危险品没有严格按照安全操作规程进行回收处理，甚至将试剂库兼做实验室，都极易导致火灾事故的发生。

④工作人员不遵守安全操作规程，设备使用不规范。有些实验室工作人员由于思想麻痹、松懈，没有严格遵照操作规程，从而引发火灾事故。特别是当前许多高校是由研究生独立开展实验，因学生流动性较大，许多学生进实验室之前没有经过安全培训，不懂操作规程，无消防安全常识，对仪器设备也不熟悉，因此极易发生火灾事故；有些高校由于实验用房面积不足，没有专用的实验室，实验室常与其他教学用房合用，实验仪器经常被随意挪动，导致实验过程中使用或者产生的易燃易爆气体或其他可燃物质的泄漏，当环境达到一定条件时，极易发生燃烧或者爆炸。

⑤实验过程中发生火灾。一些化学实验过程中由于参加反应的物料，配比、投料速度和加料顺序不当，会造成反应剧烈，产生大量的热，从而引起超压爆炸，一些装置内也会产生新的易燃物、爆炸物。比如，某些反应装置和贮罐在正常情况下是安全的，但如果在反应和储存过程中混进或掺入某些物质而发生化学反应，将会产生新的易燃易爆物，在条件适当时就可能发生火灾事故。

7. 体育馆

高校中的室内体育场馆，其建筑规模和体量一般均较大，使用功能多，这类体育馆一般集体育训练、大型体育比赛、剧院、礼堂会堂等多种功能为一体，是高校师生文化体育娱乐集会活动的主要场所。该类建筑属于人员高度密集场所，在紧急情况下，因人员拥挤，安全疏散十分困难。高校各类大型室内活动比较频繁，比如各种比赛、典礼、演出、大型报告等，都可能在体育馆举行。一般体育馆容纳人数在三四千人，有的大型多功能体育馆容量超过 5000 人,在紧急情况下安全疏散出现问题时,非常容易造成群死群伤等恶劣后果。

(1) 火灾特点

①火灾蔓延范围大。体育馆比赛大厅、观众席连通划分为同一个防火分区,一般面积可达到 1 万平方米左右,甚至更大,体育馆整体跨度大、空间开阔。当发生火灾时,火势蔓延畅通无阻,大量浓烟在体育馆大厅内部扩散,容易造成较大面积的火灾,扑救难度大。

②装修量大、材料复杂,易产生有毒烟气。在体育馆建筑中,装修材料的种类十分广泛,近年来又出现了多种新型复合材料,加上部分体育馆场地出租,搞多种经营,可使用一些豪华装修可燃材料,这也加大了体育馆的火灾负荷。一旦起火,将会产生大量的有毒有害气体,对于人员疏散造成严重威胁,这也是火场人员伤亡的主要原因。

③火源多。体育馆内设有大量的电气设备、照明灯具和电子显示屏等,用电量大,电气线路容易发生故障或过荷载,文体演出燃放的烟花、观众吸烟和日常维护过程中的电气焊等明火作业等都是不容忽视的火源。

④人员密集、疏散难度大。高校体育馆内可容纳观众人数一般为几千名,虽然设置了很多安全出口,但很多时候一些出口锁闭。如此庞大的人群,面对突如其来的火灾,发生温度突然升高、烟气突然侵入、照明消失等,容易引起恐慌,加上座椅区坡度大,难免会发生安全通道及出口拥堵,造成安全疏散困难。

(2) 火灾危害诱发因素

①体育馆内设有大量的电气设备和照明灯具,用电量大,电气线路容易发生故障或过负荷,引起火灾。

②不可控因素导致火灾。学校体育馆为举办大型赛事、开展学生活动的主要场所,活动期间人员众多,且主要为年轻人,喜欢打打闹闹,存在吸烟、玩火行为,易引起较大火灾。

③举办活动导致火灾。体育馆举办大型文体活动时可能会小规模燃放烟花,当火源接触到场馆内的其他可燃物时,极易引发火灾;部分庆祝活动可能还会喷洒礼花,采用大量氢气球装饰物,这些礼花、氢气球在一定条件下较容易被引燃;在举办演艺活动时,还可能在场馆内搭建临时舞台,舞台上的大屏 LED、彩灯和音响设备等也较容易引起电气火灾。

④用火不慎导致火灾。体育馆部分区域可燃荷载较高,若管理不善、违规使用明火或日常维护过程中的电气焊等明火作业操作不当等,均可能导致火灾的发生。

8. 高校大型群体活动消防安全

大型活动参与人数众多,活动内容往往比较丰富,消防安全保卫往往面临严峻的挑战。由于大型群体性活动具有场所开放、人群密集、规模宏大、持续时间长、节点特殊、媒体关注、情况复杂、安全隐患多等特点,特别容易发生骚乱、踩踏等各种治安灾害事故和突发事件,危及高校师生的生命和财产安全,也会成为社会舆情热点,必须予以高度重视。

高等学校举办的各种大型群体活动,包括由学校组织的大型学术会议、文艺演出、体育比赛、大型庆典、学术竞赛、人才交流、大型报告会等,这些活动参与人员众多,有些活动还需要临时搭建各种舞台、布景等,配备各种大功率音响、灯光设施,这些临时设施可能超过了体育馆的正常供电能力,电力系统长时间处在超负荷状态,极大地增加了火灾隐患,加上活动期间人们的注意力往往集中在活动本身,而忽视了身边的危险,一旦出现异常或者某种骚动,大部分人由于自我防范意识差,往往会出现大面积恐慌,结果可能会引发人员拥挤、踩踏等严重事故。

(三) 高校火灾发生原因分析

1. 高校消防存在先天隐患

(1) 高校人员数量多,人员结构复杂。目前,我国高校招生人数在持续增加,2017年普通高等教育本专科共招生795万人,较上年增加30万人,在校学生达到3779多万人。高校校园是人员密度除商业区外最高的人口集聚区域,而人员数量一旦增加,各种诱发火灾的因素势必增加。另外,部分学校为了保持校园的整体性,将一部分居民区如教师家属区、外来经营商户等也纳入校园,校园经营活动增加,导致校园人员素质参差不齐,大大增加了校园消防安全的管理难度。北京某高校就曾因为校内职工的小孩玩火导致操场发生火灾。

(2) 由于特殊功能需要,校园建筑日趋复杂。目前,大部分高校校园内除了基础的教学区、学生宿舍区、家属区、体育馆之外,还需要配备各种放置教学科研设备和易燃易爆物品的实验室,以及一些餐厅食堂、商业场所。就实验室而言,我国高校实验技术人员的专业素质不高,对学生的指导不够,一些学生特别是研究生未经培训随意进入实验室,许多复杂实验可能需要长时间进行,导致实验设备夜间持续运行而无人看管,还有一些实验设备及器材没有按期维修保养,火灾隐患严重。在本书统计的火灾中,就包含有因为学生误操作而导致实验室火灾的案例,如长沙某高校铁棚联排商铺及武汉某高校美食广场等发生的火灾,还有南京某高校实验室因施工期间工人违规操作造成火灾。

除此之外,校园新建、改建基建项目增多,施工单位进驻校园,使校园空间更加拥挤;为丰富学生的业余生活,校园内经常举办各类大型群众活动,使人员聚集度高,用火用电增加等。

(3) 校园建筑本身存在先天隐患。大部分高校有一些年代久远的建筑(包括宿舍),这些建筑的防火设施难以达到消防安全的要求,线路老化和疏散设计问题严重。部分高校新建工程由于没有严格执行规划,存在建筑布局不合理,及宿舍之间的防火间距、防烟分隔、内部装饰等不符合消防安全标准的现象。例如,很多高校的学生宿舍为了学生的人身及财产安全,在底层或较低楼层窗户加装防盗窗,造成火灾时逃生严重受阻。

(4) 学生宿舍电气线路负荷偏低。我国高校学生宿舍的设计标准偏低,没有考虑当代学生对各种生活品质的提升要求,如果需要方便的饮水、淋浴热水、舒适的温度环境,需要配置空调器、热水器等大功率电器设备,学生个人还携带电脑、手机、平板电脑、个人护理等电子产品，宿舍的用电需求越来越高，加上宿舍居住人数众多，用电功率也越来越大，而我国高校宿舍特别是一些老旧宿舍完全没有考虑这类需求，致使宿舍电气线路长期超负荷运行，线路发热、短路时有发生，故而引发火灾。

2. 学生消防安全意识薄弱

（1）使用违规电器。如前所述，我国高校学生宿舍的供电标准并不高，学生若没有按规定使用电器，就会造成电线负荷增大，导致电线短路和超过荷载引起火灾，另外，多数高校宿舍都会定时供电或有时因故障而停电，此时如果学生未将违章电器的电源切断，一旦恢复供电，则容易引发火灾。曾经有一份对成都在校大学生的日常用电的问卷调查表明，使用过违章电器的学生高达78%。高校学生使用的违章电器种类繁多，原因也不尽相同，主要归纳如下：

①学生宿舍违规使用开水加热器及电吹风等电器。因为一般学校是定点定时供应开水，学生为方便省事，往往自行购买劣质加热设备在宿舍烧制开水，一些女生在宿舍违规使用电吹风、烫发器等电器。在本书统计的违章电器造成的火灾中，有50%的火灾和"热得快"与吹风机有关。一些女生为了让头发更加有造型，在宿舍使用直板夹或卷发器，这些物品都是纯电阻电器，极易发热，很多女生在自己的床铺上直接使用，使用后如果未能及时切断电源，极易因为过热而引燃周围物品。

②违规使用取暖及降温电器。很多高校宿舍内没有安装空调，夏季时温度较高，虽然宿舍有统一安装的风扇，但是带来的效果远远不够，一些学生会单独使用小风扇，风扇的功率虽然较低，但是多个小风扇同时使用，也是极大的火灾隐患。冬季时温度较低，很多学生会使用电热毯、"小太阳"等违章电器进行取暖，目前市面上这些商品的质量参差不齐，所以在平时的使用过程中，除这些物品聚集的高温会带来火灾隐患，商品本身质量差也会带来火灾隐患。

③部分学生宿舍违规使用炊具。大学教育由于强调自主学习，固定的课堂教学时间相对较少，学生自主学习时间多，因而有一些学生会选择在宿舍做饭，这样做一方面会增加电力负荷；另一方面烹饪时的油烟、明火等也会引起火灾。

（2）缺乏消防安全教育训练。许多发达国家十分重视学生的消防安全教育，如日本为了从根本上提高国民的消防安全意识，从小学开始就设有消防课程，将消防安全作为国民教育的重要内容，任何学生进入实验室之前，都必须接受安全培训，人人都必须掌握初期火灾的处置方法。而反观我国，学生长期以学习为主，生存能力差，缺乏消防安全知识的教育和技能培训，遇到稍微危急一点的情形就惊慌失措。有相关人士对于合肥市高校进行了消防知识的问卷调查，结果显示，65.5%的学生对学校的消防安全制度和火灾逃生技巧缺乏必要了解，很多学生不知道身边的火灾隐患，火灾发生时更不知道如何灭火、自救逃生。

（3）消防安全宣传教育方法单调，受众不足。目前，高校的消防安全知识主要通过网站、宣传手册、消防讲座和消防演习等途径进行宣传教育，存在的问题是流于形式，缺乏切身体验，难以入心入脑，没有达到应有的效果。比如，在消防演练过程中，大部分人没有认真对待,有的同学嘻嘻哈哈,有的同学看热闹,最终的结果可能是仅仅学到了一点儿皮毛的逃生技巧,对于如何防火、灭火仍知之甚少。而且学校的这种演练频率很低,受众面也很小,有些学生可能大学四年中一次也没有参加过消防演练。在英国等发达国家,高校通常每栋楼每半年就会进行一次消防演习,真正做到警钟长鸣。

(四)高校消防安全管理模式

目前,在教育主管部门的领导下,我国高校普遍建立了以学校法定代表人为责任人的消防安全责任制度,按部门逐级落实校园消防安全责任制和岗位消防安全责任制;各高校结合自己的实际情况制定相应的学校消防安全管理制度,配备相应的消防安全管理人员,消防安全形势有一定好转。消防安全责任制包括如下五个方面:

1. 安全责任

安全责任中明确了各级领导的消防安全责任,消防管理人员的责任,建立各级单位的安全管理制度,确定了消防安全投入、安全教育、培训、考核及奖惩制度等。

2. 机构配备

主要是设立或明确学校日常消防安全工作的机构,包括配备专兼职消防管理人员,建立志愿消防队、微型消防站等多种形式的消防组织及机构。

3. 安全管理

安全管理包括重点单位(部位)监管和活动监管。进行学校重点单位包括学生公寓、食堂、超市、医院、教学楼等监管,确保值班人员在岗,建立消防档案,设置防火标识,进行日常巡查;活动监管主要针对校园内举办的各种文体活动进行监督管理。

4. 隐患排查及整改

经常对消防设施的运行状态进行检查与维护,确保完好使用,检查发现各类火灾隐患,并及时整改,对重点部位进行日常巡查,排除各种消防隐患。

5. 教育培训与演练

对师生开展消防安全知识培训,使其具有较好的安全意识,教师生学会使用灭火工具,正确处置初期火灾,开展自救、逃生演练。

虽然各高校建立了消防安全责任制度,但由于各高校发展参差不齐,建校历史长短不同,学校内消防设施的完善程度、消防投入、消防安全管理水平等差异较大;加上负责消防工作的专业干部较少,普通保卫管理干部在消防安全知识、消防业务水平等方面存在不足,对校园内各类建筑的火灾发展蔓延规律缺乏认识,对现代建筑消防设计规范也不了解;消防控制室人员流动性大,无证上岗,缺乏消防设施的运营管理经验;在应对校园火灾时,很多时候只停留在日常火种检查,运动式排查层面。因此,校园消防工作一直非常被动。

随着我国高等教育的不断普及,学校规模快速膨胀,大学校园已成为人口十分密集的区域,同时,现代高校建筑形式也逐渐呈现高层化、多样化和综合化,消防难度在不断加大。校园内的建设长年不断,很多建筑的兴建、改建都没有经过法定的消防审查验收手续,存在先天性的设计缺陷,这些建筑一旦投入使用,必将给后期的消防安全带来许多隐患、学生流动性大、年轻、社会阅历少,消防安全意识普遍淡薄,缺乏基本的防火自救能力,一旦发生火灾,极易造成严重的人员伤亡和重大的财产损失,并带来恶劣的社会影响。因此,提高高校消防安全管理水平,必须从校园的基建开始,重视建筑的消防法规,做到从校园建设到运营每个环节都遵守消防法规,注重日常监管,加强应急处置演练,提高全体师生的消防安全意识,这样才能创建平安校园,确保良好的教学科研环境。

二、高校日常消防安全管理

(一)高校消防安全管理的依据及内容

消防安全管理,顾名思义,就是指对各类消防事务的管理,其具体含义通常是指依照消防法律、法规及规章制度,遵循火灾发生、发展的规律及国民经济发展的规律,运用管理科学的原理和方法,通过各种消防管理职能,合理有效地利用各种管理资源,为实现消防安全目标所进行的各种活动的总和。

高校是重要的国家人才战略培育基地之一,是特殊智力人员的密集场所,一旦发生火灾,极易造成群体伤亡事故,造成巨大的人员伤亡和财产损失。据有关统计资料表明,大学里火灾比盗窃所造成的经济损失要高出数十倍。有的学校整座教学楼、图书馆、试验楼、礼堂被烧毁,损失了许多珍贵的标本与图书,严重影响了教学科研活动的正常进行,甚至造成人员伤亡的事例也屡有发生。从众多高校火灾事故的调查中发现,发生火灾的高校都存在消防安全管理组织领导不力,消防安全管理组织机构不健全,消防安全管理制度缺失,初期火灾事故处置措施不当等对于消防安全管理工作不依法、不规范、不重视的问题。

高校建筑校园里,火灾是威胁师生员工安全的重要因素之一。为确保高校这种特殊的国家人才战略培育基地的消防安全,高校基本都被当地消防救援机构列为消防安全重点单位,足见高校消防安全管理工作不容忽视、十分重要。为确保高等学校师生员工的生命和财产不受或减少火灾带来的危害和损失,确保国家人才战略工程的顺利实施,不断促进高校的长期繁荣发展,依法规范高校消防安全管理工作势在必行、迫在眉睫。

1. 法律依据

学校在消防安全工作中,应当遵守消防法律、法规和规章,贯彻预防为主、防消结合的方针,履行消防安全职责,保障消防的安全。

高校的消防安全管理应遵守《消防法》《机关、团体、企业、事业单位消防安全管理规定》《高等学校消防安全管理规定》(教育部、公安部第28号令)等相关消防法律法规,牢固树立"火灾无情,警钟长鸣""消防安全无小事"的思想意识;牢固树立"高校消防安全管理工作,只有起点,没有终点"的思想意识;牢固树立消防安全工作应"预防为主，防消结合，普及教育，群防群治"的思想意识。

根据《消防法》，我国消防部门颁布的各种技术规范规程也是高校开展消防工作的重要依据。此外，由于高校消防的特殊性，2017年教育部还颁布了《普通高等学校消防安全工作指南》，这些法律文件为高校开展消防工作提供了法律依据。

2. 消防安全管理内容

高校应结合各单位的具体情况，围绕消防安全制度的制定，一般从以下几个方面落实消防安全管理相关工作。具体内容包括：消防安全教育、培训；防火巡查、检查；安全疏散设施管理；消防控制室值班制度；消防设施、器材维护管理；火灾隐患整改；用火、用电安全管理；易燃易爆危险物品和场所防火防爆；专职与义务消防队的组织管理；灭火和应急疏散预案演练；燃气和电气设备的检查和管理（包括防雷、防静电）；消防安全工作考评和奖惩；其他必要的消防安全内容。

（二）高校消防安全管理制度

1. 高校消防安全责任制

高校应当按照国家有关规定，结合本单位的特点，建立健全的消防安全制度和保障消防安全的操作规程，并且公布执行。高校应建立明确的消防安全管理责任制度，明确消防安全责任人及岗位的消防安全职责，配备相关机构和人员。

（1）消防安全责任人及消防安全职责。学校的法定代表人是学校消防安全责任人，全面负责学校消防安全工作，履行表3-3所列消防安全职责。

表3-3 消防安全责任人职责

序号	消防安全责任人消防安全职责
1	贯彻落实消防法律、法规和规章，批准实施学校消防安全责任制、学校消防安全管理制度
2	批准消防安全年度工作计划、年度经费预算，定期召开学校消防安全工作会议
3	提供消防安全经费保障和组织保障
4	督促开展消防安全检查和重大火灾隐患整改，及时处理涉及消防安全的重大问题
5	依法建立志愿消防队等多种形式的消防组织，开展群众性自防自救工作
6	与学校二级单位负责人签订消防安全责任书
7	组织制定灭火和应急疏散预案
8	促进消防科学研究和技术创新
9	法律、法规规定的其他消防安全职责

（2）消防安全管理人以及消防安全职责。分管学校消防安全的校领导是学校消防安全管理人，协助学校消防安全责任人负责消防安全工作，履行表3-4所列的消防安全职责。

表 3-4 消防安全管理人职责

序号	消防安全责任人消防安全职责
1	组织制定学校消防安全管理制度,组织、实施和协调校内各单位的消防安全工作
2	组织制订消防安全年度工作计划
3	审核消防安全工作年度经费预算
4	组织实施消防安全检查和火灾隐患整改
5	督促落实消防设施、器材的维护、维修及检测,确保其完好有效,确保疏散通道、安全出口、消防车通道畅通
6	组织管理志愿消防队等消防组织
7	组织开展师生员工消防知识、技能的宣传教育和培训,组织灭火和应急疏散预案的实施和演练
8	协助学校消防安全责任人做好其他消防安全工作
9	其他校领导在分管工作范围内对消防工作负有领导、监督、检查、教育和管理职责

(3)学校消防机构及消防安全职责。学校必须设立或明确负责日常消防安全工作的机构(以下简称学校消防机构),配备专职消防管理人员,履行表3-5所列的消防安全职责。

表 3-5 学校消防机构消防安全职责

序号	学校消防机构消防安全职责
1	拟订学校消防安全年度工作计划、年度经费预算,拟订学校消防安全责任制、灭火和应急疏散预案等消防安全管理制度,并报学校消防安全责任人批准后实施
2	监督检查校内各单位消防安全责任制的落实情况
3	监督检查消防设施、设备、器材的使用与管理以及消防基础设施的运转,定期组织检验、检测和维修
4	确定学校消防安全重点单位(部位)并监督指导其做好消防安全工作
5	监督检查有关单位做好易燃易爆等危险品的储存、使用和管理工作,审批校内各单位动用明火作业
6	开展消防安全教育培训,组织消防演练,普及消防知识,提高师生员工的消防安全意识、扑救初起火灾和自救逃生技能
7	定期对志愿消防队等消防组织进行消防知识和灭火技能培训
8	推进消防安全技术防范工作,做好技术防范人员的上岗培训工作
9	受理驻校内其他单位在校内和学校、校内各单位新建、扩建、改建及装饰装修工程和公众聚集场所投入使用、营业前消防行政许可或者备案手续的校内备案审查工作,督促其向消防救援机构进行申报,协助消防救援机构进行建设工程消防设计审核、消防验收或者备案以及公众聚集场所投入使用、营业前消防安全检查工作
10	建立健全学校消防工作档案及消防安全隐患台账
11	按照工作要求上报有关信息数据
12	协助消防救援机构调查处理火灾事故,协助有关部门做好火灾事故的处理及善后工作

(4)学校二级单位与其他驻校单位消防安全职责。学校二级单位和其他驻校单位应当履行表3-6所列的消防安全职责。

表 3-6　学校二级单位和其他驻校单位消防安全职责

序号	学校二级单位和其他驻校单位消防安全职责
1	落实学校的消防安全管理规定，结合本单位实际制定并落实本单位的消防安全制度和消防安全操作规程
2	建立本单位的消防安全责任考核、奖惩制度
3	开展经常性的消防安全教育、培训及演练
4	定期进行防火检查，做好检查记录，及时消除火灾隐患
5	按规定配置消防设施、器材并确保其完好有效
6	按规定设置安全疏散指示标志和应急照明设施，并保证疏散通道、安全出口畅通
7	消防控制室配备消防值班人员，制定值班岗位职责，做好监督检查工作
8	新建、扩建、改建及装饰装修工程报学校消防机构备案
9	按照规定的程序与措施处置火灾事故
10	学校规定的其他消防安全职责

（5）其他。校内各单位主要负责人是本单位消防安全的责任人，驻校内其他单位主要负责人是该单位的消防安全责任人，负责本单位的消防安全工作。

除了上述学校二级单位和其他驻校单位消防安全职责外，学生宿舍的管理部门还应履行表 3-7 所列的安全管理职责。

表 3-7　学生宿舍管理部门还应履行的安全管理职责

序号	学生宿舍管理部门还应履行的安全管理职责
1	建立由学生参加的志愿消防组织，定期进行消防演练
2	加强学生宿舍用火、用电安全教育与检查
3	加强夜间防火巡查，发现火灾立即组织扑救和疏散学生

2. 消防安全管理对象

高校消防安全管理应确定校园内各消防安全重点单位（部位）、日常消防安全管理事项，大型活动举办许可及监管等有关内容。

（1）确定消防安全重点单位（部位），学校应当将表 3-8 所列的单位（部位）列为学校消防安全重点单位（部位）。

表 3-8　学校消防安全重点单位（部位）

序号	学校消防安全重点单位（部位）
1	学生宿舍、食堂（餐厅）、教学楼、校医院、体育场（馆）、会堂（会议中心）、超市（市场）、宾馆（招待所）、托儿所、幼儿园以及其他文体活动、公共娱乐等人员密集场所
2	学校网络、广播电台、电视台等传媒部门和驻校内邮政、通信、金融等单位
3	车库、油库、加油站等部位
4	图书馆、展览馆、档案馆、博物馆、文物古建筑
5	供水、供电、供气、供热等系统

6	易燃易爆等危险化学物品的生产、充装、储存、供应、使用部门
7	实验室、计算机房、电化教学中心和承担国家重点科研项目或配备有先进精密仪器设备的单位（部位），监控中心、消防控制中心
8	学校保密要害部门及部位
9	高层建筑及地下室、半地下室
10	建设工程的施工现场以及有人员居住的临时性建筑
11	其他发生火灾可能性较大以及一旦发生火灾可能造成重大人身伤亡或者财产损失的单位（部位）

重点单位和重点部位的主管部门，应当按照有关法律法规和上述规定履行消防安全管理职责，设置防火标志，实行严格的消防安全管理。

（2）大型活动举办许可。在学校内举办文艺、体育、集会、招生和就业咨询等大型活动和展览，主办单位应当确定专人负责消防安全工作，明确并落实消防安全职责和措施，保证消防设施和消防器材配置齐全、完好有效，保证疏散通道、安全出口、疏散指示标志、应急照明和消防车通道符合消防技术标准和管理规定，制定灭火和应急疏散预案并组织演练，并经学校消防机构对活动现场检查合格后方可举办。

应当依法报请当地人民政府有关部门审批的，经有关部门审核同意后方可举办。

（3）日常管理。

①学校应当按照国家有关的规定，配置消防设施和器材，设置消防安全疏散指示标志和应急照明设施，每年组织检测维修，确保消防设施和器材完好有效。

②学校应当保障疏散通道、安全出口、消防车通道畅通。

③学校进行新建、改建、扩建、装修、装饰等活动，必须严格执行消防法规和国家工程建设消防技术标准，并依法办理建设工程消防设计审核、消防验收或备案手续。学校各项工程及驻校内各单位在校内的各项工程消防设施的招标和验收，应当有学校消防机构参加。

④施工单位负责施工现场的消防安全，并接受学校消防机构的监督、检查。竣工后，建筑工程的有关图纸、资料、文件等应当报学校档案机构和消防机构备案。

⑤地下室、半地下室和用于生产、经营、储存易燃易爆、有毒有害等危险物品场所的建筑不得用作学生宿舍。

⑥生产、经营、储存其他物品的场所和学生宿舍等居住场所设置在同一建筑物内的，应当符合国家工程建设消防技术标准。

⑦学生宿舍、教室和礼堂等人员密集场所，禁止违规使用大功率电器，在门窗、阳台等部位不得设置影响逃生和灭火救援的障碍物。

⑧利用地下空间开设公共活动场所，应符合国家有关规定，并报学校消防机构备案。

⑨学校消防控制室应当配备专职值班人员，持证上岗。学校对管理和操作易燃易爆等危险品的人员，上岗前必须进行培训，持证上岗。

⑩学校购买、储存、使用和销毁易燃易爆等危险品，应当按照国家有关规定严格管理、规范操作，并制定应急处置预案和防范措施。

⑪ 学校应当对动用明火实行严格的消防安全管理。禁止在具有火灾、爆炸危险的场所吸烟、使用明火;因特殊原因确需进行电、气焊等明火作业的,动火单位和人员应当向学校消防机构申办审批手续,落实现场监管人,采取相应的消防安全措施。作业人员应当遵守消防安全规定。

⑫ 学校内出租房屋的,当事人应当签订房屋租赁合同,明确消防安全责任。出租方负责对出租房屋的消防安全管理。学校授权的管理单位应当加强监督检查。

⑬ 外来务工人员的消防安全管理由校内用人单位负责。

⑭ 发生火灾时,学校应当及时报警并立即启动应急预案,迅速地扑救初期火灾,及时疏散人员。

⑮ 学校应当在火灾事故发生后两个小时内向所在地教育行政主管部门报告。较大及以上火灾同时报教育部。

⑯ 火灾扑灭后,事故单位应当保护现场并接受事故调查,协助消防救援机构调查火灾原因、统计火灾损失。未经消防救援机构同意,任何人不得擅自清理火灾现场。

⑰ 学校及其重点单位应当建立健全消防档案。

⑱ 消防档案应当全面反映消防安全和消防安全管理情况,并且根据情况的变化及时更新。

3. 消防安全检查和整改

学校消防机构应该定期对校园内的消防安全状况进行监督检查,及时提出整改措施,维持良好的消防安全秩序,保证把火灾消灭在萌芽状态。一般应开展以下工作。

(1)学校每季度至少进行一次消防安全检查。检查的主要内容见表3-9。

表3-9 学校每季度消防安全检查主要内容

序号	学校每季度消防安全检查主要内容
1	消防安全宣传教育及培训情况
2	消防安全制度及责任制落实情况
3	消防安全工作档案建立健全情况
4	单位防火检查及每日防火巡查落实及记录情况
5	火灾隐患和隐患整改及防范措施落实情况
6	消防设施、器材配置及完好有效情况
7	灭火和应急疏散预案的制定和组织消防演练情况
8	其他需要检查的内容

(2)学校消防安全检查应当填写检查记录,检查人员、被检查单位负责人或者相关人员应当在检查记录上签名,发现火灾隐患应当及时填发《火灾隐患整改通知书》。

(3)校内各单位每月至少进行一次防火检查,检查的主要内容见表3-10。

第三章 民用建筑消防安全管理

表 3-10 学校每月防火检查主要内容

序号	学校每月防火检查主要内容
1	火灾隐患和隐患的整改情况以及防范措施的落实情况
2	疏散通道、疏散指示标志、应急照明和安全出口情况
3	消防车通道、消防水源情况
4	消防设施、器材配置及有效情况
5	消防安全标志设置及其完好、有效情况
6	用火、用电有无违章情况
7	重点工种人员以及其他员工消防知识掌握情况
8	消防安全重点单位（部位）的管理情况
9	易燃易爆危险物品和场所防火防爆措施的落实情况以及其他重要物资的防火安全情况
10	消防（控制室）值班情况和设施、设备运行、记录情况
11	防火巡查落实及记录情况
12	其他需要检查的内容
13	防火检查应当填写检查记录，检查人员和被检查部门负责人应当在检查记录上签名

（4）校内消防安全重点单位（部位）应当进行每日防火巡查，并且确定巡查的人员、内容、部位和频次。其他单位可以根据需要组织防火巡查，巡查的主要内容见表3-11。

表 3-11 学校每日防火巡查主要内容

序号	学校每日防火巡查主要内容
1	用火、用电有无违章情况
2	安全出口、疏散通道是否畅通，安全疏散指示标志、应急照明是否完好
3	消防设施、器材和消防安全标志是否在位、完整
4	常闭式防火门是否处于关闭状态，防火卷帘下是否堆放物品影响使用
5	消防安全重点部位的人员在岗情况
6	其他消防安全情况

校医院、学生宿舍、公共教室、实验室、文物古建筑等应当加强夜间防火巡查。防火巡查人员应当及时纠正消防违章行为，妥善处置火灾隐患，无法当场处置的，应当立即报告。发现初期火灾，应立即报警、通知人员疏散、及时扑救。防火巡查应当填写巡查记录，巡查人员及其主管人员应当在巡查记录上签名。

（5）对违反消防安全规定的行为，检查、巡查人员应当责成有关人员改正并督促落实，见表3-12。

表 3-12　违反消防安全规定的行为

序号	违反消防安全规定的行为
1	消防设施、器材或者消防安全标志的配置、设置不符合国家标准、行业标准,或者未保持完好有效的行为
2	损坏、挪用或者擅自拆除、停用消防设施、器材的行为
3	占用、堵塞、封闭消防通道、安全出口的行为
4	埋压、圈占、遮挡消火栓或者占用防火间距的行为
5	占用、堵塞、封闭消防车通道,妨碍消防车通行的行为
6	人员密集场所在门窗上设置影响逃生和灭火救援的障碍物的行为
7	常闭式防火门处于开启状态,防火卷帘下堆放物品影响使用的行为
8	违章进入易燃易爆危险物品生产、储存等场所的行为
9	违章使用明火作业或者在具有火灾、爆炸危险的场所吸烟、使用明火等违反禁令的行为
10	消防设施管理、值班人员和防火巡查人员脱岗的行为
11	对火灾隐患经消防救援机构通知后不及时采取措施消除的行为
12	其他违反消防安全管理规定的行为

（6）学校对教育行政主管部门和消防救援机构、公安派出所指出的各类火灾隐患,应当及时予以核查和消除。

对消防救援机构、公安派出所责令限期改正的火灾隐患,学校应当在规定的期限内整改。

（7）对不能及时消除的火灾隐患,隐患单位应当及时向学校及相关单位的消防安全责任人或者消防安全工作主管领导报告,提出整改方案,确定整改措施、期限以及负责整改的部门、人员,并落实整改资金。

火灾隐患尚未消除的,隐患单位应当落实防范措施,保障消防安全。对于随时可能引发火灾或者一旦发生火灾将严重危及人身安全的,应当将危险部位停止使用或停业整改。

（8）对涉及城市规划布局等学校无力解决的重大火灾隐患,学校应及时向其上级主管部门或者当地人民政府报告。

（9）火灾隐患整改完毕,整改单位应当将整改情况记录报送相应的消防安全工作责任人或者消防安全工作主管领导签字确认后存档备查。

4. 消防安全教育和培训

为加强广大师生员工的消防安全意识,提高处置初期火灾的能力,学校消防机构还应该组织广大师生进行安全教育,做到新生入学、新员工上岗均应该接受一定的安全培训。主要包括以下内容:

（1）学校应当将师生员工的消防安全教育和培训纳入学校消防安全年度工作计划。消防安全教育和培训的主要内容见表 7-13。

表 7-13　消防安全教育和培训的主要内容

序号	消防安全教育和培训的主要内容
1	国家消防工作方针、政策，消防法律、法规
2	本单位、本岗位的火灾危险性，火灾预防知识和措施
3	有关消防设施的性能、灭火器材的使用方法
4	报火警、扑救初起火灾和自救互救技能
5	组织、引导在场人员疏散的方法

（2）学校应采取措施对学生进行消防安全教育，使其了解防火、灭火知识，掌握报警、扑救初期火灾和自救、逃生方法，详见表 7-14。

表 7-14　对学生进行消防安全教育的措施

序号	对学生进行消防安全教育的措施
1	开展学生自救、逃生等防火安全常识的模拟演练，每学年至少组织一次学生消防演练
2	根据消防安全教育的需要，将消防安全知识纳入教学和培训内容
3	对每届新生进行不低于4学时的消防安全教育和培训
4	对进入实验室的学生进行必要的安全技能和操作规程培训
5	每学年至少举办一次消防安全专题讲座，并在校园网络、广播、校内报刊开设消防安全教育栏目

（3）学校二级单位应当组织新上岗和进入新岗位的员工进行上岗前的消防安全培训。消防安全重点单位（部位）对员工每年至少进行一次消防安全的培训。

（4）表 7-15 中所列的人员应依法接受消防安全培训。

表 7-15　应当依法接受消防安全培训的人员

序号	应当依法接受消防安全培训的人员
1	学校及各二级单位的消防安全责任人、消防安全管理人
2	专职消防管理人员、学生宿舍管理人员
3	消防控制室的值班、操作人员
4	其他依照规定应当接受消防安全培训的人员

消防控制室的值班、操作人员必须持证上岗。

5. 灭火、应急疏散预案和演练

消防灭火及应急演练也是提高单位应对火灾的重要手段，必须在消防日常管理中予以落实，主要内容包括：

（1）学校、二级单位、消防安全重点单位（部位）应当制定相应的灭火和应急疏散预案，建立应急反应和处置机制，为火灾扑救和应急救援工作提供人员和装备等保障。

灭火和应急疏散预案内容见表 7-16。

表 7-16 灭火应急疏散预案内容

序号	灭火应急疏散预案内容
1	组织机构：指挥协调组、灭火行动组、通信联络组、疏散引导组、安全防护救护组
2	报警和接警处置程序
3	应急疏散的组织程序和措施
4	扑救初期火灾的程序和措施
5	通信联络、安全防护救护的程序和措施
6	其他需要明确的内容

（2）学校实验室应当有针对性地制定突发事件应急处置预案，并将应急处置预案涉及的生物、化学及易燃易爆物品的种类、性质、数量、危险性和应对措施及处置药品的名称、产地和储备等内容报学校消防机构备案。

（3）校内消防安全重点单位应当按照灭火和应急疏散预案每半年至少组织一次消防演练，并结合实际，不断地完善预案。

消防演练应当设置明显标识，并事先告知演练范围内的人员，避免意外事故发生。

6. 消防经费保障及安全奖惩制度

学校应当将消防经费纳入学校年度经费预算，保证消防经费的投入，保障消防工作的需要。学校日常消防经费用于校内灭火器材的配置、维修、更新，灭火和应急疏散预案的备用设施、材料，以及消防宣传教育、培训等，保证学校消防工作的正常开展。

学校安排专项经费，用解决火灾隐患，维修、检测、改造消防专用给水管网、消防专用供水系统、灭火系统、自动报警系统、防排烟系统、消防通信系统、消防监控系统等消防设施。消防经费使用坚持专款专用、统筹兼顾、保证重点、勤俭节约的原则，任何单位和个人不得挤占、挪用消防经费。

学校应当将消防安全工作纳入校内评估考核内容，对在消防安全工作中成绩突出的单位和个人给予表彰奖励。对于未依法履行消防安全职责、违反消防安全管理制度，或者擅自挪用、损坏、破坏消防器材、设施等违反消防安全管理规定的，学校应当责令其限期整改，给予通报批评；对直接负责的主管人员和其他直接责任人员，应根据情节轻重给予警告等相应的处分。如果涉及民事损失、损害的，有关责任单位和责任人应当依法承担民事责任。

学校违反消防安全管理规定或者发生重特大火灾的，除依据《消防法》的规定进行处罚外，教育行政部门应当取消其当年的评优资格，并且按照国家有关规定对有关主管人员和责任人员依法予以处分。

（三）高校重点部位消防安全管理

1. 教学活动场所

教学活动场所主要是指日常供学生上课学习的教学、会议室、报告厅等场所，该类场所上课、考试或供自习时学生较多，可能带来的火灾隐患较多，如学生抽烟后乱丢弃烟头，以及携带书籍、大功率暖手袋等用品，都具有一定的火灾危险性。该场所的消防管理具体建议如下：

（1）教学活动场所进行装修时，顶棚、墙面、窗帘织物等应满足国家规范要求。课桌、书柜等教学用具的材料宜为难燃材料，或经过阻燃处理。

（2）教学活动场所的电气线路应定期检查维护，对年代久远且老化严重的线材应及时更换，避免电气线路短路引发火灾。

（3）教学活动场所内部的消防设施，包括消火栓、自动喷水灭火系统、火灾自动报警系统及灭火器等，应定期委托具有专业资质的消防维保单位进行维护保养，对于陈旧损坏设施应定期更换。

（4）教学活动场所应严格制定场所管理要求，不得在此类场所堆积临时物品，尤其禁止贮藏易燃易爆物品，严格限制此类场所功能。

（5）应科学合理地利用教学活动场所的作息警铃、声音广播系统等，当教学等活动场所发生火灾时，可将火灾情况反映至广播中心，将广播系统作为火灾情况下的紧急广播提示。

（6）教学活动场所应在醒目位置，如黑板报、走道墙壁等处，通过张贴消防知识宣传类海报的形式向师生宣传消防安全知识，增强师生消防安全意识。

2. 学生宿舍

高校学生宿舍是学生生活、学习、休息的综合性场所，在校大学生一天中的大部分时间是在宿舍里度过的，而宿舍一旦发生火灾，后果是相当严重的。所以，有必要弄清和把握学生宿舍发生火灾事故的特点，找出和分析引起学生宿舍火灾事故的原因，研究和采取杜绝学生宿舍火灾事故的对策。针对该场所的火灾特点和诱发因素，建议从以下六方面加强管理：

（1）加大巡查力度。针对学生宿舍的特殊性，制定对应的巡查制度，宿舍管理人员每天日间对宿舍进行至少一次防火巡查，夜间加大防火巡查的力度，对宿舍内的违章用火、用电等行为加以制止，排除火灾风险源。

（2）保持安全通道畅通。考虑到高校宿舍楼内的拥挤程度，学校应该对宿舍的居住环境进行改造。减少每间宿舍的居住人数，如从8人间改成4～6人间，降低学生居住的密度。另外，必须保证宿舍楼内所有通道的畅通，清理各种杂物，以防堵塞安全通道。

（3）加强宿舍出入口管理。加强对安全出入口的管理，对于进出宿舍楼的出口不应采取锁具锁闭的方式进行管理，应采取更为智能化的管理系统，以保证在危险降临时，能够顺利打开安全出口，使学生快速安全逃离火灾现场。

（4）管理大学生的用电方式。学校必须对学生的用电方式进行管理，定期检查宿舍的用电情况，对于违章行为进行处罚，发现违章电器要及时处理。保证用电安全，防止火灾发生。根据学生的用电需求，合理确定供电时间，在学生无用电需求期间，可采取断闸的管理措施。

（5）宿舍电力设施的改造及维护。不少地区的高校均对学生宿舍进行了电力改造，安装了空调、热水器等大功率电器。但由于宿舍楼的用电量较大、电器设施较多，应定期对宿舍中的主要线路及配电设施进行检查及维护，避免用电负荷过大而对电气线路造成损害。对于老旧宿舍的电气线路应重新改造替换，增加电路的负荷承载量，电路的连接和设计要符合相关标准，达到安全用电要求。

（6）完善消防设施配置。宿舍消防设施是消灭火灾的基础设施，在火灾发生时起到重要作用，因此在平时的防火工作中，应投入充足的资金，给学生宿舍配备完善可靠的消防设施，并加强维护保养，保证宿舍楼内的灭火器、消防栓、疏散指示标志、应急照明灯具能正常工作。

3. 图书、档案场所

近年来，高校图书、档案场所也发生过较大的火灾事件，如2014年中国地质大学江城学院图书馆火灾、2015年广西医科大学图书馆火灾。高校图书馆收藏的主要是以纸为载体的各类图书、报刊和档案材料等可燃材料，稍有不慎，引入火源，就很容易引发火灾，再加上高校图书馆存在人员流量大、管理困难、建筑结构可能先天不足、部分工作人员个人防火意识的淡薄，该类场所火灾危险性较高。对于图书、档案场所的消防管理建议如下：

（1）烟火检查。明火是发生火灾的最重要因素，高校图书馆应严格控制一切明火，不准把火种带入书库、阅览室等场所。每天应派专人巡逻检查，防止遗留火种等诱发火灾的因素，并加强晚上的值班巡逻；设置专用吸烟区，其他场所严禁吸烟，严禁乱扔烟头，并在图书馆醒目的地方设置禁烟禁火标志。

（2）电气设备检查。图书馆内的照明线路及其他电气设备应严格按规定设置安装。定期对电气设施进行维护保养、检查以及检修。一是检查线路负载与设备增减情况，防止线路过负荷；二是检测电气设备和线路的绝缘性，防止漏电引起火灾；三是检测电气线路的温度，及时发现线路中的问题，消除故障源。通过检测，保障电气线路、电器处于正常工作状态。

（3）消防设施维修保养。定期对馆内外的消火栓、水泵接合器、水枪、火灾自动报警系统、自动灭火系统、应急照明和指示标志等消防设施进行检测和保养，如有损坏、锈蚀、丢失，应及时进行修复更新，灭火器还要定期检测、更换，确保灭火器材设施完整可用。在发生初期火灾时，利用现有完好的设施器材进行灭火自救，可将火灾损失降到最低。

（4）图书合理布局。图书馆内图书、书架的布置应符合《图书馆建筑设计规范》（JGJ38）的相关规定，书架之间的间距尽量在该规范要求的基础上适当增加，可燃烧物之间的间距越大，相邻之间火灾的影响就越小。电气线路和插座等设施距书架之间应保持一定的间距，不宜贴邻。

（5）季节性加大防火巡查力度。随着季节的更替，图书馆室内环境的变化对图书自身的燃烧性能会造成影响，春夏季节图书馆室内空气湿度较大，图书干燥度较低，引发火灾的概率相对秋冬季节来说相对较低。因此，图书馆的管理人员应在秋冬季节加大巡查力度，增加防火巡查频次，杜绝图书馆产生火源。

4. 电子教学场所

计算机教室、多媒体教室等场所配置的电子设备较多，电气线路布置多而杂，是学校内火灾突发性较高的场所。消防管理建议具体如下：

（1）电气设备的安装和检查维修，应由正式专业电工严格按国家有关规定和标准操作。

（2）严禁于电子教学场所存放易燃易爆化学物品和腐蚀性物品，严禁使用易燃溶剂清洗带电设备；电子计算机教室内应明确禁止吸烟和其他明火行为。

（3）电子教学场所内使用插座、电子设施时，不可以超出允许限度。切实预防线路和电子设备的短路、过载事故发生。切实做好电气接头的连接工作，防止接触电阻过大引起的火灾。

（4）电子计算机系统的电源线路上，应设置有紧急断电装置，一旦供电系统出现故障，能够较快地切断电源。电缆线与计算机的连接要有锁紧装置，以防松动。

（5）电子教学场所内的设备间连接线路应集中合理布置，不应随地杂乱放置，尽量使线路避开可燃物、热源等。

（6）针对电子教学场所内部功能和电子设备的特性，配备与该场所相适应的消防灭火器材，如采用二氧化碳或干粉灭火器、设置气体灭火系统，等等。

5. 化学、生物、物理实验场所

高校实验场所的消防管理人员安全意识不强、防火规章制度不健全以及实验场所内部存在的多种物理、化学不安全因素等，均极易引发严重的火灾事故，应时刻加强对高校实验场所的消防安全管理。

（1）健全制度并落实。安全规章制度是一种有效的安全管理手段，建立健全安全规章制度，是开展安全工作的前提条件，是规范安全工作的基础。高校实验室主管部门应根据学校的实际情况，依据这些规范，建立一套符合自身实际情况的安全工作管理制度，如《实验室安全防火工作条例》《实验室易燃易爆危险品使用、存贮管理办法》《实验室安全用电管理制度》等。

（2）实验准备前做临时安全教育。在任何实验开始前，都应进行消防安全教育及培训，让参与实验的学生了解消防安全的重要性，并能在操作实验的过程中时刻注意潜在的火灾隐患。

（3）配备必要的消防器材。对一般的实验室火灾，我们通常使用的灭火器材有水型灭火器、干粉灭火器、二氧化碳灭火器、灭火毯等，这些灭火器材适用的实验设备、实验环境是不同的。二氧化碳和干粉灭火器适用于一般的电气设备火灾，灭火毯适用于油类的火灾，而对于大型精密仪器设备火灾，因其洁净程度要求高，则严禁使用干粉灭火器，一般使用二氧化碳灭火器。可见，不能盲目、一概而论地配置实验室灭火器材，而要根据实验室的实验环境和实验设备等条件进行合理配置。

（4）加强设备管理和化学实验室的药品管理。实验室易发生重大火灾事故的设备应符合防火防爆要求，不要成为燃烧、爆炸的危险源。易发生火灾的化工设备要有相应的检测灭火系统作为保证。实验室的药品管理应当做到：一是控制化学实验室药品的存放量；二是对防雨、防晒、防热、防震、防压的化学药品，应按物料特性作出具体管理规定，严格贯彻执行；三是对剩余或者暂时不用的化学药品要妥善保管；四是易挥发的化学药品用毕后，应将瓶盖拧紧；五是电冰箱不得储存易燃品。

（5）科学地进行实验设计。设计实验时，一定要以国家有关规定、标准作为依据，绝不可随意决定，盲目试验；认真论证主要工艺、原料、半成品、成品的安全程度，尽可能把灾害减少到最低程度；要认真选好实验场所、实验设备，检查实验器具的安全情况。

（6）认真选好实验场所、实验设备。在条件许可的情况下，尽可能不在同一实验室做交叉项目，从而有效地避免易燃易爆化学药品与易燃易爆气体交叉作业。

6. 学校食堂

学校食堂消防安全管理应主要从火灾引火源、餐厅布局带来的火灾荷载、其他场所可能带来的影响等方面抓起，采取严格的管理措施，降低火灾发生的风险。

（1）厨房燃气管理。厨房应统一整体管理燃气设施，尽量采用天然气管道供气，且靠外墙布置。对于仍在使用液化石油气罐供气的，应限制罐体容量，使其燃气总量与日用量相适应。

（2）食堂档口与摊位布置。食堂档口不应在原设计基础上随意更改或增加，就餐区不应额外布置饮品摊位、小卖部等。食堂内的主要公共活动区通道处应保证通畅，桌椅及其他器具之间应保持合理的间距，从而满足人员的顺畅通行。

（3）食堂装修施工。食堂档口或摊位的更换周期较短，在新引进店铺进行装修时，装修所用的材料应满足现行相关规范要求，装修施工期间需动火用电的，应先取得动火用电许可，并严格规范施工，避免装修期间因动火用电而引发火灾。

（4）不同场所合建要求。当食堂和其他场所合建或食堂部分区域改建时，不应降低原有场所的防火设计要求，各安全疏散出口不得相互影响，不得擅自改变或挪动防火分隔措施。除食堂外的其他场所应加强消防管理，降低火灾发生的风险。

（5）火源管理。食堂各区域应加强对火源的管理，严禁在公共活动区域、摊位及档口、厨房、储藏间等处抽烟；厨房应谨慎使用明火，当人远离时，应立即熄灭关掉燃气；厨房内的食材及其他易燃可燃材料不得靠近燃气管道。

7. 体育馆

随着高校建设的发展迅速，许多高校扩容或新修建了体育馆。高校体育馆现今的用途也越来越广泛，承接各项体育赛事或大型文娱活动，特别是一些大型活动的举办，体育馆内的人群高度密集，一旦发生火灾等突发事件，人员疏散将面临巨大的安全风险，甚至可能导致群死群伤的人群拥挤踩踏事件。

（1）确定重点管理部位。体育馆的疏散走道、楼梯间或出口等位置为人员疏散逃生的主要途径，应作为重点管理部位，严禁摆放任何可燃物或阻碍人员疏散的物品。

（2）限制火灾风险源。体育馆比赛大厅或观众席位置明令禁止抽烟；当场馆内有大型文体活动时，应严格要求活动期间不得燃放烟花或存在其他可能产生火花的行为；当体育场馆内由于特殊情况需要用火时，应制定详细的用火规程，并派专人看管。

（3）人员安全检查。在举办大型活动期间应采取安检措施，限制进入人员携带易燃易爆物品，并限制场馆内的进入人数，避免场馆内人数过多，使紧急情况下的人员疏散更加困难。

（4）消防设施的管理。体育馆内应配置相应的消防设施及器材，不仅能有效地扑救初期火灾，而且能有效地控制火灾蔓延。体育馆内配置的重要消防系统为消防水炮灭火系统及大空间火灾探测系统，应定期检查维护确保其有效性。场馆内的灭火器出现缺失或过期时，应立即更换或补足。

（5）加大日常防火巡查的力度。在每日体育馆开馆及闭馆前，应对场馆内进行一次防火巡查。在体育馆举办赛事、演艺活动期间，应不间断地进行防火巡查。体育馆非大型活动运营期间，应至少每隔2小时进行一次防火巡查，并做好巡查记录。

三、高校智慧消防管理系统

（一）高校智慧消防基本概念

近年来，各高校各种高层建筑物不断增多，建筑物内消防控制室的数量也在急剧增加，同时校园电气火灾、实验室危化品火灾、学生寝室火灾的发生率也有上升趋势，在高校日常消防监督管理工作中，突出存在人力不足和技术手段落后的问题，难以适应当前严峻的消防安全形势。为预防火灾，减少财产损失，保障师生员工的人身安全，急需采用技术手段支撑和配合校园消防安全管理工作。

物联网，是指物体通过射频识别技术（RFID）、传感器技术、二维码技术、卫星定位技术等手段进行信息感知，接入互联网或者无线通信网络形成智能网络，实现物与物、人与物、人与人之间的信息交互和智能应用。物联网架构从下到上分为感知、传输、认知、应用四层。

（1）感知层：采用视频采集、卫星定位、RFID等多种感知技术手段进行信息采集；

（2）传输层：通过光纤、4G、卫星等各种传输网络实现信息的可靠传输；

（3）认知层：搭建公共应用支撑平台，提供统一的信息接入、整合、交换等云服务；

（4）应用层：提供动态监控、预测预警、智能分析等业务功能，为市政府、企业或社会机构以及个人的各类应用需求提供支撑。

智慧消防是未来建筑消防的一个重要趋势，也是提升消防安全管理的重要手段。高校智慧消防系统以物联网为基础，采用了以太网、无线移动数据，以及3G和4G移动数据网络等多种联网方式,将分散在高校校园内的各个建筑物内部的火灾自动报警系统、消防联动控制系统、自动喷水灭火系统、气体灭火系统、室内外消火栓、安防视频监控系统、消防控制室值班监控、消防生命疏散通道（防火门、防火通道）监控、重点部位及危险区域消防监控、消防巡查系统、消防器材RFID管理系统等集成在监控中心大数据平台上，从而实现对高校校园各建筑的消防设施全面、远程、集中监控管理，完善校园安全防范体系，有效提高校园整体的火灾防控能力和消防安全管理水平，为广大师生创建一个文明、安全、和谐、美丽的校园环境。

（二）高校智慧消防系统建设的意义

1. 高校消防设施管理中存在的问题

高校校园往往占地面积大、建筑分散、建筑建设周期长以及老旧建筑偏多，而且消防系统种类多、建设时间不一，导致各个系统都相互独立，缺乏统一管理；消防设施、器材老化，维护保养工作不足，导致部分建筑消防设施运行合格率偏低。具体而言，高校消防设施管理中存在如下问题：

首先，各建筑物的火灾自动报警系统独立运行，对于系统故障、值班人员误操作、擅自关闭报警系统、消防设施维修不及时等，主管部门很难及时掌握具体情况。其次，消防控制室工作人员往往兼顾大楼保安值班工作，无法满足"每个消防控制室24小时值班，每班2人"的工作要求，一旦发生火灾，分散在各建筑的消防控制室的值班人员无法对警情进行快速确认并组织及时有效的扑救。再次，消防设施分散，运行状态未知，如消防水系统易出现阀门误关闭、设备运行故障等，使火灾发生时不能有效工作；对于管网压力、水池/水箱水位、水泵的工作状态等信息也无法实时有效监测。最后，部分高校消防管理人员消防安全责任主体意识薄弱，消防安全制度和措施不健全或落实不到位，建筑防火日巡查、建筑消防设施月检查、消控室检查工作费时费力，缺乏有效监管。消防重点岗位持证上岗制度没有严格落实，值班人员不能及时排除故障，应对初期火灾能力不足，贻误灭火时机，致使小火酿成大灾。

2. 高校智慧消防系统建设的必要性

高校扩招以来，在校生人数剧增，使高校宿舍和教室资源紧缺，住宿拥挤，教室学生密集，而与此同时，高校学生管理人员不足，难以全方位监控，无法对学生在教室或宿舍用电等消防安全行为进行监管，很容易造成消防安全隐患。传统的人工实现消防安全管理的方式无法第一时间感知火情并确定起火位置，消防安全管理没有可靠性和效率保障。

将物联网应用到智慧消防管理系统中，实现对火灾自动报警系统、消防水系统的集中远程监控，对消防设施、人员值班管理进行实时监管、预警，一旦发现安全隐患，可以督促责任人及时整改，降低火灾风险，保证消防设施稳定可靠运行，保证在校师生的生命财产安全。智慧消防系统也可以将分散在各个建筑物内的消防控制室整体联网，实现远程与就地同步监控，适当减少分散在各分控制中心人员，节省人力成本。

通过校园智慧消防建设，可以根据校区建筑分区的实际情况，建成楼宇监控—区域监控—主机总控三级火灾自动报警系统，从而确保总控制和分控室之间联网通畅。一旦发生火情，三级联动，及时组织扑救，有效地避免火灾事故的发生。同时，也可以通过水流量监测系统和水压监测系统，实时掌握消防供水状态，提升应急处置保障能力。

首先，智慧消防管理系统可以解决消防安全管理工作中对人的管理需求。系统可以将巡查科学分配，对工作内容作出规范化要求，安排适当的人员到指定地点做巡检、巡逻工作，细化各部门、各种设施的主体责任，实现了群策群力；系统信息化实现责任倒查、监管无漏洞。通过系统对工作结果进行审核评估，成为人员绩效考核的依据。其次，可解决消防安全管理工作中对设施的管理需求。通过物联网技术对发现的故障及时预警，形成大数据研判提供巡查、发现隐患、现场整改或推送维保、关闭隐患的闭环自我管理流程。

（三）高校智慧消防系统的组成

高校智慧消防管理系统按照校园消防警务集中受理、分级处置的管理模式，建成具有声光火警显示并处置的消防物联网管理平台，实现联网校内重点消防安全部位火灾报警信息、建筑物消防和设备运行状态信息、消防巡查信息的综合分析及智能处理，并向辖区消防应急指挥中心发送经过确认的火灾报警信息，从而使校园管理部门、各级安保单位等实时掌握各感知对象的详细信息，为形成正确的决策提供依据。物联网技术使得校园对象感知能力极大加强，感知的速度、精度和范围得到了极大的提高，这是其他技术所不能代替的。系统主要包含以下核心内容：

（1）火灾报警集中监控系统。可将火灾报警集中监控系统集成到校园三维可视化地图和手机 APP 或微信中，系统实时采集和处理联网建筑火灾自动报警系统前端感知设备的报警信息和运行状态信息，并与其他感知设备，如安防监控系统的视频信息建立关联，利用语音对讲、数据信息、远程调用报警现场视频图像等辅助手段实现火警信息全方位感知、全过程监控；通过对采集数据的分析，提前发现前端消防设施存在的各种故障隐患，督促有关部门整改，降低火灾风险。

（2）消防水监控系统。消防水监控系统实时自动监测建筑消防系统水池、水箱水位、喷淋水压、末端管网压力、湿式报警阀和最不利的消防水压和水泵状态等信息，实现对消防水系统的主动管理。系统通过分析数据信息、调取现场视频等多种方式，快速发现系统异常及故障，为高校消防水系统检查、维护、保养等故障提供数据支撑，可有效减少学校消防管理部门现场检查次数、降低故障强度、提高发现故障效率。在火灾发生时，保障消防水系统能够发挥真正的作用。智慧消防系统可以进行远程控制水泵和排烟风机的启停，定时定期自动巡检，自动形成设备运行档案，并且进行大数据比对，及时优化。

（3）消防视频监控系统。视频监控系统将校园区域、各个建筑物、消防设施、消防巡逻、消控室监管情况，在可视化三维地图上，与监控点一一对应，进行实时查看、监控、分析和管理。监控中心接到火灾报警信息时，自动调取报警点相关联的视频图像信息，查看现场视频图像辅助火警确认，为火情的真伪识别及真实火警的处理提供有力保障；对于重点单位消控室值班人员进行视频监控，记录值班情况，发现漏岗，自动联动视频，方便监控中心人员对消控室进行值班管理；查看建筑消防通道、安全出口视频，为引导安全疏散提供便利。

（4）消防器材 RFID 系统。在消防重点部位和消防设施、设备上设置 RFID 标签，可记录该消防设备的购买时间、到期时间、安装时间、安装位置、负责人和巡检情况等相关信息。通过手机APP采集RFID信息上传至监控中心，系统自动推送到相关责任人，提醒进行保养、更换。手机APP端可与监控中心通信，接受巡检任务，更新状态信息，系统对数据进行统计、分析，形成报表，实现对消防设施的信息化管理。

（5）智慧巡更、巡查系统。在巡查巡检的重点部位、消防设施上安装电子标签，到巡查部位附近时使用手机近距离自动感应（配NFC模块），巡查员手机APP提供菜单式表格选择、填写及拍照功能，上传至监控中心，可对巡查地点、时间、状况等数据实时记录，实现消防重点部位、消防设施巡查工作的考核和管理，并将消防隐患数据推送给消防安全管理人，方便管理人员安排现场整改或推送给维保单位进行维护保养。

（6）电气火灾监控系统。该系统是针对当前电气火灾事故频发而研发的一种电气火灾预警及防控系统，由电气火灾监控探测器、电气火灾监控器、电气火灾监控平台和手机APP组成，可在线实时24小时监视各探测点的剩余电流、温度、电压、电流、状态等信息。

系统通过实时监控电气线路的剩余电流和线缆温度等引起电气火灾的主要因素，准确捕捉电气火灾隐患，实现对异常信息的预警处理、综合分析及记录查询等。平台收到报警故障信息时，以各种方式（APP/短信/平台）推送至相关值班及负责人员，提醒了关注故障状况，并且及时采取相应措施消除隐患，确保电气火灾防患于未"燃"。

（7）地理信息与全景三维显示。将消防安全信息与校园GIS系统、实景三维模型有机结合，可快速定位火灾发生地、被困人员的位置，全面掌握建筑消防设施等情况，第一时间组织人员疏散，做到精准定位、精确救援。首先，通过火灾自动报警系统监控、消防用水监控系统、视频监控的被动监测与人工巡逻等主动监测相结合，形成全方位的校内消防安全监测网络；当发生报警时，利用GIS的快速定位、现场视频的准确核实。快速鉴别真实报警和误警，降低误报率；对于真实发生的警情，通过应急指挥，迅速查找附近的巡逻力量，到达事发地段。系统通过统计分析对未来可能发生的事件进行预测，制定更有效的预案，改善校园布控，增强预防、控制和处置各类突发事件的能力，对校园安全事件起到预防作用，真正保证校园的安全。

第三章　民用建筑消防安全管理

第八节　密室逃脱、剧本类娱乐经营场所消防安全

一、密室逃脱、剧本类娱乐经营场所的防火要求

1. 密室逃脱、剧本类娱乐经营场所的新建、改（扩）建、装修工程消防设计审查、消防验收、消防验收备案及抽查按现行国家工程建设消防技术标准进行消防设计、施工和验收，并按《建设工程消防设计审查验收管理暂行规定》（住房和城乡建设部令第51号）执行。其消防设计审查、消防验收、消防验收备案及抽查由各区住房和城乡建设局办理。建设工程设计和施工执行所在建筑的规划使用功能所对应的技术标准。主题单元内的游戏布景、游戏设施以及道具不属于消防设计审查、消防验收、消防验收备案及抽查范围。

2. 第一类场所应设置在商业建筑（含经有关部门批准作为商业使用的建筑）内，且不应设置在居民楼、公寓、办公建筑内；第二类场所应设置在商业建筑（含经有关部门批准作为商业使用的建筑）内。所在建筑耐火等级不低于二级，且不应布置在地下一层以下（不含地下一层）。

3. 场所包含各个主题单元的游戏布景、疏散区域以及配套的功能用房。其中，主题单元指根据游戏需要，将一个剧本所需要的游戏布景设置在一定空间内，一个主题单元按一个防火单元设置。每个主题单元的建筑面积不应大于 400 ㎡。当布置在地下一层（含半地下室）或地上四层及以上楼层时，场所的总建筑面积不应超过其所在建筑一个防火分区的面积。主题单元与主题单元之间及与场所的其他部位之间应采用耐火极限不低于 2h 的防火隔墙分隔到顶。主题单元内的游戏布景，指根据游戏需在主题单元内被临时隔断所分隔的空间；同一主题单元内有多个游戏布景时，应采用不燃性隔断进行分隔。

二、游戏布景平面布置和安全疏散

1. 相邻两个安全出口或疏散门最近边缘之间的水平距离不应小于 5m，且紧靠门口内外 1.4m 范围内不应设置踏步。疏散门数量应经计算确定并且不应少于 2 个，符合下列条件之一的可设置 1 个：

（1）位于两个安全出口之间或袋形走道两侧的，建筑面积不大于 75 ㎡。

107

（2）位于走道尽端的，建筑面积小于50㎡且疏散门的净宽度不小于0.9m，或由房间内任一点至疏散门的直线距离不大于15m、建筑面积不大于200㎡且疏散门的净宽度不小于1.4m。（3）设置在地下一层（含半地下室），建筑面积不大于50㎡且经常停留人数不超过15人的。

2. 主题单元内部通道的墙面、地面上不应镶嵌玻璃镜面等影响人员安全疏散行为的装饰物。

3. 主题单元内游戏布景进行隔断布置后，仍然需满足本主题单元关于消防设施设置、疏散路径及最远点疏散距离的消防安全要求。

4. 主题单元内的游戏布景应避免使用嵌套形式（指无法从本布景空间直接通向走道的情况）。当因游戏需要确需设置时，各嵌套游戏布景应至少有一个门直接开向场所疏散走道，且不应布置在袋形走道的两侧或尽端，保证人员出门后有两个及以上不同方向的疏散路径（角度大于60度）；无法满足时，主题单元内应设置环形的内部通道（最小净宽度不应小于1.1m），各嵌套游戏布景应至少有一个门开向主题单元内部通道。

5. 游戏布景如果设置有不符合消防技术标准规范要求的游戏出入口，在布景空间内需另外设置直通主题单元内部通道或直接开向场所疏散走道的门。

6. 游戏布景的门应设置可在内部手动开启的机械应急开启装置（不需使用钥匙），所有受出入口控制装置控制的门应在火灾自动报警系统启动时自动联动开启。

三、游戏布景及道具材料的燃烧性能

1. 游戏布景内严禁设置点蜡、烧纸、焚香、焰火、闪电、火花等使用明火的场景，严禁燃放冷烟花、焰火等。

2. 主题单元内的游戏布景、游戏设施及道具、防撞条（带）等材料不得使用可燃、易燃材料，其燃烧性能等级应符合以下要求：安装于顶棚时不低于A级，安装于墙面、地面时不低于B1级；当设置在地下民用建筑内部时，安装于墙面时不低于A级。

3. 单位面积质量小于300g/㎡的纸质、布质壁纸，应当直接粘贴在A级基材上时，可作为B1级材料使用。

四、第一类场所消防设施技术要求

（一）消防设施

1. 场所消防设施的设置不应低于其所在主体建筑的设置标准。

2. 场所应设置火灾自动报警系统。

3. 场所设置自动喷水灭火系统的，应采用快速响应喷头，并保证每个布景空间均设有喷头，不留漏喷空白点。

4. 如所在建筑主体根据《建筑设计防火规范》未要求设置自动喷水灭火系统，场所应设置自动喷水灭火系统局部应用系统，局部应用系统保护区域建筑面积不超过

1000 ㎡。

5. 场所内的消防设施设备、疏散引导箱等不得改变颜色、遮盖，并注明与游戏解密无关，防止参与游戏人员误操作。

6. 设置在地下一层（含半地下室）或地上四层及以上楼层的密室逃脱、剧本类娱乐经营场所应设置排烟设施；当场所设置在一、二、三层且任一主题单元或游戏布景建筑面积大于 100 ㎡时，应设置排烟设施；长度大于 20m 的疏散走道应设置排烟设施。

（二）电气设施、消防应急照明和疏散指示标志

1. 场所的电气线路和用电设备，必须符合国家有关电气设计、安装规范的要求。

2. 配电线路明敷时（包括敷设在吊顶内），应穿金属导管或采用封闭式金属槽盒保护；消防配电线路的金属导管或封闭式金属槽盒应采取防火保护措施。

3. 开关、插座和照明灯具靠近可燃物时，应采取隔热和散热等防火措施。

4. 电器、设备周围应与可燃物保持 0.5m 以上的间距。场所应选用冷光源的照明灯具。

5. 场所禁止选用或购买不符合国家标准的插座、充电器、用电设备等电器产品；禁止使用热得快、电暖器等大功率电器；为顾客制作简餐的电饭煲、电磁炉、微波炉等电气设备必须与可燃物保持安全距离，在加热食物时必须安排人员值守。

6. 场所应设置消防应急照明和疏散指示标志（当同一主题单元有多个布景空间时，每个布景空间均应设置）。火灾时应急照明的连续供电时间不低于 1 小时，地面水平最低照度不低于 10LX。场所的安全出口和疏散门的正上方应设置中型或者大型持续型疏散指示标志，疏散走道及转角处地面 1m 以下的墙面或地面上应设置大型灯光疏散指示标志，灯光疏散指示标志的间距不应大于 10m，在走道转角区不应大于 1m。

7. 场所所在建筑主体应设置具有切断火灾区域及相关区域非消防电源功能的消防联动控制器；当需要切断正常照明时，宜在自动灭火系统、消火栓系统动作时切断，利于人员的疏散。

8. 场所的照明效果、音效等应和消防设施中的应急照明、疏散指示标志、应急广播等有所区分，防止对人员疏散产生误导。

9. 非消防用电负荷应设置电气火灾监控或设 300mA 漏电保护，末端配电箱配电回路宜设置电弧故障火灾探测器或限流式电气防火保护器。

10. 场所的各房间及走道应设置视频监控设备及无线对讲设备、应急广播；监控所有房间的现场情况，并为顾客配备定位器（应带有一键报警功能及蜂鸣发声功能）。所有房间应配置一键报警、一键开锁装置。

11. 场所应在公共区域明显部位及各主题单元疏散门周边两米范围内设置安全疏散指示图。

五、日常消防安全管理措施

1. 加强消防安全管理，明确消防安全管理责任，制定消防安全制度。
2. 场所营业期间不得违规进行电焊、气焊、切割等明火作业。
3. 严禁在道具仓库内大量堆放易燃可燃服装道具。
4. 场所应按照国家标准、行业标准配置消防设施、器材，并定期组织维护保养，加强防火巡查、检查。
5. 营业期间，应确保安全出口、疏散通道畅通，严禁将安全出口上锁，不得设置影响逃生的障碍物。禁止使用限制人身自由的道具。
6. 应建立消防安全培训制度，制定灭火及应急疏散预案，定期组织开展培训演练并做好台账记录。员工要预测本场所火灾风险，会报火警，会使用灭火器材，及时组织人员疏散。
7. 员工在游戏开始前要对顾客进行火灾风险提示与消防安全教育，带领顾客熟悉安全出口。
8. 电动自行车、电动平衡车不得在场所内停放、充电，也不得将其蓄电池带至场所内充电。
9. 营业期间不少于 2 人值班。一旦发生火灾事故，值班人员应立即解除所有门禁，联动开启所有受出入口控制装置控制的门，严禁设置从内部无法开启的插销等。值班人员应立即开启应急照明，利用应急广播通知人员疏散。
10. 手持电台及定位器等设备集中充电时应安排人员值守。
11. 场所内严禁储存易燃易爆危险品，入场时应进行安检，禁止进入密室场所的人员携带火种及火源。
12. 场所营业期间，应至少每 2 小时巡查一次，营业结束后，应切断非必要用电设备电源，检查并且消除遗留火种。
13. 加强消防安全评估检测，每年对建筑消防设施至少进行一次全面检测。
14. 场所各主题单元内应在不同位置（不少于 2 处）设置疏散引导箱、按可能参与游戏人员的上限数量配备瓶装水、毛巾、救援哨以及发光指挥棒等安全疏散辅助器。主题单元内每个游戏布景应按可能参与游戏人员上限数量配备过滤式消防自救呼吸器和手电筒。

第四章 建筑消防设施的维护管理

消防设施维护管理是确保消防设施完好有效,以实现及早探测火灾,及时控制和扑救初期火灾、有效引导人员安全疏散等安全目标的重要保障,是一项关乎人员生命财产安全,避免重大火灾损失的基础性工作。《消防法》赋予社会单位按照国家标准、行业标准配置消防设施、器材,定期组织检验、维修,确保完好有效的法定职责。《建筑消防设施的维护管理》(GB25201—2010)规定了消防设施维护管理的内容、方法和要求,引导和规范社会单位的消防设施维护管理工作。

第一节 消防设施维护管理

消防设施维护管理由建筑物的产权单位或者受其委托的建筑物业管理单位(以下简称建筑使用管理单位)依法自行管理或者委托具有相应资质的消防技术服务机构实施管理。消防设施维护管理包括值班、巡查、检测、维修、保养以及建档等工作。

一、消防设施维护管理的要求

为确保建筑消防设施的正常运行,建筑使用管理单位在对其消防设施进行维护管理时,应明确归口管理部门、管理人员及其工作职责,建立消防设施值班、巡查、检测、维修、保养、建档等管理制度。对于维护管理人员、管理装备及管理工作作出严格要求。建筑消防设施的维护管理包括值班、巡查、检测、维修、保养、建档等工作。建筑物的产权单位或受其委托管理建筑消防设施的单位,应明确建筑消防设施的维护管理归口部门、管理人员及其工作职责，建立建筑消防设施值班、巡查、检测、维修、保养、建档等制度，确保建筑消防设施正常运行。同一建筑物有两个以上产权、使用单位的，应明确建筑消防设施的维护管理责任，对于建筑消防设施实行统一管理，并以合同方式约定各自的权利义务。委托物业等单位统一管理的，物业等单位应严格按合同约定履行建筑消防设施维护管理职责，建立建筑消防设施值班、巡查、检测、维修、保养、建档等制度，确保管理区域内的建筑消防设施正常运行。建筑消防设施维护管理单位应与消防设备生产厂家、消防设施施工安装企业等有维修、保养能力的单位签订消防设施维修、保养合同。维护管理单位自身有维修、保养能力的，应明确维修、保养职能部门和人员。

建筑消防设施投入使用后，应处于正常工作状态。建筑消防设施的电源开关、管道阀门，均应处于正常运行位置，并标示开、关状态；对需要保持常开或常闭状态的阀门，应采取铅封、标识等限位措施；对具有信号反馈功能的阀门，其状态信号应反馈到消防控制室；消防设施及其相关设备电气控制柜具有控制方式转换装置的，其所处控制方式宜反馈至消防控制室。不应擅自关停消防设施。值班、巡查、检测时发现故障，应及时组织修复。因故障维修等原因需要暂时停用消防系统的，应有确保消防安全的有效措施，并经单位消防安全责任人批准。城市消防远程监控系统联网用户，应按规定协议向监控中心发送建筑消防设施运行状态信息和消防安全管理信息。

（一）维护管理人员从业资格要求

消防设施操作管理以及值班、巡查、检测、维修、保养的从业人员，需要具备下列规定的从业资格：

（1）消防设施检测、维护保养等消防技术服务机构的项目经理、技术人员，经注册消防工程师考试合格，持有一级或二级注册消防工程师的执业资格证书。

（2）消防设施操作、值班、巡查的人员，经消防行业特有工种职业技能鉴定合格，持有初级技能（含初级，以下同）以上等级的职业资格证书，能够熟练操作消防设施。

（3）消防设施检测、保养人员，经消防行业特有工种职业技能鉴定合格，持有高级技能以上等级职业资格证书。

（4）消防设施维修人员，经消防行业特有工种职业技能鉴定合格，持有技师以上等级职业资格证书。

（二）维护管理装备要求

用于消防设施的巡查、检测、维修、保养的测量用仪器、仪表、量具以及泄压阀、安全阀等，依法需要计量检定的，建筑使用管理单位应按照有关规定进行定期校验，并具有有效证明文件。

（三）维护管理工作要求

建筑使用管理单位按照下列要求组织实施消防设施维护管理：

1. 明确并落实管理职责

建筑使用管理单位自身具备维修保养能力的，明确维修、保养的职能部门和人员；不具备维修保养能力的，与消防设备生产厂家、消防设施施工安装单位等有维修、保养能力的单位签订消防设施维修、保养合同。

同一建筑物有两个及两个以上产权、使用单位的，明确消防设施的维护管理责任，实行统一管理，以合同方式约定各自的权利与义务；委托物业管理单位、消防技术服务机构等实施统一管理的，物业管理单位、消防技术服务机构等严格按照合同约定，履行消防设施的维护管理职责，确保管理区域内的消防设施正常运行。

2. 制定消防设施维护管理制度和维修管理技术规程

建筑消防设施投入使用后，建筑使用管理单位应制定并落实消防设施巡查、检测、报修、保养等各项维护管理制度和技术规程，及时发现问题，适时维修保养，确保消防设施处于正常工作状态，并且完好有效。

3. 实施消防设施标识化管理

消防设施的电源控制柜、水源及灭火剂等控制阀门，处正常运行位置，具有明显的开（闭）状态标识；需要保持常开或者常闭的阀门，采取铅封、标识等限位措施，保证其处于正常位置；具有信号反馈功能的阀门，其状态信号能够按照预定程序及时反馈到消防控制室；消防设施及其相关设备的电气控制设备具有控制方式转换装置的，除了现场具有控制方式及其转换标识外，其控制信号能够反馈至消防控制室。

4. 故障消除及报修

值班、巡查、检测时发现消防设施故障的，按照单位的规定程序，及时组织修复；单位没有维修保养能力的，按照合同约定报修；消防设施因故障维修等原因需要暂时停用的，经单位消防安全责任人批准，报消防救援机构备案，采取消防安全措施后，方可停用检修。

5. 档案管理

建立健全建筑消防设施维护管理档案。定期整理消防设施维护管理技术资料，按照规定期限和程序保存、销毁相关文件档案。

6. 远程监控管理

城市消防远程监控系统联网用户，按照规定协议向城市监控中心发送建筑消防设施运行状态和消防安全管理等信息。

二、建筑消防设施维护管理环节及工作要求

消防设施维护管理各个环节的工作均关系到消防设施完好有效、正常发挥作用，建筑使用管理单位要根据各个环节的工作特点，组织实施维护管理。

(一) 值班

建筑使用管理单位应根据建筑或者单位的工作、生产、经营特点，建立值班制度。在消防控制室，具有消防配电功能的配电室、消防水泵房、防排烟机房等重要设备用房，合理安排符合从业资格条件的专业人员对消防设施实施值守、监控，负责消防设施操作控制，确保火灾情况下能够及时、准确地按照操作技术规程对建筑消防设施进行操作。

单位应制定灭火和应急疏散预案，并定期组织预案演练，在进行预案演练时，要将消防设施操作内容纳入其中，及时发现并且解决操作过程中存在的问题。

(二) 巡查

巡查是指建筑使用管理单位对建筑消防设施直观属性的检查。根据《建筑消防设施的维护管理》（GB25201—2010）的规定，消防设施巡查内容主要包括消防设施设置场所（防护区域）的环境状况、消防设施及其组件、材料等外观以及消防设施运行状态、消防水源状况及固定灭火设施灭火剂储存量等。

1. 巡查要求

建筑管理使用单位应按照下列要求组织巡查：

（1）明确各类消防设施的巡查频次、内容和部位。

（2）巡查时，准确填写《建筑消防设施巡查记录表》。

（3）巡查时发现故障或存在问题，应按照规定程序进行故障处置，及时解决存在的问题。

2. 巡查频次

建筑使用管理单位按照下列频次组织巡查：

（1）公共娱乐场所营业期间，每2h组织一次综合巡查。其间，将部分或者全部消防设施巡查纳入综合巡查内容，并且保证每日至少对全部建筑消防设施巡查一遍。

（2）消防安全重点单位每日至少对消防设施巡查一次。

（3）其他社会单位每周至少对消防设施巡查一次。

（4）举办具有火灾危险性的大型群众性活动的，承办单位根据活动现场的实际需要确定巡查频次。

(三) 检测

根据《建筑消防设施的维护管理》的规定，消防设施检测主要是对国家标准规定的各类消防设施的功能性要求进行的检查和测试。

1. 检测频次

消防设施每年至少检测一次。遇重大节日或者重大活动，根据活动要求安排消防设施检测。设有自动消防设施的宾馆饭店、商场市场、公共娱乐场所等人员密集场所、易燃易爆单位及其他一类高层公共建筑等消防安全重点单位，自消防设施投入运行后的每年年底，将年度检测记录报当地消防救援机构备案。

2. 检测对象

检测对象包括全部消防设施系统设备、组件等。消防设施检测按照竣工验收技术检测方法和要求组织实施,并符合《建筑消防设施检测技术规程》(GA503-2004)的要求。检测过程中,如实填写《建筑消防设施检测记录表》的相关内容。

(四)维修

对于在值班、巡查、检测、灭火演练中发现消防设施存在的问题和故障,相关人员按照规定填写《建筑消防设施故障维修记录表》,向建筑使用管理单位消防安全管理人报告;消防安全管理人对相关人员上报的消防设施存在的问题和故障,要立即通知维修人员或委托具有资质的消防设施维保单位进行维修。

维修期间,建筑使用管理单位要采取确保消防安全的有效措施;故障排除后,消防安全管理人组织相关人员进行相应的功能试验,检查确认,并且将检查确认合格的消防设施恢复至正常工作状态,并在《建筑消防设施故障维修记录表》中全面、准确地记录。

(五)保养

建筑使用管理单位根据建筑规模、消防设施使用周期等,制订消防设施保养计划,载明消防设施的名称、保养内容和周期;储备一定数量的消防设施易损件或者和有关消防产品厂家、供应商签订相关供货合同,以保证维修保养供应。消防设施在维护保养时,维护保养单位的相关技术人员应填写《建筑消防设施维护保养记录表》,并进行相应功能试验。

(六)档案建立与管理

消防设施档案是建筑消防设施施工质量、维护管理的历史记录,具有延续性和可追溯性,是消防设施施工调试、操作使用、维护管理等工作情况的真实记录。

1. 档案内容

建筑消防设施档案至少包含下列内容:

(1)消防设施基本情况。主要包括消防设施的验收意见和产品、系统使用说明书、系统调试记录、消防设施平面布置图、系统图等原始技术资料。

(2)消防设施动态管理情况。主要包括消防设施的值班记录、巡查记录、检测记录、故障维修记录以及维护保养计划表、维护保养记录、消防控制室值班人员基本情况及培训记录等。

2. 保存期限

消防设施施工安装、竣工验收以及验收技术检测等原始技术资料长期保存;《消防控制室值班记录表》和《建筑消防设施巡查记录表》的存档时间不少于一年;《建筑消防设施检测记录表》《建筑消防设施故障维修记录表》《建筑消防设施维护保养计划表》《建筑消防设施维护保养记录表》的存档时间不少于5年。

第二节 消防控制室管理

消防控制室设有火灾自动报警系统控制设备和消防联动控制设备,用于接收、显示、处理火灾报警信号,控制相关消防设施,是指挥火灾扑救,引导人员安全疏散的信息、指挥中心,既是消防安全管理的核心场所。消防控制室是建筑物内防火、灭火设施的显示控制中心,是火灾的扑救指挥中心,也是保障建物安全的要害部位之一。根据《火灾自动报警系统设计规范》(GB 50116-2013)规定,具有消防联动功能的火灾自动报警系统的保护对象中,应设置消防控制室。消防控制室内设置的消防设备应包括火灾报警控制器、消防联动控制器、消防控制室图形显示装置、消防专用电话总机、消防应急广播控制装置、消防应急照明和疏散指示系统控制装置、消防电源监控器等设备,或具有相应功能的组合设备。其主要功能是监控消防系统及相关设备(设施),显示相应设备(设施)的动态信息和消防管理信息,并向远程监控中心传输火灾报警及其他相应信息。消防系统及其相关设备(设施)应包括火灾探测报警、消防联动控制、消火栓、自动灭火、防烟排烟、通风空调、防火门及防火卷帘、消防应急照明和疏散指示、消防应急广播、消防设备电源、消防电话、电梯、可燃气体探测报警、电气火灾监控等全部或部分系统或设备(设施)。具有两个或者两个以上消防控制室时,应确定主消防控制室和分消防控制室。主消防控制室的消防设备应对系统内共用的消防设备进行控制,并显示其状态信息;主消防控制室内的消防设备应能显示各分消防控制室内消防设备的状态信息,并可对分消防控制室内的消防设备及其控制的消防系统和设备进行控制;各分消防控制室之间的消防设备之间可以相互传输、显示状态信息,但不应互相控防控制室应能用同一界面显示建筑物周边消防车道、消防登高车操作场地、消防水源位置以相邻建筑的防火间距、建筑面积、建筑高度、使用性质等情况以及相关消防安全管理信息。显示应少采用中文标注和中文界面,界面对角线长度不应小于430mm。消防控制室应能显示火灾自动报警和联动控制系统及其控制的各类消防设备(设施)的名称、位置和各消防设备(设施)的动态信息。

一、消防控制室的设备配置

为了确保消防控制室实现接收火灾报警、处置火灾信息、指挥火灾扑救、引导人员安全疏散等消防安全目标,消防控制室配备的监控设备要能够准确、规范地实施消防监控与管理等各项功能。

消防控制室至少需要设置火灾报警控制器、消防联动控制器、消防控制室图形显示装置、消防电话总机、消防应急广播控制装置、消防应急照明和疏散指示系统控制装置、消防电源监控器等设备，或者设置具有相应功能的组合设备。

二、消防控制设备的监控要求

消防控制室配备的消防设备需要具备以下五项监控功能：

（1）消防控制室设置的消防设备能够监控并显示消防设施的运行状态信息，并且能够向城市消防远程监控中心（以下简称监控中心）传输相应信息。

（2）根据建筑（单位）规模及其火灾危险性的特点，消防控制室内需要保存必要的文字、电子资料，存储相关的消防安全管理信息，并能够及时向监控中心传输消防安全管理信息。

（3）大型建筑群要根据其不同建筑功能需求、火灾危险性特点和消防安全监控需要，设置两个及两个以上的消防控制室，并确定主消防控制室、分消防控制室，以实现分散与集中相结合的消防安全监控模式。

（4）主消防控制室的消防设备能够对系统内的共用消防设备进行控制，显示其状态信息，并能够显示各个分消防控制室内消防设备的状态信息，具备对分消防控制室内消防设备及其所控制的消防系统及设备的控制功能。

（5）各个分消防控制室的消防设备之间，可以互相传输、显示状态信息，不能互相控制消防设备。

三、消防控制室台账档案建立

消防控制室是建筑使用管理单位消防安全管理与消防设施监控的核心场所，需要保存能够反映建筑特征及其消防设施施工质量及其运行情况的纸质台账档案和电子资料，消防控制室内至少保存有下列纸质台账档案和电子资料：

（1）建（构）筑物竣工后的总平面布局图、消防设施平面布置图和系统图以及安全出口布置图、重点部位位置图等。

（2）消防安全管理规章制度、灭火与应急疏散预案等。

（3）消防安全组织结构图，包括消防安全责任人、管理人、专职及义务消防人员等内容。

（4）消防安全培训记录、灭火和应急疏散预案的演练记录。

（5）值班情况、消防安全检查情况及巡查情况等记录。

（6）消防设施一览表，包括消防设施的类型、数量、状态等内容。

（7）消防联动系统控制逻辑关系说明、设备使用说明书、系统操作规程、系统及设备的技术规程，等等。

（8）设备运行状况、接报警记录、火灾处理情况记录等。

（9）系统及设备的维护保养制度、检修检测报告等资料。

上述台账、资料应定期归档保存。

四、消防控制室的管理要求

规范、统一的消防控制室管理和消防设施操作监控,是建筑火灾发生时能够及时发现火灾、确认火灾,准确报警并启动应急预案,有效组织初期火灾扑救,引导人员安全疏散的根本保证。

(一)消防控制室值班要求

建筑使用管理单位应按照下列要求,安排适当数量的、符合从业资格条件的人员负责消防控制室的管理和值班:

(1)实行每日 24h 专人值班制度,每班不少于两人,值班人员持有规定的消防专业技能鉴定证书。

(2)消防设施日常维护管理符合国家标准《建筑消防设施的维护管理》(GB25201—2010)的相关规定。

(3)确保火灾自动报警系统、固定灭火系统和其他联动控制设备处于正常工作状态,不得将应处于自动控制状态的设备设置在手动控制状态。

(4)确保高位消防水箱、消防水池、气压水罐等消防储水设施水量充足,确保消防泵出水管阀门、自动喷水灭火系统管道上的阀门常开;确保消防水泵、防排烟风机、防火卷帘等消防用电设备的配电柜控制装置处于自动控制位置(或通电状态)。

(二)消防控制室设备的控制、显示要求

消防控制室内的图形显示装置、火灾报警控制器、消防联动控制设备,其功能既相互独立,又互相关联,准确把控其功能是充分发挥消防控制室监控与管理作用的关键。

1. 消防控制室的图形显示装置

采用中文标注和中文界面的消防控制室图形显示装置,其界面对角线长度不得小于430mm。消防控制室图形显示装置按照下列要求显示相关信息:

(1)能够显示前述电子资料的内容及符合规定的消防安全管理信息。

(2)能够用同一界面显示建(构)筑物周边消防车通道、消防登高车操作场地、消防水源的位置,以及相邻建筑的防火间距、建筑面积、建筑高度及使用性质等情况。

(3)能够显示消防系统及设备的名称、位置和消防控制器、消防联动控制设备(含消防电话、消防应急广播、消防应急照明和疏散指示系统、消防电源等控制装置)的动态信息。

(4)有火灾报警信号、监管报警信号、反馈信号、屏蔽信号、故障信号输入时,具有相应状态的专用总指示,在总平面布局图中应显示输入信号所在的建(构)筑物的位置,在建筑平面图上应显示输入信号所在的位置和名称,并且记录时间、信号类别和部位等信息。

(5)10s 内能够显示输入的火灾报警信号和反馈信号的状态信息,100s 内能够显示其他输入信号的状态信息。

第四章　建筑消防设施的维护管理

（6）能够显示可燃气体探测报警系统、电气火灾监控系统的报警信息、故障信息和相关联动反馈信息。

2. 火灾报警控制器

火灾报警控制器能够显示火灾探测器、火灾显示盘、手动火灾报警按钮的正常工作状态、火灾报警状态、屏蔽状态以及故障状态等相关信息，能够控制火灾声光警报器启动和停止。

3. 消防联动控制设备

消防联动控制设备能够将各类消防设施及其设备的状态信息传输到图形显示装置；能够控制和显示各类消防设施的电源工作状态、各类设备及其组件的启/停等运行状态和故障状态，显示具有控制功能、信号反馈功能的阀门、监控装置的正常工作状态和动作状态，能够控制具有自动控制、远程控制功能的消防设备的启/停，并且接收其反馈信号。

（三）消防控制室应急处置程序

火灾发生时，消防控制室的值班人员按照下列应急程序处置火灾。

（1）接到火灾警报后，值班人员立即以最快的方式确认火灾。

（2）火灾确认后，值班人员立即确认火灾报警联动控制开关处于自动控制状态，同时拨打"119"报警电话准确报警；报警时需要说明着火单位的地点、起火部位、着火物种类、火势大小、报警人姓名和联系电话，等等。

（3）值班人员立即启动单位应急疏散和初期火灾扑救灭火预案，同时报告单位消防安全负责人。

第三节　灭火设施与系统的维护管理

消防灭火设施与系统主要是指消防给水系统、灭火器、消火栓系统、自动喷水灭火系统、气体灭火系统、干粉灭火系统、泡沫灭火系统等。做好消防灭火设施与系统的维护管理，是确保系统正常完好，有效使用，减少火灾人员伤亡和财产损失的重要措施。

一、消防给水系统维护管理

消防给水系统主要由消防水源（市政管网、水池、水箱）、供水设施设备（消防水泵、消防稳压设施、水泵接合器）和给水管网（阀门）等组成。维护管理人员经过消防专业培训后应熟悉消防给水系统的相关原理、性能和操作维护方法。

（一）消防水源的维护管理

消防水源的维护管理应符合下列规定：

（1）每季度监测市政给水管网的压力和供水能力。

（2）每年对天然河、湖等地表水消防水源的常水位、枯水位、洪水位，以及枯水位流量或蓄水量等进行一次检测。

（3）每年对水井等地下水消防水源的常水位、最低水位、最高水位和出水量等进行一次测定。

（4）每月对消防水池、高位消防水池、高位消防水箱等消防水源设施的水位等进行一次检测；消防水池（箱）玻璃水位计两端的角阀在不进行水位观察时应关闭。

（5）在冬季每天要对消防储水设施进行室内温度和水温检测，当结冰或室内温度低于5℃时，要采取适当的措施，确保消防储水设施不结冰和室温不低于5℃。

（6）每年应检查消防水池、消防水箱等蓄水设施的结构材料是否完好，发现问题及时处理。

（7）永久性地表水天然水源消防取水口有防止水生生物繁殖的管理技术措施。

（二）供水设施设备的维护管理

1. 供水设施的维护管理规定

（1）每月应手动启动消防水泵运转一次，并检查供电电源的情况。

（2）每周应模拟消防水泵自动控制的条件，自动启动消防水泵运转一次，且记录自动巡检情况，每月应检测记录。

（3）每日对稳压泵的停泵启泵压力和启泵次数等进行检查并记录运行情况。

（4）每日对柴油机消防水泵的启动电池的电量进行检测，每周检查储油箱的储油量，每月应手动启动柴油机消防水泵运行一次。

（5）每季度应对消防水泵的出流量和压力进行一次试验。

（6）每月对气压水罐的压力和有效容积等进行一次检测。

2. 水泵接合器的维护管理规定

（1）查看水泵接合器周围有无放置构成操作障碍的物品。

（2）查看水泵接合器有无破损、变形、锈蚀以及操作障碍，每月检查接口及附件确保接口完好、无渗漏、闷盖齐全。

（3）查看闸阀是否处于开启状态。

（4）查看水泵接合器是否有明显的标志。

（三）给水管网的维护管理

（1）系统上所有的控制阀门均应采用铅封或锁链固定在开启或规定的状态，每月应对铅封、锁链进行一次检查，当有破坏或损坏时应及时修理更换。

（2）每月对电动阀和电磁阀的供电和启闭性能进行检测。

（3）每季度对室外阀门井中进水管上的控制阀门进行一次检查，并且应核实其处于全开启状态。

（4）每天对水源控制阀进行外观检查，并应保证系统处于无故障状态。

（5）每季度对系统所有的末端试水阀和报警阀的放水试验阀进行一次放水试验，并应检查系统启动、报警功能及出水情况是否正常。

（6）在市政供水阀门处于完全开启状态时，每月对倒流防止器的压差进行检测，且应符合《减压型倒流防止器》（GB/T25178—2010）和《双止回阀倒流防止器》（CJ/T160—2010）等的有关规定。

二、消火栓系统的维护管理

消火栓系统是扑救、控制建筑物初期火灾的最为有效的灭火设施，是应用最为广泛、用量最大的灭火系统。该系统的维护管理是确保系统正常完好、有效使用的基本保障。维护管理人员经过消防专业培训后应熟悉消火栓系统的相关原理、性能和维护操作方法。

（一）室外消火栓系统的维护管理

室外消火栓系统是设置在建筑外的供水设施，主要供消防车取水，经增压后向建筑内的供水管网供水或实施灭火，也可直接连接水带、水枪出水灭火。按安装形式不同，室外消火栓可分为地上式和地下式两种类型，应分别按照以下要求进行维护管理。

1. 地下式消火栓的维护管理

地下消火栓应每季度进行一次检查保养，其内容主要包括：

（1）用专用扳手转动消火栓启闭杆，观察其灵活性，必要时加注润滑油。

（2）检查橡胶垫圈等密封件有无损坏、老化或丢失等情况。

（3）检查栓体外表油漆有无脱落，有无锈蚀，如果有应及时修补。

（4）入冬前检查消火栓的防冻设施是否完好。

（5）重点部位消火栓，每年应逐一进行一次出水试验，出水应满足压力要求。在检查中可使用压力表测试管网压力，或者连接水带做射水试验，检查管网压力是否正常。

（6）随时消除消火栓井周围及井内积存的杂物。

（7）地下消火栓应有明显标志，要保持室外消火栓配套器材和标志的完整有效。

2. 地上式消火栓的维护管理

（1）用专用扳手转动消火栓启动杆，检查其灵活性，必要时加注润滑油。

（2）检查出水口闷盖是否密封，有无缺损。

（3）检查栓体外表油漆有无剥落，有无锈蚀，如有应及时修补。

（4）每年开春后入冬前对地上消火栓逐一进行出水试验，出水应满足压力要求。在检查中可使用压力表测试管网压力，或连接水带做射水试验，检查管网压力是否正常。

（5）定期检查消火栓的前端阀门井。

（6）保持配套器材的完备有效，无遮挡。

室外消火栓系统的检查除上述内容外，还应包括与有关单位联合进行的室外消火栓给水消防水泵、消防水池的一般性检查，如经常检查消防水泵各种闸阀是否处于正常状态，消防水池水位是否符合要求。

（二）室内消火栓系统的维护管理

1. 室内消火栓的维护管理

室内消火栓系统是扑救建筑内火灾的主要设施，是使用最普遍的消防设施之一，应对其做好维护保养工作。室内消火栓箱内应经常保持清洁、干燥，防止锈蚀、碰伤或其他损坏。每半年至少进行一次全面的检查维修，主要内容有：

（1）检查消火栓和消防卷盘供水闸阀是否渗漏水，若渗漏水应及时更换密封圈。

（2）对消防水枪、水带、消防卷盘以及其他配件进行检查，全部附件应齐全完好，卷盘转动灵活。

（3）检查消火栓启动按钮、指示灯及控制线路，应功能正常、无故障。

（4）检查消火栓箱及箱内装配的部件外观有无破损，涂层有无脱落，箱门玻璃是否完好无缺。

（5）对消火栓、供水阀门及消防卷盘等所有转动部位应定期加注润滑油。

2. 供水管路的维护管理

室外阀门井中，进水管上的控制阀门应每个季度检查一次，核实其处于全开启状态。系统上所有的控制阀门均应采用铅封或锁链固定在开启或规定的状态。每月应对铅封、锁链进行一次检查，当有破坏或损坏时应及时修理更换。

（1）对管路进行外观检查，若有腐蚀和机械损伤等应及时修复。

（2）检查阀门是否漏水并及时修复。

（3）室内消火栓设备管路上的阀门为常开阀，平时不得关闭，应检查其开启状态。

（4）检查管路的固定是否牢固，若有松动应及时加固。

三、自动喷水灭火系统的维护管理

自动喷水灭火系统是扑救、控制建筑物初期火灾最为有效的自救灭火设施之一，是应用最为广泛、用量最大的消防灭火系统。对于其进行良好的维护管理是系统正常运行、有效使用的基本保障。维护管理人员要经过消防专业培训，具备相应的从业资格证书，熟悉自动喷水灭火系统的原理、性能和操作维护规程。

（一）系统巡查

自动喷水灭火系统巡查主要是针对系统组件外观、现场运行状态、系统检测装置工作状态、安装部位环境条件等直观属性实施的日常巡查。

1. 巡查内容

自动喷水灭火系统巡查的内容主要包括：

（1）喷头外观及其周边障碍物、保护面积等。

（2）报警阀组外观、报警阀组检测装置状态以及排水设施状况等。

（3）充气设备、排气装置及其控制装置、火灾探测传动、液（气）动传动及其控制装置、现场手动控制装置等外观、运行状况。

（4）系统末端试水装置、楼层试水阀及其现场环境状态，压力监测情况，等等。

（5）系统用电设备的电源及其供电情况。

水源以及消防水泵、供（给）水管网及其附件等维护管理如前所述。

2. 巡查方法及要求

采用目测观察的方法，检查系统及其组件外观、阀门启闭状态、用电设备及其控制装置工作状态和压力监测装置（压力表、压力开关）工作情况。

（1）喷头巡查

建筑使用管理单位按照下列要求对喷头进行巡查：①观察喷头与保护区域环境是否匹配，判定保护区域的使用功能、危险性级别是否发生变化。②检查喷头外观有无明显磕碰伤痕或者损坏，有无喷头漏水或者被拆除等情况。③检查保护区域内是否有影响喷头正常使用的吊顶装修，或者新增装饰物、隔断、高大家具以及其他障碍物。若有上述情况，采用目测、尺量等方法，检查喷头保护面积、与障碍物间距等是否发生变化。

（2）报警阀组巡查

建筑使用管理单位按照下列要求对报警阀组进行巡查：①检查报警阀组的标志牌是否完好、清晰，阀体上的水流指示永久性标识是否易于观察，与水流方向是否一致。②检查报警阀组组件是否齐全，表面有无裂纹、损伤等现象。③检查报警阀组是否处于供应状态，观察其组件有无漏水等情况。④检查报警阀组设置场所的排水设施有无排水不畅或者积水等情况。⑤检查干式报警阀组、预作用装置的充气设备、排气装置及其控制装置的外观标志有无磨损、模糊等情况，相关设备及其通用阀门是否处于工作状态；控制装置外观有无歪斜翘曲、磨损划痕等情况，其监控信息显示是否准确。⑥检查预作用装置、雨淋报警阀组的火灾探测传动、液（气）动传动以及其控制装置、现场手动控制装置的外观标志有无磨损、模糊等情况，控制装置的外观有无歪斜翘曲、磨损划痕等情况，其显示信息是否准确。

（3）末端试水装置和试水阀巡查

建筑使用管理单位按照下列要求对末端试水装置、楼层试水阀进行巡查：①检查系统（区域）末端试水装置、楼层试水阀的设置位置是否便于操作和观察，有无排水设施。②检查末端试水装置设置得是否正确。③检查末端试水装置压力表，能否准确监测系统、保护区域最不利点静压值。

（4）系统供电巡查

建筑使用管理单位按照下列要求对系统供电情况进行巡查：①检查自动喷水灭火系统的消防水泵、稳压泵等用电设备配电控制柜，观察其电压、电流监测是否正常，水泵启动控制和主、备泵切换控制是否设置在"自动"位置，电源切换、主备泵切换时间是否符合要求。②检查系统监控设备供电是否正常，系统中的电磁阀与模块等用电元器（件）是否通电。

3. 巡查周期

建筑管理使用单位每日（消防安全重点单位）或每周（其他单位）组织一次系统全面巡查。

（二）系统周期性检查维护

系统周期性检查是指建筑使用管理单位按照国家工程建设消防技术标准的要求，对已经投入使用的自动喷水灭火系统的组件、零部件等，按照规定检查周期进行的检查、测试。经检查，自动喷水灭火系统发生故障，需要停水检修的，向主管值班人员报告，取得单位消防安全管理人的同意后，派人临场监督，设置相应的防范措施之后，方能停水动工。根据当地环境、气候条件对消防水池、消防水箱、消防气压给水设备内的水进行不定期更换。寒冷季节，消防储水设备的任何部位均不得结冰。一般情况下，系统周期性检查分为以下三种：

1. 月检查

（1）检查项目

下列项目至少每月进行一次检查与维护：①电动、内燃机驱动的消防水泵（增压泵）启动运行测试。②喷头完好状况、备用量及异物清除等检查。③系统所有阀门状态及其铅封、锁链完好状况检查。④消防气压给水设备的气压、水位测试；消防水池、消防水箱的水位及消防用水不被挪用的技术措施检查。⑤电磁阀启动测试。⑥水流指示器动作、信息反馈实验。⑦水泵接合器完好性检查。

（2）检查与维护要求

①以上检查项目中的第一项和第四项采用手动启动或模拟启动试验进行检查，发现异常问题的，检查消防水泵、电磁阀使用性能以及系统控制设备的控制模式、控制模块状态等。属于控制方式不符合规定要求的，调整控制方式；属于设备、部件损坏、失常的，及时更换；属于供电、燃料供给不正常的，对电源、热源及其管路进行报修；泵体、管道存在局部锈蚀的，进行除锈处理；水泵、电动机的旋转轴承等部位，及时清理污渍、除锈、更换润滑油。

②喷头外观及备用数量检查。发现有影响正常使用的情况（比如，溅水盘损坏、溅水盘上存在影响使用的异物等）的，及时更换喷头，清除喷头上的异物；更换或者安装喷头使用专用扳手。对于备用喷头数不足的，及时按照规定程序采购补充。

③系统各个控制阀门铅封损坏，或者锁链未固定在规定状态的，及时更换铅封，调整锁链至规定的固定状态；发现阀门有漏水、锈蚀等情形的，更换阀门密封垫，修理或者更换阀门，对锈蚀部位进行除锈处理。

④检查消防水池、消防水箱以及消防气压给水设备，发现水位不足、气体压力不足的，查明原因，及时补足消防用水和消防气压给水设备水量、气压。并且分别按下述方法处理：a.属于操作管理制度不落实的，报单位消防安全管理人按照制度给予处理。b.属于系统存在严重漏水的，找准渗漏点，按照程序报修。c.属于水位监控装置不能正常工

作的，及时修理或者更换；钢板消防水箱和消防气压给水设备的玻璃水位计，其两端的角阀在不进行水位观察时恢复至关闭状态。d.属于消防用水挪作他用的，检查消防用水不挪为他用的技术措施存在哪些问题，并且及时解决这些问题。e.消防气压给水设备压力表读数低于设定压力值的，首先检查压力表的完好性和控制阀的开启情况，属于压力表控制阀为开启或者开启不完全的，完全开启压力表控制阀；属于压力表损坏的，及时更换压力表。确定压力表正常后，对消防气压给水设备补压，并检查有无气体泄漏点。

⑤利用末端试水装置、楼层试水阀对水流指示器进场动作、报警检查试验时，首先检查消防联动控制设备和末端试水装置、楼层试水阀的完好性，符合试验条件的，开启末端试水装置或者试水阀，发现水流指示器在规定时间内不报警的，首先检查水流指示器的控制线路，存在断路、接线不实等情况的，重新接线至正常。之后，检查水流指示器，发现有异物、杂质等卡阻桨片的，及时清除异物、杂质；发现调整螺母与触头未到位的，重新调试到位。

⑥查看消防水泵接合器的接口及其附件，发现闷盖、接口等部件有缺失的，及时采购安装；发现有渗漏的，检查相应部件的密封垫完好性，查找管道、管件因锈蚀、损伤等出现的渗漏。属于密封垫密封不严的，调整密封垫的位置或更换密封垫；属于管件锈蚀、损伤的，更换管件，进行防锈、除锈处理。

2．季度检查

（1）检查项目

下列项目至少每季度进行一次检查与维护：①报警阀组的试水阀放水及其启动性能测试。②室外阀门井中的控制阀门的开启状况及其使用性能测试。

（2）检查与维护要求

①分别利用系统末端试水装置、楼层试水阀和报警阀组旁的放水试验阀等测试装置进行放水试验，检查系统启动、报警功能以及出水情况。②检查室外阀门井的情况，发现阀门井积水、有垃圾或者有杂物的，及时排除积水，清除垃圾、杂物；发现管网中的控制阀门未完全开启或者关闭的，完全开启到位；发现阀门有漏水情况的，按照前述室内阀门的要求查漏、修复、更换及除锈。

3．年度检查

（1）检查项目

下列项目至少每年进行一次检查与维护：①水源供水能力测试。②水泵接合器通水加压测试。③储水设备结构材料检查。④过滤器排渣、完好状态检查。⑤系统联动测试。

（2）检查与维护要求

①组织实施水源供水能力测试和水泵接合器通水加压试验，严格按照测试、实验步骤和要求组织实施。②检查消防储水设备结构、材料，对缺损、锈蚀等情况及时进行修补和重新油漆。③检查系统过滤器的使用性能，对滤网进行拆洗，并重新安装到位。④系统联动试验按照验收、检测要求组织实施，可结合年度检测一并组织实施。

(三) 系统年度检测

年度检测是建筑使用管理单位按照相关法律法规和国家消防技术标准，每年度开展的定期功能性检查和测试；建筑使用管理单位可以委托具有从业条件的消防技术服务机构组织实施年度检测。

1. 喷头检测

重点检查喷头选型和保护区域的使用功能、危险性等级等匹配情况，核查闭式喷头玻璃泡色标高于保护区域环境最高温度30°C的要求，以及喷头有无变形、附着物、悬挂物等影响使用的情况。

2. 报警阀组检测

检测前，查看自动喷水灭火系统的控制方式、状态，确认系统处于工作状态，消防控制设备以及消防水泵控制装置处于自动控制状态。湿式报警阀组、干式报警阀组、预作用装置、雨淋报警阀组等按照其组件检测和功能测试两项内容进行检测。

（1）报警阀组件共性要求检测

①检测内容及要求：a.检查报警阀组的外观标志，标识清晰、内容翔实，符合产品生产技术标准要求，并注明系统名称和保护区域，压力表显示符合设定值。b.系统控制阀及报警管路控制阀全部开启，并用锁具固定手轮，具有明显的启闭标志；采用信号阀的，反馈信号正确；测试管路放水阀关闭；报警阀组处伺应状态。c.报警阀组的相关组件灵敏可靠；消防控制设备准确接收压力开关动作的反馈信号。

②检测操作步骤：a.查看外观标识和压力表的状况，并记录、核对其压力值。b.检查系统控制阀，查看锁具或者信号阀及其反馈信号；检查报警阀组的报警管路、测试管路，查看其控制阀门、放水阀等启闭状态。c.打开报警阀组测试管路放水阀，查看压力开关、水力警铃等动作、反馈信号情况。

（2）湿式报警阀组检测

①检测内容及要求。湿式报警阀组功能按照下列要求进行检测：a.开启末端试水装置，出水压力不低于0.05MPa，水流指示器、湿式报警阀、压力开关动作。b.开启末端试水装置5min内，消防水泵自动启动。c.消防控制设备准确接收并且显示水流指示器、压力开关及消防水泵的反馈信号。

②检测操作步骤：a.开启系统（区域）末端试水装置前，查看并记录压力表读数；开启末端试水装置，待压力表指针晃动平稳后，查看并记录压力表的变化情况。b.查看消防控制设备显示的水流指示器、压力开关和消防水泵的动作情况及信号反馈情况。c.从末端试水装置开启时计时，测量消防水泵投入运行的时间。d.在距离水力警铃3m处，采用声级计测量水力警铃声强值。e.关闭末端试水装置，系统复位，恢复到工作状态。

（3）干式报警阀组检测

①检测内容及要求。检查空气压缩机和气压控制装置的状态，保持其正常，压力表显示符合设定值。干式报警阀组功能按照下列要求进行检测：a.开启末端试水装置，报警阀组、压力开关动作，联动启动排气阀入口电动阀和消防水泵，水流指示器报警。

b.水力警铃报警，水力警铃声强值不得低于70dB。c.消防控制设备准确显示水流指示器、压力开关、电动阀及消防水泵的反馈信号。

②检测操作步骤。a.缓慢开启气压控制装置试验阀，小流量排气；空气压缩机启动后，关闭试验阀，查看空气压缩机的运行情况，核对其启、停压力。b.开启末端试水装置控制阀，查看并记录压力表的变化情况。c.查看消防控制设备以及排气阀等，检查水流指示器、压力开关、消防水泵、排气阀入口的电动阀等动作及其信号反馈情况，以及排气阀的排气情况。d.从末端试水装置开启时计时，测量末端试水装置水压力达到0.05MPa的时间。e.按照湿式报警阀组的要求测量水力警铃声强值。f.关闭末端试水装置，系统复位，恢复到工作状态。

（4）预作用装置检测

①检测内容及要求。按照干式报警阀组的要求检查预作用装置的空气压缩机和气压控制装置，其电磁阀的启闭要灵敏可靠，反馈信号要准确。预作用装置的功能性检测按照下列要求进行：a.模拟火灾探测报警，火灾报警控制器确认火灾后，自动启动预作用装置（雨淋报警阀）、排气阀入口电动阀及消防水泵；水流指示器、压力开关动作。b.报警阀组动作后，测试水力警铃声强，不得低于70dB。c.开启末端试水装置，火灾报警控制器确认火灾2min后，其出水压力不低于0.05Mpa。d.消防控制设备准确显示电磁阀、电动阀、水流指示器以及消防水泵动作信号，反馈信号准确。

②检测操作步骤。a.按照干式报警阀组的检测操作步骤，测试预作用装置的空气压缩机和气压控制装置工作情况。b.关闭预作用装置入口的控制阀，消防控制设备输出电磁阀控制信号，查看电磁阀动作情况，核查反馈信号的准确性。c.按照设计联动逻辑，在同一防护区内模拟两类不同的火灾探测报警信号，查看火灾报警控制器火灾报警、确认及联动指令发出情况，逐一检查预作用装置（雨淋报警阀）、电磁阀、电动阀、水流指示器、压力开关和消防水泵的动作情况，以及排气阀的排气情况。d.按照湿式报警阀组的要求测量水力警铃声强值。e.检查火灾报警控制器，对现场各个组件的启动情况，核对其反馈信号以及联动控制逻辑关系。f.关闭末端试水装置，系统复位，恢复到工作状态。

（5）雨淋报警阀组检测

①检测内容及要求。传动管控制的雨淋报警阀组，检查其传动管压力表，其示值符合设定值；按照干式系统要求测试气压传动管的供气装置和气压控制装置。雨淋报警阀组功能按照下列要求进行检测：a.检查雨淋报警阀组及其消防水泵的控制方式，具有自动、手动启动控制方式。b.传动管控制的雨淋报警阀组，传动管泄压后，查看消防水泵、报警阀的联动启动情况，动作准确及时。c.报警信号发出后，检查压力开关动作情况，测量水力警铃声强值，不得低于70dB。d.报警阀组动作后，检查消防控制设备，电磁阀、消防水泵和压力开关反馈信号准确。e.并联设置多台雨淋报警阀组的，报警信号发出后，检查其报警阀组及其组件联动情况，联动控制逻辑关系符合消防设计要求。f.手动操作控制的水幕系统，测试其控制阀启闭灵活可靠。

②检测操作步骤。a.对于传动管控制的雨淋报警阀组，查看并读取其传动管压力表数值，核对传动管压力设定值；对于气压传动管，按照干式系统的检测操作步骤对其供气装置和气压控制装置进行检测。b.分别对现场控制设备和消防控制室的消防控制设备进行检查，查看雨淋报警阀组的控制方式。c.对于传动管控制的雨淋报警阀组，试验前关闭报警阀系统侧的控制阀，对传动管进行泄压操作，逐一查看报警阀、电磁阀、压力开关和消防水泵等动作情况。d.对火灾探测器控制的雨淋报警阀组，试验前关闭报警阀系统侧的控制阀，在同一防护区内模拟两类不同的火灾探测报警信号，查看火灾报警控制器火灾报警、确认及联动指令发出情况，逐一检查报警阀、电磁阀、压力开关和消防水泵等动作情况。e.并联设置多台雨淋报警阀时，按照c或者d的步骤，在不同防护区域进行测试，观察各个防护区域对应的雨淋报警阀组及其组件的动作情况。f.查看火灾报警控制器，核查现场对应各个组件的启动情况，核对其反馈信号以及联动控制逻辑关系。g.手动操作控制的水幕系统，关闭水源控制阀，反复操作现场手动启、闭其系统控制阀。h.系统复位，恢复到工作状态。

3. 水流指示器检测

（1）检测内容及要求。检查水流指示器的外观，有明显标志；信号阀完全开启，准确反馈启闭信号；水流指示器的启动和复位灵敏、可靠，反馈信号准确。

（2）检测操作步骤。①现场检查水流指示器的外观。②开启末端试水装置、楼层试水阀，查看消防控制设备显示的水流指示器动作信号。③关闭末端试水装置、楼层试水阀，查看消防控制设备显示的水流指示器复位信号。

4. 末端试水装置检测

（1）检测内容及要求。检查末端试水装置的阀门、试水接头、压力表和排水管，设置齐全，无损伤；压力表显示正常，符合规定要求。

（2）检测操作步骤。①现场查看末端试水装置的阀门、压力表、试水接头及排水管等外观。②关闭末端试水装置，读取并记录其压力表数值。③开启末端试水装置的控制阀，待压力表指针晃动平稳后，读取并记录压力表数值。④水泵自动启动5min后，读取并记录压力表数值，观察其变化情况。⑤关闭末端试水装置，系统复位，恢复到工作状态。

（四）系统常见故障分析

系统周期性检查、年度检测时，对检查发现的系统故障，要及时分析故障原因，消除故障，确保系统完好有效。系统相关组件的故障主要常见于报警阀组及其相关组件。

1. 湿式报警阀组常见的故障分析、处理

（1）报警阀组漏水

①故障原因分析。a.排水阀门未完全关闭。b.阀瓣密封垫老化或者损坏。c.系统侧管道接口渗漏。d.报警管路测试控制阀渗漏。e.阀瓣组件与阀座之间因变形或者污垢、杂物阻挡出现不密封状态。

②故障处理。a.关紧排水阀门。b.检查系统侧管道接口渗漏点,密封垫老化、损坏的,更换密封垫;密封垫错位的,重新调整密封垫的位置;管道接口锈蚀、磨损严重的,更换管道接口相关部件。c.更换报警管路测试控制阀。d.先放水冲洗阀体、阀座,存在污垢、杂物的,经冲洗后,渗漏减少或停止;否则,关闭进水口侧和系统侧控制阀,卸下阀板,仔细清洁阀板上的杂质;拆卸报警阀阀体,检查阀瓣组件、阀座,存在明显变形、损伤、凹痕的,更换相关部件。

（2）报警阀启动后报警管路不排水

①故障原因分析。a.报警管路控制阀关闭。b.限流装置过滤网被堵塞。

②故障处理。a.开启报警管路控制阀。b.卸下限流装置,冲洗干净后重新安装回原位。

（3）报警阀报警管路误报警

①故障原因分析。a.未按照安装图样安装或者未按照调试要求进行调试。b.报警阀组渗漏通过报警管路流出。c.延迟器下部孔板溢出水孔堵塞,发生报警或者缩短延迟时间。

②故障处理。a.按照安装图样核对报警阀组组件的安装情况;重新对报警阀组伺应状态进行调试。b.按照报警阀组漏水的故障原因分析查找渗漏原因,进行相应处理。c.延迟器下部孔板溢出水孔堵塞,卸下筒体,拆下孔板进行清洗。

（4）水力警铃工作不正常（不响、响度不够、不能持续报警）

①故障原因分析。a.产品质量问题或者安装调试不符合要求。b.控制口阻塞或铃锤机构被卡住。

②故障处理。a.属于产品质量问题的,更换水力警铃;安装缺少组件或者未按照图样安装的,重新进行安装调试。b.拆下喷嘴、叶轮及铃锤组件,进行冲洗,重新装合使叶轮转动灵活。

（5）开启测试阀,消防水泵不能正常启动

①故障原因分析。a.压力开关设定值不正确。b.消防联动控制设备中的控制模块损坏。c.水泵控制柜、联动控制设备的控制模式未设定在"自动"状态。

②故障处理。a.将压力开关内的调压螺母调整到规定值。b.逐一检查控制模块,采用其他方式启动消防水泵,核定问题模块,并且予以更换。c.将控制模式设定为"自动"状态。

2.预作用装置常见的故障分析、处理

（1）报警阀漏水

①故障原因分析。a.排水控制阀门未关紧。b.阀瓣密封垫老化或者损坏。c.复位杆未复位或者损坏。

②故障处理。a.关紧排水控制阀门。b.更换阀瓣密封垫。c.重新复位,或者更换复位装置。

（2）压力表读数不在正常范围

①故障原因分析。a.预作用装置前的供水控制阀未打开。b.压力表管路堵塞。c.预作用装置的报警阀体漏水。d.压力表管路控制阀未打开或者开启不完全。

②故障处理。a.完全开启报警阀前的供水控制阀。b.拆卸压力表及其管路，疏通压力表管路。c.按照湿式报警阀组渗漏的原因进行检查、分析，查找预作用装置的报警阀体的漏水部位，进行修复或组件更换。d.完全开启压力表管路控制阀。

（3）系统管道内有积水

①故障原因分析复位或者试验后，未将管道内的积水排完。

②故障处理。开启排水控制阀，完全排除系统内的积水。

（4）传动管喷头被堵塞

①故障原因分析。a.消防用水水质存在问题，如有杂物等。b.管道过滤器不能正常工作。

②故障处理。a.对水质进行检测，清理不干净、影响系统正常使用的消防用水。b.检查管道过滤器，清除滤网上的杂质或者更换过滤器。

3. 雨淋报警阀组常见故障分析、处理

（1）自动滴水阀漏水

①故障原因分析。a.产品存在质量问题。b.安装调试或平时定期试验、实施灭火后，没有将系统侧管内的余水排尽。c.雨淋报警阀隔膜球面中的线密封处因施工遗留的杂物、不干净消防用水中的杂质等导致球状密封面不能完全密封。

②故障处理。a.更换存在问题的产品或者部件。b.开启放水控制阀，排除系统侧管道内的余水。c.启动雨淋报警阀，采用洁净水流冲洗遗留在密封面处的杂质。

（2）复位装置不能复位

①故障原因分析。水质过脏，有细小杂质进入复位装置密封面。

②故障处理。拆下复位装置，用清水冲洗干净后重新安装，调试到位。

（3）长期无故报警。

①故障原因分析。a.未按照安装图样进行安装调试。b.误将试验管路控制阀打开。

②故障处理。a.检查各组件的安装情况，按照安装图样重新进行安装调试。b.关闭试验管路控制阀。

（4）系统测试不报警

①故障原因分析。a.消防用水中的杂质堵塞了报警管道上过滤器的滤网。b.水力警铃进水口处的喷嘴被堵塞、未配置铃锤或铃锤卡死。

②故障处理。a.拆下过滤器，用清水将滤网冲洗干净后，重新安装到位。b.检查水力警铃的配件，配齐组件；有杂物卡阻、堵塞的部件进行冲洗后重新装配到位。

（5）雨淋报警阀不能进入伺应状态

①故障原因分析。a.复位装置存在问题。b.未按照安装调试说明书将报警阀组调试到伺应状态（隔膜室控制阀、复位球阀未关闭）。c.消防用水水质存在问题，杂质堵塞了隔膜室管道上的过滤器。

②故障处理。a.修复或者更换复位装置。b.按照安装调试说明书将报警阀组调试到伺应状态（开启隔膜室控制阀、复位球阀）。c.将供水控制阀关闭，拆下过滤器的滤网，

用清水冲洗干净后，重新安装到位。

4. 水流指示器常见故障分析、处理

水流指示器故障表现为打开末端试水装置，达到规定流量时水流指示器不动作，或者关闭末端试水装置后，水力指示器反馈信号仍然显示为动作信号。

（1）故障原因分析

①桨片被管腔内的杂物卡阻。

②调整螺母与触头未调试到位。

③电路接线脱落。

（2）故障处理

①清除水流指示器管腔内的杂物。

②将调整螺母与触头调试到位。

③检查并重新将脱落的电路接通。

四、水喷雾灭火系统维护管理

水喷雾灭火系统主要以水为灭火介质，采用水雾喷头在压力作用下喷洒水雾进行灭火或控火，是一种灭火性能较高，适用范围较广的灭火系统。建设单位需要对水喷雾灭火系统进行定期检查、测试和维护，以确保系统的完好工作状态。选择具有水喷雾灭火系统设计安装经验的单位对系统进行维护维修。加强系统的运行管理，制定管理、测试和维护规程，明确管理者职责。

（1）制定水喷雾灭火系统的管理、检测、维护规程，并且应保证系统处于准工作状态。维护管理工作应按相关要求进行。

（2）水喷雾灭火系统的维护管理人员应经过消防专业培训，熟悉水喷雾灭火系统的原理、性能和操作维护规程。每天应对水源控制阀、报警阀组进行外观检查，并应保证系统处于无故障状态，发现故障应及时进行处理。

（3）消防水池、消防水箱应每月检查一次，消防水泵应每月启动运转一次。当消防水泵为自动控制启动时，应每月模拟自动控制的条件启动运转一次。电磁阀应每月检查并应做启动试验，动作失常时应及时更换。每个季度应对系统所有的试水阀和报警阀旁的放水试验阀进行一次放水试验，检查系统启动、报警功能及出水情况是否正常。每年应对水源的供水能力进行一次测定，应保证消防用水不作他用。

（4）系统上所有的控制阀门均应采用铅封或锁链固定在开启或规定的状态。每月应对铅封、锁链进行一次检查，当有破坏或损坏时应及时修理更换。

（5）水喷雾灭火系统发生故障，需停水进行修理前，应向主管值班人员报告，取得维护负责人的同意，并临场监督，加强防范措施后方能动工。

（6）寒冷季节，消防储水设备的任何部位均不得结冰。每天应检查设置储水设备的房间，保持室温不低于5℃。

（7）钢板消防水箱和消防气压给水设备的玻璃水位计，两端的角阀在不进行水位观察时应关闭。

（8）消防水泵接合器及附件的维护保养如前所述。

五、气体灭火系统维护管理

气体灭火系统是以气体作为灭火介质，通过气体在整个防护区或保护对象的局部区域建立起灭火浓度实现灭火的灭火系统。适用扑救电气火灾、固体表面火灾、液体火灾，灭火前能切断气源的火灾。

气体灭火系统应由经过专门培训，并经考试合格的专职人员负责定期检查和维护，应按检查类别规定对气体灭火系统进行检查，并做好检查记录，检查中发现问题应及时处理。

（一）系统巡查

系统巡查是对建筑消防设施直观属性的检查。气体灭火系统巡查主要是针对系统组件外观、现场运行状态、系统检测装置工作状态、安装部位环境条件等的日常巡查。

1. 巡查内容及要求

（1）气体灭火控制器工作状态正常，盘面紧急启动按钮保护措施有效，检查主电是否正常，指示灯、显示屏、按钮、标签是否正常，钥匙、开关等是否在平时正常位置，系统是否在通常设定的安全工作状态（自动或者手动，手动是否允许等）。

（2）每日应对低压二氧化碳储存装置的运行情况、储存装置间的设备状态进行检查并记录。

（3）选择阀、驱动装置上标明其工作防护区的永久性标志应明显可见，且妥善固定。

（4）防护区外专用的空气呼吸器或氧气呼吸器是否完好。

（5）防护区入口处灭火系统的防护标志是否设置及完好。

（6）预制灭火系统、柜式气体灭火装置喷嘴前2m内不得有阻碍气体释放的障碍物。

（7）灭火系统的手动控制与应急操作处有防止误操作的警示显示与措施。

2. 巡查方法

采用目测观察的方法，检查系统及其组件外观、阀门启闭状态、用电设备以及其控制装置的工作状态和压力监测装置（压力表、压力开关）的工作情况。

3. 巡查周期

建筑管理使用单位每日（消防安全重点单位）或每周（其他单位）组织一次系统全面巡查。

（一）系统周期性检查维护

系统周期性检查是指建筑使用、管理单位按照国家工程建设消防技术标准的要求，对已经投入使用的气体灭火系统的组件、零部件等按照规定检查周期进行的检查、测试。

1. 月检查

（1）检查项目

下列项目至少每月进行一次维护检查：

①对灭火剂储存容器、选择阀、液流单向阀、高压软管、集流管、启动装置、管网与喷嘴、压力信号器、安全泄压阀及检漏报警装置等系统全部组成部件进行外观检查。系统的所有组件应无碰撞变形及其他机械损伤，表面应无锈蚀，保护层应完好，铭牌应清晰，手动操作装置的防护罩、铅封和安全标志应完整。

②气体灭火系统组件的安装位置不得有其他物件阻挡或者妨碍其正常工作。

③驱动控制盘面板上的指示灯应正常，各开关位置应正确，各连线应无松动现象。

④火灾探测器的表面应保持清洁，应无任何会干扰或影响火灾探测器探测性能的擦伤、油渍及油漆。

⑤气体灭火系统储存容器内的压力、气动型驱动装置的气动源的压力均不得小于设计压力的90%。

（2）检查维护要求

①对低压二氧化碳灭火系统储存装置的液位计进行检查，灭火剂损失10%时应及时补充。

②高压二氧化碳灭火系统、七氟丙烷灭火系统及IG541灭火系统等的检查内容及要求应符合下列规定：a.灭火剂储存容器及容器阀、单向阀、连接管、集流管、安全泄放装置、选择阀、阀驱动装置、喷嘴、信号反馈装置、检漏装置、减压装置等全部系统组件应无碰撞变形及其他机械性损伤，表面应无锈蚀，保护涂层应完好，铭牌和保护对象标志应清晰，手动操作装置的防护罩、铅封和安全标志应完整。b.灭火剂和驱动气体储存容器内的压力，不得小于设计储存压力的90%。c.预制灭火系统的设备状态和运行状况应正常。

2. 季度检查

（1）可燃物的种类、分布情况，防护区的开口情况，应符合设计规定。

（2）储存装置间的设备、灭火剂输送管道和支架、吊架的固定，应无松动。

（3）连接管应无变形、裂纹及老化。必要时，送法定质量检验机构进行检测或者更换。

（4）各喷嘴孔口应无堵塞。

（5）对于高压二氧化碳储存容器逐个进行称重检查，灭火剂的净重不得小于设计储存量的90%。

（6）灭火剂输送管道有损伤与堵塞现象时，应按相关规范规定的管道强度试验和气密性试验方法进行严密性试验和吹扫。

3. 年度检查

（1）对每个防护区进行一次模拟启动试验。撤下1个区启动装置的启动线，进行电控部分的联动试验，应启动正常。

（2）对每个防护区进行一次模拟自动喷气试验。通过报警联动，检验气体灭火控制盘功能，并进行自动启动方式模拟喷气试验，检查比例为20%（最少一个分区）。

（3）对于高压二氧化碳、七氟丙烷储存容器逐个进行称重检查，灭火剂的净重不得小于设计储存量的90%。

（4）进行预制气溶胶灭火装置、自动干粉灭火装置的有效期限检查。

（5）进行泄漏报警装置报警定量功能试验，检查钢瓶的比例为100%。

（6）进行主用量灭火剂储存容器切换为备用量灭火剂储存容器的模拟切换操作试验，检查比例为20%（最少一个分区）。

4．5年后的维护保养工作（由专业维修人员进行）

（1）5年后，每3年应对金属软管（连接管）进行水压强度试验和气密性试验，性能合格方能继续使用，如发现老化现象，应进行更换。

（2）5年后，对释放过灭火剂的储瓶及相关阀门等部件进行一次水压强度和气体密封性试验，试验合格方可继续使用。

5．其他

（1）低压二氧化碳灭火剂储存容器的维护管理应按国家现行《压力容器安全技术监察规程》的规定执行。

（2）钢瓶的维护管理应按国家现行《气瓶安全监察规程》的规定执行。

（3）灭火剂输送管道的耐压试验周期应按《压力管道安全管理与监察规定》的规定执行。

（三）系统年度检测

年度检测是建筑使用、管理单位按照法律法规和国家消防技术标准，每年度开展的定期功能性检查和测试，建筑使用、管理单位的年度检测可以委托具有从业条件的消防技术服务机构实施。

六、泡沫灭火系统维护管理

泡沫灭火系统是石油化工行业应用最为广泛的灭火系统，主要用于扑救可燃液体火灾，也可用于扑救固体物质火灾。泡沫灭火系统在火灾时能否按设计要求投入使用，主要由平时的维护保养情况来决定，需要对系统进行定期检查、试验和检修来保证，以确保整个系统在任何时间内都处良好的工作状态。

（一）系统巡查

泡沫灭火系统的使用或管理单位应选派由经过专门培训的人员负责系统的管理操作和维护，维护管理人员需要熟悉泡沫灭火系统的原理、性能和操作维护规程。维护管理员需要每天对系统进行外观检查，并认真填写检查记录。系统巡查包括以下内容：

（1）查看泡沫消防泵的电源、动力状况：每日查看水泵及控制柜仪表、指示灯、控制按钮和标志,模拟双电源切换时间不大于2s,模拟主备泵自动切换时间不大于60s;每周对电机拖动的消防水泵进行一次启动试验,启动运行时间不宜少于3min;对柴油机拖动的泡沫消防水泵,每日检查柴油机的启动电池电量和柴油储油箱储油量,每周进行一次手动盘车。

(2)查看泵房的工作环境;稳压泵、增压泵、气压水罐的工作状态;查看消防水池的水位及消防用水不作他用的设施;查看补水设施;查看防冻设施。

(3)查看泡沫喷头外观、泡沫消火栓外观、泡沫炮外观、泡沫产生器外观、泡沫液储罐间环境、泡沫液储罐外观、比例混合器外观、泡沫泵工作状态。

(4)查看泡沫液储罐的罐体、铭牌及配件。

(5)查看相关阀门启闭性能、压力表状态。

(6)查看泡沫产生器吸气孔、发泡网以及暴露的泡沫喷射口是否有堵塞。

(二)系统检查与维护

泡沫灭火系统检查是指建筑使用、管理单位按照国家工程消防技术标准的要求,对已经投入使用的系统的组件、零部件等按照规定检查周期进行的检查、测试。

1. 系统月检要求

系统月检的主要内容和要求如下:

(1)对低、中、高倍数泡沫产生器,泡沫喷头,固定式泡沫炮,泡沫比例混合器(装置),泡沫液储罐进行外观检查,各部件要完好无损。

(2)对固定式泡沫炮的回转机构、仰俯机构或电动操作机构进行检查,性能要达到标准的要求。

(3)泡沫消火栓和阀门要能自由开启和关闭,不能有锈蚀。

(4)压力表、管道过滤器、金属软管、管道及管件不能有损伤。

(5)对遥控功能或自动控制设施及操纵机构进行检查,性能要符合设计要求。

(6)对储罐上的低、中倍数泡沫混合液立管要清除锈渣。

(7)动力源和电气设备工作状况要良好。

(8)水源及水位指示装置要正常。

2. 系统年检要求

(1)每半年检查要求。除储罐上泡沫混合液立管和液下喷射防火堤内泡沫管道,及高倍数泡沫产生器进口端控制阀后的管道外,每半年应对其余管道进行全部冲洗,清除锈渣。对储罐上泡沫混合液立管冲洗时,容易损坏密封玻璃,甚至把水打入罐内,影响介质的质量,若拆卸较困难,易损坏附件,可不冲洗,但要清除锈渣;对液下喷射防火堤内泡沫管道冲洗时,必然会把水打入罐内,影响介质的质量,若拆卸止回阀或密封膜也较困难,可不冲洗,也可不清除锈渣,因为泡沫喷射管的截面积比泡沫混合液管道的截面积大,不易堵塞。对于高倍数泡沫产生器进口端控制阀后的管道不用冲洗和清除锈渣,因为这段管道设计时材料一般都是不锈钢的。

（2）每两年检查要求。

①对于低倍数泡沫灭火系统中的液上、液下及半液下喷射、泡沫喷淋、固定式泡沫炮和中倍数泡沫灭火系统进行喷泡沫试验，并对系统所有组件、设施、管道及管件进行全面检查。

②对于高倍数泡沫灭火系统，可在防护区内进行喷泡沫试验，并且对系统所有组件、设施、管道及管件进行全面检查。

③系统检查和试验完毕，要对泡沫液泵或泡沫混合液泵、泡沫液管道、泡沫混合液管道、泡沫管道、泡沫比例混合器（装置）、泡沫消火栓、管道过滤器和喷过泡沫的泡沫产生装置等用清水冲洗后放空，复原系统。

（三）系统常见故障的分析及处理

泡沫灭火系统相关组件的故障常见于泡沫产生器及泡沫比例混合器（装置）。

1. 泡沫产生器无法发泡或发泡不正常

（1）主要原因

①泡沫产生器的吸气口被异物堵塞；

②泡沫混合液不满足要求，如果泡沫液失效，混合比不满足要求。

（2）解决方法

①加强对泡沫产生器的巡检，发现异物及时清理；

②加强对泡沫比例混合器（装置）和泡沫液的维护和检测。

2. 比例混合器锈死

（1）主要原因。由于使用后，未及时用清水冲洗，泡沫液长期腐蚀混合器致使锈死。

（2）解决方法。加强检查，定期拆下保养，系统平时试验完毕后，一定要用清水冲洗干净。

3. 无囊式压力比例混合装置的泡沫液储罐进水

（1）主要原因。储罐进水的控制阀门选型不当或不合格，导致平时出现渗漏。

（2）解决方法。严格阀门选型，采用合格产品，加强巡检，发现问题及时处理。

4. 囊式压力比例混合装置中因胶囊破裂而使系统瘫痪

（1）主要原因

①比例混合装置中的胶囊因老化，承压降低，导致系统运行时发生破裂；

②因胶囊受力设计不合理，灌装泡沫液方法不当而导致胶囊破裂。

（2）解决方法

①对胶囊加强维护管理，定期更换；

②采用合格产品，按正确的方法进行灌装。

5. 平衡式比例混合装置的平衡阀无法工作

（1）主要原因。平衡阀的橡胶膜片由于承压过大被损坏。

(2)解决方法。
①选用耐压强度高的膜片;
②平时应加强维护管理。

七、干粉灭火系统维护管理

干粉灭火系统广泛适用于港口、列车栈桥输油管线、甲类可燃液体生产线、石化生产线、天然气储罐、储油罐、汽轮机组以及大型变压器等场所。干粉灭火系统的维护管理是系统正常完好、有效使用的基本保障。维护管理人员经过消防专业培训,熟悉干粉灭火系统的原理、性能和操作维护规程。

(一)系统巡查

巡查是指对建筑消防设施直观属性的检查。干粉灭火系统的巡查主要是针对系统组件外观、现场运行状态、系统监测装置工作状态、安装部位环境条件等的日常巡查。

1. 巡查内容
(1)喷头外观及其周边障碍物等。
(2)驱动气体储瓶、灭火剂储存装置、干粉输送管道、选择阀以及阀驱动装置外观。
(3)灭火控制器的工作状态。
(4)紧急启/停按钮、释放指示灯外观。

2. 巡查方法及要求
(1)巡查方法。采用目测观察的方法,检查系统及其组件外观、阀门启闭状态、用电设备及其控制装置的工作状态和压力监测装置(压力表)的工作情况。
(2)要求。
①喷头。a.喷头外观无机械损伤,内外表面无污物。b.喷头的安装位置和喷孔方向与设计要求一致。
②干粉储存容器。无碰撞变形及其他机械性损伤,表面保护涂层完好。
③管道。管道及管道附件的外观平整光滑,不能有碰撞、腐蚀。
④阀驱动装置。a.电磁驱动装置的电气连接线沿固定灭火剂储存容器的支架、框架或墙面固定。b.电磁铁芯动作灵活,无卡阻现象。
⑤选择阀。a.选择阀操作手柄安装在操作面一侧且便于操作,高度不超过1.7m。b.选择阀上设置标明防护区名称或者编号的永久性标志牌,并将标志牌固定在操作手柄附近。
⑥集流管。a.是否固定在支、框架上。支、框架是否固定牢靠。b.装有泄压装置的集流管,泄压装置的泄压方向是否朝向操作面。

(二)系统周期性检查维护

系统周期性检查是指建筑使用、管理单位按照国家工程消防技术标准的要求,对已经投入使用的干粉灭火系统的组件、零部件等按照规定检查周期进行的检查和测试。

1. 日检查内容

（1）检查项目。下列项目至少每日检查1次。

①干粉储存装置的外观。

②灭火控制器的运行情况。

③启动气体储瓶和驱动气体储瓶压力。

（2）检查内容。

①干粉储存装置是否固定牢固，标志牌是否清晰等。

②启动气体储瓶和驱动气体储瓶压力是否符合设计要求。

2. 月检查内容

（1）检查项目。下列项目至少每月检查1次。

①干粉储存装置部件。

②驱动气体储瓶充装量。

（2）检查内容。

①检查干粉储存装置部件是否有碰撞或者机械性损伤，防护涂层是否完好；铭牌、标志、铅封应完好。

②对惰性气体驱动气体储瓶逐个进行称重检查。

3. 年度检查内容

（1）检查项目。下列项目每年检查1次。

①防护区及干粉储存装置间。

②管网、支架及喷放组件。

③模拟启动检查。

（2）检查内容：

①防护区的疏散通道、疏散指示标志和应急照明装置、防护区内和入口处的声光报警装置、入口处的安全标志及干粉灭火剂喷放指示门灯、无窗或固定窗扇的地上防护区和地下防护区的排气装置和门窗设有密封条的防护区的泄压装置。储存装置间的位置、通道、耐火等级、应急照明装置以及地下储存装置间机械排风装置。

②管网、支架及喷放组件。a.干粉储存容器的数量、型号和规格，位置与固定方式，油漆和标志，干粉充装量，以及干粉储存容器的安装质量。b.集流管、驱动气体管道和减压阀的规格、连接方式、布置及其安全防护装置的泄压方向。c.选择阀及信号反馈装置的数量、型号、规格、位置、标志以及安装质量。d.阀驱动装置的数量、型号、规格和标志，安装位置，气动阀驱动装置中启动气体储瓶的介质名称和充装压力，以及启动气体管道的规格、布置和连接方式。e.管道的布置与连接方式、支架和吊架的位置及间距、穿过建筑构件及其变形缝的处理、各管段和附件的型号规格以及防腐处理和油漆颜色。f.喷头的数量、型号、规格、安装位置和方向。g.灭火控制器及手动、自动转换开关、手动启动、停止按钮，喷放指示灯、声光报警装置等联动设备的设置。

(三)系统年度检测

年度检测是建筑使用、管理单位按照相关法律法规和国家消防技术标准,每年度开展的定期功能性检查和测试。建筑使用和管理单位的年度检测可以委托具有从业条件的消防技术服务机构实施。

1. 喷头检测

(1)检测内容及要求。喷头的数量、型号、规格、安装位置和方向符合设计文件要求,组件无碰撞变形或其他机械性损伤,有型号、规格的永久性标志。

(2)检测步骤。对照设计文件查看喷头外观。

2. 储存装置检测

(1)检测内容及要求

①干粉储存容器的数量、型号和规格,位置与固定方式,油漆和标志符合设计要求。

②驱动气瓶的压力和干粉充装量符合设计要求。

(2)检测步骤

①对照设计文件查看干粉储存容器的外观。

②查看驱动气瓶压力表的状况,并且记录其压力值。

3. 功能检测

(1)检测内容及要求

①模拟干粉喷放功能检测。

②模拟自动启动功能检测。

③模拟手动启动/紧急停止功能检测。

④备用瓶组切换功能检测。

(2)检测步骤

①选择试验所需的干粉储存容器,并与驱动装置完全连接。

②拆除驱动装置的动作机构,接以启动电压相同、电流相同的负载。模拟火警,使防护区内1只探测器动作,观察相关设备的动作是否正常(如声、光警报装置);模拟火警,使防护区内另1只探测器动作,观察复合火警信号输出后相关设备的动作是否正常(如声、光警报装置,非消防电源切断,停止排风,关闭通风空调、防火阀,关闭防护区内除泄压口以外的开口等)。

③拆除驱动装置的动作机构,接以启动电压相同、电流相同的负载,按下手动启动按钮,观察有关设备动作是否正常(如声、光警报装置,非消防电源切断,停止排风,关闭通风空调、防火阀,关闭防护区内除泄压口以外的开口等);人工使压力信号器动作,观察放气指示灯是否点亮。

重复自动模拟启动试验,在启动喷射延时阶段按下手动紧急停止按钮,观察自动灭火启动信号是否中止。

④按说明书的操作方法,将系统使用状态从主用量灭火剂储存容器切换至备用量灭

火剂储存容器的使用状态。

八、建筑灭火器维护管理

灭火器具有轻便灵活、容易操作等特点，是控制初期火灾最有效的工具。建筑灭火器的维护管理包括日常管理、维修、保养、报废等工作。灭火器日常巡查、检查、保养、建档工作由建筑（场所）使用管理单位的消防安全管理人员负责。建筑灭火器购置或者安装时，建筑使用管理单位或者安装单位要对生产企业提供的质量保证文件进行查验，生产企业对于每具灭火器均需提供一份使用说明书；对每类灭火器，生产企业需要提供一本维修手册。

（一）灭火器日常管理

建筑（场所）使用管理单位确定专门人员，对灭火器进行日常检查，并根据生产企业提供的灭火器使用说明书，对员工进行灭火器操作使用培训。

建筑灭火器日常检查分为巡查和检查（测）两种情形。巡查是在规定周期内对灭火器直观属性的检查，检查（测）是在规定期限内根据消防技术标准对灭火器的配置和外观进行的全面检查。

1. 巡查

（1）巡查内容。巡查内容包括灭火器配置点状况、灭火器数量、外观、维修标示及灭火器压力指示器等。

（2）巡查周期。重点单位每天至少巡查1次，其他单位每周至少巡查1次。

（3）巡查要求：

①灭火器配置点符合安装配置图表的要求，配置点以及其灭火器箱上有符合规定要求的发光指示标识。

②灭火器的数量符合配置安装要求，灭火器的压力指示器指向绿区。

③灭火器的外观无明显损伤和缺陷，保险装置的铅封（塑料带、线封）完好无损。

④经维修的灭火器，维修标识符合规定。

2. 检查（测）

（1）检查（测）内容与要求：

①灭火器配置检查项目与要求。a.灭火器的配置方式及其附件性能。配置方式符合要求。手提式灭火器的挂钩、托架能够承受规定静载荷，无松动、脱落、断裂和明显变形；灭火器箱未上锁，箱内干燥和清洁；推车式灭火器未出现自行滑动。b.灭火器基本配置。灭火器的类型、规格、灭火级别和数量符合配置要求；灭火器放置，铭牌朝外，器头向上。c.灭火器配置场所。配置场所的使用性质（可燃物种类、物态等）未发生变化；发生变化的，其灭火器进行相应调整；特殊场所及室外配置的灭火器，设有防雨、防晒、防潮、防腐蚀等相应防护措施，且完好有效。d.灭火器配置点的环境状况。配置点周围无障碍物、遮挡、拴系等影响灭火器使用的状况。e.灭火器维修与报废。符合规

定维修条件、期限的已送修，维修标志符合规定；符合报废条件、报废期限的，已采用符合规定的灭火器等效替代。

②灭火器的外观检查项目与要求。a.铭牌标志。灭火器的铭牌清晰明了，无残缺；其灭火剂、驱动气体的种类、充装压力、总质量、灭火级别、制造厂名和生产日期或维修日期等标志及操作说明齐全、清晰。b.保险装置。保险装置的铅封、销闩等完好有效、未遗失。c.灭火器的筒体外观。无明显的损伤（磕伤、划伤）、缺陷、锈蚀（特别是筒底和焊缝）、泄漏。d.灭火器的喷射软管。完好，无明显龟裂，喷嘴不堵塞。e.灭火器的压力指示装置。灭火器的压力指示器与灭火器的类型匹配，指针指向绿区范围内；二氧化碳灭火器和储气瓶式灭火器称重符合要求。f.其他零部件。其他零部件齐全，无松动、脱落或者损伤。g.灭火器的使用状态。未开启及未喷射使用。

（2）检查周期。灭火器的配置、外观等全面检查每月进行1次，候车（机、船）室、歌舞娱乐放映游艺等人员密集的公共场所以及堆场、罐区、石油化工装置区、加油站、锅炉房、地下室等场所配置的灭火器每半个月检查1次。

（3）检查（测）要求。灭火器检查时应进行详细记录，并存档。检查或者维修后的灭火器按照原配置点位置和配置要求放置。巡检、检查中发现灭火器被挪动、缺少零部件、有明显缺陷或者损伤、灭火器配置场所的使用性质发生变化等情况的，及时按照单位规定程序进行处置；符合维修条件的，及时送修；达到报废条件和年限的，及时报废，不得使用，并采用符合要求的灭火器进行等效更换。

（二）灭火器的维修与报废

灭火器使用一定年限后，建筑使用管理单位要对照灭火器生产企业随灭火器提供的维修手册，检查灭火器的使用情况，符合报修条件和维修年限的，向具有维修能力的灭火器维修企业送修；符合报废条件、报废年限的，采购符合要求的灭火器进行等效更换。

1.灭火器维修

灭火器维修是指为确保灭火器安全使用和有效灭火而对灭火器进行的检查、再充装和必要的部件更换等工作。灭火器产品出厂时，生产企业附送的灭火器维修手册，用于指导社会单位、维修企业的灭火器报修、维修工作。

（1）报修条件及维修年限。日常检查中，发现存在机械损伤、明显锈蚀、灭火剂泄漏、被开启使用过，达到灭火器维修年限，或符合其他报修条件的灭火器，建筑使用管理单位应及时按照规定程序报修。使用达到下列规定年限的灭火器，建筑使用管理单位需要分批次向灭火器维修企业送修。

①手提式、推车式水基型灭火器出厂期满3年，首次维修以后每满1年。

②手提式、推车式干粉灭火器、洁净气体灭火器、二氧化碳灭火器出厂期满5年；首次维修以后每满2年。

送修灭火器时，一次送修数量不得超过计算单元配置灭火器总数量的1/4。超出时，需要选择相同类型、相同操作方法的灭火器替代，且其灭火级别不得小于原配置灭火器的灭火级别。

（2）维修标识和维修记录。经维修合格的灭火器及其储气瓶上需要粘贴维修标识，并由维修单位进行维修记录。建筑使用管理单位根据维修合格证信息对灭火器进行日常检查、定期送修和报废更换。

2. 灭火器维修步骤及技术要求

灭火器维修由具有灭火器维修能力的企业，按照各类灭火器产品生产技术标准进行维修，首先进行灭火器外观检查，再按照拆卸、报废处理、水压试验、清洗干燥、更换零部件、再充装及气密性试验、维修出厂检验、建立维修档案等程序逐次实施维修。

灭火器维修前，维修人员逐具检查灭火器，确定并且记录灭火器的型号规格、生产厂家、出厂日期、基本参数等信息；储气式灭火器维修前，完全释放驱动气体，经确认后再逐具检查维修。灭火器维修过程中，严格按照操作规程和维修程序，采取正确的操作方法组织实施，并设置或者配备与各维修环节（特别是拆卸、水压试验、灌装驱动气体、报废等环节）相适应的、必要的安全防护措施，以确保维修人员的安全。

（1）拆卸。灭火器拆卸过程中，维修人员要严格按照操作规程，采用安全的拆卸方法，采取必要的安全防护措施拆卸灭火器，在确认灭火器内部无压力时，拆卸器头或者阀门。灭火剂分别倒入相应的废品储罐内另行处理；清理灭火器内残剩的灭火剂时，要防止不同灭火剂混杂污染。

（2）水压试验。灭火器维修和再充装前，维修单位必须逐个对灭火器组件（筒体、储气瓶、器头、推车式灭火器的喷射软管等）进行水压试验。二氧化碳灭火器钢瓶要逐个进行残余变形率测定。

①试验压力。灭火器筒体和驱动气体储气瓶按照生产企业规定的试验压力进行水压试验。

②试验要求。水压试验时不得有泄漏、破裂以及反映结构强度缺陷的可见性变形；二氧化碳灭火器钢瓶的残余变形率不得大于3%。

（3）筒体清洗和干燥。经水压试验合格的灭火器筒体，首先对其内部清洗干净。清洗时，不得使用有机溶剂洗涤灭火器的零部件。而后，对所有非水基型灭火器筒体进行内部干燥，以确保空灭火器内部洁净干燥。

（4）零部件更换。经对灭火器零部件检查，更换密封件和损坏的零部件，但不得更换灭火器的筒体和器头主体。所有需要更换的零部件采用原生产企业提供、推荐的相同型号规格的产品，并按照下列要求更换、修补零部件：

①筒体补漆：水压试验合格的筒体，铭牌完整，有局部漆皮脱落的，进行补漆，补漆后确保漆膜光滑、平整、色泽一致，无气泡、流痕、皱纹等缺陷，涂漆不得覆盖铭牌。

②更换塑料件及密封零件：更换变形、变色、老化或断裂的橡胶、塑料件；更换密封片、密封垫等密封零件，确保符合密封要求。

③更换压力指示器：更换具有外表面变形、损伤等缺陷，压力值显示不正常，示值误差不符合规定的压力指示器，并确保更换后的压力指示器与原压力指示器的类型、20°C时工作压力、三色区示值范围一致。

④更换喷嘴和喷射软管：更换具有变形、开裂、损伤等缺陷的喷嘴和喷射软管，并确保防尘盖在灭火剂喷出时能够自行脱落或击碎。

⑤更换严重损伤、变形、锈蚀等影响使用的灭火器压把、提把等金属件；更换存在肉眼可见缺陷的储气瓶式灭火器的顶针。

⑥更换具有弯折、堵塞、损伤和裂纹等缺陷的灭火器虹吸管、储气瓶式灭火器出气管。

⑦更换水压试验不合格、永久性标识设置不符合规定的储气瓶，原储气瓶做报废处理；更换不符合规定要求的二氧化碳灭火器、储气瓶的超压保护装置。

⑧更换已损坏的水基型、泡沫型灭火器的滤网。

⑨更换已损不的推车式灭火器的车轮和车架组件的固定单元、喷射软管的固定装置。

⑩更换车用灭火器制造商规定的专用配件。

（5）再充装。根据灭火器产品的生产技术标准和铭牌信息，按照生产企业规定的操作要求，实施灭火剂、驱动气体再充装。再充装后，逐具进行气密性试验；灭火器再充装时，不得改变原灭火剂的种类和灭火器的类型，送修灭火器中剩余的灭火剂不得回收再次使用，灭火器再充装按照下列要求实施：

①再充装所使用的灭火剂采用原生产企业提供、推荐的相同型号规格的灭火剂产品。

②二氧化碳灭火器再充装时，不得采用加热法，也不得以压力水为驱动力将二氧化碳灭火剂从储存气瓶中充装到灭火器内。

③ABC 干粉、BC 干粉充装设备分别独立设置，充装场地完全分隔开。不同种类干粉不得混合，不得相互污染。

④洁净气体灭火器只能按照铭牌上规定的灭火剂和剂量再充装。

⑤可再充装型储压式灭火器按照其灭火器铭牌上所规定的充装压力要求进行再充装。充压时，不得用灭火器压力指示器作为计量器具，并且根据环境温度变化调整充装压力。

⑥储压式干粉灭火器和洁净气体灭火器可选用露点低于 -55℃的工业用氮气、纯度 99.5% 以上的二氧化碳、不含水分的压缩空气等作为驱动气体，但要与灭火器的铭牌、储气瓶上标识的种类一致。

3. 灭火器报废

灭火器报废分为以下 4 种情形：一是列入国家颁布的淘汰目录的灭火器；二是达到报废年限的灭火器；三是使用中出现严重损伤或重大缺陷的灭火器；四是维修时发现存在严重损伤、缺陷的灭火器。灭火器报废后，建筑使用管理单位按照等效替代的原则对灭火器进行更换。

（1）列入国家颁布的淘汰目录的灭火器。下列类型的灭火器，有的因灭火剂具有强腐蚀性、毒性，有的因操作需要倒置，使用时对操作人员具有一定的危险性，已列入国家颁布的淘汰目录，一经发现均予以报废处理。

①酸碱型灭火器。

②化学泡沫型灭火器。

③倒置使用型灭火器。
④氯溴甲烷、四氯化碳灭火器。
⑤1211灭火器、1301灭火器。
⑥国家政策明令淘汰的其他类型灭火器。

不符合消防产品市场准入制度的灭火器，经检查发现予以报废。

（2）灭火器报废年限。手提式、推车式灭火器出厂时间达到或超过下列规定期限的，均予以报废处理：

①水基型灭火器出厂期满6年。
②干粉灭火器、洁净气体灭火器出厂期满10年。
③二氧化碳灭火器出厂期满12年。

（3）灭火器报废规定。存在严重损伤、缺陷的灭火器需按时报废更新。灭火器存在下列情形之一的，予以报废处理：

①筒体严重锈蚀（漆皮大面积脱落，锈蚀面积大于筒体总面积的1/3，表面产生凹坑者）或者连接部位、筒底严重锈蚀的。
②筒体明显变形，机械损伤严重的。
③器头存在裂纹及无泄压机构等缺陷的。
④筒体存在平底等不合理结构的。
⑤手提式灭火器没有间歇喷射机构的。
⑥没有生产厂名称和出厂年月的（包括铭牌脱落，或者铭牌上的生产厂名称模糊不清，或者出厂年月钢印无法识别的）。
⑦筒体、器头有锡焊、铜焊或者补缀等修补痕迹的。
⑧被火烧过的。

符合报废规定的灭火器，在确认灭火器内部无压力后，对灭火器筒体、储气瓶进行打孔、压扁、锯切等报废处理，并逐具记录其报废情形。

第四节　防排烟系统的维护管理

防烟排烟系统的维护管理是系统正常完好、有效使用的基本保障。维护管理人员经过消防专业培训，熟悉防排烟系统的原理、性能和操作维护规程。建筑防排烟系统的维护管理包括检测、维修、保养以及建档等工作。单位设有经过消防专业培训，熟悉系统原理、性能，具有系统操作维护能力的维护管理人员，定期自行或委托具有维护保养资格的企业对系统进行检测、维护，确保机械防烟、排烟系统的正常运行。

一、系统日常巡查

防烟排烟系统巡查是指系统使用过程中对系统直观属性的检查，主要是针对系统组件外观、现场状态，安装部位环境条件等的日常巡查。

（一）系统组（部）件的状态要求

（1）防排烟系统能否正常使用和系统各组件、配件的日常监控时的现场状态密切相关，机械防烟、排烟系统应始终保持正常运行，不得随意断电或中断。

（2）正常工作状态下，正压送风机、排烟风机、通风空调风机电控柜等受控设备应处于自动控制状态，严禁将受控的正压送风机、排烟风机、通风空调风机等电控柜设置在手动位置。

（3）消防控制室应能显示系统的手动、自动工作状态及系统内的防烟排烟风机、防火阀、排烟防火阀的动作状态。应能控制系统的启、停及系统内的防烟风机、排烟风机、防火阀、排烟防火阀、常闭送风口、排烟口、电控挡烟垂壁的开、关，并显示其反馈信号。应能停止相关部位正常通风的空调，并且接收和显示通风系统内防火阀的反馈信号。

（二）系统日常的巡查要求

（1）查看机械加压送风系统、机械排烟系统控制柜的标志、仪表、指示灯、开关和控制按钮；用按钮启、停每台风机，查看仪表以及指示灯显示。

（2）查看机械加压送风系统、机械排烟系统风机的外观和标志牌；在控制室远程手动启、停风机，查看运行及信号反馈情况。

（3）查看送风阀、排烟阀、排烟防火阀、电动排烟窗的外观，手动、电动开启，手动复位，动作和信号反馈情况。

二、系统周期性检查维护

系统周期性检查是指建筑使用、管理单位按照国家工程消防技术标准的要求，对已经投入使用的防烟排烟系统的组件、零部件等按照规定检查周期进行的检查、测试。

（一）每月检查内容及要求

1. 防烟、排烟风机

手动或自动启动试运转，检查有无锈蚀与螺钉松动。

2. 挡烟垂壁

手动或自动启动、复位试验，检查有无升降障碍。

3. 排烟窗

手动或自动启动、复位试验，检查有无开关障碍，每月检查供电线路有无老化，双回路自动切换电源功能等。

（二）半年检查内容及要求

1. 防火阀

手动或自动启动、复位试验，检查有无变形、锈蚀，并检查弹簧性能，确认性能可靠。

2. 排烟防火阀

手动或自动启动、复位试验，检查有无变形、锈蚀，并且检查弹簧性能，确认性能可靠。

3. 送风阀（口）

手动或自动启动、复位试验，检查有无变形、锈蚀，并检查弹簧性能，确认性能可靠。

4. 排烟阀（口）

手动或自动启动、复位试验，检查有无变形、锈蚀，并检查弹簧性能，确认性能可靠。

（三）每年检查要求

1. 检查内容及要求

每年对所安装的全部防烟排烟系统进行1次联动试验和性能检测，其联动功能和性能参数应符合原设计要求。

2. 联动试验要求

（1）机械加压送风系统的联动调试：

①当任何一个常闭送风口开启时，送风机均能联动启动。

②与火灾自动报警系统联动调试。当火灾报警后，应启动有关部位的送风口、送风机，启动的送风口、送风机应与设计和规范要求一致，其状态信号能反馈到消防控制室，测试情况应及时记录。

（2）机械排烟系统的联动调试。

①当任何一个常闭排烟阀（口）开启时，排烟风机均能联动启动。

②与火灾自动报警系统联动调试。当火灾报警后，机械排烟系统应启动有关部位的排烟阀（口）、排烟风机；启动的排烟阀（口）、排烟风机应和设计和规范要求一致，其状态信号应反馈到消防控制室。

③有补风要求的机械排烟场所，当火灾报警后，补风系统应启动。

④排烟系统和通风、空调系统合用，当火灾报警后，由通风、空调系统转换排烟系统的时间应符合国家标准《通风与空调工程施工质量验收规范》（GB50243—2002）的规定。

（3）自动排烟窗的联动调试。在火灾报警后联动开启到符合要求的位置，其状态信号应反馈到消防控制室。

（4）活动挡烟垂壁的调试。在火灾报警后联动下降到设计高度，其状态信号应反馈到消防控制室。

第五节　应急照明系统维护管理

消防应急照明和疏散指示系统的三要功能是在火灾事故发生时，为人员的安全疏散、逃生提供疏散路线和必要的照明，同时为灭火救援工作的持续进行提供应急照明。消防应急照明和疏散指示系统竣工后，建设单位应负责组织相关单位进行工程检测。检测不合格的工程不得投入使用。

一、系统检测

系统检测前应对照图样检查工程中各设备的名称、规格、型号、数量是否符合设计要求；系统中的消防应急标志灯具、照明灯具、应急照明集中电源、应急照明控制器及相关设备的接线、安装位置、施工质量是否符合要求。

系统现场检测包括消防应急标志灯具、消防应急照明灯具、应急照明集中电源、应急照明控制器、标志牌等组件的检测，系统功能测试及系统供配电检查，系统检测前要确保系统处于正常工作状态。

（一）消防应急标志灯具检测项目

（1）标志灯具的颜色、标志信息应符国家标准《消防应急照明和疏散指示系统》（GB17945—2010）的要求，指示方向应和设计方向一致。

（2）使用的电池应与国家有关市场准入制度中的有效证明文件相符。

（3）状态指示灯指示应正常。

（4）连续3次操作试验机构，观察标志灯具自动应急转换情况。

（5）应急工作时间应不小于其本身标称的应急工作时间。

（二）消防应急照明灯具检测项目

（1）照明灯具的光源及隔热情况应符合要求。

（2）使用的电池应与有效证明文件相符。

（3）状态指示灯应正常。

（4）连续3次按试验按钮，标志灯具应能完成自动转换。

（5）应急工作时间应当不小于其本身标称的应急工作时间。

（6）安装区域的最低照度值应符合设计要求。

（7）光源与电源分开设置的照明灯具安装时，灯具的安装位置应有清晰可见的消防应急灯具标识，电源的试验按钮和状态指示灯应方便操作和观察。

(三) 应急照明集中电源检测项目

（1）检查安装场所应符合要求。

（2）供电应符合设计要求。

（3）应急工作时间应不小于其本身标称的应急工作时间。

（4）输出线路、分配电装置、输出电源负载应与设计相符，且不应连接和应急照明和疏散指示无关的负载或插座。

（5）应急照明集中电源应设主电和应急电源状态指示灯，主电状态用绿色，应急状态用红色。

（6）应急照明集中电源应设模拟主电源供电故障的自复式试验按钮（或开关），不应设影响应急功能的开关。

（7）应急照明集中电源应显示主电电压、电池电压、输出电压和输出电流，并应设主电、充电、故障和应急状态指示灯，主电状态用绿色，故障状态用黄色，充电状态和应急状态用红色。

（8）应急照明集中电源应能以手动、自动两种方式转入应急状态，并且应设只有专业人员可操作的强制应急启动按钮。

（9）应急照明集中电源每个输出支路均应单独保护，且任一支路故障不应影响其他支路的正常工作。

(四) 应急照明控制器检测项目

（1）应急照明控制器应安装在消防控制室或值班室内。

（2）应急照明控制器应能控制并显示和其相连的所有消防应急灯具的工作状态，并显示应急启动时间。

（3）应急照明控制器应能防止非专业人员操作。

（4）应急照明控制器在与其相连的消防应急灯具之间的连接线开路、短路（短路时消防应急灯具转入应急状态除外）时，应发出声、光故障信号，并指示故障部位。声故障信号应能手动消除，当有新的故障信号时，声故障信号应能再次启动。光故障信号在故障排除前应保持。

（5）应急照明控制器应有主、备用电源的工作状态指示，并能实现主、备用电源的自动转换，且备用电源应能保证应急照明控制器正常工作2h。

（6）当应急照明控制器控制应急照明集中电源时，应急照明控制器应能控制并显示应急照明集中电源的工作状态（主电、充电、故障状态，电池电压、输出电压和输出电流），且在与应急照明集中电源之间连接线开路或短路时，发出声、光故障信号。

（7）应急照明控制器应能对本机及面板上的所有指示灯、显示器以及音响器件进行功能检查。

（8）应急照明控制器应能以手动、自动两种方式使与其相连的所有消防应急灯具转入应急状态，且应设强制使所有消防应急灯具转入应急状态的按钮。

（9）当某一支路的消防应急灯具与应急照明控制器连接线开路、短路或接地时，不应影响其他支路的消防应急灯具和应急电源的工作。

（五）疏散指示标志牌检测项目

（1）疏散指示标志牌安装在疏散走道和主要疏散路线的地面时，其指示的疏散方向应与标志灯具指示方向相同，安装间距不应大于1.5m。

（2）疏散指示标志牌固定应牢固，无破损。

（3）疏散指示标志牌安装在地面上时，只能采用镶嵌式工艺，其安装后应平整及牢固。

（六）系统功能检测项目

1. 非集中控制型系统的应急控制

（1）未设置火灾自动报警系统的场所，系统应在正常照明中断后转入应急工作状态。

（2）设置火灾自动报警系统的场所，自带电源非集中控制型系统应由火灾自动报警系统联动各应急照明配电箱实现工作状态的转换；集中电源非集中控制型系统应由火灾自动报警系统联动各应急照明集中电源和应急照明分配电装置实现工作状态的转换。

2. 集中控制型系统的应急控制

（1）应急照明控制器应能接收火灾自动报警系统的火灾报警信号或者联动控制信号，并控制相应的消防应急灯具转入应急工作状态。

（2）自带电源集中控制型系统，应由应急照明控制器控制系统内的应急照明配电箱和相应的消防应急灯具及其他附件实现工作状态转换。

（3）集中电源集中控制型系统，由应急照明控制器控制系统内的应急照明集中电源、应急照明分配电装置和相应的消防应急灯具及其他附件实现工作状态转换。

（4）当系统需要根据火灾报警信号联动熄灭安全出口指示标志灯具时，应仅在接收到安全出口处设置的感温火灾探测器的火灾报警信号时，系统才能联动熄灭指示该出口和指向该出口的消防应急标志灯具。

（5）应急照明控制器的主电源应由消防电源供电；应急照明控制器的备用电源至少使控制器在主电源中断后工作3h。

（七）系统供配电检查

1. 平面疏散区域供电

（1）平面疏散区域供电应由应急照明总配电柜的主电以树干式或放射式供电，并按防火分区设置应急照明配电箱、应急照明集中电源或应急照明分配电装置；非人员密集场所可在多个防火分区设置一个共用应急照明配电箱，但每个防火分区宜采用单独的应急照明供电回路。

（2）应急照明配电箱的主电源宜取自本防火分区的备用照明配电箱；多个防火分区共用一个应急照明配电箱的主电源应取自应急电源干线或者备用照明配电箱的供电侧。

（3）大于2000m^2的防火分区应单独设置应急照明配电箱或应急照明分配电装置；

小于 2000 m² 的防火分区可采用专用应急照明回路。

（4）应急照明回路沿电缆管井垂直敷设时，公共建筑应急照明配电箱的供电范围不宜超过 8 层，住宅建筑不宜超过 16 层。

（5）一个应急照明配电箱或者应急照明分配电装置所带灯具覆盖的防火分区总面积不宜超过 4000 m²，地铁隧道内不应超过一个区段的 1/2，道路交通隧道内不宜超过 500m。

（6）检查应急照明集中电源、应急照明分配电装置的设置是否符合下列要求：

①两者在同一平面层时，应急照明电源应采用放射式供电方式。

②两者不在同一平面层，且配电分支干线沿同一电缆管井敷设时，应急照明集中电源可采用放射式或树干式供电方式。

（7）商住楼的商业部分与居住部分应分开，并单独设置应急照明配电箱或应急照明集中电源。

2. 垂直疏散区域及其扩展区域的供电

（1）每个垂直疏散通道以及其扩展区可按一个独立的防火分区考虑，并应采用垂直配灯方式。

（2）建筑高度超过 50m 的每个垂直疏散通道及扩展区，宜单独设置应急照明配电箱或应急照明分配电装置。

（3）避难层及航空疏散场所的消防应急照明应由变、配电所放射式供电。

3. 消防工作区域及其疏散走道的供电

（1）消防控制室、高低压配电房、发电机房及蓄电池类自备电源室、消防水泵房、防烟及排烟机房、消防电梯机房、BAS 控制中心机房、电话机房、通信机房、大型计算机房、安全防范控制中心机房等在发生火灾时有人值班的场所，应同时设置备用照明和疏散照明；楼层配电间（室）及其他火灾时无人值班的场所可不设备用照明和疏散照明。

（2）备用照明可采用普通灯具，并且由双电源供电。

4. 灯具配电回路

（1）AC220V 或 DC216V 灯具的供电回路工作电流不宜大于 10A；安全电压灯具的供电回路工作电流不宜大于 5A。

（2）每个应急供电回路所配接的灯具数量不宜超过 64 个。

（3）应急照明集中电源应经应急照明分配电装置配接消防应急灯具。

（4）应急照明集中电源、应急照明分配电装置以及应急照明配电箱的输入及输出配电回路中不应装设剩余电流动作脱扣保护装置。

5. 应急照明配电箱及应急照明分配电装置的输出

（1）输出回路不应超过 8 路。

（2）采用安全电压时的每个回路输出电流不应大于 5A。

(3)采用非安全电压时的每个回路输出电流不应大于16A。

二、系统维护管理

系统在日常管理过程中应保持系统连续正常运行,不得随意中断;定期使系统进行自放电,更换应急放电时间小于30min(超高层小于60min)的产品或更换其电池;系统内的产品寿命应符合国家有关标准要求,达到寿命极限的产品应及时更换;当消防应急标志灯具的表面亮度小于15cd/m^{2}时,应马上进行更换。

(一)应急照明系统功能的月检查

(1)每月检查消防应急灯具,如果发出故障信号或不能转入应急工作状态,应及时检查电池电压。如果电池电压过低,应及时更换电池;如果光源无法点亮或有其他故障,应及时通知产品制造商的维护人员进行维修或更换。

(2)每月检查应急照明集中电源和应急照明控制器的状态。如果发现故障声光信号应及时通知产品制造商的维护人员进行维修或者更换。

(二)应急照明系统功能的季度检查

每季度应检查和试验系统的下列功能:

(1)检查消防应急灯具、应急照明集中电源和应急照明控制器的指示状态。

(2)检查应急工作时间。

(3)检查转入应急工作状态的控制功能。

值班人员一旦发现故障,应及时进行维护、更换。除了常见的灯具故障外,设备的维修应由专业维修人员负责。常见的故障及其检查方法有以下五种:

①主电源故障:检查输入电源是否完好,熔丝有无烧断,接触是否不良等。

②备用电源故障:检查充电装置,电池有无损坏,连线有无断裂。

③灯具故障:检测灯具控制器、光源、电池是否完好,如有损坏,应对此灯具故障部分及时更换。

④回路通信故障:检查该回路从主机至灯具的接线是否完好,灯具控制器有无损坏。

⑤其他故障:对一时排除不了的故障,应立即通知有关专业维修单位,以便尽快修复,恢复正常工作。

(三)应急照明系统功能的年检查

每年检查和试验系统的下列功能:

(1)除了季检查内容外,还应对电池做容量检测试验。

(2)试验应急功能。

(3)试验自动和手动应急功能,进行与火灾自动报警系统的联动试验。

第六节　火灾自动报警系统维护管理

火灾自动报警系统是以实现火灾早期探测和报警，向各类消防设备发出控制信号并接收设备反馈信号，进而实现火灾预防和自动灭火功能的一种自动消防设施。火灾自动报警系统竣工后，建设单位应负责组织施工、设计、监理等单位进行检测，检测不合格不得投入使用。

一、系统维护管理

火灾自动报警系统的管理包括资料管理、系统性能检查、系统维护维修等，系统操作和维护人员应持证上岗。

（一）系统资料管理

火灾自动报警系统投入使用时，使用单位应建立下述技术资料档案，并应有电子备份档案：

（1）系统竣工图及设备的技术资料。
（2）消防救援机构出具的有关法律文书。
（3）系统的操作规程及维护保养的管理制度。
（4）系统操作员名册及相应的工作职责。
（5）值班记录和使用图表。

（二）系统使用与检查

火灾自动报警系统应保持连续正常运行，不得随意中断，每日均应检查火灾报警控制器的功能。

1. 系统季度检查要求

每季度应检查和试验火灾自动报警系统的下列功能，并按要求填写相应的记录：
（1）采用专用检测仪器分期分批试验探测器的动作及确认灯显示。
（2）试验火灾警报装置的声光显示。
（3）试验水流指示器、压力开关等的报警功能以及信号显示。
（4）对主电源和备用电源进行1~3次自动切换试验。
（5）用自动或手动检查下列消防控制设备的控制显示功能：
①室内消火栓、自动喷水、泡沫、气体、干粉等灭火系统的控制设备。
②抽验电动防火门、防火卷帘门，数量不小于总数的25%。
③选层试验消防应急广播设备，并试验公共广播强制转入火灾应急广播的功能，抽

检数量不小于总数的25%。

④火灾应急照明与疏散指示标志的控制装置。

⑤送风机、排烟机和自动挡烟垂壁的控制设备。

⑥检查消防电梯迫降功能。

⑦应抽取不小于总数25%的消防电话和电话插孔在消防控制室进行对讲通话试验。

2. 系统年支检查要求

每年应检查和试验火灾自动报警系统的下列功能，并且按要求填写相应的记录：

（1）应用专用检测仪器对所安装的全部探测器和手动报警装置试验至少1次。

（2）自动和手动打开排烟阀，关闭电动防火阀和空调系统。

（3）对全部电动防火门、防火卷帘的试验至少进行一次。

（4）强制切断非消防电源功能试验。

（5）对其他有关的消防控制装置进行功能试验。

（三）年度检测与维修

点型感烟火灾探测器投入运行2年后，应每隔3年至少全部清洗一遍；通过采样管采样的吸气式感烟火灾探测器根据使用环境的不同，需要对采样管道进行定期吹洗，最长的时间间隔不应超过一年；探测器的清洗应由有相关资质的机构根据产品生产企业的要求进行。探测器清洗后应做响应阈值以及其他必要的功能试验，合格者方可继续使用。不合格探测器严禁重新安装使用，并应将该不合格品返回产品生产企业集中处理，严禁将离子感烟火灾探测器随意丢弃。可燃气体探测器的气敏元件超过生产企业规定的寿命年限后应及时更换，气敏元件的更换应由有相关资质的机构根据产品生产企业的要求进行。

不同类型的探测器应有10%且不少于50只的备品。火灾报警系统内的产品寿命应符合国家有关标准要求，达到寿命极限的产品应及时更换。

二、系统的常见故障及处理方法

火灾自动报警系统的常见故障有火灾探测器、通信、主电、备电等故障，故障发生时，可先按消音键中止故障报警声，然后进行排除。如果是探测器、模块或火灾显示盘等外控设备发生故障，则可暂时将其屏蔽隔离，待修复后再取消屏蔽隔离，恢复系统正常。

（一）常见故障及处理方法

1. 火灾探测器的常见故障

（1）故障现象。火灾报警控制器发出故障报警，故障指示灯亮，打印机打印探测器故障类型、时间、部位等。

（2）故障原因。探测器与底座脱落、接触不良；报警总线和底座接触不良；报警总线开路或接地性能不良造成短路；探测器本身损坏；探测器接口板故障。

（3）排除方法。重新拧紧探测器或增大底座与探测器卡簧的接触面积；重新压接总线，使之与底座有良好接触；查出有故障的总线位置，予以更换；更换探测器；维修或更换接口板。

2. 主电源常见故障

（1）故障现象。火灾报警控制器发出故障报警，主电源故障灯亮，打印机打印主电故障、时间。

（2）故障原因。市电停电；电源线接触不良；主电熔断丝熔断等。

（3）排除方法。连续停电 8h 时应关机，主电正常后再开机；重新接主电源线，或使用烙铁焊接牢固；更换熔丝或者熔丝管。

3. 备用电源常见故障

（1）故障现象。打印机打印备电故障。

（2）故障原因。丝熔断等。

（3）排除方法。用烙铁焊接备电的连接线，使备电与主机良好接触；更换熔丝或熔丝管。

4. 通信常见故障

（1）故障现象。火灾报警控制器发出故障报警，通信故障灯亮，打印机打印通信故障、时间。

（2）故障原因。区域报警控制器或火灾显示盘损坏或未通电、开机；通信接口板损坏；通信线路短路、开路或接地性能不良造成短路。

（3）排除方法。更换设备，使设备供电正常，开启报警控制器；检查区域报警控制器与集中报警控制器的通信线路，若存在开路、短路以及接地接触不良等故障，则更换线路；检查区域报警控制器与集中报警控制器的通信板，若存在故障，则维修或更换通信板；若因为探测器或模块等设备造成通信故障，则更换或者维修相应设备。

（二）重大故障

1. 强电串入火灾自动报警及联动控制系统

（1）产生原因。主要是弱电控制模块与被控设备的启动控制柜的接口处，如卷帘、水泵、防排烟风机、防火阀等处发生强电的串入。

（2）排除方法。控制模块与受控设备间增设电气隔离模块。

2. 短路或接地故障而引起控制器损坏

（1）产生原因。传输总线和大地、水管、空调管等发生电气连接，从而造成控制器接口板的损坏。

（2）排除方法。按要求做好线路连接和绝缘处理，使设备尽量与水管、空调管隔开，保证设备和线路的绝缘电阻满足设计要求。

（三）火灾自动报警系统误报的原因

1. 产品质量

产品技术指标达不到要求，稳定性比较差，对使用环境中的非火灾因素如温度、湿度、灰尘、风速等引起的灵敏度漂移得不到补偿或者补偿能力低，对各种干扰及线路分析参数的影响无法自动处理而误报。

2. 设备选择和布置不当

（1）探测器选型不合理：灵敏度高的火灾探测器能在较低的烟雾浓度下报警；相反，灵敏度低的探测器只能在高浓度烟雾环境中报警，如在会议室、地下车库等易集烟的环境选用高灵敏度的感烟探测器，在锅炉房高温度环境中选用定温探测器。

（2）使用场所的性质变化后未及时更换相适应的探测器，例如将办公室、商场等改作厨房、洗浴房、会议室时，原有的感烟火灾探测器会受新场所产生的油烟、香烟烟雾、水蒸气、灰尘、杀虫剂以及醇类、酮类及醛类等腐蚀性气体等非火灾报警因素影响而误报警。

3. 环境因素

（1）电磁环境的干扰主要表现为：空中电磁波的干扰，电源及其他输入输出线上的窄脉冲群干扰、人体静电干扰。

（2）气流可影响烟气的流动线路，对于离子感烟探测器影响比较大，对光电感烟探测器也有一定影响。

（3）感温探测器的布置距高温光源过近，感烟探测器距空调送风口过近，感温探测器安装在易产生水蒸气、车库等场所。

（4）光电感烟探测器安装在可能产生黑烟和大量粉尘、可能产生水蒸气和油雾等场所。

4. 其他原因

（1）系统接地被忽略或达不到标准要求，线路绝缘达不到要求，线路接头压接不良或布线不合理，系统开通前对防尘、防潮、防腐措施处理不当。

（2）元件老化，通常火灾探测器的使用寿命约为10年，每3年要求全面清洗一次。

（3）灰尘和昆虫。据有关统计，60%的误报是因灰尘影响。

（4）探测器损坏。

第七节　城市消防远程监控系统维护管理

城市消防远程监控系统能够对联网用户的火灾报警信息、建筑消防设施运行状态信息进行接收、处理和查询，向城市消防通信指挥中心或其他接处警中心发送经确认的火灾报警信息，对联网用户的消防安全管理信息等进行管理，并为消防救援机构和联网用户提供信息服务。

一、系统运行管理

城市消防远程监控系统的运行及维护由具有独立法人资格的单位承担，该单位的主要技术人员应由从事火灾报警、消防设备、计算机软件以及网络通信等专业5年以上（含5年）经历的人员构成。远程监控系统的运行操作人员上岗前还要具备熟练操作设备的能力。

（一）建立系统运行管理制度

为保证系统有效运行，应建立健全系统运行管理制度。主要包括以下制度：
（1）监控中心建立机房管理制度。
（2）操作人员管理制度。
（3）系统操作与运行安全制度。
（4）应急管理制度。
（5）网络安全管理制度。
（6）数据备份与恢复方案。

（二）建立系统运行管理档案

监控中心日常应做好如下技术文件的记录，并且及时归档，妥善保管。
（1）交接班登记表。
（2）值班日志。
（3）接处警登记表。
（4）值班人员工作通话录音电子文档。
（5）设备运行、巡检及故障记录。

二、系统使用与日常检查

用户信息传输装置投入使用后，确保设备始终处于正常的工作状态，保持连续运行，不得擅自关停。一旦发现故障，应及时查找原因，并组织修复。因故障维修等原因需要暂时停用的，经消防安全责任人批准，并且提前通知监控中心；恢复启用后，及时通知监控中心恢复。

（一）用户信息传输装置的使用与检查

联网用户人为了停止火灾自动报警系统等建筑消防设施的运行时，要提前通知监控中心；联网用户的建筑消防设施故障造成误报警超过5次/日，且不能及时修复时，应与监控中心协商处理办法。消防控制室的值班人员接到报警信号后，应以最快的方式确认是否有火灾发生，确认火灾后，在拨打火灾报警电话119的同时，观察用户信息传输装置是否将火灾信息传送至监控中心。监控中心通过用户服务系统向远程监控系统的联网用户提供该单位火灾报警和建筑消防设施故障情况统计月报表。

用户信息传输装置按照以下要求进行定期检测和测试：

（1）每日进行1次功能自检。

（2）由火灾自动报警系统等建筑消防设施模拟生成火警，进行火灾报警信息发送试验，每个月的试验次数不应少于2次。

（二）通信服务器软件的使用与检查

通信服务器软件投入使用后，要确保软件处于正常工作状态，并保持连续运行，不得擅自关闭软件。通信服务器软件必须由监控中心管理员进行维护管理，如因故障维修等原因需要暂时停用的，监控中心管理员应提前通知各联网用户单位消防安全负责人；恢复启用后，应及时通知各联网用户单位消防安全负责人。

通信服务器软件按照下列要求进行定期检测与测试：

（1）与监控中心报警受理系统的通信测试为1次/日。

（2）与设置在城市消防通信指挥中心或者其他接处警中心的火警信息终端之间的通信测试为1次/日。

（3）实时监测与联网单位用户信息传输装置的通信链路状态，如果检测到链路故障，则应及时告知报警受理系统，报警受理系统的值班人员应及时与联网用户单位的值班人员联系，尽快解除链路故障。

（4）与报警受理系统、火警信息终端、用户信息传输装置等其他终端之间的时钟检查为1次/日。

（5）每月检查系统数据库的使用情况，必要时对硬盘进行扩充。

（6）每月进行通信服务器软件运行日志整理。

（三）报警受理系统软件的使用与检查

报警受理系统软件投入使用后，要确保软件处于正常工作状态，并保持连续运行，不得擅自关闭软件。报警受理系统软件必须由监控中心管理员进行维护管理，如因故障维修等原因需要暂时停用的，监控中心报警受理值班员应提前通知系统管理员；恢复启用后，要及时通知系统管理员。

1. 报警受理系统软件定期检测与测试要求

报警受理系统软件应按照下列要求进行定期检测与测试：

（1）与通信服务器软件的通信测试为1次/日。

（2）与通信服务器软件的时钟检查为1次/日。

（3）每月进行报警受理系统软件运行日志整理。

2. 检查内容与顺序

（1）用户信息传输装置模拟报警，检查报警受理系统能否接收、显示、记录及查询用户信息传输装置发送的火灾报警信息、建筑消防设施运行状态信息。

（2）模拟系统故障信息，检查报警受理系统能否接收、显示、记录以及查询通信服务器发送的系统告警信息。

（3）用户信息传输装置模拟报警，检查报警受理系统能否收到该报警信息，收到该信息后能否驱动声器件和显示界面发出声信号和显示提示。火灾报警信息声提示信号和显示提示是否明显区别于其他信息，报警信息的显示和处理是否优先于其他信息的显示及处理。声信号可以手动消除，当收到新的信息时，声信号是否能再启动。信息受理后，相应声信号、显示提示是否自动消除。

（4）用户信息传输装置模拟报警，检查报警受理系统能否收到该报警信息，受理用户信息传输装置发送的火灾报警、故障状态信息时，是否能显示下列内容：

①信息接收时间，用户名称、地址、联系人姓名、电话，单位信息，相关系统或部件的类型、状态等信息。

②该用户的地理信息、建筑消防设施的位置信息以及部件在建筑物中的位置信息。

③该用户信息传输装置发送的不少于5条的同类型历史信息记录。

（5）用户信息传输装置模拟报警，检查报警受理系统能否对火灾报警信息进行确认和记录归档。

（6）用户信息传输装置模拟手动报警信息，检查报警受理系统能否将信息上报至火警信息终端，信息内容是否包括报警联网用户的名称、地址，联系人的姓名、电话，建筑物名称，报警点所在建筑物的详细位置，监控中心受理员的编号或姓名等；能否接收、显示和记录火警信息终端返回的确认时间、指挥中心受理员的编号或姓名等信息；通信失败时是否能够告警。

（7）模拟至少10起用户信息传输装置故障信息，检查报警受理系统能否对用户信息传输装置发送的故障状态信息进行核实、记录、查询和统计；能否向联网用户相关人员或相关部门发送经核实的故障信息；能否对故障处理的结果进行查询。

（四）信息查询系统软件的使用与检查

信息查询系统软件投入使用后，要确保软件处于正常工作状态，并保持连续运行，不得擅自关闭软件。信息查询系统软件必须由监控中心管理员进行维护管理，如因故障维修等原因需要暂时停用的，监控中心管理员应提前通知消防救援机构相关使用人员；恢复启用后，及时通知消防救援机构相关使用人员。

1. 信息查询系统软件定期检测与测试要求

信息查询系统软件应按照下列要求进行定期检测和测试：

（1）与监控中心的通信测试为1次/日。

（2）与监控中心的时钟检查为1次/日。

（3）每月进行信息查询系统软件运行日志整理。

2. 检查内容与顺序

（1）以消防救援机构的人员身份登录信息查询系统，检查信息查询系统能否查询所属辖区联网用户的火灾报警信息。

（2）以消防救援机构的人员身份登录信息查询系统，检查信息查询系统能否按《消防安全技术实务》表 3-9-1 所列的内容查询联网用户的建筑消防设施运行状态信息。

（3）以消防救援机构人员身份登录信息查询系统，检查信息查询系统能否查询联网用户的消防安全管理信息。

（4）以消防救援机构人员身份登录信息查询系统，检查信息查询系统能否查询所属辖区联网用户的日常值班以及在岗等信息。

（5）以消防救援机构人员身份登录信息查询系统，检查信息查询系统能否对火灾报警信息、建筑消防设施运行状态信息、联网用户的消防安全管理信息、联网用户的日常值班和在岗等信息，按日期、单位名称、单位类型、建筑物类型、建筑消防设施类型、信息类型等检索项进行检索和统计。

（五）用户服务系统软件的使用与检查

用户服务系统软件投入使用后，要确保软件处于正常工作状态，并保持连续运行，不得擅自关闭软件。用户服务系统软件必须由监控中心管理员进行维护管理，如因故障维修等原因需要暂时停用的，监控中心管理员应提前通知联网用户单位消防安全负责人；恢复启用后，要及时通知联网用户单位消防安全负责人。

1. 用户服务系统软件定期检测与测试要求

用户服务系统软件应按照下列要求进行定期检测与测试：

（1）与监控中心的通信测试为 1 次/日。

（2）与监控中心的时钟检查为 1 次/日。

（3）每月进行用户服务系统软件运行日志整理。

2. 检查内容与顺序

（1）以联网单位用户身份登录用户服务系统，检查用户服务系统能否查询其自身的火灾报警、建筑消防设施的运行状态信息及消防安全管理信息，建筑消防设施的运行状态信息是否能够包含《消防法》规定的信息内容。

（2）以联网单位用户身份登录用户服务系统，检查用户服务系统能否对建筑消防设施的日常维护保养情况进行管理。

（3）以联网单位用户身份登录用户服务系统，检查用户服务系统能否提供消防安全管理信息的数据录入和编辑服务。

（4）以联网单位消防安全负责人身份登录用户服务系统，检查用户服务系统能否通过随机查岗，实现对值班人员日常值班工作的远程监督。

（5）以不同权限的联网单位用户身份登录用户服务系统，检查用户服务系统能否提供不同用户、不同权限的管理。

（6）以联网单位用户身份登录用户服务系统，检查用户服务系统能否提供消防法律法规、消防常识和火灾情况等信息。

（六）火警信息终端软件的使用与检查

火警信息终端软件投入使用后，要确保软件处于正常工作状态，并保持连续运行，不得擅自关闭软件。火警信息终端软件必须由监控中心管理员进行维护管理，如果因故障维修等原因需要暂时停用的，火警信息终端值班员应提前通知系统管理员；恢复启用后，及时通知系统管理员。

1. 火警信息终端软件定期检测与测试要求

火警信息终端软件应按照下列要求定期检测与测试：

（1）与通信服务器软件的通信测试为1次/日。

（2）与通信服务器软件的时钟检查为1次/日。

（3）每月进行火警信息终端软件运行日志整理。

2. 检查内容与顺序

（1）用户信息传输装置模拟手动报警信息，经报警受理系统受理确认以后，检查火警信息终端能否接收、显示、记录及查询监控中心报警受理系统发送的火灾报警信息。

（2）用户信息传输装置模拟手动报警信息，经报警受理系统受理确认以后，检查火警信息终端能否收到火灾报警及系统内部故障告警信息，是否能驱动声器件和显示界面发出声信号和显示提示。火灾报警信息声提示信号和显示提示是否明显区别于故障告警信息，并且是否优先于其他信息的显示及处理。声信号是否能手动消除，当收到新的信息时，声信号是否能再启动。信息受理后，声信号、显示提示是否能自动消除。

（3）用户信息传输装置模拟手动报警信息，经报警受理系统受理确认以后，检查火警信息终端是否能显示报警联网用户的名称、地址，联系人的姓名、电话，建筑物的名称，报警点所在建筑物位置，联网用户的地理信息，监控中心受理员的编号或姓名，接收时间等信息；经人工确认后，是否能向监控中心反馈确认时间、指挥中心受理员的编号或者姓名等信息；通信失败时能否告警。

三、年度检查与维护保养

用户信息传输装置按下述内容定期进行检查和测试：

（1）对用户信息传输装置的主电源和备用电源进行切换试验，每半年的试验次数不少于1次。

（2）每年检测用户信息传输装置的金属外壳和电气保护接地干线（PE）的电气连续性，若发现连接处松动或断路，则应及时修复。

城市消防远程监控系统投入运行满1年后，每年度对下列内容进行检查：

①每半年检查录音文件的保存情况，必要时清理保存周期超过6个月的录音文件。

②每半年对通信服务器、报警受理系统、信息查询系统、用户服务系统、火警信息终端等组件进行检查、测试。

③每年检查系统运行及维护记录等文件是否完备。

④每年检查系统网络的安全性。

⑤每年检查监控系统日志并且进行整理备份。

⑥每年检查数据库使用情况,必要时对硬盘存储记录进行整理。

⑦每年对监控中心的火灾报警信息及建筑消防设施运行状态信息等记录进行备份,必要时清理保存周期超过1年的备份信息。

第五章 消防产品监督管理

第一节 消防产品监督管理概述

消防产品是纳入国家强制性管理的公共安全类产品，消防产品的质量与国家经济建设、人民生命财产安全息息相关。所以，加强消防产品监督管理，打击假冒伪劣消防产品，维护消防产品市场秩序，是提高社会公共安全保障水平的一项长期工作。

一、消防产品的含义及类别

（一）消防产品及其相关术语的含义

1. 消防产品的含义
消防产品是指专门用来火灾预防、灭火救援和火灾防护、避难、逃生的产品。

2. 不合格的消防产品的含义
不合格的消防产品是指产品质量不符合国家有关法律法规规定的质量要求，或者不符合采用的产品标准、产品说明、实物样品或以其他方式表明的质量状况的产品。

3. 国家明令淘汰的消防产品的含义
国家明令淘汰的消防产品是指国家及有关行政管理部门依据其职能，对消耗能源、污染环境、毒副作用大、技术明显落后的消防产品，按照一定的程序向社会公布自某时起禁止生产、销售和使用的消防产品。例如，哈龙是一种破坏臭氧层能力很强的物质，为了履行《关于保护臭氧层的维也纳公约》，我国制定了《哈龙整体淘汰计划》，明确规定停止哈龙生产、销售和使用的具体时间。

4. 缺陷消防产品的含义

缺陷消防产品是指消防产品存在危及人身、财产安全的不合理的危险，包括设计上的缺陷、制造上的缺陷和指示上的缺陷；消防产品不符合保障人身、财产安全的国家标准、行业标准中的安全要求的，是产品存在缺陷。产品不符合社会普遍公认的安全性的，亦是产品存在缺陷。

5. 消防产品质量的含义

消防产品质量是指消防产品满足消防需要的适用性、安全性、可用性、可靠性、可维修性、经济性和环保性等所具有的特征和特性的总和。

（二）消防产品的类别

根据公共安全行业标准《消防产品分类及型号编制导则》(GA/T 1250-2015)和《消防产品目录（2018年修订本）》（鲁公消〔2018〕138号），消防产品按其用途分为16个类别，按其功能和特征暂分为69个品种。

1. 消防车

消防车是指为灭火扑救和抢险救援而装备和使用的车辆，消防车是最基本的移动式消防装备，其按使用目的的不同分为以下四大类：

（1）灭火类消防车。灭火类消防车，是指既可喷射灭火剂又能独立扑救火灾的消防车。其主要包括水罐消防车、供水消防车、泡沫消防车、干粉消防车、干粉泡沫联用消防车、干粉水联用消防车、气体消防车、压缩空气泡沫消防车、泵浦消防车、远程供水泵浦消防车、高倍泡沫消防车、水雾消防车、高压射流消防车、机场消防车、涡喷消防车、干粉枪炮等。

（2）专勤类消防车。专勤类消防车，是指具有专项技术功能（灭火作业除外），担负某专项消防技术作业的消防车。其主要包括通信指挥消防车、抢险救援消防车、化学救援消防车、输转消防车、照明消防车、排烟消防车、洗消消防车、侦检消防车、特种底盘消防车等。

（3）保障类消防车。后援类消防车，是指向火场补充各类灭火剂、消防器材、个人防护装备等的消防车。其主要包括器材消防车、供气消防车、供液消防车、自装卸式消防车等。

（4）举高类消防车。举高类消防车，是指装备举高、救援和灭火装置，可进行登高灭火和救援的消防车。其主要包括登高平台消防车、云梯消防车、举高喷射消防车、破拆消防车等。

2. 灭火剂

灭火剂是指能够有效地破坏燃烧条件，终止燃烧的物质。其按自身形态和灭火性能的不同可分为以下四大类：

（1）水系灭火剂。水系灭火剂由水、渗透剂、阻燃剂以及其他添加剂组成，一般为液滴或以液滴和泡沫混合的形式灭火的液体灭火剂。常用的有水系灭火剂、F类火灾水系灭火剂。

（2）泡沫灭火剂。泡沫灭火剂是能够与水混溶，并且可通过机械方法或化学反应产生泡沫的灭火剂，分为泡沫灭火剂、A类泡沫灭火剂。

（3）干粉灭火剂。干粉灭火剂是以具有灭火效能的无机盐为基料，添加防潮剂、防结块剂、流动促进剂等改进其物理性能的添加剂，经粉碎、混合而制成的一种易于流动的细微粉末。干粉灭火剂按类型不同分为BC干粉灭火剂、ABC干粉灭火剂、BC超细干粉灭火剂、ABC超细干粉灭火剂、D类干粉灭火剂。

（4）气体灭火剂。气体灭火剂具有挥发快、不导电、喷射后不留残余物、不会引起二次破坏等优势，常用来保护特殊、重要的具有较高保护价值的场所。气体灭火剂按灭火介质类型的不同分二氧化碳灭火剂、卤代烃灭火剂及惰性气体灭火剂。

3. 灭火器

灭火器是一种由人力手提或推拉至着火点附近，手动操作并在其内部压力作用下，将所充装的灭火剂喷出，用于扑救初起火灾的普及型重要消防器材。其有以下类型：

（1）按灭火器的移动方式分类，手提式灭火器。

（2）手提式灭火器，是指能在其内部压力作用下，将所装的灭火剂喷出以扑救火灾，并可手提移动的灭火器具。手提式灭火器的总质量在20kg以下，其中二氧化碳灭火器的总质量不超过23kg。有手提式水基型灭火器、手提式干粉灭火器、手提式二氧化碳灭火器、手提式洁净气体灭火器

推车式灭火器是指装有轮子的可由一人推（或拉）至火场，并能在其内部压力作用下，将所装的灭火剂喷出以扑救火灾的灭火器具。推车式灭火器的总质量在25～450kg之间。有推车式水基型灭火器、推车式干粉灭火器、推车式二氧化碳灭火器、推车式洁净气体灭火器。

简易式灭火器是指灭火剂充装量小于1000g（或mL），并由一只手指开启的不可重复充装使用的储压式灭火器。此类灭火器主要用于扑救家庭厨房油锅和废纸篓等固体可燃物的初起火灾。由于其灭火能力较低，所以，不能用于灭火器强制性配置的场所。有简易式水基型灭火器、简易式干粉灭火器、简易式氢氟烃类气体灭火器

4. 消防供水设备

（1）消火栓典型产品包括室内消火栓、室外消火栓消防水鹤、消火栓箱、消火栓扳手、消火栓连接器等。

①室内消火栓。室内消火栓安装在消火栓箱内，与消防水带和水枪等器材配合使用，是室内消火栓给水系统的主要组件。其有以下类型：

a 按出水口型式分类。室内消火栓按出水口型式的不同可分为单出口室内消火栓和双出口室内消火栓两种类型。

b 按栓阀数量分类。室内消火栓按栓阀数量的不同可分为单栓阀室内消火栓和双栓阀室内消火栓两种类型。

c 按结构型式分类。室内消火栓按结构型式的不同可分为：直角出口型室内消火栓；45°出口型室内消火栓；旋转型室内消火栓（指栓体可相对进水管路连接的底座水平360°旋转的室内消火栓）；减压型室内消火栓（指通过设置在栓内或栓体进、出水口的节流装置，实现降低栓后出口压力的室内消火栓）；旋转减压型室内消火栓（指同时具有旋转型室内消火栓和减压型室内消火栓功能的室内消火栓）；减压稳压型室内消火栓（指在栓体内或栓体进、出水口设置自动节流装置，依靠介质本身的能量，改变节流装置的节流面积，将规定范围内的进水口压力减至某一需要的出水口压力，并使出水口压力自动保持稳定的室内消火栓）；旋转减压稳压型室内消火栓（指同时具有旋转型室内消火栓和减压稳压型室内消火栓功能的室内消火栓）。

②室外消火栓，是指设置在市政给水管网和建筑物外消防给水管网上的一种供水设备，其作用是供消防车取水或直接接出水带、水枪实施灭火。

其根据安装场合分为以下三种类型：

a 地上式室外消火栓。地上式室外消火栓，是指与供水管路连接，由阀、出水口和栓体等组成，且阀、出水口以及部分壳体露出地面的消防供水（或泡沫混合液）装置。其具有目标明显、易于寻找、出水操作方便等特点，适宜气候温暖地区安装使用。

b 地下式室外消火栓，是指与供水管路连接，由阀、出水口和壳体等组成，安装在地下的消防供水（或泡沫混合液）装置。其具有防冻、不宜遭到人为损坏、便利交通等优点。但目标不明显、操作不便，只适用于气候寒冷地区。采用地下式消火栓要求在附近地面上应有明显的固定标志，方便于在下雪等天气恶劣时寻找消火栓。

c 折叠式消火栓，是指一种平时以折叠或伸缩形式安装于地面以下，使用时能够升至地面以上的消火栓。

②室外消火栓按其用途的不同可分为普通型和特殊型，特殊型又分为泡沫型、防撞型、调压型、减压稳压型等。

③消防水鹤。消防水鹤由壳体、可伸缩出口弯管、排水阀、控制阀和接口等部件组成，其具有防冻、出水口可旋转、出水口径大等特点，是寒冷地区为消防车供水的专用装置。

④消火栓箱。消火栓箱（简称栓箱），是指安装在建筑物内的消防给水管路上，由箱体、室内消火栓、消防接口、水带、水枪、消防软管卷盘及电器设备等消防器材组成的具有给水、灭火、控制以及报警等功能的箱状固定式消防装置。

（2）消防水泵接合器，是消防车和机动泵向室内消防给水管网输送消防用水或其他液体灭火剂的连接器具。当建筑物发生火灾，室内消防水泵因检修、停电或出现其他故障停止运转期间，或建筑物发生较大火灾，室内消防用水量显现不足时，需利用消防车从室外消防水源抽水，通过对水泵接合器向室内消防给水管网提供或补充消防用水。

消防水泵接合器按安装形式不同可分为以下四种类型：

①地上式消防水泵接合器。地上式消防水泵接合器形似室外地上消火栓的外形和结构，它的栓身与接口高出地面，目标明显，使用方便。一般设在建筑物附近，便于消防人员接近和使用的地方。

②地下式消防水泵接合器。地下式消防水泵接合器形似室外地下消火栓的外形和结构，它设在建筑物周围附近的专用井内，不占地方，适用于寒冷地区。安装时注意使接合口处在井盖正下方，顶部进水口与井盖底面的距离不大于0.4m，地面附近应有明显标志，以便火场辨识。

③墙壁式消防水泵接合器。墙壁式消防水泵接合器的外形和结构，它设在建筑物的外墙上，要求其高出地面的距离不宜小于0.7m，并应与建筑物的门、窗、孔洞保持不小于1m的水平距离。

④多用式消防水泵接合器。多用式消防水泵接合器形似室内消火栓的外形和结构。多功能阀门的应用和结构设计需更新，使得水泵接合器向轻型化和小型化方向发展。

（3）固定消防给水设备及配件

固定消防给水设备，是指固定安装于建筑物内，根据水灭火系统的需要配置组成部件，按预设定工作方式供给消防用水的成套装置的总称。固定消防给水设备是水灭火系统的专用增压给水设备，其以固定消防泵组或气压水罐为主控部件，能够满足不同灭火设施的工作压力需求。该设备按结构和工作方式的不同可归纳为以下三大类：

①消防自动恒压给水设备，是指采用特定控制方式或利用泵组固有的流量压力特性实现消防恒压给水的设备。其又分为以下类型：

a 按应用范围分类。消防自动恒压给水设备按应用范围的不同分为消防专用自动恒压给水设备和消防与生活（生产）共用自动恒压给水设备。

b 按消防泵的控制方式分类。消防自动恒压给水设备按消防泵控制方式的不同可分为消防工频自动恒压给水设备和消防变频自动恒压给水设备。

②消防气压类给水设备。消防气压类给水设备的共同点是以气压水罐为核心部件，利用气体可压缩性大的特点，靠压缩气体将水压送给系统，其基本组成包括气压水罐及附件、水泵机组、控制柜及控制附件、管道阀门，等等。该设备按结构和工作方式的不同可分为以下类型：

a 消防气压给水设备，是指以气体水罐为核心部件，向消防管网按消防气压给水设备设定压力持续供水的固定消防给水设备。该设备通常由气体水罐及附件、水泵机组、管道阀门及附件、测控仪表、操控柜等组成。其从不同角度又可分为以下类型：

a）按是否设有消防泵组分为应急型消防气压给水设备（指依靠气压水罐排出的有效水容积满足消防初期用水的气压给水设备，设备中不设置消防泵组）、增压型消防气压给水设备（指在应急型消防气压给水设备的基础上增设消防泵组，遇消防状态可增压供水的气压给水设备）。

b）按气压水罐工作形式的不同可分为补气式消防气压给水设备和胶囊式消防气压给水设备。

③消防增压稳压给水设备。消防增压稳压给水设备，是指能满足稳压和增压两种用途的消防给水设备。该设备通常由气体水罐及附件、水泵机组、管道阀门以及附件、测控仪表、操控柜等组成。其从不同角度可分为以下类型：

a．按安装位置的不同可分为上置式消防增压稳压给水设备和下置式消防增压稳压给水设备。

b．按应用范围的不同可分为消防稳压给水设备（指用于维持消防给水系统适应工作状态压力稳定的消防给水设备）、消防增压给水设备（指采用消防泵组提升消防水源压力满足消防给水系统灭火需要的消防给水设备）和消防增压稳压合用给水设备（指能满足稳压和增压两种用途的消防给水设备）。

c．按稳定工作形式的不同可分为胶囊式消防稳压给水设备、补气式消防稳压给水设备和消防无负压（叠压）稳压给水设备（指直接串接到有压管网上取水，能有效地利用其管网压力并且不产生负压危害的消防稳压给水设备）。

d．按供消防给水系统的不同可分为消火栓给水系统消防增压稳压给水设备、自动喷水灭火系统消防增压稳压给水设备以及消火栓和自动喷水灭火系统合用消防增压稳压给水设备。

④消防气体顶压给水设备。消防气体顶压给水设备通常由气压水罐、操控柜、顶压储气系统、减压释放装置等基本部件组成。处于消防状态时，压缩气体充入气压水罐，置换出罐内消防储水，并且始终保持消防额定工作压力，以恒压方式向消防管网提供扑救初期火灾所需的灭火用水量。其按是否带有消防稳压功能分为通用型消防气体顶压给水设备（指组成中有稳压水泵机组、稳压控制系统等稳压部件，具有在消防稳压和消防运行两种状态下持续按设定压力给水的消防气体顶压给水设备）和无稳压型消防气体顶压给水设备（指不具有消防稳压功能，只在消防运行状态时启动工作的消防气体顶压给水设备）。

⑤消防双动力给水设备。消防双动力给水设备，是指由电动机泵组和发动机泵组组合、系统操控柜、控制仪表及其他相关附件组成，采用预设定方式向消防管网持续供水的消防给水设备。该设备的两种类型水泵互为备用关系，电控系统正常时首先启动电动机消防泵，当设备不能满足给水规定点或火场有更大水量需求时，柴油机消防泵可并联启动运行补充给水，发挥设备最大给水能力；当电控系统异常或断电时，应急启动柴油机消防泵，当设备仍不能满足给水规定点或火场有更大水量需求时，柴油机消防泵的自动控制装置会选择提升水泵达到最大给水能力。该设备按配置泵组组合方式的不同又分为电动机泵组和柴油机泵组组合方式，以及电动机泵组和其他发动机泵组组合方式两种类型。

（4）消防泵

在灭火过程中，从消防水源取水到将水输送到灭火设备处，都要依靠消防水泵来完成。消防泵既是独立的消防装备，也是消防车和有关固定灭火系统的核心配套设备。其按是否有动力源分为消防泵和消防泵组两大类。

（1）消防泵，是指安装在消防车、固定灭火系统或者其他消防设施上，依靠叶轮旋转，将能量传给液体，用作输送水等液体灭火剂的专用泵。其按以下规则分为不同类型：

①按使用场合分类。消防泵按使用场合的不同可分为车用消防泵（指安装在消防车底盘上的消防泵）、船用消防泵（指安装在船舶、海上工作平台等水上工作环境的消防泵）、工程用消防泵（指用于消火栓系统、自动喷水灭火系统、泡沫灭火系统等工程场所的消防泵）和其他用消防泵。

②按出口压力等级分类。消防泵按出口压力等级的不同可分为低压消防泵（指额定压力不大于1.6MPa的消防泵）、中压消防泵（指额定压力在1.8~3.0MPa的消防泵）、中低压消防泵（指既能提供中压又能同时提供低压的消防泵），高压消防泵（指额定压力不小于4.0MPa的消防泵）和高低压消防泵（指既能提供高压又能同时提供低压的消防泵）。

（3）按用途分类。消防泵按用途的不同可分为供水消防泵、稳压消防泵和供泡沫液消防泵。

（4）按辅助特征分类。消防泵按辅助特征不同可分为深井消防泵（指采用立式深井泵的工程用消防泵）、潜水消防泵（指采用潜水泵的工程用消防泵）和普通消防泵（指除深井、潜水消防泵以外的工程用消防泵）。

（2）消防泵组，是指带有动力源的消防泵，一般由一组消防泵、动力源、控制柜以及辅助装置等组成，其按以下规则分为不同类型：

①按动力源形式分类。消防泵组按动力源形式的不同可分为柴油机消防泵组、电动机消防泵组、燃气轮机消防泵组和汽油机消防泵组。

②按用途分类。消防泵组按用途的不同可分为供水消防泵组、稳压消防泵组和手抬机动消防泵组。

③按泵组的辅助特征分类。消防泵组按泵组的辅助特征的不同可分为普通消防泵组、深井消防泵组和潜水消防泵组。

以上为基本分类，但各类之间可相互结合，比如中低压消防泵、高低压消防泵、普通消防泵组和电动潜水消防泵组等。

（5）分集水器

①集水器。集水器是连接多股消防供水支线与供水干线的消防器具。其主要由本体、进水口的控制阀门（单向阀或球阀）、进水口连接用的管牙接口、出水口连接用的螺纹式接口、密封圈等组成。

②分水器。分水器是连接消防供水干线与多股出水支线的消防器具。目前，国内使用的分水器主要有二分水器和三分水器。分水器主要由本体、出水口的控制阀门、进水口和出水口连接用的管牙接口、密封圈等组成。

5. 消防水带

（1）消防水带。是一种用于输送水或者其他液态灭火剂的软管。消防水带按衬里材料、使用功能、编织方式等进行分类有以下类型：有衬里消防水带、消防湿水带、消防水幕水带。（2）消防软管卷盘。消防软管卷盘由阀门、输入管路、卷盘、软管和喷枪等组成，是一种用来输送水、泡沫、干粉等灭火剂，供在场人员自救室内初期火灾，或消防员进行灭火作业的一种消防器材。消防软管卷盘的特点是无须拉出全部软管，就能在迅速展开软管的过程中喷射灭火剂灭火。

（3）轻便消防水龙。在自来水或消防供水管路上使用的，由专用接口、水带及喷枪组成的一种小型轻便的喷水灭火器具。

（4）消防吸水软管。

6. 火灾报警设备

火灾自动报警系统是以实现火灾早期探测和报警，向各类消防设备发出控制信号，进而实现预定消防功能的一种自动消防设施。该系统一般由火灾探测报警系统、消防联动控制系统、可燃气体探测报警系统和电气火灾监控系统等构成，其主要部件包括：

（1）火灾报警触发器件。火灾报警触发器件是火灾探测器和手动火灾报警按钮，是火灾自动报警系统中用于自动或手动产生火灾报警信号的基本触发器件。典型产品有点型感烟火灾探测器、点型感温火灾探测器、独立式感烟火灾探测报警器、独立式感温火灾探测报警器、特种火灾探测器、点型紫外火焰探测器、线型光束感烟火灾探测器、线型感温火灾探测器、家用火灾探测器、手动火灾报警按钮以及消火栓按钮。

（2）火灾报警控制装置。火灾报警控制装置是火灾自动报警系统的重要组成部分，具有为所连接的火灾报警触发器件、火灾警报器、火灾显示盘等现场设备供电，接收、转换、处理和传递火灾报警、故障等信号，发出声光警报，并对自动消防等装置发出控制信号等功能，同时也是操作人员了解系统信息、干预系统工作的交互平台。典型产品有火灾报警控制器、家用火灾报警控制器、家用火灾控制中心监控设备、城市消防远程监控设备、消防设备电源监控设备、防火门监控器。

（3）火灾警报装置。在火灾自动报警系统中，用以发出区别于环境声、光的火灾报警信号的装置称为火灾警报装置当防护区发生火灾并被确认后，可由消防控制室的火灾报警控制器启动，以声和光方式向防护区域发出火灾报警信号，以警示人们采取安全疏散、灭火救援等应对火灾的措施。火灾警报装置按用途不同分为火灾声警报器、火灾光警报器和火灾声光警报器三种类型。

（4）消防联动控制设备。消防联动控制设备是火灾自动报警系统中的一个重要组成部分，主要用于接收火灾报警控制器或其他火灾触发器件发出的火灾报警信号，按预设逻辑发出控制信号，控制各类消防设备实现相应功能。其通常包括消防联动控制器、消防电气控制装置、消防电动装置、消防设备应急电源、消防应急广播设备、消防电话、传输设备、模块、消防控制室图形显示装置等设备和组件。

7. 喷水灭火设备

自动喷水灭火设备组成了自动喷水灭火系统，由洒水喷头、报警阀组、水流报警装置（水流指示器或压力开关）等组件，以及管道、供水设施等部件所组成，并能在发生火灾时喷水的自动灭火系统。该系统平时处在准工作状态，当设置场所发生火灾时，喷头或报警控制装置探测火灾信号后立即自动启动喷水，用于扑救建、构筑物初期火灾。

（1）洒水喷头。洒水喷头（简称喷头），是一种在热的作用下，在预定的温度范围内自行启动，或根据火灾信号由控制设备启动，并按设计的洒水形状和流量洒水的一种喷水装置。自动喷水灭火系统的火灾探测性能和灭火性能主要体现在喷头上，是自动喷水灭火系统的主要组件。常见的产品有洒水喷头、水雾喷头、早期抑制快速响应（ESFR）喷头、扩大覆盖面积洒水喷头、家用喷头、水幕喷头、雨淋喷头、自动灭火系统用玻璃球、消防用易熔合金元件。

（2）报警阀。报警阀是自动喷水灭火系统中控制水源、启动系统和发出报警信号的专用阀门。报警阀组按其控制功能的不同可分为湿式报警阀组、干式报警阀组、雨淋报警阀组和预作用报警阀组四种类型，分别应用于相应的自动喷水灭火系统。典型产品有湿式报警阀、干式报警阀、雨淋报警阀、预作用装置、延迟器、水力警铃。

（3）通用阀门。自动喷水灭火系统使用的通用阀门，是指用于启动雨淋报警阀的消防电磁阀，连接报警阀进出口并能够反映阀门开闭状态的信号阀和用于管路减压的减压阀等。典型产品有消防闸阀、消防球阀、消防蝶阀、消防电磁阀、消防信号蝶阀、消防信号闸阀、消防截止阀、减压阀。

（4）管道及附件。典型产品有消防洒水软管、加速器、压力开关、水流指示器、末端试水装置、沟槽式管接件。末端试水装置。末端试水装置专用于测试系统能否在开放一只喷头的最不利条件下可靠报警并正常启动，并对水流指示器、报警阀、压力开关、水力警铃的动作是否正常，配水管道是否畅通，以及最不利点处的喷头工作压力等进行综合检验。所以，要求在自动喷水灭火系统每个报警阀组控制的最不利点喷头处，设置末端试水装置；在其他防火分区、楼层的最不利点喷头处，均应设置直径为25mm的试水阀。

（5）消防接口。消防接口包括消防水带接口、消防吸水管接口和各种异径接口、异型接口、闷盖，等等。

（6）消防枪。消防枪，是指由单人或多人手持操作的灭火剂喷射管枪，通常由接口、枪体、开关和形成不同形式射流的喷嘴组成。其按喷射介质的不同分为以下三种类型：

①消防水枪。是指由单人或多人携带和操作的以水作为灭火剂的喷射管枪。消防水枪通常由接口、枪体、开关和喷雾或能形成不同形式射流的装置组成。其按喷射的灭火水流形式分为以下四种：

a.直流水枪。它是指用以喷射密集水射流的消防水枪，其又包括无开关直流水枪、直流开关水枪和直流开花水枪等。

b.喷雾水枪。它是指以固定雾化角喷射雾状水射流的消防水枪。该类水枪的出口端装有雾化喷嘴，根据其雾化喷嘴的结构型式，可分为机械撞击式喷雾水枪、双级离心式喷雾水枪和簧片振动式喷雾水枪等。

c.直流喷雾水枪。它是指既能喷射充实水流，又能喷射雾状水流，并具有开启、关闭功能的水枪。该类水枪功能齐全，可适应于火场各种消防作业需求，是现代消防水枪的主要型式。根据直流—喷雾调节机构的类型，直流喷雾水枪又分为球阀转换式直流喷雾水枪和导流式直流喷雾水枪两类。

d.多用水枪。它是指既能喷射充实水流，又能喷射雾状水流，在喷射充实水流或雾状水流的同时能喷射开花水流，并具有开启、关闭功能的水枪。该类水枪在球阀转换式直流喷雾水枪的枪管与喷嘴之间设置水幕装置，开启水幕调节圈，即可喷射伞形开花水幕。当导流片旋转到与水枪轴线垂直时，水枪即处于关闭状态。

②泡沫枪。是一种在枪内利用混合液喷嘴形成局部负压吸入空气，并进行气液两相机械搅拌，产生和喷射空气泡沫的消防枪。

③干粉枪。是以干粉—压缩氮气为喷射介质的消防枪，通常与干粉消防车、推车式干粉灭火器或半固定式干粉灭火装置配套使用，用于扑救液体燃料和忌水物资的火灾。

（7）消防炮。是指设置在消防车顶、地面、船舶及其他消防设施上，水或泡沫混合液流量大于16L/s、干粉喷射率径r大于7kg/s，以射流形式喷射灭火剂的装置。消防炮通常由炮头和炮体两部分组成，炮体主要包括流道和回转节等，带遥控操作功能的消防炮还包括动力消防炮源和控制装置等部件。

消防炮分为以下类型：

①按喷射的灭火剂种类分类。消防炮按喷射的灭火剂种类的不同可分为消防水炮、泡沫炮和干粉炮三种类型。

②按控制方式分类。消防炮按控制方式的不同可分为手动消防炮、电控消防炮和液控消防炮三种类型。

③按使用功能分类。消防炮按使用功能的不同可分为单用消防炮、两用消防炮和组合消防炮三种类型。

④按泡沫液吸入方式分类。消防炮按泡沫液吸入方式的不同可分为自吸式消防炮和非自吸式泡沫炮两种类型。

（8）其他喷水灭火装置。包括自动跟踪定位射流灭火装置、细水雾灭火装置等。

8.气体灭火设备

主要包括以下四类：

（1）固定式气体灭火装置。高压二氧化碳灭火设备、低压二氧化碳灭火设备、卤代烷烃灭火设备、惰性气体灭火设备、固定灭火系统驱动控制装置。

（2）柜式气体灭火装置。柜式卤代烷烃灭火装置、柜式惰性气体灭火装置、柜式二氧化碳灭火装置。

（3）悬挂式气体灭火装置。悬挂式卤代烷烃灭火装置。

（4）其他气体灭火装置。油浸变压器排油注氮灭火装置、气体类探火管式灭火装置以及注氮控氧防火装置。

9. 泡沫灭火设备

泡沫灭火系统由各类灭火设备组成，当保护场所发生火灾，自动或手动启动消防泵，打开出水阀门，水流经过泡沫比例混合装置后，将泡沫液与水按一定比例混合形成混合液，然后经混合液管道输送至泡沫产生装置，将产生的泡沫施放到燃烧物的表面上进行覆盖，从而实施灭火。该系统是扑灭甲、乙、丙类液体火灾和某些固体火灾的一种主要灭火设施。设备主要有以下八类：

（1）泡沫混合装置。泡沫混合装置是泡沫灭火系统的关键组件，其作用是将泡沫液与水按比例混合形成泡沫混合液。其按结构形式的不同可分为压力式比例混合装置、平衡式比例混合装置、管线式比例混合器、环泵式比例混合器等类型。

（2）泡沫产生装置。泡沫产生装置是泡沫灭火系统中用于将空气吸入，产生一定倍数泡沫并喷射施放到燃烧物的表面上的设备。其按工作原理和结构特点的不同可分为低倍数泡沫产生器、高背压泡沫产生器、中倍数泡沫产生器、高倍数泡沫产生器、泡沫钩管、泡沫喷头等类型。

（3）泡沫喷射装置。分为泡沫炮和泡沫枪。

（4）泡沫液泵。

（5）泡沫消火栓箱。泡沫消火栓。

（6）轻便式泡沫灭火装置。半固定式（轻便式）泡沫灭火装置。

（7）闭式泡沫－水喷淋装置。

（8）其他泡沫灭火装置。厨房设备灭火装置、泡沫喷雾灭火装置、七氟丙烷泡沫灭火装置。

10. 干粉灭火设备

干粉灭火设备是固定安装在保护区域，能通过自动探测启动或控制装置手动启动，由驱动介质（气体或燃气）或机械能驱动干粉灭火剂实施灭火的装置。干粉灭火设备组成了干粉灭火系统，是指由干粉储存容器，驱动组件，输送管道，喷放组件，探测、控制器件等组成的灭火系统。该系统借助于惰性气体压力的驱动，并由这些气体携带干粉灭火剂形成气粉两相混合流，经管道输送至喷嘴喷出，在化学抑制和物理灭火的共同作用下实施灭火。干粉灭火系统灭火速度快、不导电，而且对环境条件要求不严，常用在如宾馆饭店的厨房、敞口易燃液体容器、变压器等某些场所及其设备的消防保护。按照安装形式的不同分为以下四类：

（1）固定干粉灭火设备。

（2）柜式干粉灭火设备。

（3）悬挂式干粉灭火设备。由灭火剂贮存容器、启动释放组件、悬挂支架（座）等组成可悬挂或壁挂式安装，能自动或手动（电气启动或机械应急启动）启动喷放气体灭火剂的灭火装置。

（4）其他干粉灭火设备，干粉类探火管式灭火装置。

11. 建筑防烟排烟设备

防排烟系统分为防烟系统和排烟系统。防烟系统，是指采用机械加压送风方式或自然通风方式，防止建筑物发生火灾时烟气进入疏散通道和避难场所的系统。排烟系统，是指采用机械排烟方式或自然通风方式，将烟气排至建筑物外，控制建筑内的有烟区域保持一定能见度的系统。建筑防烟排烟设备主要有以下三种：

（1）消防排烟风机。排烟风机，是指在机械排烟系统中用于排出烟气的固定式电动装置。该设备安装在机械排烟系统中并与排烟阀联动，火灾发生时，当任一排烟阀开启时排烟风机自动启动进行排烟。常用的排烟风机有轴流式消防排烟风机、离心式消防排烟风机两种类型。

（2）防火排烟阀门。建筑通风和排烟系统用防火阀门有很多种，目前产品质量比较稳定且形成系列的防火阀门主要有排烟防火阀、防火阀、排烟阀、排油烟气防火止回阀。

①排烟防火阀。在组成上与防火阀基本一致。其安装在机械排烟系统的管道上，平时呈开启状态，火灾发生时，当排烟管道内烟气温度达到280℃时自动关闭，从而阻止烟火沿排烟系统蔓延，同时通过反馈信号控制排烟风机停止排烟。

②防火阀。阀由阀体、叶片、执行机构和温感器等部件组成。其安装在通风、空气调节系统的送、回风管道上，平时呈开启状态，火灾发生时，当管道内烟气温度达到70℃时关闭，并在一定时间内能满足漏烟量和耐火完整性要求，起隔烟阻火作用。

③排烟阀。一般由阀体、叶片、执行机构等部件组成。带有装饰口或进行过装饰处理的排烟阀称为排烟口。排烟阀安装在机械排烟系统各支管端部（烟气吸入口）处，其与排烟防火阀的主要区别在于排烟阀没有温感器，动作方式和排烟防火阀相反。排烟阀平时呈常闭状态，火灾或需要排烟时手动或电动打开，进行排烟。

（3）挡烟垂壁。是指用不燃材料制成，垂直安装在建筑顶棚、横梁或吊顶下，能在火灾时形成一定的蓄烟空间的挡烟分隔设施。按照安装方式分为活动式挡烟垂壁、固定式挡烟垂壁两种。

12. 火灾防护产品

火灾防护产品包括以下四类产品：

1. 防火涂料。防火涂料在一定温度下能迅速形成防火隔热层，用于阻止火焰传播及火势的蔓延扩大，以保护建筑构配件。

防火涂料可按以下方式分类：饰面型防火涂料、钢结构防火涂料、电缆防火涂料以及混凝土结构防火涂料。

（1）饰面型防火涂料是指涂覆于可燃基材（如木材、纤维板、纸板及制品）表面，具有一定的装饰作用，受火后能膨胀发泡形成隔热保护层的涂料。饰面型防火涂料按分散介质可分为：

①水基性饰面型防火涂料：以水作为分散介质的饰面型防火涂料；

②溶剂性饰面型防火涂料：以有机溶剂作为分散介质的饰面型防火涂料。

（2）钢结构防火涂料是指施涂于建（构）筑物钢结构表面，能形成耐火隔热保护层以提高钢结构耐火极限的涂料。

按照火灾防护对象分为：

①普通钢结构防火涂料：用于普通工业与民用建（构）筑物钢结构表面的防火涂料；

②特种钢结构防火涂料：用于特殊建（构）筑物（如石油化工设施、变配电站等）钢结构表面的防火涂料。

按使用场所分为：

①室内钢结构防火涂料：用于建筑物室内或隐蔽工程的钢结构表面的防火涂料；

②室外钢结构防火涂料：用于建筑物室外或露天工程的钢结构表面的防火涂料。

按分散介质分为：

①水基性钢结构防火涂料：以水作为分散介质的钢结构防火涂料；

②溶剂性钢结构防火涂料：以有机溶剂作为分散介质的钢结构防火涂料。

按防火机理分为：

①膨胀型钢结构防火涂料：涂层在高温时膨胀发泡，形成耐火隔热保护层的钢结构防火涂料；

②非膨胀型钢结构防火涂料：涂层在高温时不膨胀发泡，其自身成为耐火隔热保护层的钢结构防火涂料。

（3）电缆防火涂料是指涂覆于电缆（比如，以橡胶、聚乙烯、聚氯乙烯、交联聚乙烯等材料作为导体绝缘和护套的电缆）表面，具有防火阻燃保护及一定装饰作用的防火涂料。

电缆防火涂料可采用刷涂或喷涂方法施工。在通常自然环境条件下干燥、固化成膜后，涂层表面应无明显凹凸。涂层实干后，应无刺激性气味。

（4）混凝土结构防火涂料是指涂覆在石油化工储罐区防火堤等建（构）筑物和公路、铁路、城市交通隧道混凝土表面，能形成耐火隔热保护层从而提高其结构耐火极限的防火涂料。

混凝土结构防火涂料按使用场所分为：

①防火堤防火涂料：用于石油化工储罐区防火堤混凝土表面的防护；

②隧道防火涂料：用于公路、铁路、城市交通隧道混凝土结构表面的防护。

（2）防火封堵材料。防火封堵材料，是指具有防火、防烟功能，用于密封或填塞建、构筑物以及各类设施中的贯穿孔洞、环形缝隙及建筑缝隙，便于更换并且符合有关性能要求的材料。防火封堵材料从不同角度划分为以下类型：防火封堵材料、防火膨胀密封件、阻火圈、阻燃处理剂、灭火毯、不燃无机复合板、防火刨花板、隧道防火保护板。

①防火封堵材料按用途的不同可分为以下三类：

a. 孔洞用防火封堵材料：指用于贯穿性结构孔洞的密封和封堵，以保持结构整体耐火性能的防火封堵材料；

b. 缝隙用防火封堵材料：指用于防火分隔构件之间或防火分隔构件与其他构件之间缝隙的密封和封堵，以保持结构整体耐火性能的防火封堵材料；

c. 塑料管道用防火封堵材料：指用于塑料管道穿过墙面、楼地板等孔洞时，用以保持结构整体耐火性能所使用的防火封堵材料以及制品。

②防火封堵材料按产品的组成和形状的不同特征可分为下列几类：

a. 柔性有机堵料：指以有机材料为黏结剂，使用时具有一定的柔韧性或可塑性，产品为胶泥状物体；

b. 无机堵料：指以无机材料为主要成分；

c. 阻火包，亦称耐火包或防火包：指将防火材料包装制成的包状物体，适用于较大孔洞的防火封堵或电缆桥架的防火分隔；

d. 阻火模块：指用防火材料制成的具有一定形状和尺寸规格的固体，可以方便地切割和钻孔，适用于孔洞或电缆桥架的防火封堵；

e. 防火封堵板材：指用防火材料制成的板材，可方便地切割和钻孔，适用于大型孔洞的防火封堵；

f. 泡沫封堵材料：指注入孔洞后可以自行膨胀发泡并使孔洞密封的防火材料；

g. 缝隙封堵材料：指置于缝隙内，用来封堵固定或移动缝隙的固体防火材料；

h. 防火密封胶：指具有防火密封功能的液态防火材料；

i. 阻火包带：指用防火材料制成的柔性可缠绕卷曲的带状产品，缠绕在塑料管道外表面，并用钢带包覆或其他适当方式固定，遇火后膨胀挤压软化的管道，封堵塑料管道因燃烧或软化而留下的孔洞。

（3）耐火电缆槽盒。

耐火电缆槽盒是电缆桥架系统中的关键部件，由无孔托盘或有孔托盘和盖板组成，能满足规定的耐火维持工作时间要求，用于铺装并支撑电缆以及相关连接器件的连续刚性结体。耐火电缆槽盒按结构型式分为以下两类：

①复合型和普通型，其中复合型可分为空腹式和夹芯式；

②非透气型和透气型。

（4）阻火抑爆装置。可分为三类石油气体管道阻火器、石油储罐阻火器、机动车排气火花熄灭器。

13. 建筑耐火构配件

建筑防火构配件按使用范围的不同可分为以下类型：

（1）防火卷帘。防火卷帘是一种不占空间、关闭严密、开启方便的防火分隔物，其通常由帘板、导轨、传动装置、控制机构、手动速放关闭装置、箱体、卷门机、限位、按钮开关等组成。平时卷放在上方或者侧面的转轴箱内，火灾发生时，当环境温度、烟气浓度达到感温、感烟探测器的感应范围时，探测器就会发出报警信号，控制箱接收到报警信号后，自动控制防火卷帘关闭至中停位置，延时一段时间后继续关闭至完全闭合。在电被切断的情况下，操作人员拉动卷门机上的手动拉链使卷帘靠自重下降。另外，卷门机上还配有温控释放装置，发生火灾时环境温度升高使其感温元件动作后，卷帘靠自重下降直至关闭。如此一来，就将火灾控制在火源发生地的有限区域内，阻止火势蔓延，为人员疏散和灭火创造有利条件。

①钢质防火卷帘指用钢质材料做帘板、导轨、座板、门楣以及箱体等，并配以卷门机和控制箱所组成的能符合耐火完整性要求的卷帘。

②无机纤维复合防火卷帘指用无机纤维材料做帘面（内配不锈钢丝或不锈钢丝绳），用钢质材料做夹板、导轨、座板、门楣、箱体等，并配以卷门机和控制箱所组成的能符合耐火完整性要求的卷帘。

③特级防火卷帘指用钢质材料或无机纤维材料做帘面，用钢质材料做导轨、座板、夹板、门楣、箱体等，并配以卷门机和控制箱所组成的能符合耐火完整性、隔热性和防烟性能要求的卷帘。

（2）防火门。防火门是建、构筑物内阻隔火灾蔓延最为重要的基础设施之一，其由防火门扇、防火门框、闭门器、防火门释放器、顺序器、闭门器、防火锁具、防火合页、防火玻璃、填充隔热耐火材料、控制设备等组成。防火门除具有普通门的作用外，更重要的是其还具有能阻止火势蔓延和烟气扩散，发生火灾时为人员疏散提供安全条件。

①平开式防火门由门框、门扇和防火铰链、防火锁等防火五金配件构成的，以铰链为轴垂直于地面，该轴可以沿顺时针或逆时针单一方向旋转以开启或关闭门扇的防火门。

②木质防火门用难燃木材或难燃木材制品制作门框、门扇骨架和门扇面板，门扇内若填充材料，则填充对人体无毒无害的防火隔热材料，并配以防火五金配件所组成的具有一定耐火性能的门。

③钢质防火门用钢质材料制作门框、门扇骨架和门扇面板，门扇内若填充材料，则填充对人体无毒无害的防火隔热材料，并且配以防火五金配件所组成的具有一定耐火性能的门。

④钢木质防火门用钢质和难燃木质材料或难燃木材制品制作门框、门扇骨架、门扇面板，门扇内若填充材料，则填充对人体无毒无害的防火隔热材料，并配以防火五金配件所组成的具有一定耐火性能的门。

⑤其他材质防火门采用除钢质、难燃木材或难燃木材制品之外的无机不燃材料或部分采用钢质、难燃木材、难燃木材制品制作门框、门扇骨架和门扇面板，门扇内若填充材料，则填充对人体无毒无害的防火隔热材料，并且配以防火五金配件所组成的具有一定耐火性能的门。

（3）防火窗。防火窗除具有普通窗户的采光、通风作用外，还具有防火、隔烟的特殊功能。防火窗按耐火性能的不同可分为A类（隔热）防火窗、C类（非隔热）防火窗两类；防火窗按材质的不同可分为钢质防火窗、木质防火窗、钢木复合防火窗、其他材质防火窗；按照窗扇安装不同分为活动式防火窗和固定式防火窗。

（4）防火玻璃。防火玻璃平时是透明的，遇到火灾时，在一定的耐火时间内不会炸裂而保持透明状态，具有良好的防火阻燃性。

①复合防火玻璃是由两层或两层以上玻璃复合而成或由一层玻璃和有机材料复合而成，并满足相应耐火性能要求的特种玻璃。

②单片防火玻璃由单层玻璃构成，并满足相应耐火性能要求的特种玻璃。

③隔热型防火玻璃（A类）是耐火性能同时满足耐火完整性、耐火隔热性要求的防火玻璃。

④非隔热型防火玻璃（C类）是耐火性能仅仅满足耐火完整性要求的防火玻璃。

14．逃生避难装置。

（1）消防应急照明和疏散指示装置

消防应急照明和疏散指示系统的主要功能是在火灾事故发生时，为人员的安全疏散、逃生提供疏散路线和必要的照明，同时为灭火救援工作的持续进行提供应急照明。消防应急照明和疏散指示系统产品是指为人员疏散、消防作业提供照明和疏散指示的系统，由各类消防应急灯具及相关装置组成。该系统按其形式的不同可分为自带电源集中控制型（系统内可包括子母型消防应急灯具）、自带电源非集中控制型（系统内可包括子母型消防应急灯具）、集中电源集中控制型和集中电源非集中控制型四种类型产品。

消防应急灯具，是指为人员疏散、消防作业提供照明和标志的各类灯具，包括消防应急标志灯具和消防应急照明灯具。

①消防应急照明灯具的为人员疏散、消防作业提供照明的消防应急灯具，其中，发光部分为便携式的消防应急照明灯具也称之为疏散用手电筒。

②消防应急标志灯具用图形和/或文字完成下述功能的消防应急灯具：

a）指示安全出口、楼层和避难层（间）；

b）指示疏散方向；

c）指示灭火器材、消火栓箱、消防电梯、残疾人楼梯位置及其方向；

d）指示禁止入内的通道、场所及危险品存放处。

③消防应急照明标志复合灯具的同时具备消防应急照明灯具与消防应急标志灯具功能的消防应急灯具。

（2）消防安全标志牌。消防安全标志由几何形状、安全色、表示特定消防安全信息的图形符号构成。常见的产品有常规消防安全标志牌、蓄光消防安全标志牌、逆反射消防安全标志牌、荧光消防安全标志牌、其他消防安全标志牌。

（3）火灾逃生避难器材。常见的有逃生缓降器、逃生梯、逃生滑道、应急逃生器、逃生绳、逃生舱、消防过滤式自救呼吸器、化学氧消防自救呼吸器以及推闩式逃生门锁。

①逃生缓降器也称救生缓降器，是一种使用者靠自重以一定的速度自动下降并能往复使用的逃生器材。

②逃生梯为固定式逃生梯和悬挂式逃生梯的统称。

③固定式逃生梯和建筑物固定连接，使用者靠自重以一定的速度自动下降并能循环使用的一种金属梯。

④悬挂式逃生梯是展开后悬挂在建筑物外墙上供使用者自行攀爬逃生的一种软梯。

⑤逃生滑道是使用者靠自重以一定的速度下滑逃生的一种柔性逸道。

⑥应急逃生器是使用者靠自重以一定的速度下降且具有刹停功能的一次性使用的逃

生器材。

⑦逃生绳供是使用者手握滑降逃生的纤维绳索。

⑧自救呼吸器为消防过滤式自救呼吸器与化学氧消防自救呼吸器的统称。

15. 消防装备

（1）抢险救援装备，是指消防救援人员在实施抢险救援行动中使用的器材设备。其按使用功能的不同可分为以下四种：

①消防防化装备。消防防化装备是处置化学灾害事故、核生化泄漏事故和恐怖袭击等突发性事故的重要装备，主要包括消防侦检、消防堵漏、消防转输、洗消器材、警戒等装备。

②消防救生装备与器材。消防救生装备与器材是消防员在各种灾害、事故现场营救被困人员使用的装备和建筑物发生火灾时遇险人员逃离火场时使用的辅助逃生装置，主要包括常规救生装备、搜寻设备、现场救护装备和水上救生装备、逃生避难器材等。

③消防破拆工具。消防破拆工具是消防员在灭火、抢险救援等作业中使用的常规装备。其按工具驱动型式的不同可分为手动破拆工具、机动破拆工具、气动破拆工具、液压破拆工具和电动破拆工具，等等。

④消防照明装备。消防照明装备是消防员在无照明或照明条件差的环境下，进行灭火、抢险救援等作业所必须配备的移动照明设备。其按移动方式的不同可分为便携式照明装备、可移动式照明装备以及车载固定式照明装备三种类型。

（2）消防员防护装备

消防员防护装备，是指消防员在各种灾害、事故现场作业时佩戴的用于个人保护的防护装备。其按用途的不同可分为以下类型：

①消防员防护头盔及头面部防护装具。是用于保护消防员头部、颈部以及面部的防护装具。

②消防员防护服。是用于保护消防员身体免受各种伤害的防护装备。其根据用途的不同可分为消防员灭火防护服、消防员隔热防护服、消防员避火防护服、消防员抢险救援防护服、消防员化学防护服、消防员其他防护服等类型。

③消防员防护手套。消防员防护手套是用于消防员手部保护的防护装备。其按防护要求的不同可分为消防手套、消防救援手套、消防防化手套和消防高温手套等类型。

④消防员防护靴。是消防员进行消防作业时用来保护脚部和小腿部免受伤害的防护装备。其按防护要求的不同可分为消防员灭火防护靴、消防员抢险救援防护靴、消防员化学防护靴三种类型。

⑤消防用防坠落装备。是消防员在灭火救援、抢险救灾或日常训练中，用于消防员登高作业时防护坠落的设备和装置的总称。其包括消防安全绳、消防安全带和消防防坠落辅助设备。

⑥消防员呼吸保护装具。是消防员进行消防作业时佩戴的用于保护呼吸系统免受伤害的个人防护装备。其主要有正压式消防空气呼吸器、正压式消防氧气空气呼吸器、消

防过滤式综合防毒面具等类型。

⑦消防员水下保护装具。是消防员在水下救援作业时的专用防护装备。其主要包括潜水服、潜水装具、水下通信设备和水下破拆工具，等等。

⑧其他防护装备及器具。是消防员在消防作业时需要配备且不可缺少的个人装备。其主要包括消防员照明灯具、消防员呼救器、定位器和消防腰斧等。

（3）消防摩托车。固定安装有能够扑救相应类型火灾的消防灭火装置（以下简称灭火装置）或固定安装有特种救援装置（以下简称救援装置）的摩托车。根据消防摩托车底盘的不同分为两轮消防摩托车、三轮消防摩托车（含正三轮消防摩托车、边三轮消防摩托车）以及四轮消防摩托车。

（4）消防机器人。由移动载体、控制装置、自保护装置和机载设备等系统组件组成的具有人工遥控、半自主或自主控制功能，可替代消防员从事特定消防作业的移动机器人。常见的有灭火机器人、排烟机器人、侦察机器人、洗消机器人、照明机器人、救援机器人。

16.消防通信设备

消防通信设备是受理火灾报警，进行消防通信调度，保证各级消防指挥中心和消防站以及消防指战员之间通信、交换信息、传达灭火救援指令等必不可少的重要技术装备。消防通信设备按功能的不同可分为以下类型：

（1）火警受理设备。是城市消防通信指挥系统的核心组成部分，其通过公用通信网或专用通信网，接收火警电话、公安机关"三台合一"接处警系统或其他报警设备的火灾报警信号，实现报警接收、火警辨识、出动方案编制、出动命令下达、联合出动方案编制、火场及灾害事故增援、灭火救援作战的记录、实时录音录时等火警受理流程。火警受理设备主要由信息技术设备、网络设备、火警受理终端设备、消防站火警终端设备等组成。

（2）消防指挥调度设备。

①消防有线通信设备。是消防通信系统的主要设备，其主要包括消防有线通信线路（网络）和电信终端设备。

②消防无线通信设备。是灭火指挥通信和灭火战斗行动通信的基本装备，其主要包括常规无线电通信设备、集群无线电通信设备、公众移动电话通信设备等。

③消防卫星通信设备。可以实现传输现场话音、数据和图像信息功能，其包括现场车载（便携）卫星移动通信设备和各级消防指挥中心卫星固定通信设备。

④消防图像通信设备。是消防通信指挥系统的重要组成设备之一，其包括现场图像传输设备和城市消防图像监控设备。

⑤消防移动数据通信设备。是应用移动通信技术，将各种移动数据终端与消防专用服务器无线联网，建立面向消防业务的移动信息服务，实现灾害、消防资源、辅助决策支持、灭火救援行动、灭火救援记录和统计等数据信息的检索、传送，为现场指挥和移动查询、移动办公提供信息支持。其主要包括消防移动数据通信网络、移动数据终端、

消防专用服务、网关、接入服务控制平台、消防业务数据搜索引擎、运维管理平台等。

⑥消防指挥辅助决策支持系统设备。在消防通信指挥中心或灾害事故现场,根据灾害地点、灾害类型和灾害等级等情况,调用辅助决策数据库,编制生成力量调度方案,快速查询各类火灾与灾害事故特性等有关资料的数据,依据灾害现场的参数条件,综合分析判断灾害的发展趋势,评估灾害的危险性,发布灾害危险预警,为扑救火灾和处置灾害事故编制联合作战方案,提出特定情况下的灭火战斗行动战术原则、技术方法及典型方案等建议,并根据灾害的发展变化情况动态调整,为科学制订最佳作战方案,缩短决策时间提供技术支持。该设备主要包括消防调度指挥通信网、卫星通信网和三级基础网络,各级服务器、计算机终端、接口转换平台以及应急信息提取与共享平台等。

⑦消防情报信息管理系统设备。能将受理报警、编制处置方案、灭火战斗行动等情况全部同期记录、存储,由系统生成报表,并提供多种手段进行检索、查询和统计。其主要包括消防情报信息网设备、消防信息应用系统设备、消防业务信息各类数据库设备等。

⑧消防信息显示控制系统设备。通过图形化界面,对汇集到消防通信指挥中心的视频、音频信息及文字图形进行组合选取、集中显示、控制和管理,使指挥人员能够快速了解和掌握火灾现场的情况、火情动态、交通状况等信息,为指挥人员迅速作出决策,进行有效的指挥调度提供实时直观的信息支持。该设备由信息显示设备、信号选择切换设备、信息记录编辑设备及集中控制设备等组成。

(3) 消防车辆动态管理装置。

二、消防产品监督管理的目的及原则

(一)消防产品监督管理的目的

由于消防产品的质量直接关系到在预防火灾和发生火灾后能否有效发挥作用,及时处置火灾,保障公共安全和人身、财产安全,因此必须对消防产品实施监督管理,其主要目的在于:

(1) 督促消防产品的生产、销售、安装、维修和使用单位自觉遵守国家法律法规、产业政策、技术标准和消防产品市场准入制度,依法惩处消防产品生产、销售、安装、维修和使用等环节的违法行为,维护消防产品市场的秩序,杜绝因消防产品质量问题产生的火灾隐患。

(2) 禁止生产、销售或者使用不合格的消防产品以及国家明令淘汰的消防产品,确保消防产品质量,使其在火灾预防、灭火救援和火灾现场防护、避难、逃生时发挥应有的作用,预防和减少火灾危害,保障人身和财产安全。

(二)消防产品监督管理的原则

消防产品使用量大,应用范围广,仅仅依靠政府行政手段进行监管显然达不到预期效果,在市场经济条件下,必须利用市场调节和行政监管相结合的方法,将消防产品把关的任务分解到生产、流通、销售和使用的各个环节，充分发挥各方面的力量对消防产品的质量进行管理，才能更好地确保消防产品质量，因此消防产品监督管理应当遵循企业负责、行业自律、中介评价、政府监管的原则。

1. 企业负责

企业负责就是要求消防产品生产企业必须严格执行国家标准和行业标准，保证出厂的消防产品的质量并对其终生负责。

按产品标准生产合格的消防产品是消防产品生产企业的责任。销售、安装、维修环节是消防产品质量控制体系的延伸，消防产品在这些环节中产生的任何影响使用质量的问题都应由企业负责。

2. 行业自律

行业自律就是要求行业自律组织共同制定、实施切实可靠的行业自律规范，并且使之在产品质量保证活动中发挥重要作用。

行业自律组织是消防产品生产企业按照地域或产品类别组成的自律性组织，如行业协会的消防产品分会。由于国家法律法规只适用于消防产品质量市场准入方面的管理工作，当涉及某些明显违规但取证较困难的企业行为时，就需要行业自律组织制定有针对性的操作规范、指导性文件等进行行业自律规范，采取自我监督、市场调节的方法，约束企业的违规行为，保证整个行业产品质量的稳定性。

3. 中介评价

消防产品管理体制改革后，政府不再直接管理企业，企业也不再由上级主管部门直接管理。要判定消防产品的质量是否合格、消防产品企业质量的控制能力是否符合要求，既不可能由政府监管部门决定，更不可能由企业自己说了算，这就必然要求由独立于企业和政府监管部门以外的第三方即中介评价机构，不受其他两方利益的干扰，对消防产品的质量和企业质量的保证能力进行评价。

消防产品质量管理中介评价原则是市场经济体制的要求。因此，担负消防产品质量保证能力评定任务的中介评价机构必须具备相应的评价能力，公平、公正地完成评价工作。目前，我国承担消防产品行业的质量中介评价机构是应急管理部消防产品合格评定中心和国家消防产品质量监督检验中心。

4. 政府监管

政府监管是消防产品管理中的重要原则。政府有关职能部门在消防产品管理中主要承担监管之责和起到指导服务的作用。监管是指下令部门通过行政手段建立一套管理机制，颁布各种规章制度并采取抽查方法检查其规章制度的执行情况，奖优罚劣，从而达到保证消防产品质量的目的。服务是指政府部门利用自身的工作特点，积极建立和企业、用户和中介机构的沟通机制，为各个方面信息流通疏通渠道，解决问题，帮助整个消防产品市场建立良性运作机制，达到维护消防产品质量、促进企业发展、全社会共同受益的目的。

三、消防产品质量监督管理的主体

由于影响消防产品质量的环节甚多,因此为了便于消防产品质量的监管,《消防法》第二十五条明确规定,产品质量监督部门、工商行政管理部门、消防救援机构应当按照各自职责加强对消防产品质量的监督检查。也就是说,根据消防产品管理领域和对象的不同,消防产品质量监管主体由不同的特定国家机关承担,包括产品质量监督部门、工商行政管理部门、消防救援机构三方监管主体,通过其在各自职责范围内对消防产品的质量监督实施分段监管,联合协作,形成合力,整顿和规范消防产品市场环境,确保消防产品的质量。

1. 产品质量监督部门

产品质量监督部门作为消防产品质量监督主体,依据《消防法》和《产品质量法》等有关规定,负责消防产品生产领域的监督管理,并依法履行以下职责:

（1）组织开展消防产品生产领域的监督抽查;

（2）对举报投诉消防产品生产领域的违法行为进行核查;

（3）对生产不合格的消防产品或国家明令淘汰的消防产品的违法行为依法实施行政处罚;

（4）负责消防产品质量认证、检验机构的资质认定和监督管理;

（5）负责制定有关消防产品的技术标准和市场准入制度;

（6）根据需要进行的其他形式消防产品监督检查。

2. 工商行政管理部门

工商行政管理部门作为消防产品质量的监督主体,依据《消防法》和《产品质量法》等有关规定,其主要负责消防产品流通领域的监督管理,并且依法履行以下职责:

（1）组织开展消防产品流通领域的监督抽查;

（2）对举报投诉消防产品流通领域的违法行为进行核查;

（3）对销售不合格的消防产品或者国家明令淘汰的消防产品的违法行为依法实施行政处罚;

（4）负责消防产品生产、销售、安装、维修、质量认证和检验机构等企业营业执照发放的监督管理。

3. 消防救援机构

消防救援机构作为消防产品的质量监督主体,依据《消防法》等有关规定,其主要负责消防产品使用领域的监督管理,并依法履行以下职责:

（1）组织开展消防产品使用领域的专项监督抽查;

（2）在公众聚集场所开业使用前进行消防安全检查和消防监督检查时,依照有关规定对于消防产品实施监督检查;

（3）对举报投诉消防产品使用领域的违法行为进行核查;

（4）依法对消防设施检测等消防技术服务机构实施监督管理;

（5）负责对发现的人员密集场所使用不合格的消防产品或者国家明令淘汰的消防产品的违法行为实施行政处罚，此外，还应当将发现不合格的消防产品和国家明令淘汰的消防产品的情况通报产品质量监督部门、工商行政管理部门；

（6）负责制定有关消防产品的法律法规和市场准入制度；

（7）负责向社会提供符合消防产品市场准入制度的消防产品信息；

（8）根据需要进行的其他形式消防产品进行监督检查。

第二节　消防产品质量的责任主体及其责任

消防产品的生产者、销售者、使用者和安装维修者是消防产品的质量责任主体。为落实消防产品质量责任制，确保消防产品质量，使其在火灾发生时能够发挥应有的作用，《消防法》《产品质量法》等有关法律法规分别明确规定消防产品的质量责任主体应承担的消防产品质量责任和义务，违法应承担的法律责任。所谓消防产品质量责任，是指消防产品质量的责任主体必须依法为一定产品质量行为和不为一定产品质量行为的责任，其义务包括为一定行为的积极义务和不为一定行为的消极义务。消防产品质量法律责任，是指消防产品质量责任主体违反有关法律法规的规定，不履行法律义务，应当依法承担的法律后果。产品质量法律责任包括相应的行政责任、民事责任和刑事责任。

一、消防产品生产者的产品质量

（一）责任和法律责任

1.消防产品生产者的产品质量责任和义务

根据有关法律法规的规定，消防产品生产者的产品质量责任和义务主要包括以下六个方面：

第一，消防产品的生产者应当对其生产的消防产品的质量负责。其产品质量应当符合下列要求：

（1）消防产品不存在危及人身、财产安全的不合理的危险，有保障人体健康和人身、财产安全的国家标准的，必须符合国家标准；没有国家标准的，必须符合行业标准。

（2）具备产品应当具备的使用性能，对产品存在使用性能的瑕疵作出说明的除外。

（3）符合在产品或者其包装上注明采用的产品标准，符合以产品说明、实物样品等方式表明的质量状况。

第二，产品或者其包装上的标识必须真实，并符合下列要求：

（1）有产品质量检验合格证明。

（2）有中文标明的产品名称、生产厂的厂名和厂址。

（3）根据产品的特点和使用要求，需要标明产品规格、等级、所含主要成分的名称和含量的，用中文相应予以标明；需要事先让消费者知晓的，应当在外包装上标明，或者预先向消费者提供有关资料。

（4）限期使用的产品，应当在显著位置清晰地标明生产日期和安全使用日期或者失效日期。

（5）使用不当，容易造成产品本身损坏或可能危及人身、财产安全的产品，应当有警示标志或者中文警示说明。

第三，消防产品的生产者应建立有效的质量管理体系，保持消防产品的生产条件，保证出厂产品的质量符合相关法律法规和标准要求。

第四，消防产品的生产者应当建立消防产品销售流向登记制度，如实记录产品名称、批次、规格、数量、销售去向等内容，并在产品或者包装上粘贴标志。

第五，消防产品未按照国家标准或行业标准的强制性规定经型式检验合格和出厂检验合格，不得出厂销售。

第六，禁止生产下列消防产品：

（1）列入强制性产品认证目录而未取得强制性产品认证证书的；

（2）新研制的尚未制定国家标准、行业标准而未取得技术鉴定证书的；

（3）产品质量不合格的；

（4）国家明令淘汰的；

（5）其他不符合国家有关规定的。

（二）消防产品生产者的产品质量法律责任

消防产品的生产者不履行法律法规规定的责任和义务，应当承担相应的法律责任。

1. 行政责任与刑事责任

第一，生产不符合保障人体健康和人身、财产安全的国家标准、行业标准的产品的，责令停止生产，没收违法生产的产品，并且处违法生产产品货值金额等值以上3倍以下的罚款；有违法所得的，并处没收违法所得；情节严重的，吊销营业执照；构成犯罪的，依法追究刑事责任。

第二，在产品中掺杂、掺假，以假充真，以次充好，或者以不合格产品冒充合格产品的，责令停止生产，没收违法生产的产品，并处违法生产产品货值金额的50%以上3倍以下的罚款；有违法所得的，并且处没收违法所得；情节严重的，吊销营业执照；构成犯罪的，依法追究刑事责任。

第三，生产国家明令淘汰并停止销售的产品的，责令停止生产，没收违法生产的产品，并处违法生产产品货值金额等值以下的罚款；有违法所得的，并处没收违法所得；情节严重的，吊销营业执照。

第四，伪造产品产地的，伪造或者冒用他人厂名、厂址的，伪造或者冒用认证标志等质量标志的，责令改正，没收违法生产的产品，并处违法生产产品货值金额等值以下的罚款；有违法所得的，并处没收违法所得；情节严重的，吊销营业执照。

第五，产品标识不符合法律法规规定的，责令改正；有包装的产品标识不符合法律法规规定，情节严重的，责令停止生产，并处违法生产产品货值金额30%以下的罚款；有违法所得的，并处没收违法所得。

第六，拒绝接受依法进行的产品质量监督检查的，给予警告，责令改正；拒不改正的，责令停业整顿；情节特别严重的，吊销营业执照。

第七，在广告中对产品质量做虚假宣传，欺骗和误导消费者的，依照《广告法》的规定追究法律责任。

第八，对生产者专门用于生产前述第一、第二所列的产品或以假充真的产品的原辅材料、包装物、生产工具，应予以没收。

2. 民事责任

第一，因消防产品存在缺陷造成人身、缺陷产品以外的其他财产（以下简称他人财产）损害的，生产者应当承担赔偿责任；生产者能够证明有下列情形之一的，不承担赔偿责任：

（1）未将产品投入流通的；

（2）产品投入流通时，引起损害的缺陷尚不存在的；

（3）将产品投入流通时的科学技术水平尚不能发现缺陷存在的。

第二，因消防产品存在缺陷造成人身、他人财产损害的，受害人可以向产品的生产者要求赔偿，也可以向产品的销售者要求赔偿。属于产品生产者的责任，产品销售者赔偿的，产品销售者有权向产品生产者追偿。属于产品销售者的责任，产品生产者赔偿的，产品生产者有权向产品销售者追偿。

第三，因产品存在缺陷造成受害人人身伤害的，侵害人应赔偿医疗费、治疗期间的护理费、因误工减少的收入等费用；造成残疾的，还应当支付残疾者的生活自助具费、生活补助费、残疾赔偿金以及由其扶养的人所必需的生活费等费用；造成受害人死亡的，并应当支付丧葬费、死亡赔偿金以及由死者生前扶养的人所必需的生活费等费用。因产品存在缺陷造成受害人财产损失的，侵害人应当恢复原状或者折价赔偿；受害人因此遭受其他重大损失的，侵害人应当赔偿损失。

二、消防产品销售者的产品质量责任和法律责任

（一）消防产品销售者的产品质量责任和义务

根据有关法律法规的规定，消防产品销售者的产品质量责任和义务主要包括以下七个方面：

第一，消防产品的销售者应当建立并执行进货检查验收制度，验明产品合格证明和产品标识。对依法实行强制性产品认证或者技术鉴定的消防产品，还应当查验有关证书。

第二，消防产品的销售者应当建立消防产品进货台账，如实记录产品名称、规格、数量、供货商及其联系方式、进货时间等内容，进货台账保存期限不得少于2年。

第三，消防产品的销售者应当采取措施，保持销售的消防产品的质量。

第四，消防产品的销售者不得伪造产地，不得伪造或者冒用他人的厂名、厂址。

第五，消防产品的销售者不得伪造或者冒用认证标志等质量标志。

第六，消防产品的销售者销售产品，不得掺杂、掺假，不得以假充真、以次充好，不得以不合格产品冒充合格产品。

第七，禁止销售下列消防产品：

（1）列入强制性产品认证目录而未取得强制性产品认证证书的；

（2）新研制的尚未制定国家标准、行业标准而未取得技术鉴定证书的；

（3）产品质量不合格的；

（4）国家明令淘汰的；

（5）其他不符合国家有关规定的。

（二）消防产品销售者的产品质量法律责任

消防产品的销售者不履行法律法规规定的责任和义务，应承担相应的法律责任。

1. 行政责任与刑事责任

第一，销售不符合保障人体健康和人身、财产安全的国家标准、行业标准的产品的，责令停止销售，没收违法销售的产品，并处违法销售产品（包括已售出和未售出的产品，下同）货值金额等值以上3倍以下的罚款；有违法所得的，并处没收违法所得；情节严重的，吊销营业执照；构成犯罪的，依法追究刑事责任。

第二，在产品中掺杂、掺假，以假充真，以次充好，或者以不合格产品冒充合格产品的，责令停止销售，没收违法销售的产品，并且处违法销售产品货值金额50%以上3倍以下的罚款；有违法所得的，并处没收违法所得；情节严重的，吊销营业执照；构成犯罪的，依法追究刑事责任。

第三，销售国家明令淘汰并停止销售的产品的，责令停止销售，没收违法销售的产品，并且处违法销售产品货值金额等值以下的罚款；有违法所得的，并处没收违法所得；情节严重的，吊销营业执照。

第四，伪造产品产地的，伪造或者冒用他人厂名、厂址的，伪造或者冒用认证标志等质量标志的，责令改正，没收违法销售的产品，并处违法销售产品货值金额等值以下的罚款；有违法所得的，并且处没收违法所得；情节严重的，吊销营业执照。

第五，销售失效、变质的产品的，责令停止销售，没收违法销售的产品，并处违法销售产品货值金额2倍以下的罚款；有违法所得的，并处没收违法所得；情节严重的，吊销营业执照；构成犯罪的，依法追究刑事责任。

第六，产品标识不符合有关法律法规规定的，责令改正；有包装的产品标识不符合有关法律法规，情节严重的，责令停止销售，并处违法销售产品货值金额30%以下的罚款；有违法所得的，并处没收违法所得。

第七，销售者销售上述第一项至第五项规定禁止销售的产品，有充分证据证明其不知道该产品为禁止销售的产品并如实说明其进货来源的，可以从轻或者减轻处罚。

第八，拒绝接受依法进行的产品质量监督检查的，给予警告，责令改正；拒不改正的，责令停业整顿；情节特别严重的，吊销营业执照。

第九，在广告中对产品质量做虚假宣传，欺骗和误导消费者的，依照《广告法》的规定追究法律责任。

2. 民事责任

第一，售出的产品有下列情形之一的，销售者应当负责修理、更换、退货；给购买产品的消费者造成损失的，销售者应当赔偿损失：

（1）不具备产品应当具备的使用性能而事先未作说明的；

（2）不符合在产品或者其包装上注明采用的产品标准的；

（3）不符合以产品说明和实物样品等方式表明的质量状况的。

销售者依照前述规定负责修理、更换、退货、赔偿损失后，属于生产者的责任或者属于向销售者提供产品的其他销售者（以下简称供货者）的责任的，销售者有权向生产者、供货者追偿。

销售者未按照前述规定给予修理、更换、退货或者赔偿损失的，由产品质量监督部门或者工商行政管理部门责令改正。

生产者之间，销售者之间，生产者与销售者之间订立的买卖合同、承揽合同有不同约定的，合同当事人按照合同约定执行。

第二，由于销售者的过错使产品存在缺陷，造成人身、他人财产损害的，销售者应当承担赔偿责任。销售者既不能指明缺陷产品的生产者，也不能指明缺陷产品的供货者的，销售者应当承担赔偿责任。

第三，因产品存在缺陷造成人身、他人财产损害的，受害人可以向产品生产者要求赔偿，也可向产品销售者要求赔偿。属于产品生产者的责任，产品销售者赔偿的，产品销售者有权向产品生产者追偿。属于产品销售者的责任，产品生产者赔偿的，产品生产者有权向产品销售者追偿。

第四，因产品存在缺陷造成受害人人身伤害的，侵害人应当赔偿医疗费、治疗期间的护理费、因误工减少的收入等费用；造成残疾的，还应当支付残疾者的生活自助具费、生活补助费、残疾赔偿金以及由其扶养的人所必需的生活费等费用；造成受害人死亡的，并应当支付丧葬费、死亡赔偿金及由死者生前扶养的人所必需的生活费等费用。因产品存在缺陷造成受害人财产损失的，侵害人应当恢复原状或者折价赔偿；受害人因此遭受其他重大损失的，侵害人应当赔偿损失。

三、消防产品使用者的产品质量责任和法律责任

（一）消防产品使用者的产品质量责任和义务

根据有关法律法规的规定，消防产品使用者应履行以下责任和义务：

第一，消防产品使用者应当查验产品标识，选用合格的消防产品。实行强制性产品

认证制度或者技术鉴定制度的消防产品，还应查验有关证明材料。

第二，建设工程设计单位应当选用具有国家标准、行业标准或者经技术鉴定合格的消防产品。

第三，建设单位、施工单位和工程监理单位应当组织对消防产品实施安装前的核查检验；核查检验不合格的，不得安装。施工单位应当建立安装质量管理制度，严格执行有关标准、施工规范和相关要求，保证消防产品的安装质量。工程监理单位应当对消防产品的安装质量进行监督。

第四，消防产品使用单位应当建立并实施消防产品检查、使用和维修管理制度，按照国家标准、行业标准配置消防设施、器材，并定期组织检验、维修，确保完好有效。

第五，禁止使用下列消防产品：

（1）列入强制性产品认证目录而未取得强制性产品认证证书的；

（2）新研制的尚未制定国家标准及行业标准而未取得技术鉴定证书的；

（3）产品质量不合格的；

（4）国家明令淘汰的；

（5）其他不符合国家有关规定的。

（二）消防产品使用者的产品质量法律责任

消防产品使用者不履行法律法规规定的责任和义务，依法应当承担以下法律责任。

1. 行政责任

第一，有下列情形之一的，由消防救援机构依照《消防法》予以行政处罚：①建设单位要求建筑施工企业使用不符合市场准入的消防产品、不合格的消防产品或者国家明令淘汰的消防产品的；②建设工程施工单位安装不符合市场准入的消防产品、不合格的消防产品或者国家明令淘汰的消防产品，降低消防施工质量的；③工程监理单位与建设单位或者施工单位串通，弄虚作假，安装、使用不符合市场准入的消防产品、不合格的消防产品或者国家明令淘汰的消防产品的；④建筑设计单位选用不符合市场准入的消防产品，或者国家明令淘汰的消防产品进行消防设计的。

第二，人员密集场所使用不合格的消防产品或者国家明令淘汰的消防产品的，由消防救援机构依照《消防法》予以处罚。

第三，隐匿、转移、变卖、损毁被公安机关消防机关查封、扣押的物品的，由消防救援机构处被隐匿、转移、变卖、损毁物品货值金额等值以上3倍以下的罚款；有违法所得的，并处没收违法所得。

2. 刑事责任

消防产品使用者不履行上述法律法规规定的责任和义务，构成犯罪的，依法追究相应的刑事责任。

四、消防产品维修者的产品质量责任和法律责任

（一）消防产品维修者的产品质量责任和义务

根据有关法律法规的规定，消防产品维修者应履行以下责任和义务：

第一，消防产品维修者应当对其维修的产品质量负责，保证维修产品的质量满足相关标准要求。维修后的产品应当张贴维修标识，标明维修单位、维修日期和安全使用日期等规定内容。

第二，消防产品维修者应当具有固定的维修场所，必要的维修、检测设备和专业维修队伍，制定质量管理制度和维修操作规程。

第三，维修人员应当经过专业培训取得相应的资格，持证上岗。

（二）消防产品维修者的产品质量法律责任

消防产品维修者不履行法律法规规定的责任和义务，依法应当承担以下法律责任。

1. 行政责任

第一，消防产品维修者出具虚假文件的，责令改正，处5万元以上10万元以下罚款，并对直接负责的主管人员和其他直接责任人员处1万元以上5万元以下罚款；有违法所得的，并处没收违法所得；给他人造成损失的，依法承担赔偿责任；情节严重的，由原许可机关依法责令停止执业或者吊销相应资质和资格。

第二，消防产品维修者出具失实文件，给他人造成损失的，依法承担赔偿责任；造成重大损失的，由原许可机关依法责令停止执业或者吊销相应资质、资格。

2. 刑事责任

消防产品维修者不履行上述法律法规规定的责任和义务，构成犯罪的，依法追究相应的刑事责任。

第三节　消防产品市场准入制度

消防产品市场准入是指体现市场的主体（消防产品的生产者与销售者）和客体（消防产品）进入市场程度的一种政府行政许可行为。消防产品市场准入制度，就是为保证消防产品的质量安全，只有具备规定条件的生产者才允许进行生产经营活动、具备规定条件的消防产品才允许生产销售的监督制度。实行消防产品市场准入制度是贯彻落实《消防法》和《产品质量法》，确保消防产品质量安全的重要措施。为推动消防产品质量的提升，切实把住消防产品质量关，目前我国的消防产品市场准入制度实行强制性产品认证、技术鉴定制度，即对纳入强制性产品认证目录的消防产品，实行强制性产品认证制度；对新研制的尚未制定国家标准、行业标准的消防产品，实行技术鉴定制度。

消防产品市场准入制度主要经历了以下历史沿革：

1957年，第一部关于消防工作的法规《消防监督条例》。1984年，全国人大常委会决定废止《消防监督条例》，通过了《消防条例》颁布施引。这两部行政法规虽然赋予消防监督机构对消防产品质量进行监督的职责，但未对消防产品进行准确定义，配套法律法规和技术标准不健全，加上消防企业数量少、产业规模不大，消防产品监督管理基本处于松散管理的状态。

1995年，依据《消防条例》第二十六条第十一款的规定，开始对消防产品实施行政审批制度。主要包含企业申请立项审批、消防产品备案、进口产品抽检、生产许可发证、维修许可等管理制度，由各级消防产品行业管理部门主管。

1998年，我国第一部消防法律《消防法》颁布施行，但《消防法》第十九条和第四十四条只对消防产品的质量要求和监督执法进行了规定，而未明确提出关于市场准入方面的规定。

2001年，我国成功加入WTO（世界贸易组织），消防产品市场准入规范问题在国家层面引起高度重视。2003年《行政许可法》颁布实施，对规范消防产品市场准入起到了极大的推动作用。为了与我国政府和世界贸易组织达成协议的相关条款要求相衔接，规范消防产品市场准入行为，从2003年开始，根据《消防法》《产品质量法》《行政许可法》等法律法规，我国取消了消防产品市场准入行政许可，对于消防产品实行包括强制性产品认证、型式认可、强制检验等形式的市场准入制度，主要由应急管理部消防产品合格评定中心、国家固定灭火系统和耐火构件质量监督检验中心、国家消防装备质量监督检验中心、国家消防电子产品质量监督检验中心、国家防火建筑材料质量监督检验中心实施，各级消防救援机构协同配合。

2009年，修订后的《消防法》对消防产品市场准入制度进行了较大调整，保留了国际通行、符合相关国际贸易规则、具有第三方公正性的合格评定制度，对已制定国家标准、行业标准并纳入国家强制性产品认证目录的消防产品实施强制性认证，对新研制尚未制定国家标准、行业标准的消防产品实施技术鉴定。目前，根据《认证认可条例》《消防产品监督管理规定》，中国国家认证认可监督管理委员会（以下简称国家认监委）指定应急管理部消防产品合格评定中心为消防产品强制性认证机构，国家固定灭火系统和耐火构件质量监督检验中心、国家消防装备质量监督检验中心、国家消防电子产品质量监督检验中心和国家防火建筑材料质量监督检验中心为消防产品强制性认证检验实验室。2013年，应急管理部消防产品合格评定中心同时又承担了消防产品技术鉴定工作。2017年，国家认监委指定国家消防工程技术研究中心为第二家消防产品强制性产品认证机构。

一、消防产品的强制性认证制度

（一）消防产品强制性认证制度的含义及特征

1. 消防强制性产品认证制度的含义及作用

（1）强制性产品认证制度的含义。强制性产品认证，又称3C认证，是指通过制定强制性产品认证的产品目录和强制性产品认证实施规则，经法定认证机构对列入《中华人民共和国实施强制性产品认证的产品目录》（以下简称《目录》）中的产品实施强制性的检测和工厂检查。

强制性产品认证制度是我国政府为保护国家安全，防止欺诈行为，保护人体健康或者安全，保护动植物生命或者健康，保护环境，对于涉及人类健康和安全、动植物生命和健康以及环境保护和公共安全的产品，依法实施的通过认证手段评价产品是否符合国家强制要求的一种市场准入制度。它要求产品必须符合国家标准和相关技术规范。凡列入《目录》的产品，没有获得指定认证机构的认证证书，没有按规定施加认证标志，一律不得出厂、销售、进口或者在其他经营活动中使用。

（2）强制性产品认证制度的作用。强制性产品认证制度对推动国家有关法律法规和技术标准的贯彻，规范市场经济秩序，打击假冒伪劣行为，促进产品的质量管理水平和保护消费者权益等方面，具有其他工作不可替代的作用和优势。强制性产品认证制度由于其科学性和公正性，已被世界大多数国家广泛采用作为产品市场准入的手段。

2. 消防产品强制性认证制度的含义及特征

（1）消防产品强制性认证制度的含义。消防产品强制性认证，是指通过由国务院产品质量监督部门会同国务院应急管理部门制定强制性产品认证的消防产品目录和消防产品强制性认证实施规则，经具有法定资质认证机构的应急管理部消防产品合格评定中心按照国家标准、行业标准的强制性要求，对列入《目录》中的消防产品实施强制性的检测和审核。

（2）消防产品强制性认证制度的特征。为了预防和减少火灾事故，保障国家和人民的生命、财产安全，我国对涉及人民生命、财产安全和社会公共安全的部分消防产品，在统一产品目录，统一技术规范的强制性要求、标准和合格评定程序，统一认证标志，统一收费标准的前提下，实行强制性产品认证制度。消防产品强制性认证制度已发展成为我国消防产品市场准入的主要模式，是国家维护消防产品质量安全的重要制度，其主要特征体现在以下三个方面：

①强制性。凡依法纳入《目录》的消防产品必须由具有法定资质的认证机构认证合格后，方可生产、销售、使用；未获得强制性产品认证证书或未标注强制性认证标志，不得出厂、销售、进口或者在其他经营活动中使用。所谓具有法定资质，是指依照《认证认可条例》的规定，设立认证机构，应当经国务院认证认可监督管理部门批准，并依法获得法人资格后，方可从事批准范围内的认证活动。未经批准，任何单位和个人不得从事认证活动。目前，承担消防产品强制性认证工作的指定认证机构为应急管理部消防

产品合格评定中心；承担消防产品强制性认证工作的实验室分别为国家固定灭火系统和耐火构件质量监督检验中心、国家消防装备质量监督检验中心、国家消防电子产品质量监督检验中心和国家防火建筑材料质量监督检验中心。

②合法性。消防产品质量认证机构对消防产品实施认证，必须按照国家标准和行业标准的强制性要求进行。除此之外，认证机构实施认证时，还要遵守法律、行政法规、执业准则的要求，对认证服务质量负责。

③公开性。对于纳入强制性产品认证范围的消防产品，实行目录管理，由国务院产品质量监督部门会同应急管理部制定并向社会公布消防产品目录，未纳入目录的，不需要认证机构进行认证。消防产品质量经过认证，由认证机构颁发产品质量认证证书，准许企业在产品或产品的包装上使用产品质量认证标志。认证机构应当对其认证的消防产品实行有效的跟踪调查，认证的消防产品不能持续符合认证要求的，认证机构应当暂停其使用甚至撤销认证证书，并且予以公布。

（二）消防产品强制性认证的实施主体

实行强制性产品认证的消防产品目录与认证实施规则由国务院产品质量监督部门会同国务院应急管理部门制定并公布。具体认证工作实施由国家认证认可监督管理委员会指定应急管理部消防产品合格评定中心及与认证有关的国家消防产品质量监督检验机构、实验室按相关要求进行。产品质量监督部门、工商行政管理部门、消防救援机构依法按照各自职责负责对列入《目录》的消防产品实施监督检查，确保未获得认证的列入《目录》内的消防产品不得生产、销售、使用。

2002—2004年，第一批4类12种消防产品纳入强制性认证产品目录：包括火灾报警设备、消防水带、喷水灭火设备和消防车；2011年，第二批7类31种消防产品纳入强制性认证产品目录：包括火灾报警设备、消防水带、喷水灭火设备、建筑耐火构件、消防装备产品（空呼器）、灭火剂、泡沫灭火设备；2014年，第三批15类59种消防产品纳入强制性认证产品目录。

2019年，为贯彻落实党中央、国务院关于深化消防执法改革的决策部署，市场监管总局会同应急管理部对消防产品强制性认证目录作出了调整，将强制性产品认证目录中的消防水带、喷水灭火产品、消防车、灭火剂、建筑耐火构件以及泡沫灭火设备产品、消防装备产品、火灾防护产品、消防给水设备产品、气体灭火设备产品、干粉灭火设备产品、消防防烟排烟设备产品、消防通信产品等13类消防产品调整出目录，改为自愿性认证，仅仅保留公共场所、住宅使用的火灾报警产品、灭火器及避难逃生产品的强制性产品认证。向社会开放消防产品认证检验市场，凡是具备法定条件的认证、检验机构，均可开展认证、检验工作，对出具的文件负责并承担相应法律责任。市场监管、消防救援机构按照职责分工依法依规对生产、流通和使用领域的消防产品质量实施监督管理。取消强制性产品认证的消防产品清单如下：

序号	产品名称	产品类别	产品代码	涉及3C认证实施规则
1	消防水带	消防水带	1802	CNCA-C18-03：2014《强制性产品认证实施规则 灭火设备产品》
2	喷水灭火产品	喷水灭火产品	1803	CNCA-C18-03：2014《强制性产品认证实施规则 灭火设备产品》
3	消防车	消防车	1804	CNCA-C11-01/A1：2014《强制性产品认证实施规则 汽车（消防车）》
4	灭火剂	灭火剂	1805	CNCA-C18-03：2014《强制性产品认证实施规则 灭火设备产品》
5	建筑耐火构件	建筑耐火构件	1806	CNCA-C18-02：2014《强制性产品认证实施规则 火灾防护产品》
6	泡沫灭火设备产品	泡沫灭火设备	1807	CNCA-C18-03：2014《强制性产品认证实施规则 灭火设备产品》
7	消防装备产品	消防装备	1808	CNCA-C18-04：2014《强制性产品认证实施规则 消防装备产品》
8	火灾防护产品	火灾防护产品	1809	CNCA-C18-02：2014《强制性产品认证实施规则 火灾防护产品》 CNCA-C18-03：2014《强制性产品认证实施规则 灭火设备产品》
9	消防给水设备产品	消防给水设备	1811	CNCA-C18-03：2014《强制性产品认证实施规则 灭火设备产品》
10	气体灭火设备产品	气体灭火设备	1812	CNCA-C18-03：2014《强制性产品认证实施规则 灭火设备产品》
11	干粉灭火设备产品	干粉灭火设备	1813	CNCA-C18-03：2014《强制性产品认证实施规则 灭火设备产品》
12	消防防烟排烟设备产品	消防防烟排烟设备	1814	CNCA-C18-02：2014《强制性产品认证实施规则 火灾防护产品》
13	消防通信产品	消防通信设备	1816	CNCA-C18-01：2014《强制性产品认证实施规则 火灾报警产品》

另外，取消火灾报警产品（产品代码1801）中的线型感温火灾探测器产品、消防联动控制系统产品、防火卷帘控制器产品和城市消防远程监控产品的强制性产品认证。

二、消防产品技术鉴定制度

《消防法》第二十四条第三款规定："新研制的尚未制定国家标准、行业标准的消防产品，应当按照国务院产品质量监督部门会同国务院应急管理部门规定的办法，经技术鉴定符合消防安全要求的，方可生产、销售、使用。"

（一）消防产品技术鉴定的含义及本质

1. 消防产品技术鉴定的含义

消防产品技术鉴定，是指经国务院产品质量监督管理部门和国务院应急管理部门共同指定的技术鉴定机构，依法按照规定的形式与程序，对新研制的尚未制定国家标准或行业标准的消防产品，就其主要性能、技术水平、试（投）产或在生产中使用的可行性、市场前景等方面是否符合消防安全要求等进行综合审查评价，并且作出相应的鉴定意见的活动总称。

2. 实行消防产品技术鉴定制度的本质

由于新研制的消防产品往往没有国家标准或者行业标准，一时难以纳入《目录》，不能对该产品实行强制性产品认证，如果再没有其他办法允许市场准入，将不利于消防新产品的推广应用。因此，为了鼓励、支持消防新技术研发和消防新产品的推广应用，保证新研制的消防产品质量，《消防法》规定，对于新研制的尚未制定国家标准、行业标准的消防产品，应当按照国务院产品质量监督部门会同国务院应急管理部门规定的办法，经技术鉴定符合消防安全要求的，方可生产、销售、使用。新研制的消防产品在经实践验证后性能比较稳定、可靠，也可能逐步制定行业标准、国家标准，纳入强制性产品认证范围，允许更多企业生产并扩大使用范围。实行消防产品技术鉴定制度，从本质上讲为研制消防新产品企业的产品市场准入提供了可行途径，是国家鼓励、支持消防科学研究和技术创新的关键环节，它和消防产品强制性认证制度有着相辅相成的作用。

（二）实行消防产品技术鉴定制度的消防产品范围

对新研制的尚未制定国家标准、行业标准的消防产品，实行消防产品技术鉴定制度。

（三）消防产品技术鉴定制度的构成要素及实施主体

1. 消防产品技术鉴定制度的构成要素

消防产品技术鉴定制度的构成要素主要包括产品范围、技术鉴定实施规则与管理要求。

2. 消防产品技术鉴定制度的实施主体

国务院产品质量监督管理部门和国务院应急管理部门负责制定和公布消防产品技术鉴定实施规则，并对消防产品技术鉴定活动实施监督。具体实施技术鉴定工作由国务院产品质量监督管理部门和国务院应急管理部门共同指定的消防产品技术鉴定机构按相关要求进行。

消防救援机构应当将经技术鉴定合格的消防产品信息予以公布。

3. 消防产品技术鉴定机构的条件及责任

（1）消防产品技术鉴定机构的条件。国务院产品质量监督管理部门和国务院应急管理部门共同指定的消防产品技术鉴定机构应当是具有第三方公正性的消防行业社团或者中介机构，并且具备下列条件：

①符合消防产品技术鉴定机构建设规划和资源配置要求；

②有固定的场所和必要的设施；

③有符合技术鉴定要求的管理制度；

④有10名以上消防技术人员，其中有3名以上高级工程师，有2名以上从事消防标准化工作5年以上的专家；

⑤熟悉消防产品的行业状况和国家产业政策。

（2）消防产品技术鉴定机构的责任。消防产品技术鉴定机构及其鉴定人员应当遵守有关法律、法规和产业政策，严格按照消防产品技术鉴定实施规则开展技术鉴定工作，客观公正地出具消防产品技术鉴定证书，对技术鉴定结果负责，并依法承担法律责任。

（四）生产者委托消防产品技术鉴定的条件

1. 生产者委托消防产品技术鉴定的条件

消防产品生产者委托消防产品技术鉴定，应当具备下列条件：

（1）消防产品设计结构合理、性能先进，技术先进适用，具备全新的功能或较原技术有明显改进，有应用、推广价值；

（2）具备必需的标准、工艺规程、工装、检测等手段，工艺技术文件齐全；

（3）达到设计要求，符合国家标准、行业标准或用户要求的技术经济指标；

（4）技术资料齐全，数据真实准确；

（5）符合安全、环保等有关规定；

（6）符合规定的鉴定申报程序。

2. 生产者委托消防产品技术鉴定应提交的材料

消防产品生产者委托消防产品技术鉴定，应提交符合下列条件的证明文件：

（1）具有法人资格，有健全有效的质量管理制度和责任制度；

（2）具有与所生产的产品相适应的专业技术人员、生产条件、检验手段、技术文件和工艺文件；

（3）其生产的产品具有符合有关国家标准或者行业标准以及保障人体健康和人身、财产安全的产品标准。

境外消防产品生产者可以委托在我国境内有固定生产场所或者经营场所的进口商、

销售商申请技术鉴定。

（五）消防产品技术鉴定工厂质量保证能力要求

为确保批量生产的产品与已经获得技术鉴定证书的样品的一致性，工厂应具备相应的产品质量保证能力要求。

1. 工厂应规定与质量活动有关的各类人员的职责及相互关系。工厂应在组织内指定一名质量负责人。质量负责人应具有充分的能力胜任本职工作，无论其在其他方面的职责如何，应具有以下四个方面的职责和权限：

（1）负责建立满足本标准要求的质量体系，并且确保其实施和保持；

（2）确保加贴强制性认证标志的产品符合认证标准的要求；

（3）建立文件化的程序，确保认证标志的妥善保管和使用；

（4）建立文件化的程序，确保变更后未经认证机构确认的获证产品，不加贴强制性认证标志。

2. 工厂应配备必要的生产设备和检验设备，以满足稳定生产符合强制性认证标准产品的要求。要配备相应的人力资源，确保从事影响产品质量工作的人员具备必要的能力。还应建立并保持适宜产品生产、检验、试验以及储存等所需的环境。

3. 文件和记录

（1）工厂应建立并保持文件化的认证产品质量计划，以及为确保与产品质量的相关过程有效运作和实施控制所需的文件。质量计划应包括产品设计目标、实现过程、检验及有关资源的确定，以及对获证产品的变更（标准、工艺、关键件变更等）、标志的使用管理等规定。产品设计标准或规范应是质量计划的一项内容，其要求应不低于认证实施规则中规定的标准要求。

（2）工厂应建立并保持文件化的程序，以对本标准要求的文件和资料进行有效控制。文件发布和更改前应由授权人批准，以确保其适宜性；文件的更改和修订状态得到识别，防止作废文件的非预期使用；确保在使用处可以获得相应文件的有效版本。

（3）工厂应建立并保持质量记录的标识、储存、保管和处理的文件化程序，质量记录应清晰、完整，以作为过程、产品符合规定要求的证据。质量记录应有适当的保存期限。

4. 采购和进货检验

（1）供应商的控制

工厂应建立对关键元器件和材料的供应商的选择、评定和日常管理的程序，以确保供应商保持生产关键元器件和材料满足要求的能力。应保存对供应商的选择评价和日常管理记录。

（2）关键元器件和材料的检验/验证

工厂应建立并保持对供应商提供的关键元器件和材料的检验或验证的程序及定期确认检验的程序，从而确保关键元器件和材料满足认证所规定的要求。

关键元器件和材料的检验既可由工厂进行，也可由供应商完成。当由供应商检验时，工厂应对供应商提出明确的检验要求。

工厂应保存关键元器件检验或验证记录、确认检验记录及供应商提供的合格证明及有关检验数据等。

5. 生产过程控制和过程检验

（1）工厂应对生产的关键工序进行识别，关键工序操作人员应具备相应的能力，如该工序没有文件规定就不能保证产品质量时，则应制定相应的工艺作业指导书，使生产过程受控。

（2）产品生产过程中如对环境条件有要求，工厂应保证生产环境满足规定的要求。

（3）可行时，工厂应对适宜的过程参数和产品特性进行监控。

（4）工厂应建立并且保持对生产设备进行维护保养的制度。

（5）工厂应在生产的适当阶段对产品进行检验，以确保产品及零部件与认证样品一致。

6. 例行检验和确认检验

工厂应建立并保持文件化的例行检验和确认检验程序，以验证产品满足规定的要求。检验程序中应包括检验项目、内容、方法、判定等。工厂应保存检验记录。具体的例行检验和确认检验要求应满足相应产品认证实施规则的要求。

（1）校准和检定

用于确定所生产的产品符合规定要求的检验试验设备应按规定的周期进行校准或检定。校准或检定应溯源至国家或国际基准。对自行校准的，应规定校准方法、验收准则和校准周期等。设备的校准状态应能被使用及管理人员方便识别，应保存设备的校准记录。

（2）检查

用于例行检验和确认检验的设备应进行日常操作检查和运行检查。当发现检查结果不能满足规定要求时，应能追溯至已检验过的产品。必要时，应对这些产品重新进行检验。应规定操作人员在发现设备功能失效时需采取的措施。

检查结果及采取的调整等措施应加以记录。

7. 不合格品的控制

工厂应建立和保持不合格品控制程序，内容应包括不合格品的标识方法、隔离和处置及采取的纠正、预防措施。经返修、返工后的产品应重新检验。对重要部件或组件的返修应做相应的记录，应保存对不合格品的处置记录。

8. 内部质量审核

工厂应建立和保持文件化的内部质量审核程序，确保质量体系运行的有效性和认证产品的一致性，并记录内部审核结果。

对工厂的投诉尤其是对产品不符合标准要求的投诉，应保存记录，并应作为内部质量审核的信息输入。

对审核中发现的问题，应采取纠正和预防措施，并且加以记录。

9. 认证产品的一致性

工厂应对批量生产产品与型式试验合格的产品的一致性进行控制，以使认证产品持续符合规定的要求。

10. 包装、搬运和储存

工厂的包装、搬运、操作和储存环境应不影响产品符合规定标准的要求。

（六）消防产品技术鉴定的程序和证书时限

1. 消防产品技术鉴定的程序

消防产品技术鉴定应当按以下程序进行：

（1）生产者向消防产品技术鉴定机构提出书面委托，并依法提交规定的有关证明文件。

（2）消防产品技术鉴定机构对有关文件资料进行审核，审查产品标准，并将审查合格的产品标准报国务院应急管理部消防救援机构备案。

（3）消防产品技术鉴定机构按照技术鉴定实施规则，组织开展消防产品工厂生产条件检查和产品检验。

（4）消防产品技术鉴定机构自接受委托之日起 90 日内，作出是否合格的结论。产品检验时间不计入技术鉴定的时限，但消防产品技术鉴定机构应当将检验时间告知当事人。

（5）技术鉴定合格的，消防产品技术鉴定机构应当颁发消防产品技术鉴定证书；不合格的，应当书面通知委托人，并说明理由。

2. 消防产品技术鉴定证书的时限

消防产品技术鉴定证书的有效期为 2 年。有效期届满，需继续生产消防产品的，应当在有效期届满前的 6 个月，向原出具技术鉴定证书的消防产品技术鉴定机构提出换证申请。

在消防产品技术鉴定证书有效期内，消防产品生产者的生产条件、检验手段、生产技术或者工艺发生较大变化的，应当重新进行消防产品技术鉴定。

三、其他消防产品管理制度

（一）公告管理

国产消防车产品在中华人民共和国境内生产、销售、使用的，还应当根据《专用汽车和挂车生产企业及产品准入管理规则》，通过专用车生产企业及专用车产品行政许可，并被工业和信息化部列入《道路机动车辆生产企业及产品公告》。

（二）产业政策管理

根据《国务院关于发布实施〈促进产业结构调整暂行规定〉的决定》（国发[2005]40号），国家发展和改革委员会会同国务院有关部门修订发布了《产业结构调整指导目录（2011年本）》（2013年5月1日实施），涉及消防类产品的产业政策有：

1. 鼓励类产品

此类是消防机构和社会急需的产品，企业可以享受信贷支持、进口设备免征关税和进口环节增值税等一系列优惠政策。包括大型公共建筑、高层建筑、石油化工设施、森林、山岳、水域和地下设施消防灭火救援技术与产品；侦检、破拆、救生、照明、排烟、堵漏、输转、洗消、提升、投送等高效救援产品；登高平台消防车、举高喷射消防车、机场消防车、森林消防车、城市轨道交通专用消防车；具灭火、侦查、排烟、救助等功能的消防机器人；公称直径≥150mm的消防水带、人工合成橡胶衬里消防水带；水基钢结构防火涂料、预制组合式钢结构防火构件；不燃外保温材料、阻燃制品；用于哈龙替代的合成类气体灭火剂、泡沫灭火剂氟表面活性剂替代物、建筑外保温材料高效灭火剂、无磷类阻燃剂、塑胶以及合成类纺织品高效灭火剂、金属火灾专用灭火剂；洁净气体灭火系统、探火管灭火装置、风力发电装置专用灭火系统；使用节能环保新型光源的消防应急照明和疏散指示产品。

2. 限制类产品

禁止新建，要求现有企业在一定期限内改造升级。包括火灾报警控制器（包括联动型、独立型、区域型、集中型、集中区域兼容型）、消防联动控制器、点型感烟/温火灾探测器（独立式除外）、点型红外/紫外火焰探测器（独立式除外）、手动火灾报警按钮；干粉灭火器、二氧化碳灭火器；碳酸氢钠干粉灭火剂（BC）、磷酸铵盐干粉灭火剂（ABC）；防火阀门（包括防火阀、排烟阀、排烟防火阀）、木质防火门、采用酸洗磷化生产工艺的钢质和钢木质防火门、新建初始规模小于6万平方米/年的防火卷帘项目；天然橡胶有衬里消防水带、无衬里消防水带、消防软管卷盘、消防湿水带、PVC衬里消防水带；室内消火栓、室外消火栓、消防水泵接合器的翻砂生产、加工、装配工艺；水罐消防车、泡沫消防车、供水消防车、供液消防车、泵浦类消防车；防火封堵材料、溶剂型钢结构防火涂料、饰面型防火涂料以及电缆防火涂料。

3. 淘汰类产品

禁止投资，对现有企业限期淘汰。包括火灾探测器手工插焊电子元器件生产工艺；1211灭火剂、1301灭火剂；1211灭火器、1301灭火器（必要用途除外）、手提式化学泡沫灭火器、手提式酸碱灭火器；1211灭火系统、1301灭火系统（必要用途除外）。

（三）压力容器监管

根据《气瓶安全技术监察规程》（TSGR0006-2014），消防产品中属于《特种设备安全监察条例》规定的特种设备的，还应当在生产（含设计、制造、安装、改造、维修）环节，接受质量技术监督部门监督管理。比如：气体（干粉、泡沫）灭火设备中的灭火剂瓶组、驱动气体瓶组、加压气体瓶组中使用的钢质无缝气瓶和钢质焊接气瓶；固定消防给水设备中的气体顶压部分使用的钢质无缝气瓶、钢质焊接气瓶；细水雾灭火装置中的瓶组式细水雾灭火装置的气体瓶组使用的钢质无缝气瓶；消防员防护装备中的正压式消防空气呼吸器、正压式消防氧气呼吸器使用的高压复合气瓶；消防给水设备产品中的脉冲气压喷雾水枪使用的高压气瓶；灭火器产品中的推车式灭火器、手提式二氧化碳灭火器的筒体等。

第四节　消防产品管理制度

消防产品管理的基本制度，主要包括消防产品身份证管理制度。通过实施法定的基本制度，将消防产品管理关口前移，对切实加强消防产品的质量监督和证后监管，从源头上提高建、构筑物的消防安全水平，有效地保护人身、财产安全具有十分重要的作用。

一、消防产品身份证管理制度

（一）消防产品身份证管理制度简介

为加强对消防产品的监督管理，促进消防产业健康发展，公安部消防局（现国家消防救援局）发布的《关于进一步落实消防产品身份证管理制度的通知》（公消〔2007〕502号）中规定对消防产品逐步实行身份证管理制度。消防产品身份证管理制度，是指以"消防产品身份信息管理系统"为平台，采用现代信息技术和电子防伪技术为每个消防产品贴上身份标识，并输入消防产品身份信息管理系统，建立以单个消防产品为最小单元的全国消防产品信息库的制度。其在形式上类似于公民身份证的管理，在使用上主要通过互联网络、电脑和专用数码笔等硬件和软件系统进行操作，通过系统的信息跟踪，可随时掌握消防产品的流向，从而实现对消防产品在生产、销售、安装、使用、维护和监督执法等环节的全过程、全方位、网络化动态监控跟踪管理。

（二）实行消防产品身份证管理制度的目的和意义

实行消防产品身份证管理制度是深入贯彻落实消防法精神，打击假冒伪劣消防产品的需要，是消防监督工作的一项重要机制创新，是从源头上消除火灾隐患的重要举措。推行该制度对及时掌握消防产品身份信息及流向情况，为在生产、销售、安装、使用、维护、产品检验、监督执法等环节发现和追踪问题产品，促进消防产品质量的提高，规范消防产品市场秩序，有效打击制假售假行为，保护公民人身、财产安全，维护社会公共安全具有十分重要的意义。

（三）实行消防产品身份证管理制度的产品类型

从2008年1月1日起，首批对灭火器、防火门、消防应急灯具等三类产品实行消防产品身份证管理，截至2011年9月1日，已将消火栓、防火阻燃材料、消防水枪、消防接口、可燃气体探测报警器、灭火剂、自动喷水灭火装置、微水雾滴灭火设备、感温自启动灭火装置、预作用报警阀组等十类消防产品纳入消防产品身份证制度的管理范围。以后将实现所有消防产品全部纳入消防产品身份证管理制度的目标,对未加贴"身份证"标识的,不得销售、采购和使用。

(四)消防产品身份证管理制度的技术基础

消防产品身份证管理制度的技术基础是消防产品身份信息管理系统和与之相配套的专用物品。

1. 消防产品身份信息管理系统

(1)消防产品身份信息的含义。消防产品身份信息是指显示消防产品基本信息,主要包括消防产品生产单位(制造商)的名称、产品名称、产品规格型号、生产日期、生产批号、产品编号、产品关键件(零部件、原材料、元器件)描述、产品市场准入描述、产品一致性描述以及产品流向等信息。

(2)消防产品身份信息管理系统的含义。消防产品身份信息管理系统,是指具备建立、添加、查验、统计消防产品身份、消防产品销售流向、消防产品安装使用、消防验收及监督检查信息、消防产品检验及消防产品维护(维修)等信息,确认消防产品一致性、市场准入的符合性、维护(维修)工作符合性等的管理系统。

(3)建立消防产品身份信息管理系统的作用。消防产品身份信息管理系统,为及时掌握消防产品身份信息及流向情况,为在生产、销售、安装、施工监理、使用、维护(维修)、产品检验、建筑消防设施检测、建设工程消防验收、消防产品监督检查等环节发现和追踪问题产品,依法切实加强消防产品的质量监督和证后监管,落实消防产品身份证管理制度提供了一种有效的技术手段。

(4)消防产品身份信息管理系统的内容。消防产品身份信息管理系统是依据《消防产品身份信息管理》(GA846-2009)建立的,该系统主要包括以下内容:

①消防产品身份信息的建立。

②消防产品身份信息查验。

③监督检查。监督检查主要包括:市场准入的符合性确认;消防产品一致性核查、确认;工厂条件的核查、确认(必要时);消防产品质量检验(必要时);维护(维修)工作符合性确认(必要时);维护(维修)产品的质量检验(必要时)。

④消防产品身份信息的变更与注销。

⑤其他相关内容。

(5)消防产品身份信息管理系统基本工作框架。首先由生产企业在每个获得市场准入的消防产品上粘贴由应急管理部消防产品合格评定中心统一印制、发放的具有唯一编码的消防产品身份标志,生产企业对消防产品有关档案信息激活并注册,系统自动验证产品信息的合法性、建立产品信息档案;其次生产、销售、安装、使用、维护、消防验收和执法监督等环节参与者,利用系统专用物品中的识别作业设备,读取消防产品标识的编码信息,在对应的系统平台中查询档案信息,并自动将各环节参与者的信息添加到消防产品信息档案中。

2. 消防产品身份信息管理系统的专用物品

消防产品身份信息管理系统专用物品，是指用于建立、查验消防产品相关信息的专用检查仪器、软件、标志及专用作业表单等。

（1）专用物品的组成。消防产品身份信息管理系统专用物品主要由以下部分组成：

①消防产品身份信息管理客户端软件，主要包括生产企业用户客户端软件、监督执法用户客户端软件和服务器端软件。

②专用识别作业设备。即数码笔，其功能是写入信息、读取信息、识别标志的真伪。

③电子密钥和蓝牙适配器。电子密钥的作用是：身份认证；在传输中对信息进行加密；保证信息完整性；不被篡改及防抵赖。

④消防产品身份信息标志。

（2）专用物品的配置。消防产品身份信息管理系统使用单位不同，其专用物品的配置也有所不同。

（3）管理软件的运行要求。消防产品身份信息管理客户端软件的运行要满足以下要求：

①设备软硬件要求。配置的计算机及服务器应专用，并且应安装正版的操作系统、数据库、防病毒软件等运行软件。

②互联网宽带要求。为保证系统的正常运行，专用计算机接入互联网的宽带应不低于 768kbps。

第五节　火灾自动报警系统产品现场性能检测

一、火灾自动报警系统概述

（一）火灾自动报警系统的组成及工作原理

1. 火灾自动报警系统的组成

火灾自动报警系统一般由火灾触发器件、火灾报警控制装置、火灾警报装置、消防联动控制设备、电源等组成。

2. 火灾自动报警系统的工作原理

平时，安装在建、构筑物内的火灾探测器长年累月地实时监测被警戒的现场或对象。当建、构筑物内某一被监视现场发生火灾时，火灾探测器探测到火灾产生的烟雾、高温、火焰及火灾特有的气体等信号并转换成电信号，立即传送到火灾报警控制器，控制器接收到火警信号，经过和正常状态阈值或参数模型分析比较，若确认着火，则输出两回路信号：一路指令声光报警显示装置动作，显示火灾现场地址（楼层、房号等），记录下发生火灾的时间，同时启动警报装置发出声响报警，告诫火场现场人员投入灭火操作或从火灾现场疏散；另一路指令启动消防控制设备，自动联动启动断电控制装置、防排烟设施、防火卷帘、消防电梯、火灾应急照明、消火栓、自动灭火系统等消防设施，防止火灾蔓延、控制火势、及时扑救火灾。一旦火灾被扑灭，火灾自动报警系统又回到正常监控状态。另外，为防止系统失控或执行器中组件、阀门失灵而贻误救火时间，现场附近还设有手动报警按钮，用以手动报警以及控制执行器动作，方便及时扑灭火灾。

（二）火灾自动报警系统的基本功能

火灾自动报警系统具有以下五大基本功能。

1. 火灾探测功能

火灾探测器是实现火灾探测功能最常用的组件，通过探测和感知周围环境与火灾相关的物理或化学现象的变化，发出或者向火灾报警控制器传送火灾报警信息。

2. 火灾报警功能

通过火灾报警控制器向值班人员、被保护建筑物内的人员、消防部门发出声和/或光等形式的报警信息。

3. 消防设施联动控制与监视功能

火灾自动报警系统通过火灾报警控制器、消防联动控制器，完成对自动灭火系统、防排烟系统、疏散诱导系统及防火卷帘、防火门等自动消防设施的控制和监视。

4. 自检与故障报警功能

火灾自动报警系统内部设置的，用于对自身存在的功能异常现象进行自我检查并发出告警，提示系统的完整性信息、故障位置和类型等信息。

5. 远程信息传输功能

通过传输设备将火灾报警控制器发出的火灾报警信号及其他有关信息传输到城市消防远程监控系统。

（三）火灾自动报警系统的类型

火灾自动报警系统有以下三种类型，其分别适用于不同的保护对象：

1. 区域报警系统

功能简单的火灾自动报警系统称为区域火灾报警系统，该系统由区域火灾报警控制器和火灾探测器等组成或由火灾报警控制器和火灾探测器等组成，适用于较小范围的二级保护对象。

2. 集中报警系统

功能较复杂的火灾自动报警系统称为集中报警系统，该系统由集中火灾报警控制器、区域火灾报警控制器和火灾探测器等组成或由火灾报警控制器、区域显示器（重复显示器、楼层显示盘）和火灾探测器等组成，适用较大范围多个区域的一级和二级保护对象。

3. 消防控制中心系统

功能复杂的火灾自动报警系统称为控制中心报警系统，该系统由消防控制室的消防控制设备、集中火灾报警控制器、区域火灾报警控制器和火灾探测器等组成或由消防控制室的消防控制设备、火灾报警控制器、区域显示器（重复显示器、楼层显示盘）和火灾探测器等组成。该系统的容量较大，消防设施控制功能较全，适用特级和一级保护对象。

二、火灾探测器现场性能检测

火灾探测器是火灾自动报警系统中用自动产生火灾报警信号的一种触发器件。

（一）火灾探测器的类型

1. 根据监视范围分类

火灾探测器根据其监视范围的不同可分为以下两种类型：

（1）点型火灾探测器。是指响应一个小型传感器附近的火灾特征参数的探测器。

（2）线型火灾探测器。是指响应某一连续路线附近的火灾特征参数的探测器。

2. 根据火灾特征参数分类

火灾探测器根据其探测火灾特征参数的不同可分为以下六种类型：

（1）感烟火灾探测器。是指响应悬浮在大气中的燃烧或热解产生的固体或液体微粒的探测器。感烟火灾探测器是目前世界上应用较普及、数量较多的火灾探测器。

感烟火灾探测器，根据其工作原理的不同又可分为以下类型：

①离子感烟火灾探测器。它是一种应用烟雾粒子改变电离室电离电流原理的感烟火灾探测器。它是通过一个相当于烟敏电阻的电离室的电压变化来感知火灾发生的，对灰烟、黑烟及各种粒径的烟具有较平衡的探测性能。

②光电感烟火灾探测器。它是利用火灾烟雾对光产生吸收和散射作用来探测火灾的一种火灾探测器。其由外壳、光敏室和电路等部分组成。

③红外光束感烟火灾探测器。它是应用烟雾对光束的吸收、散射和遮挡作用使接收光强变化原理探测火灾的火灾探测器。该探测器常用的光源有红外发光管和半导体激光管。探测器通常由发射器和接收器两部分组成。这种感烟火灾探测器能够对被保护区域内光束通路周围的烟参数作出响应，其特点是监视范围广，保护面积大，通常安装于跨度大、举架高的建筑场所。

④吸气式感烟火灾探测器。它是一种新型感烟火灾探测器。其采用吸气方式对空气进行采样，快速、动态地识别和判断可燃物质受热分解或燃烧释放到空气中的各种聚合物分子和烟粒子，从而探测火灾。

⑤独立式感烟火灾探测器。它是一种包括感烟探测、火灾报警器件和独立电源的火灾探测报警装置，其主要用于家庭住宅的火灾探测和报警。

（2）感温火灾探测器。是指响应异常温度、温升速率和温差变化等参数的探测器。感温火灾探测器是应用较普遍的火灾探测器之一，适用于一些产生大量的热量而无烟或产生少量烟的火灾，以及在正常情况下粉尘多、湿度大、有烟和水蒸气滞留而不适合用感烟火灾探测器的场所。

感温火灾探测器根据其工作原理的不同又可分为以下三种类型：

①点型感温火灾探测器。它是对于一个小型传感器附近的异常温度、升温速率以及温度变化作出响应的火灾探测器。该类探测器使用的敏感元件比较多，如水银、双金属、易熔合金、膜盒、热敏电阻、半导体P-N结等。

②线型感温火灾探测器。它是对被保护区域内某一连续线路周围的温度参数作出响应的火灾探测器。其根据动作性能又分为线型定温探测器以及线型差温探测器、线型差定温探测器；根据工作原理又分为缆式线型感温火灾探测器、空气管式线型感温火灾探测器。

③线型光纤感温火灾探测器。它是一种应用光纤（光缆）作为温度传感器和信号传输通道的线型感温火灾探测器，是近年来国际上出现的一种高新技术消防产品，适用于地下建筑及大空间建筑。

（3）火焰探测器。是指响应火焰发出的特定波段电磁辐射（红外、可见和紫外波段）的探测器，又称感光火灾探测器。其又分为紫外火焰探测器（响应波长低于400nm波段电磁辐射）、红外火焰探测器（响应波长高于700nm波段电磁辐射）及复合式等种类。

（4）气体火灾探测器。是指响应燃烧或热解产生的气体的火灾探测器。根据其工作原理又可分为以下两种类型：

①点型可燃气体探测器。它是利用可燃性气体对探测器气敏传感器发生某种作用而引起其特性改变的原理制造的探测器，主要用于易燃易爆场合的可燃性气体探测，把现场可能泄漏的可燃气体的浓度控制在报警设定值以下，当超过这一浓度时，发出报警信号，以便采取应急措施。

②线型可燃气体探测器。它是利用可燃气体吸收红外光线原理进行火灾探测的，由发射器、接收器和报警中继器三部分组成。

（5）复合火灾探测器。是指将多种探测原理应用在同一探测器中的探测器，并将探测结果进行复合，给出一个输出信号的探测器。该类探测器目前主要有以下几种：感烟和感温复合火灾探测器，光电感烟和感温复合火灾探测器，光电感烟、离子感烟和感温复合火灾探测器，红外和紫外复合火灾探测器。复合火灾探测器能够弥补使用复合火灾探测器单一传感器的火灾探测器的不足，从而提高火灾探测器的响应均衡度，适应性和防误报能力也会得到提高。

（6）特种火灾探测器。按探测原理不同又可分为图像型火灾探测器、超声波火灾探测器等类型。

3. 根据是否具有复位（恢复）功能分类

火灾探测器根据其是否具有复位（恢复）功能可分为以下两种类型：

（1）可复位（可恢复）探测器。是指在响应后和在引起响应的条件终止时，不更换任何组件即可从报警状态恢复到监视状态的探测器。

（2）不可复位（不可恢复）探测则器。是指需更换一个或者多个部件才能恢复到正常监视状态的探测器。

4. 根据维修和保养时是否具有可拆卸性分类

火灾探测器根据维修和保养时其本身是否具有可拆卸性可分为以下两种类型：

（1）可拆卸火灾探测器。是指维修和保养时容易从正常运行位置上拆下来的探测器。

（2）不可拆卸火灾探测器。是指维修与保养时不容易从正常运行位置上拆下来的探测器。

（二）火灾探测器探测火灾的过程及工作原理

1. 火灾探测器探测火灾的过程灾信号

这个火灾信号与燃烧的物质种类（即火灾参数、火灾的发展过程），测量火灾信号地点所在的坐标位置以及周围的环境条件（即环境噪声）等有关。对于火灾探测器外部火灾信号的测量过程是：探测器的敏感元件至少可与一个物质燃烧过程中产生的火灾参数起作用，并在探测器内部发生物理量或化学量的转换，如感温元件受火灾气流的热效应作用，电离室受燃烧产物烟粒子的吸附作用等，经过电子或机械方式处理，将处理结果经判断后用开关量报警信号传输给火灾报警控制器，或不经过判断直接将数据处理获得的模拟量信号传输给火灾报警控制器。

2. 火灾探测器的工作原理

火灾探测器主要由火灾参数传感器量元件、探测信号处理单元和/或火灾判断电路组成。其工作原理是：火灾信号借助物理或化学作用，由火灾参数传感器或测量元件转换成某种测量值，经过测量信号处理电路产生用于火灾判断的数据处理结果量，最后由判断电路产生开关量报警信号。对于直接产生模拟量信号的火灾探测器而言，火灾传感器输出的测量信号是经过信号处理电路直接数据处理后，产生模拟量信号并传输给火灾报警控制器，最终由火灾报警控制器实现火警判断功能。

（三）火灾探测器的产品标准

火灾探测器执行的产品标准包括以下八种：

1. 《点型感烟火灾探测器》（GB4715-2005）

该标准规定了点型感烟火灾探测器的一般要求、要求与试验方法、检验规则和标志。该标准适用于一般工业与民用建筑中安装的使用散射光、透射光工作原理的点型光电感烟火灾探测器和电离原理的点型离子感烟火灾探测器。其他环境中安装的或使用其他工作原理的点型感烟火灾探测器，除了特殊要求应由有关标准另行规定外，亦应执行该标准。

2.《点型感温火灾探测器》（GB4716-2005）

该标准规定了点型感温火灾探测器的一般要求、要求与试验方法、检验规则和标志。该标准适用于一般工业与民用建筑中安装使用的点型感温火灾探测器。其他环境中安装的、具有特殊性能的点型感温火灾探测器，除了特殊要求应由有关标准另行规定外，亦应执行该标准。

3.《线型光束感烟火灾探测器》（GB14003-2005）

该标准规定了线型光束感烟火灾探测器的术语和定义、一般要求、要求和试验方法、检验规则和标志。该标准适用于一般工业与民用建筑中安装使用的利用减光原理探测器烟雾的相对部件间光路长度为1~100m，且最小光路长度不大于10m的线型光束感烟火灾探测器及带有探测热扰动功能的线型光束感烟火灾探测器。其他环境中安装使用的具有特殊要求的线型光束感烟火灾探测器，除了特殊要求由有关标准另行规定外，亦应执行该标准。

4.《线型感温火灾探测器》（GB16280-2014）

该标准规定了线型感温火灾探测器的分类、技术要求和试验方法、检验规则和标志。该标准适用于一般工业与民用建筑中安装使用的线型感温火灾探测器。

5.《点型紫外火焰探测器》（GB12791-2006）

该标准规定了点型紫外火焰探测器的一般要求、要求和试验方法、检验规则和标志。该标准适用于一般工业与民用建筑中安装的波长范围低于300nm的点型紫外火焰探测器。对于在其他环境中安装的具有特殊性能的点型紫外火焰探测器，除了特殊性能由有关标准另行规定外，亦应执行该标准。

6.《可燃气体探测器》（GB15322-2019）

《可燃气体探测器》分为以下六部分：

第一，《工业及商业用途点型可燃气体探测器》（GB15322.1-2019）。

第二，《家用可燃气体探测器》（GB15322.2-2019）。

第三，《工业及商业用途便携式可燃气体探测器》（GB15322.3-2019）。

第四，《工业及商业用途线型光束可燃气体探测器》（GB15322.4-2019）。

第五，《测量人工煤气的独立式可燃气体探测器》（GB15322.5-2019）。

第六，《测量人工煤气的便携式可燃气体探测器》（GB15322.6-2019）。

7.《特种火灾探测器》（GB15631-2008）

该标准规定了特种火灾探测器的分类、技术要求、试验方法、检验规则、标志和使用说明书。该标准适用于一般工业和民用建筑中安装使用的特种火灾探测器。其他环境中安装使用的具有特殊要求的特种火灾探测器，除特殊要求由有关标准另行规定外，亦应执行该标准。

8.《消防电子产品检验规则》（GB12978-2003）

该标准规定了消防电子产品的检验分类、抽样、型号编制、分型产品控制、技术文件要求、设计更改控制、样品标识和接收方法及型式检验、委托检验、监督检验、科技成果鉴定检验和仲裁检验的规则,该标准适用于消防电子产品质量监督检验机构的检验。

三、手动火灾报警按钮现场性能检测

手动火灾报警按钮,是指通过手动启动器件发出火灾报警信号的装置。该按钮是一种手动触发器件,一般安装在建、构筑物的走廊、楼梯口、楼梯过道或者经常有人出入的场所。其作用是确认火情和人工发出火警信号,是火灾自动报警系统中不可缺少的重要辅助报警设备。

(一)手动火灾报警按钮的组成及工作原理

1. 手动火灾报警按钮的组成

手动火灾报警按钮一般由外壳、启动机构(由玻璃或类似玻璃物质构成,在受到压力或击打后,发生破碎或明显位移的部件)、报警确认灯及触点等部件组成。对于可编址的手动火灾报警按钮,还包括地址编码部分。

2. 手动火灾报警按钮的工作原理

当现场发生火灾时,操作手动火灾报警按钮的启动机构使其动作,手动火灾报警按钮即可向与之相连的火灾报警控制器发出火灾报警信号,火灾报警控制器接收到报警信号后发出火灾声光报警信号,指示报警类型和部位,手动火灾报警按钮的报警确认灯应点亮,并持续保持至启动机构被更换或者手动复原后报警状态被复位。

(二)手动火灾报警按钮的类型

手动火灾报警按钮可按以下方式分类:

1. 按启动机构的操作方式分类

手动火灾报警按钮按启动机构的操作方式不同,分为手动按碎式、手动击打式、手动拉下式三种类型。

2. 按应用范围分类

手动火灾报警按钮按应用范围的不同可分为防爆型、船用型、普通型三种类型。

3. 按安装方式分类

手动火灾报警按钮按安装方式的不同可分为明装式和暗装式两种类型。

4. 按使用环境分类

手动火灾报警按钮按使用环境的不同可分为户内型和户外型两种类型。

(三)手动火灾报警按钮的产品标准

手动火灾报警按钮执行的产品标准是《手动火灾报警按钮》(GB19880-2005)。该标准规定了手动火灾报警按钮的一般要求、要求与试验方法、检验规则和标志。该标准适用一般工业与民用建筑中安装使用的手动火灾报警按钮,其他具特殊功能的火灾报警启动按钮亦应执行该标准。

四、火灾声和/或光警报器现场性能检测

火灾声和/或光警报器（以下简称火灾警报器），是一种最基本的火灾警报信号通报装置。

（一）火灾警报器的组成及工作原理

火灾警报器一般由外壳、发声器件和/或发光器件、电源及控制电路等部分组成。其工作原理是：安装在某一防火分区的火灾警报器由与其相连的火灾报警控制器或消防联动控制器自动或手动启动，在该防火分区出现火情时，火灾警报器接收到启动信号后，便按规定的时序发出有别于环境声、光的火灾声、光警报信号，或警铃中的电机或电磁铁启动，驱动传动装置，带动击锤按一定频率撞击铃盖，发出声警报信号。

（二）火灾警报器的产品标准

火灾警报器执行的产品标准是《火灾声和/或光警报器》（GA26851-2011）该标准规定了火灾声和/或光警报器的分类、要求、试验、检验规则和标志。该标准适用于一般工业与民用建筑中安装使用的火灾声和/或光警报器，其他环境中安装的具有特殊性能的火灾声和/或光警报器，除了特殊要由有关标准另行规定外，亦应执行该标准。

五、消防联动控制器现场性能检测

消防联动控制器是消防联动控制设备的核心组件。它能够接收火灾报警控制器或火灾触发器件发出的火灾报警信号，按预定逻辑发出控制信号，控制各类消防设备实现相应功能。消防联动控制器可直接发出控制信号，通过驱动装置控制现场的受控设备。对于控制逻辑复杂，在消防联动控制器上不便实现直接控制的情况，可通过消防电气控制装置（如气体灭火控制器、防火卷帘控制器等）间接控制受控设备。

（一）消防联动控制器的工作原理

消防联动控制器的主控单元在系统程序的控制下，向回路控制单元发出对回路连接的消防联动模块等现场设备的巡检和/或动作执行指令，回路控制单元对来自主控单元的任务指令进行解释和调制，并通过现场回路发送出去；各种现场设备回馈的信息通过回路控制单元的解调转化和预处理，按照接口规约反馈到主控单元；主控单元应用其特定软件对通信控制单元、回路控制单元和直接手动控制单元的反馈信息进行分析和判别，识别消防联动模块、专线设备和同路网络的各种状态，接收相连火灾报警控制器发出的火灾报警信号，经确认后，生成报警、联动信息和异常事件的指示和记录，各项联动控制任务通过相应的功能单元执行。对于消防联动控制器实施操作时，通过显示操作单元，输入操作指令，显示操作单元对输入的操作指令进行编译，并将确认有效的指令信息传送给主控单元，由主控单元进行分析和处理，并向各功能单元发出相关的任务操作指令，

完成人员则对系统的信息查询和操作的执行。

（二）消防联动控制器的类型

1. 按结构形式分类

消防联动控制器按结构形式的不同可分为柜式消防联动控制器、台式消防联动控制器和壁挂式消防联动控制器三种类型。

2. 按使用环境分类

消防联动控制器按使用环境的不同可分为陆用型消防联动控制器和船用型消防联动控制器两种类型。

3. 按防爆性能分类

消防联动控制器按防爆性能的不同可分为防爆型消防联动控制器与非防爆型消防联动控制器两种类型。

（三）消防联动控制器的产品标准

消防联动控制器执行的产品标准是《消防联动控制系统》（GB16806-2006）。该标准规定了消防联动控制系统的定义、一般要求、要求和试验方法、检验规则和标志。该标准适用于一般工业与民用建筑中安装使用的消防联动控制系统及组成系统的各类设备，包括消防联动控制器、气体灭火控制器、消防电气控制装置、消防设备应急电源、消防应急广播设备、消防电话、传输设备、消防控制室图形显示装置、模块、消防电动装置以及消火栓按钮等。其他环境中安装的具有特殊性能的消防联动控制系统及组成系统的各类设备，除特殊要求应由有关标准另行规定外，亦应执行该标准。

（四）消防联动控制器的技术性能要求

1. 通用要求

第一，消防联动控制器应能为其连接的部件供电，直流工作电压应符合《标准电压》（GB156-2003）的规定，可优先采用直流24V。

第二，消防联动控制器的主电源应采用220V、50Hz交流电源，电源线输入端应设接线端子。

第三，消防联动控制器应具有中文功能标注，用文字显示信息时应采用中文。

2. 控制功能

第一，消防联动控制器应能按设定的逻辑直接或间接控制其连接的各类受控消防设备，并设独立的启动总指示灯。只要有受控设备启动信号发出，该启动总指示灯应点亮。

第二，消防联动控制器在接收到火灾报警信号后，应在3s内发出启动信号。发出启动信号后，应有光指示，指示启动设备的名称和部位，记录启动时间和启动设备总数。光指示应保持至消防联动控制器复位。

第三，消防联动控制器应能显示所有受控设备的工作状态。消防联动控制器应在受控设备动作后10s内收到反馈信号,并且应有反馈光指示,指示设备的名称和部位,显示相应设备状态,光指示应保持至受控设备恢复。消防联动控制器在发出启动信号后10s内未收到要求的反馈信号,应使启动光信号闪亮,并显示相应的受控设备,保持到消防联动控制器收到反馈信号。

第四,消防联动控制器应能接收来自相关火灾报警控制器的火灾报警信号,显示报警区域,发出火灾报警声、光信号,报警声信号应能手动消除,报警光信号应保持至消防联动控制器复位。

第五,消防联动控制器应能接收连接的消火栓按钮、水流指示器、报警阀、气体灭火系统启动按钮等触发器件发出的报警(动作)信号,显示其所在的部位,发出报警(动作)声、光信号。声信号应能手动消除,光信号应保持至消防联动控制器复位。

第六,消防联动控制器应能以手动和自动两种方式完成控制功能,并指示状态,控制状态应不受复位操作的影响。

第七,消防联动控制器应具有对每个受控设备进行手动控制的功能。

第八,消防联动控制器的直接手动控制单元应当满足下列要求:应至少有6组独立的手动控制开关,每个控制开关对应一个直接控制输出,控制输出的启动光指示应在相应的控制开关表面或附近单独指示;直接手动控制单元不能独立使用时,受控设备除启动状态外的其他工作状态可以在手动控制开关旁单独指示,也可以在联动控制器的共用显示器上显示;直接手动控制单元能独立使用时,受控设备的启动、反馈等各种工作状态均应在手动控制开关旁单独显示;直接手动控制对应的输出特性应符合制造商的规定。

第九,消防联动控制器应能通过手动或通过程序的编写输入启动的逻辑关系。消防联动控制器在自动方式下,比如接收到火灾报警信号,并在规定的逻辑关系得到满足的条件下,应在3s内发出预先设定的启动信号。

第十,消防联动控制器在自动方式下,手动插入操作优先。

第十一,消防联动控制器可以对特定的控制输出功能设置延时,并应满足下列要求:延时时间应不超过10min,每次增加延时时间应不超过1min;延时期间应能手动插入而立即启动控制输出;任一延时输出均不应影响其他控制功能的正常工作;延时期间应有延时光指示。

第十二,消防联动控制器对管网气体灭火系统的控制和显示还应满足下列要求:接收并显示气体灭火控制器的手动和自动工作状态;接收并显示设置在保护区域的手动/自动转换装置的手动和自动工作状态;接收并显示保护区域内的启动控制信号、延时和喷洒各阶段的状态信息;能向气体灭火控制器发出联动控制信号。

第十三,消防联动控制器复位后,仍保持原工作状态的受控设备的相关信息应保持或在20s内重新建立。

第十四,消防联动控制器计时装置的日计时误差不应超过30s,使用打印机记录时间时,应打印出月、日、时、分等信息,但是不能仅使用打印机记录时间。

第十五,具有传输信息功能的消防联动控制器,在信息传输期间应有光指示,并保持至信息传输结束，如有反馈信号输入，应能接收并显示。

第十六，具有信息记录功能的消防联动控制器应能至少记录999条相关信息且在消防联动控制器断电后能保持14d。

第十七，消防联动控制器应对控制输出有相应的输入"或"逻辑和/或"与"逻辑编程功能。

3. 故障报警功能

第一，消防联动控制器应设独立的故障总指示灯，该故障总指示灯在有故障存在时应点亮。

第二，当发生故障时，消防联动控制器应在100s内发出和火灾报警信号有明显区别的故障声、光信号，故障声信号应能手动消除，再有故障信号输入时，应能再启动；故障光信号应保持至故障排除。

第三，当主电源断电，备用电源不能保证消防联动控制器正常工作时，消防联动控制器应发出故障声信号，并保持1h以上。

第四，消防联动控制器的故障信号在故障排除后，可以自动或手动复位。手动复位后，消防联动控制器应在100s内重新显示存在的故障。

第五，对于软件控制实现各项功能的消防联动控制器应有执行程序监视功能并应有单独的故障指示灯显示系统故障，当主要功能程序不执行时或者存储器的内容出错时，消防联动控制器应在100s内发出系统故障信号，且该故障信号应不受不执行程序的影响。

第六，任一故障均不得影响非故障部分的正常工作。

第七，总线式消防联动控制器应设有总线短路隔离器，一个短路隔离器保护的部件不应超过32个。当短路隔离器动作时，消防联动控制器应显示被隔离部件的部位。

4. 屏蔽功能（仅适用于具有此项功能的消防联动控制器）

第一，消防联动控制器应有独立的屏蔽总指示灯，屏蔽存在时，该屏蔽总指示灯应点亮。

第二，消防联动控制器应仅能通过手动方式完成对受控设备的单独屏蔽或单独解除屏蔽。

第三，消防联动控制器应在屏蔽操作完成后2s内启动屏蔽指示，显示被屏蔽部位、屏蔽时间等信息。在消防联动控制器显示启动、反馈或者报警信息时，屏蔽信息可不显示但应可查。

第四，消防联动控制器应能显示所有屏蔽信息，在不能同时显示所有屏蔽信息时，则应显示最新屏蔽信息，其他屏蔽信息应手动可查。

第五，总线式消防联动控制器在同一个回路内所有部位均被屏蔽的情况下，才能显示该回路被屏蔽。

第六，屏蔽状态应不受消防联动控制器复位等操作的影响。

5. 自检功能

第一，消防联动控制器应有检查本机的功能（即自检功能），在执行自检功能期间，其受控设备均不应动作。自检时间超过1min或不能自动停止自检功能时，消防联动控制器的自检功能应不影响非自检部位的正常工作。

第二，消防联动控制器应能手动检查其音响器件、面板所有指示灯和显示器。

6. 信息显示与查询功能

消防联动控制器采用数字和/或字母（符）显示时，还应满足下列要求：

（1）按时间顺序显示信息，当显示区域不足以显示全部信息时，应采用循环显示方式，且应有手动查询功能，每手动查询一次，只能查询到一个信息；

（2）启动（反馈）信息显示与报警信息应在不同分区同时显示，既不能互相影响也不能交错显示；

（3）启动（反馈）信息显示与报警信息显示优先于故障、屏蔽等其他信息的显示，但未显示的故障以及屏蔽等信息应手动可查。

7. 电源功能

第一，消防联动控制器的电源部分应具有主电源和备用电源转换装置。当主电源断电时，能自动转换到备用电源；当主电源恢复时，能自动转换到主电源；主、备电源的工作状态应有指示，主电源应有过流保护措施。主、备电源的转换不应使消防联动控制器误动作。

第二，消防联动控制器在至少一个回路按设计容量连接真实负载，其他回路连接等效负载时，其主电源容量应能保证在消防联动控制器所连接的由其供电的设备数量不超过50个时，所有设备均处于动作状态，以及消防联动控制器所连接的由其供电的设备数量超过50个时，20%的设备（但不少于50个）处于动作状态条件下，连续工作8h以上。

第三，消防联动控制器至少一个回路按设计容量连接真实负载，其他回路连接等效负载。备用电源在放电至终止电压的条件下，充电24h，其容量应可提供消防联动控制器在监视状态下工作8h后，在总线式消防联动控制器所连接的输入/输出模块数量不超过50个时，所有模块均处于动作状态，或所连接的输入/输出模块数量超过50个时，20%的模块（但不少于50个）处于动作状态，以及多线式消防联动控制器所连接的负载数量不超过50个时，所有负载均处于动作状态，或者所连接的负载数量超过50个时，20%的负载（但不少于50个）处于动作状态条件下，工作30min。

第四，当交流供电电压的变动幅度在额定电压（220V）的85%~110%范围内，频率偏差不超过标准频率（50Hz）的1%时，消防联动控制器应能正常工作，其输出直流电压的电压稳定度和负载稳定度应不大于5%。

第五，总线式消防联动控制器至少有一个回路按设计容量连接真实负载，其他回路连接等效负载，在同时启动部位数量不少于10个条件时应能正常工作。

六、消防设备应急电源现场性能检测

消防设备应急电源,是指在主电源出现故障而发生停电事故时,为消防用电设施供电的一种备用消防电源。

(一)消防设备应急电源的组成及工作原理

1. 消防设备应急电源的组成

消防设备应急电源主要包括整流充电器、蓄电池组、逆变器、互投装置等部分。其中,逆变器是用于将直流电变换成交流电,供给消防用电设施稳定持续的三相交流电力;整流充电器是用于将交流电变换成直流电,实现对蓄电池及向逆变器模块供电;互投装置是完成在市电与逆变器输出间的切换;系统控制器对整个装置进行实时监控和工作状态显示,可以发出报警信号,同时可通过串行口和计算机或调制解调器连接,实现对供电系统的远程计算机集中监控和管理。

2. 消防设备应急电源的工作原理

消防设备应急电源的工作原理是:在正常情况时,由交流市电供电,并对内置的蓄电池组自动充电,当交流市电断电后,互投装置立即切换至备用电源供电,供电时间由蓄电池的容量决定;当交流市电恢复时,应急电源将恢复为市电供电。

(二)消防设备应急电源的分类及型号编制

1. 消防设备应急电源的分类

消防设备应急电源按其输出方式的不同可分为以下两种类型:

(1)交流输出消防设备应急电源。又可分为单相交流输出和三相交流输出两种类型。

(2)直流输出消防设备应急电源。只能为如火灾探测报警系统和消防联动控制系统等消防电子(弱电)设备提供直流电源,而不能为消防电梯、水泵、排烟风机等消防电力(强电)设备提供交流电源。

2. 消防设备应急电源的型号编制

交流输出消防设备应急电源的型号编制,直流输出消防设备应急电源的型号编制。

(三)消防设备应急电源的产品标准

消防设备应急电源执行的产品标准是《消防联动控制系统》(GB16806-2006)。该标准规定了消防联动控制系统的定义、一般要求、要求和试验方法、检验规则和标志。该标准适用于一般工业与民用建筑中安装使用的消防联动控制系统及组成系统的各类设备,包括消防联动控制器、气体灭火控制器、消防电气控制装置、消防设备应急电源、消防应急广播设备、消防电话、传输设备、消防控制室图形显示装置、模块、消防电动装置、消火栓按钮等。其他环境中安装的具有特殊性能的消防联动控制系统及组成系统的各类设备,除了特殊要求应由有关标准另行规定外,亦应执行该标准。

七、防火卷帘控制器现场性能检测

防火卷帘控制器是用于控制防火卷帘的一种消防电气控制装置。

(一)防火卷帘控制器的组成及工作原理

1. 防火卷帘控制器的组成

防火卷帘控制器由控制器主机(包括外设的手动控制装置)和速放控制装置组成。其主机由机柜、主电源、备用电源、控制电路、指示部分组成,其中,控制电路由接口电路、信号处理、转换电路组成,用于接收及处理各信号,对受控设备进行控制;指示部分由指示灯、音响器件、功能指示标志等部件组成,以声、光形式指示防火卷帘控制器的状态。手动控制装置由控制卷帘上升、停止、下降的按键和消防应急按钮及防护结构组成。速放控制装置由动力机构和操作杆组成。

2. 防火卷帘控制器的工作原理

当控制器接收到控制信号(现场手动控制信号、自动控制信号或者消防联动控制器的联动控制信号)后,对信号进行处理、转换并形成下一级控制信号,控制卷门机的电源及供电电路的接通、断开和卷门机的转动方向,从而完成防火卷帘上升、停止、下降的控制功能。防火卷帘控制器将受控设备的工作状态信息通过联动接口向上级消防联动控制设备传送,发出受控设备状态的指示信号,包括电源信号、控制装置的手动/自动工作状态信号、延时信号、受控设备的状态信号。防火卷帘控制器在卷门机电源发生故障时,通过控制速放控制装置打开卷门机的制动机构,使防火卷帘在自身重力的作用下按照预定的动作顺序执行下降、停止并延时、停止等动作,限位装置可使防火卷帘可靠地停留在预定的位置上。

(二)防火卷帘控制器的类型及型号编制

1. 防火卷帘控制器的类型

(1)按用途分类。防火卷帘控制器按用途的不同可分为仅用于防火分隔的控制器(代号为F)和可用于疏散通道上的控制器(代号为S)两种类型。

(2)按构成方式分类。防火卷帘控制器按构成方式的不同可分为分体式控制器(即控制器主机内未设手动控制装置,手动控制装置与主机通过电缆连接安装在使用位置,其代号为F)和单体式控制器(即控制器主机内设有手动控制装置,其代号为D)。

2. 防火卷帘控制器的型号编制

防火卷帘控制器的型号包含四个部分,即防火卷帘控制器代号、用途分类代号、构成方式代号和厂家产品代号,防火卷帘控制器的型号编制方法。

(三)防火卷帘控制器的产品标准

防火卷帘控制器执行的产品标准是《防火卷帘控制器》(GA386-2002)。该标准规定了防火卷帘控制器的产品分类和型号的编制方法、技术要求、试验方法、检验规则和标志、使用说明书、包装、运输、贮存等内容。该标准适用一般工业与民用建筑中安装使用的防火（防烟）卷帘控制器，其他特殊用途的防火（防烟）卷帘控制器可参照执行。

第六节　消防产品监督检查

消防产品监督检查，是指消防救援机构依据消防法律法规和国家工程建设消防技术标准，对使用领域内的消防产品所进行的检查，并且督促消防产品质量责任主体依法履行职责和义务的执法行为。消防产品监督检查是消防救援机构对使用领域的消防产品实施监督管理的法定职责，通过监督检查，及时发现假冒伪劣消防产品，查处使用假冒伪劣消防产品的违法行为，消除因使用不合格消防产品而造成的火灾隐患，为预防和减少火灾事故的发生提供有力保障。

一、消防产品监督检查的形式和内容

（一）消防产品监督检查的形式

消防产品质量监督检查分为专项监督抽查、举报投诉核查、复查和其他形式。

1. 专项监督抽查

依据《消防产品监督管理规定》第二十三条规定，开展消防产品质量专项监督抽查。应急管理部消防救援局在全国范围内组织消防产品质量行业监督抽查，省级消防部门组织消防产品质量地方监督抽查。具体按以下程序实施：

第一，制订监督抽查计划

行业监督抽查：应急管理部消防救援局根据全国消防安全与消防产品质量总体状况制订监督抽查计划，由省级消防救援机构编制实施方案具体实施。

地方监督抽查：省级消防救援机构根据本省消防安全和消防产品质量总体状况制订监督抽查计划，地市级消防救援机构编制实施方案具体实施。各地每年至少组织一次地方监督抽查。省级以下消防救援机构不得自行组织消防产品质量专项监督抽查工作。监督抽查计划主要包括：抽查任务来源及下达方式、工作任务和要求、工作步骤和时限等。

第二，实施监督抽查

收到上级下达的消防产品质量专项监督抽查任务后，各地消防救援机构应立即对涉及的建设工程（单位）有关情况，以及拟抽查消防产品的型号规格、使用数量、到场产品情况、标称生产企业等情况进行统计摸底，确定具体抽查行程，并按要求组织培训。按照抽查计划和实施方案开展现场检查判定以及抽样送检工作。

第三，监督抽查结果运用

对抽查发现的不合格消防产品，依照《消防法》规定的违法行为处理程序依法查处，并及时通报有关行政管理部门和产品认证机构。

消防产品质量专项监督抽查工作结束后，组织方应当汇总分析消防产品质量监督抽查结果，及时向社会发布消防产品质量监督检查情况、重大消防产品质量违法行为的行政处罚情况等信息。

2. 举报投诉核查

消防救援机构接到对消防产品质量问题的举报投诉，应当及时受理、登记，并按照相关规定处理，消防产品质量问题核查应当按照本章第三节、第四节规定的现场检查判定、监督检验程序实施，核查、处理情况应当在3日内告知举报投诉人；无法告知的，应当在受理登记中注明。对于经现场检查判定和监督检验发现的安装、使用不符合市场准入、质量不合格以及国家明令淘汰消防产品的违法行为，依照本章第五节规定的违法行为处理程序执行。

3. 复查

由县级以上具有执法权的消防救援机构具体实施，主要是对首次监督检查发现的消防产品违法行为整改情况的核查。

4. 其他形式

第一，监督检查。由县级以上具有执法权的消防救援机构具体实施，主要是对社会单位使用的消防产品开展质量监督检查，具体应当按照本章第三节、第四节规定的现场检查判定、监督检验程序执行。对经现场检查判定和监督检验发现的安装、使用不符合市场准入、质量不合格及国家明令淘汰消防产品的违法行为，依照《消防法》规定的违法行为处理程序执行。

第二，火灾后的消防产品质量责任调查。依据消防救援局《关于开展火灾延伸调查强化追责整改的指导意见》（应急消〔2019〕266号）有关要求，对造成人员的死亡和重大社会影响的火灾开展火灾延伸调查时，要依法调查消防产品质量责任，查清消防产品在火灾中是否有效发挥作用，是否存在质量问题（尽量采用抽样送检的方法判定产品质量），查实消防产品生产、销售和使用的主体责任。要依法调查消防产品认证、检验等中介服务责任，查清是否存在出具虚假文件、失实文件等违法、违规执业行为。要依法调查工程建设责任，查清是否存在建设工程施工使用不符合市场准入、不合格或者国家明令淘汰的消防产品。要依法调查使用管理责任，查清是否存在消防产品维护保养不到位的问题。要依法调查相关部门的消防产品监管责任，调查是否存在监督执法不到位、不作为、乱作为等问题。要综合运用行政、刑事等处罚手段，依照不同的情形，依法作出行政处罚、通报市场监督管理部门、实施信用约束和联合惩戒等处理，严肃问责。对涉嫌生产、销售伪劣产品罪等违法犯罪的，应依法将线索、证据移送有管辖权的公安机关处理。

（二）消防产品监督检查的内容

消防救援机构实施消防产品监督检查，主要检查下列内容：

（1）消防产品是否具有符合市场准入制度的证明文件，产品认证标志的使用是否符合规定；

（2）消防产品身份证标识是否符合要求；

（3）消防产品的外观标识、结构部件、材料、性能参数、生产厂名、厂址与产地等是否符合有关规定；

（4）消防产品的主要性能是否符合要求；

（5）法律以及行政法规规定的其他内容。

二、消防产品监督检查的工作流程及其要求

（一）消防产品监督检查工作要求

消防救援机构进行消防产品监督检查时，不得少于2人，应当着制式服装，并出示执法身份证件。检查过程应当填写《消防产品监督检查记录》。检查结束时，应当将《消防产品监督检查记录》交被检查单位主管人员阅后签名；被检查单位主管人员不在场或者对检查记录有异议或拒绝签名的，检查人员应当注明情况。《消防产品监督检查记录》交所属消防救援机构存档备查。

（二）实施消防产品监督检查的方法及职权

1. 实施消防产品监督检查的方法

消防救援机构实施消防产品监督检查时，可根据需要采取以下方法：

（1）询问消防产品的销售、安装、维修、使用情况以及质量责任划分；

（2）查验消防产品符合市场准入制度的证明文件和认证标志、身份证标识的使用情况；

（3）检查合格证、产品铭牌及使用说明书；

（4）对消防产品的外观标识、结构部件、性能参数、材料等进行一致性检查；

（5）现场抽测消防产品的部分性能；

（6）封样送检。

2. 实施消防产品监督检查的职权

消防救援机构对涉嫌违反法律法规的消防产品违法行为进行查处时，可以行使以下职权：

（1）对涉嫌违法使用消防产品的场所实施现场检查；

（2）向当事人的法定代表人、主要负责人和其他有关人员调查、了解和涉嫌消防产品违法活动有关的情况；

（3）查阅、复制当事人有关的合同、发票、账簿及其他有关资料；

（4）对有根据认为违法使用的消防产品予以查封、扣押。

三、消防产品现场检查

依据《消防法》《消防产品监督管理规定》《消防产品现场检查判定规则》（XF588-2012）中关于消防产品质量判定的有关程序要求，开展消防产品现场检查和判定，对已列入《消防产品现场检查判定规则》第六章的消防产品，应当按照规定现场查验消防产品的关键性能。对于尚未列入或者不适宜进行现场检查判定以及现场检查无法判定的消防产品，可在现场随机抽取样品，送法定消防产品质量检验机构检验，同时抽封相同数量的样品留存备查。

（一）消防产品现场检查的适用范围

消防救援机构对现场抽样的消防产品质量可以当场判定的，应采用消防产品现场检查的形式进行判定。

（二）消防产品现场检查的依据和条件

消防产品现场检查主要依据《消防产品现场检查判定规则》（XF588-2012）以及被检产品的国家标准或行业标准进行判定。

实施消防产品现场检查应符合以下条件：

（1）检查人员应当经过专业培训具备相应的能力，熟悉监督检查规定、产品标准和《消防产品现场检查判定规则》的要求，能够独立作出现场检查判定，检查时，检查人员不得少于2人；

（2）检查所使用的计量器具，应当符合《消防产品现场检查判定规则》规定的测量范围和精度要求，并在校准或者计量有效期之内；

（3）现场检查中产品性能检测的环境条件应当符合产品使用的环境要求。

（三）消防产品现场检查

消防产品现场检查类别包括市场准入检查、产品一致性检查和现场产品性能检测三类。当市场准入检查或产品一致检查不合格时，则无须继续进行现场产品性能检测。

1. 消防产品市场准入检查

（1）强制性产品认证检查。对公共场所、住宅使用的火灾报警产品、灭火器、避难逃生产品，应当查验是否具备强制性产品认证证书，是否加施强制性产品认证标志等。

①消防产品市场准入检查的含义。是指针对消防产品是否符合国家有关市场准入规定或者产业政策所进行的检查。

②消防产品市场准入检查项目。①实行强制性认证的消防产品市场准入检查项目、要求及不合格情况。

a.证书检查及不合格情况描述。纳入强制性产品认证目录的消防产品，应当依法获得强制性产品认证证书。未获得有效的强制性产品认证证书而擅自生产、销售、使用的，属于不合格情况。

b.标志使用检查及不合格情况描述。按照有关规定使用3c认证标志。对已实施消防产品身份证制度的产品，还应通过专用设备采集有关消防产品身份信息标志，利用消防产品身份信息管理系统查验其产品市场准入的真实性。未按规定使用3C认证标志和消防产品身份信息标志的，属于不合格情况。

c.淘汰产品和过期失效检查及不合格情况描述。不得生产、销售和使用国家明令淘汰的消防产品，不得生产、销售和使用过期、失效的消防产品。凡生产、销售和使用国家明令淘汰以及过期、失效的消防产品的，均属于不合格情况。

（2）消防产品市场准入检查的判定规则。检查结果出现证书、标志使用、淘汰和过期失效中任一项不合格要求时，则判定该消防产品为不合格。

2. 消防产品技术鉴定检查

对新研制的尚未制定国家标准、行业标准的消防产品，应查验是否具备消防产品技术鉴定证书。查询方法和强制性产品认证证书的查询方法相同。

消防产品技术鉴定证书的有效期为3年。在消防产品技术鉴定证书有效期内，相关消防产品的国家标准、行业标准颁布施行的，生产者应当保证生产的消防产品符合国家标准、行业标准。

实行技术鉴定的消防产品市场准入检查项目、要求及不合格情况描述。

a.证书检查及不合格情况描述。新研制的尚未制定国家标准、行业标准的消防产品，应当依照有关规定获得消防产品技术鉴定证书。未获得有效的技术鉴定证书而擅自生产、销售、使用的，属于不合格情况。

b.标志使用检查以及不合格描述。按照有关规定使用消防产品身份信息标志。未按规定使用消防产品身份信息标志的，属于不合格情况。

c.淘汰产品和过期失效检查。不得生产、销售和使用国家明令淘汰的消防产品，不得生产、销售和使用过期、失效的消防产品。凡生产、销售和使用国家明令淘汰以及过期、失效的消防产品的，均属于不合格情况。

3. 机动车公告

查验国产消防车、消防摩托车产品是否列入工业信息化部《道路机动车辆生产企业及产品公告》。登录中华人民共和国工业和信息化部官方网站，在"统一搜索"一栏，查询公告，查看要查询的国产消防车、消防摩托车产品是否纳入其中。

4. 消防产品一致性检查

（1）消防产品一致性检查的含义。是指针对消防产品的外观标识、结构部件、材料、性能参数等与强制性产品认证、技术鉴定、型式检验结果的符合性、一致性所进行的检查。进入市场的消防产品必须与通过强制性产品认证、技术鉴定、型式检验的产品相一致。

（2）消防产品一致性检查项目、要求及不合格情况描。对已实施消防产品身份证制度的产品，还应通过专用设备采集有关产品信息，利用消防产品跟踪管理系统查验其产品市场准入的真实性。

（3）消防产品一致性检查判定规则。当检查结果出现消防产品的外观、标识、结构部件、材料、性能参数这5项中任一项与强制性产品认证、技术鉴定、型式检验结果不相一致时，即可判定该消防产品为不合格。

5. 现场产品性能检测

（1）现场产品性能检测的含义。是指针对消防产品的关键性能，在检查现场采用相应检测方法进行的产品检测。

（2）现场产品性能检测要求。进行现场产品性能检测时，被检查单位的代表应当在场见证。现场检测时被检查产品应处正常状态，并应采取措施防止误动作或造成意外损害。

（3）现场产品性能检测判定规则。每种消防产品现场检测结果出现对应于规定的该种产品任一不合格情况时，即可判定该消防产品为不合格。

（四）消防产品现场检查判定规则及结论

1. 消防产品现场检查判定规则

消防产品现场检查的判定规则及结论如下：

（1）当市场准入检查不合格时，不继续进行产品一致性检查和现场产品性能检测，可以直接判定该产品为不合格消防产品；

（2）当市场准入检查合格，而产品一致性检查不合格时，不继续进行现场产品性能检测，可直接判定该产品为不合格消防产品；

（3）当市场准入检查和产品一致性检查均合格时，而现场产品性能检测不合格，可判定该产品为不合格消防产品；

（4）当消防产品的市场准入检查、产品一致性检查和现场产品性能检测等三类检查均合格，即可判定该产品为合格的消防产品。

2. 消防产品现场检查判定的结论

按照《消防产品现场检查判定规则》（XF588-2012）的要求，通过按顺序对消防产品的市场准入检查、产品一致性检查和现场产品性能检测等情况进行综合检查，对消防产品现场检查作出判定结论。对判定为合格消防产品的，消防救援机构应当出具消防产品现场检查判定合格意见；对判定为不合格消防产品的，应出具消防产品现场检查判定不合格意见。

（五）消防产品现场检查的程序

1. 消防产品样品的抽取和确认

（1）抽查的方式

国家对消防产品实行以随机抽查为主要方式的监督检查制度。消防救援机构监督抽查消防产品，由应急管理部消防救援局规划和组织，省级消防救援机构可以在本行政区域内组织监督抽查。

（2）样品的抽取

消防救援机构的执法人员，应在使用单位现有的样品中随机抽取，按照相关规定留样以备复核。

（3）抽取的样品数量

检查抽取的样品数量应根据被检查产品的批量大小合理确定，一般为1~3件。备样数量同取样数量。

（4）被检查消防产品样品的确认

现场在样品上粘贴印有消防救援机构印章的"市消防产品质量监督抽查抽样封条"，拍摄样品照片。同时，填写《消防产品监督检查抽样单》，对抽样方式、样品数量及样品信息应当加以记录，并得到被检查方代表的确认。

（5）样品的供给

样品由被抽样单位无偿供给。

2. 现场检查

按顺序和需要依据《消防产品现场检查判定规则》依次对消防产品进行市场准入检查、产品一致性检查和现场产品性能检测三类检查。当市场准入检查或产品一致性检查不合格时，则不需要进行现场产品性能检测。

对现场检查的所有项目应当在《消防产品监督检查记录》中逐条予以记录，不合格情况的描述应清晰明了，语言简洁、规范，数据准确，具有可追溯性。现场检查记录应当由被检查方代表签字确认。被检查方代表拒绝签字时，应予注明。

3. 作出判定结论

依据《消防产品现场检查判定规则》，对消防产品的现场检查情况作出判定结论，判定结论应当明确为"合格的消防产品"或者"不合格的消防产品"。

4. 出具并送达检查判定报告

对于判定为合格的消防产品，应当在《消防产品监督检查记录》中注明；对于判定为不合格的消防产品，应当出具《消防产品现场检查判定报告》。检查判定报告由检查人员出具，经检查部门负责人审核签字，加盖检查部门印章方可正式生效。同时，根据需要对不合格消防产品采取查封、扣押、先行登记保存、录像、拍照等措施保全证据。

检查判定报告应当及时送达被检查单位以及产品的生产单位。被检查单位以及产品的生产单位在接到《消防产品现场检查判定报告》之日起15日内对检查判定结论提出异议的，被送达人应当在《消防产品现场检查判定报告》的备注栏中签名。被检查单位以及产品的生产单位接到报告15日内未提出异议的，视作接受检查判定结论。

（六）现场检查结果处理

1. 消防救援机构在公众聚集场所投入使用、营业前消防安全检查和消防监督检查等工作中，对使用领域的消防产品质量进行日常消防监督检查时，开展消防产品现场检查判定的，应将消防产品的检查情况填写在相应的监督检查记录中，不需要单独填写《消防产品监督检查记录》。

2.消防产品质量专项监督抽查，举报、投诉消防产品的违法行为核查和复查时，开展消防产品现场检查判定的，应填写《消防产品监督检查记录》。

3.记录中检查的项目应逐项填写，不合格情况的描述应清晰明了，语言简洁规范，数据准确可靠。记录应由检查人员、被检查方管理人员签字确认；被检查方管理人员对检查记录有异议或者拒绝签字时，应在检查记录中注明。

4.现场检查未发现不合格情况的处置

被检查单位对判定结果无异议的，检查结束，填写《消防监督检查记录表》或《消防产品监督检查记录表》，连同相关证据归档。

5.现场检查发现不合格情况的处置

（1）填写《消防监督检查记录》或《消防产品监督检查记录》，填发《消防产品现场检查判定不合格通知书》，在检查结束之日起3个工作日内送达被检查单位。

（2）被检查单位未对《消防产品现场检查判定不合格通知书》提出异议的，按照《消防法》规定的工作程序执行。

（3）被检查单位对《消防产品现场检查判定不合格通知书》提出异议的，应予受理，并在5个工作日内按照本章第四节规定的工作程序执行。

四、对违法行为及不合格消防产品的执法方式

消防救援机构发现使用领域违法使用消防产品的，应依法予以处置，主要有以下四种处置方式：

（一）责令限期改正

消防救援机构在消防监督检查中发现人员密集场所（指公众聚集场所，医院的门诊楼、病房楼，学校的教学楼、图书馆、食堂和集体宿舍，养老院，福利院，托儿所，幼儿园，公共图书馆的阅览室，公共展览馆、博物馆的展示厅，劳动密集型企业的生产车间和员工集体宿舍，旅游、宗教活动场所等）使用不合格的消防产品或者国家明令淘汰的消防产品的，责令限期改正。消防救援机构执法人员应当根据改正违法行为的难易程度合理确定改正期限，并依照《消防监督检查规定》当场制作下发《责令改正通知书》；消防救援机构应当在责令改正期限届满或收到当事人的复查申请之日起3个工作日内进行复查，并现场填写《消防监督检查记录》。

消防救援机构对《消防法》第六十五条第二款规定之外的其他单位、场所使用不合格的消防产品和国家明令淘汰的消防产品的，应当认定为火灾隐患，依规定进行处置。

（二）不予消防行政许可

消防救援机构在公众聚集场所投入使用（营业）前消防安全检查等涉及消防行政许可的执法过程中发现违法使用消防产品的，在未改正前，不得通过消防行政许可。

（三）实施消防行政处罚

具有下列情况之一的，依据《消防法》的有关规定，由消防救援机构对其实施消防行政处罚：

（1）人员密集场所使用不合格的消防产品或国家明令淘汰的消防产品，经消防救援机构责令限期改正而逾期不改的；

（2）除人员密集场所之外的其他场所使用不合格的消防产品和国家明令淘汰的消防产品，当认定为火灾隐患，经消防救援机构通知不及时采取措施消除的。

（四）移送、通报和信息发布

1. 涉嫌犯罪移送

根据《刑法》和最高人民检察院、公安部《关于公安机关管辖的刑事案件立案追诉标准的规定（一）》第十六条的有关规定，生产者和销售者在产品中掺杂、掺假，以假充真，以次充好或者以不合格产品冒充合格产品，销售金额5万元以上，或者未销售不合格消防产品的货值金额达15万元的，应填写《涉嫌犯罪案件移送通知书》，依法移送公安机关追究刑事责任。

2. 通报

（1）通报市场监督管理部门

对检查发现的使用领域消防产品质量违法行为，在依法查处的同时应当填写《关于通报涉嫌违法生产/销售消防产品案件的函》，及时通报当地同级市场监督管理部门。

《关于通报涉嫌违法生产/销售消防产品案件的函》应附《消防产品现场检查判定不合格通知书》或监督检验报告等材料。

（2）通报认证鉴定机构

对能够确认不合格消防产品生产企业的，应当填写《关于通报涉嫌生产不合格消防产品的函》，及时通报相应的消防产品认证机构或者技术鉴定机构。对无证企业无须通报认证鉴定机构。

《关于通报涉嫌生产不合格消防产品的函》所附相关材料应包含以下内容：

①《消防产品现场检查判定不合格通知书》或监督检验报告；
②消防产品身份证标签或生产企业书面确认证明；
③消防产品监督检查记录（消防监督检查记录）；
④消防产品购销合同、发票等其他材料。

3. 信息发布

消防救援机构应当依照有关规定将消防产品质量监督抽查结果、严重的消防产品违法行为的行政处罚情况等有关信息，通过报刊、网络、电视媒体等媒介向社会公布。

五、消防产品抽样检验

（一）消防产品抽样检验的适用情况

抽样检验适用于以下两种情况：一是不适宜进行现场检查判定且对于其质量有怀疑的某些消防产品；二是当事人对消防产品现场检查判定结果有异议的。

（二）抽封样品

抽封样品包括以下三个步骤：

1. 样品的抽取

抽查的样品应当从已设置在使用场所内的消防产品中随机抽取，选定的消防产品应在类别、规格型号等方面具有代表性。

2. 抽取的样品数量

抽封样品数量应根据被检查产品的批量大小合理确定，并应当满足产品质量检验的需要。

3. 被检查消防产品样品的确认

现场在样品上粘贴印有消防救援机构印章的"市消防产品质量监督抽查抽样封条"，拍摄样品照片，同时填写《消防产品监督检查抽样单》，对抽样方式、样品数量及样品信息应当加以记录，并得到被检查方代表的确认。

在抽封样品时，对抽样人员有如下要求：

（1）监督抽查抽样人员应当由消防救援机构指派的人员、承检单位的人员组成。抽样时，抽样人员不应少于2名。严禁抽样人员事先通知被抽查企业，严禁被抽查企业或者与其有直接、间接关系的企业参与接待工作。

（2）抽样人员抽样前，应当出示消防救援机构相关文件通报，出示有效身份证件，向被抽查单位介绍监督抽查的性质和抽样方法、检验依据、判定规则等，再进行抽样。

（3）抽样人员封样时，应当有防拆封措施，从而保证样品的真实性。

（三）样品送检

样品送检包括以下三个步骤：

1. 确定检验机构

消防救援机构应当依照有关规定将样品送往符合法定条件的、承担相关业务范围的国家级或者省级消防产品质量检验机构进行监督检验。承担监督抽查检验工作的产品质量检验机构必须具备相应的检测条件和能力，并且按照消防救援机构的授权开展产品质量检验工作。

2. 样品保管、运输

已抽取的样品应当由消防救援机构专人、专库保管。对可能灭失或者以后难以取得的证据应进行先行登记保存。在保存期间，先行登记保存的证据持有人及其他有关人员不得损毁或者转移证据。采取证据先行登记保存措施，必须经县级以上消防救援机构负责人批准。先行登记保存证据时，应当会同证据持有人或者见证人对证据的名称、数量、特征等进行登记，开具《先行登记保存证据清单》。必要时，应对先行登记保存的证据拍照。对先行登记保存的证据应当在7日内作出处理决定，逾期不作出处理决定的，视为自动解除。

消防救援机构可以采取押运、邮寄、托运等方式向消防产品质量检验机构运送样品，送检时间自抽样之日起一般不超过5个工作日。样品的生产、销售和使用单位不得擅自送样检验。

3. 检验费用支付

消防产品监督检验所需费用在规定经费中列支，不得向被检查单位收取检验费用。

（四）样品检验

样品检验包括以下三个步骤：

1. 样品的接收、入库、领用

（1）检验机构应当严格制定有关样品的接收、入库、领用、检验、保存以及处理的程序规定，并严格按程序执行。

（2）接收样品应当有专人负责检查、记录样品的外观、状态、封条有无破损及其他可能对检测结果或者综合判定产生影响的情况，并确认样品与抽样单的记录相符，对检测和备用样品分别加贴相应标识后入库。必要时，在不影响样品检验结果的情况下，可以将样品进行分装或者重新包装编号，以保证不会因发生其他原因导致不公正的情况。

（3）样品的领用要严格执行相应的领用程序，由专人负责，检验过程中，样品的传递应当有详细的记录。

2. 样品检验

（1）检验机构在承担监督抽查任务过程中，对于抽查涉及的所有检验项目不得以任何形式进行分包；

（2）检验机构在检验前应当组织所有参加检验的人员学习检验方法、检验条件等，并确保按规定的检验方法和检验条件进行检验工作；

（3）检验仪器设备应当符合有关规定要求，并在检定周期内保证正常运行；

（4）现场检验要制定现场检验规程，并确保对同一产品的所有现场检验遵守相同的操作规程；

（5）检验原始记录必须如实填写，保证真实、准确、清楚，不得随意涂改，并妥善保留备查；

（6）检验过程中遇有样品失效或者其他情况致使检验无法进行时，必须如实记录即时情况，并有充分的证实材料。

3. 出具检验报告

（1）检验机构应在规定期限内按照有关标准对样品进行检验，并出具结论明确的检验报告。检验报告的内容必须齐全，检验依据和检验项目必须清楚并和抽查方案相一致，检验数据必须准确，结论明确。

（2）检验结束后，应当及时将检验报告、《消防产品质量监督抽查检验结果通知单》寄送该生产企业，并抄送该生产企业所在地的省级消防救援机构。

（五）检验结果送达

消防救援机构在收到结论明确的检验报告后，应在15个工作日内将检验结果送达被检查单位，送达凭证应存档备查。

（六）复检

被检查单位对检验结果有异议的，可以自收到检验报告之日起15日内向实施监督抽查的消防救援机构提出书面复检申请。经消防救援机构同意，一般由原检验机构对备用样品进行复检，并应在10日之内作出书面答复。被检查单位逾期未提出异议的，视作接受检验结论。

六、消防产品监督检查法律文书制作及案卷建档

（一）消防产品监督检查法律文书制作

消防救援机构在实施消防产品监督检查过程中，依法应制作下列法律文书：消防产品现场监督检查合格的，只填写《消防产品监督检查记录》；检查不合格但能够现场判定的，要填写《消防产品监督检查记录》和《消防产品现场检查判定报告》；对消防产品的质量有疑义不能够现场判定的，需填写《消防产品监督检查记录》，随后填写《消防产品抽样清单》并送合法的检验机构检验；检查中发现人员密集场所使用不合格的消防产品或者国家明令淘汰的消防产品，依法作出责令限期改正决定时，应当填写《责令改正通知书》；依法实施消防处罚的，制作有关法律文书。

1.《消防产品监督检查记录》

（1）适用范围。消防救援机构实施各种形式的消防产品监督检查，均应当填写《消防产品监督检查记录》；消防产品现场监督检查合格的，只填写《消防产品监督检查记录》。

（2）制作要求。消防产品监督检查的所有项目应当逐条记录，不合格情况的描述应清晰明了，语言简洁、规范，数据准确；对检查合格的项目也应当记录，不得只写"符合""正常"等笼统记录。同时，应注意以下填写要求：

①"消防产品符合市场准入制度情况"栏，应逐条记录所检查的产品生产单位名称、产品名称以及是否符合市场准入制度。对生产单位未确定的，要在单位名称后加"标称"。

②"消防产品一致性检查情况"栏，对一致性检查不合格的产品，要具体列出产品与相对应的证书或者检验报告不一致项目和内容。

③"消防产品淘汰、失效、报废、假冒伪劣情况"栏，要具体写出产品属于淘汰、

失效、报废、假冒伪劣的情形。如产品均不属于上述情形,该栏应划斜线。

④"消防产品性能现场检测判定情况"栏,应详细记录现场检测的项目和结果,用器具测量的要记录具体的数据。对市场准入检查或者产品一致性检查不合格的产品以及属于淘汰、失效、报废、假冒伪劣的产品,无须再进行产品性能现场检测,该栏应划斜线。

⑤"备注"栏,应注明《消防产品监督检查抽样单》的份数、编号及现场照片等情况。

2. 《消防产品现场检查判定不合格通知书》

(1) 适用的范围。消防救援机构实施消防产品现场检查,当消防产品判定为不合格时,应出具《消防产品现场检查判定不合格通知书》。

(2) 制作要求。

①"x"处填写使用文书的消防救援机构代字。(其他文书相关内容填写同此要求)

②存档文书尾部印制的当事人签收处在采取当场交付法律文书时使用,由当事人签名并注明收到日期;当事人是单位的,由其法定代表人或主要负责人签收;当事人书面委托代理人或指定代收人的,可以由代理人或者代收人签收。当事人拒绝签收或不能采取当场交付方式的,应在法定期限内使用《送达回证》送达当事人。(其他文书相关内容填写同此要求)

③抬头的"＿＿＿:"横线处填写单位名称,填写时应写全称;"我＿＿＿"横线处,填写消防救援机构的略称,如"总队""支队""大队"。(其他文书相关内容填写同此要求)

④"现将判定的消防产品不合格情况通知如下:"后,应逐条列举消防产品不合格的具体问题并注明判定依据。"被检查单位(场所)有无异议"处为必选项,有异议的应写明具体有异议的理由,无异议的应当勾选"无"选项。

⑤填发前应当审批,审批文书应当存档。

3. 《消防产品监督检查抽样单》

(1) 适用范围。消防救援机构实施消防产品现场检查或抽样检验,在对被检查消防产品样品确认时,应填写《消防产品监督检查抽样单》。

(2) 制作要求。填写《消防产品监督检查抽样单》时,应详细记录抽样方式、样品数量以及样品信息,并得到被检查单位负责人的确认。填写时应注意以下要求:

①"生产、维修日期"栏,填写生产、维修日期,并在日期后注明"生产""维修"字样。

②"注册商标"栏,填写具体注册商标,不明的划斜线。

③"进货或使用日期"栏,填写进货或者使用日期,并在日期后注明"进货""使用"字样。

④"证书编号"栏,对强制性认证或者型式认证的消防产品,填写证书的编号,对技术鉴定的消防产品,填写技术鉴定证书编号。

⑤"抽样基数"栏,填写抽样地点所安装或配置该规格型号消防产品的总数。

⑥"抽样数量"栏,填写抽取该规格型号产品的数量。

4.《责令改正通知书》

（1）适用范围。消防救援机构在消防监督检查中发现人员密集场所使用不合格的消防产品或国家明令淘汰的消防产品，在作出责令限期改正执法决定时，应当当场制作《责令改正通知书》。

（2）制作要求。《责令改正通知书》的内容包括责令立即改正和限期改正两部分，是办理消防行政处罚案件的重要证据。制作时应注意以下要求：

①抬头横线"——"处填写责令改正的单位名称；"我——"横线处填写"支队"或"大队"等。

②"下列第一项"横线处用阿拉伯数字填写违法行为的序号，同时在下列所选中的违法行为序号前"□"内画"∨"，两者要对应。填写时从横线左侧紧凑填写序号，完毕后划"/"线中上；如无此选项中的违法行为，则直接在横线左侧划线。

③文书中的"□"，属于选项判断，在选中内容前的"□"内画"∨"。当有多个选项时，在填写使用文书时根据实际情况选择。

④《责令改正通知书》所填写的内容必须和《消防监督检查记录》所填写的内容对应。

⑤《消防法》规定的应给予责令改正的其他消防安全违法行为应在第11项中注明。

⑥设定整改期限时，应当根据整改火灾隐患或改正消防违法行为的难易程度，合理确定整改期限。

5.《先行登记保存证据清单》

（1）适用范围。《先行登记保存证据清单》是消防救援机构办案人员在办理行政案件过程中，对可能灭失或者以后难以取得的证据进行先行登记保存时所使用的法律文书。

（2）制作要求。制作时，证据持有人如果是个人，应清楚记载证据持有人的基本情况，包括姓名、性别、出生日期、现住址等。证据的数量要用大写，物品的特征要写详细。表格中多余的空格应用斜对角线划掉。

6.《扣押物品清单》

（1）适用范围。消防救援机构对违法使用的消防产品予以查封、扣押时，应填写《扣押物品清单》。它是消防救援机构在办理行政案件过程中对采取先行登记保存不足以防止当事人销毁或者转移证据，对涉案消防产品、文件进行扣押时所使用的文书。

（2）制作要求。消防救援机构实施扣押消防产品时，应当会同被扣押物品持有人查点清楚，当场开列扣押物品清单一式两份。制作应注意以下要求：

①"物品持有人"后面的横线处填写个人的姓名、性别、出生日期、身份证件种类及其号码，现住址或者单位的名称、地址和法定代表人。

②写明扣押理由。

③"编号"栏采用阿拉伯数字，按物品的排列顺序从"1"开始逐次填写。

④"名称"栏填写物品的名称。

⑤"规格"栏填写物品的品牌和型号。

⑥"数量"栏填写每种物品的数量,应用大写。

⑦"特征"栏填写物品的颜色、新旧、质地等特点。

⑧"发还情况"栏由接受人注明"已发还"并签名、盖章或者按指印。

⑨填写表格内容时,应当一项一格,中间不应当留空格,填写完剩下的空格应当用对角线的方式划去。空格不够的可以附页,附页也要加盖公安机关印章并由承办人和被扣押物品持有人或者见证人签名。

⑩由消防监督人员和被扣押物品持有人签名后,一份交被扣押物品持有人,另一份存档,有见证人的,还应由见证人签名。

(二)建档

建设工程消防监督管理和消防监督检查环节,对消防产品的质量监督形成的文件材料,随其工作建档。下面重点介绍消防产品监督检查卷以及消防产品违法行为举报、投诉卷的建档。

1. 消防产品监督检查卷

消防产品监督检查卷归档内容及装订顺序如下:

(1)卷内文件目录;

(2)消防产品监督检查法律文书及审批表;

(3)消防产品现场检查抽样单、现场照片;

(4)消防产品质量监督检验抽样单、现场照片;

(5)消防产品监督检查记录;

(6)消防产品现场检查判定报告以及审批材料、消防产品照片;

(7)消防产品质量现场检查判定材料;

(8)消防产品检验报告及其他材料;

(9)责令限期改正通知书及审批材料;

(10)消防监督检查记录;

(11)和市场监督管理部门之间的相互移交记录;

(12)给消防产品合格评定中心的移交记录;

(13)文书送达回执;

(14)其他有关材料;

(13)备考表。

2. 消防产品违法行为举报、投诉卷

消防产品违法行为举报、投诉卷归档内容及装订顺序如下:

(1)卷内目录;

(2)消防产品违法行为举报及投诉材料;

(3)消防安全违法行为举报、投诉受理登记核查记录;

(4)消防产品监督检查记录;

（5）消防产品市场准入证书及其检验报告；
（6）查处审批及回复材料；
（7）其他应订入案卷的材料；
（8）备考表。

第六章 防火分隔的消防监督管理

城市综合体独特的建筑特征和室内设计元素，常常为防火分隔设计提出很大挑战，不同组合形式的综合体建筑，其防火分隔的形式和要求也存在较大差异。在进行防火分隔设计中，需兼顾建筑美学、功能使用和消防安全的统一。本章介绍了城市综合体防火分隔设计的基本理念和方法，并阐述了新型城市综合体防火分隔的解决方案，为城市综合体防火设计提供了更多灵活性和创新思路。

第一节　防火分隔基本理念

防火分隔旨在将大体量的城市综合体利用防火分隔构件、设备或者空间将其分隔为若干的防火分区，限制火灾的蔓延。城市综合体的建筑功能和组合形式多种多样，其防火分隔方式也应具有针对性和适用性。因此，了解防火分隔方式的分类以及不同防火分隔方式在城市综合体的适用性是进行城市综合体防火设计的前提。

一、防火分隔方法

防火分区是指采用防火墙、耐火楼板及其他防火分隔设施分隔而成，能在一定时间内阻止火灾向同一建筑的其余部分蔓延的局部空间。对建筑物进行防火分区的划分是通过防火分隔构件来实现的。可以阻止火势蔓延，能把整个建筑空间划分成若干较小防火空间的建筑构件称为防火分隔构件。

结合建筑的设计要求，防火分隔的设置应综合考虑以下四个方面：

（1）不同火灾风险等级的空间应尽量相互分隔。
（2）较强的分隔在有效阻隔烟气的同时也应兼顾不同空间的功能联系。
（3）防火分隔的设置应当尽量不影响界面的装修效果。
（4）特殊尺度和需要消防联动的防火分隔应防范故障风险。

按照防火分隔物的位置，防火分隔方法可分为水平分隔和垂直分隔。

1. 水平防火分隔

水平防火分区，即采用一定耐火极限的墙、楼板、门窗等防火分隔物按防火分区的面积进行分隔的空间。

2. 垂直防火分隔

按垂直方向划分的防火分区也称竖向防火分区，可把火灾控制在一定的楼层范围内，防止火灾向其他楼层垂直蔓延，主要采用具有一定耐火极限的楼板做分隔构件。

二、防火分隔形式分类

（一）防火分隔按空间类型分类

防火分隔形式按照空间类型，可分为点式分隔、线式分隔和空间式分隔。点式分隔和线式分隔是较为传统的防火分隔方式，而空间分隔是一种适应建筑发展的创新的防火分隔方法，后文将详细阐述。

1. 点式分隔

点式分隔指通过非连续的分隔点位来实现防火分隔的方式。主要包括以下两种：

（1）防火门。防火门是指具有一定耐火极限，并且在发生火灾时能自行关闭的门。建筑中设置的防火门，应保证门的防火和防烟性能符合现行国家标准《防火门 GB12955-2008》的有关规定，并经消防产品质量检测中心检测试验认证才能使用。按耐火极限，防火门分为甲、乙、丙三级，耐火极限分别不低于1.5h、1h和0.5h，对应的分别应用于防火墙、疏散楼梯门和竖井检查门。按材料，防火门可分为木质、钢质、复合材料防火门。按门扇结构可分为带亮子和不带亮子、单扇和多扇、全玻门和防火玻璃。

（2）防火窗。防火窗是采用钢窗框、钢窗扇及防火玻璃制成的，能起到隔离和阻止火势蔓延的窗。一般设置在防火间距不足部位的建筑外墙上的开口或天窗，建筑内的防火墙或防火隔墙上需要观察等部位以及需要防止火灾竖向蔓延的外墙开口部位。

防火窗按照安装方法可分固定窗扇与活动窗扇两种。固定窗扇防火窗不能开启，平时可以采光，遮挡风雨，发生火灾时可以阻止火势蔓延；活动窗扇防火窗能够开启和关闭，起火时可以自动关闭，阻止火势蔓延，开启后可以排除烟气，平时还可以采光和通风。为了使防火窗的窗扇能够开启和关闭，需要安装自动和手动开关装置。

防火窗的耐火极限与防火门相同。设置在防火墙、防火隔墙上的防火窗，应采用不可开启的窗扇或具有火灾时能自行关闭的功能。防火窗应符合现行国家标准《防火窗》

（GB16809—2008）的有关规定。

2. 线式分隔

线式分隔指通过连续的固定或活动分隔段来实现防火分隔的方式。主要包括以下几种：

（1）防火墙。防火墙是具有不少于3h耐火极限的不燃性实体墙。在设置时应满足以下六个方面的构造要求：

①防火墙应直接设置在基础上或钢筋混凝土框架上。防火墙应截断可燃性墙体或难燃性墙体的屋顶结构，且应高出不燃性墙体屋面不小于40cm，高出可燃性墙体或者难燃性墙体屋面不小于50cm。

②防火墙中心距天窗端面的水平距离小于4m，且天窗端面为可燃性墙体时，应采取防止火势蔓延的设施。

③建筑物外墙如为难燃性墙体时，防火墙应突出墙的外表面40cm，或防火墙带的宽度从防火墙中心线起每侧不应小于2m。

④防火墙内不应设置排气道。防火墙上不应开设门、窗、洞口，如必须开设时，应采用能自行关闭的甲级防火门、窗。可燃气体和甲、乙、丙类液体管道不应穿过防火墙。其他管道如必须穿过时，应用防火封堵材料将缝隙紧密填塞。

⑤建筑物内的防火墙不应设在转角处。比如设在转角附近，内转角两侧上的门窗洞口之间最近的水平距离不应小于4m，紧靠防火墙两侧的门、窗、洞口之间最近的水平距离不应小于2m。

⑥设计防火墙时，应考虑防火墙一侧的屋架、梁、楼板等受到火灾的影响而破坏时，不致使防火墙倒塌。

（2）楼板。楼板在高度方向将建筑物分隔为若干层，是建筑中常用的作为一种连续的垂直防火分隔方式，也是建筑中至关重要的分隔部位，涉及防火和结构安全。楼板是墙、柱水平方向的支撑及联系杆件，保持了墙柱的稳定性，并能承受水平方向传来的荷载（如风载、地震载），并把这些荷载传给墙、柱，再由墙、柱传给基础。作为防火分隔的楼板构件，应满足相应的耐火时间要求，对于一、二级耐火等级的综合体建筑，其楼板的耐火时间分别不应低于1.5h和1h。

（3）防火卷帘。防火卷帘是在一定时间内，连同框架能满足耐火稳定性和完整性要求的卷帘，由帘板、卷轴、电机、导轨、支架、防护罩和控制机构等组成。按叶板厚度，防火卷帘可分为轻型卷帘（厚度为0.5~0.6mm）和重型卷帘（厚度为1.5~1.6mm）。按材料分类，防火卷帘可分为普通型钢质（耐火极限分别达到1.5h、2h）和复合型钢质（中间加隔热材料，耐火极限可分别达到2.5h、3h和4h）。此外，还有非金属材料制作的复合防火卷帘，主要材料是石棉布，有较高的耐火极限。

防火卷帘一般设置在电梯厅、自动扶梯周围，中庭和楼层走道、过厅相通的开口部位，生产车间中大面积工艺洞口以及设置防火墙有困难的部位等。需要注意的是，为保证安全，除中庭外，当防火分隔部位的宽度不大于30m时，防火卷帘的宽度不应大于

10m；当防火分隔部位的宽度大于30m时，防火卷帘的宽度不应大于该防火分隔部位宽度的1/3，且不应大于20m。

防火卷帘的耐火极限不应低于规范对所设置部位的耐火极限要求，替代防火墙的防火卷帘应符合防火墙耐火极限的判定条件，或者在其两侧设冷却水幕，计算水量时，其火灾延续时间按不小于3h考虑。

防火卷帘应符合现行国家标准《防火卷帘》（GB14102—2005）的规定，不宜采用侧式防火卷帘和折叠提升式防火卷帘。

（4）防火分隔水幕。防火分隔水幕可以起到防火墙的作用，在某些需要设置防火墙或其他防火分隔物而无法设置的情况下，可采用防火水幕进行分隔。防火分隔水幕宜采用雨淋式水幕喷头，水幕喷头的排列不少于3排，水幕宽度不宜小于6m，供水强度不应小于2L/（s·m）。

（5）防火玻璃。防火玻璃作为一种固定的线形分隔方式，适用于特定的场所和建筑中，如在《建筑设计防火规范》（GB50016—2014）中，允许中庭洞口采用防火玻璃，且满足一定的技术条件。在实际应用中，往往采用喷淋保护的C类防火玻璃，已达到耐火隔热性和耐火完整性的要求。使用防火玻璃作为防火分隔方式的其他特殊场合包括室内步行街、房中房等，后文详细论述。

3. 空间式分隔

随着新型城市综合体的发展，新的建筑设计理念和组合形式也带来了防火分隔形式的创新，一种新的防火分隔理念——空间分隔在不降低建筑防火要求的情况下，被越来越多地灵活应用于城市综合体的消防设计中。根据城市综合体功能组合形式的不同，空间式分隔形式可分为以下五种：

（1）外街、室外庭院。作为室外公共空间和交通空间，旨在通过空间的天然分隔解决大进深建筑的防火分隔问题，兼解决建筑流线和交通流线。

（2）下沉广场。可以将地面客流自然地吸引到地下空间，也为地下空间创造了更加开放和自然的环境，同时它还是很好的防火分隔手段，从空间上解决地上和地下的防火分隔，以及地下大面积开发的空间隔断，如解决地下建筑面积超过20000m^2的商业防火分隔时，下沉广场是一种可靠的空间分隔形式。

（3）防火隔间。主要用于将大型地下商店分隔为多个建筑面积不大于20000m^2的相互相对独立的区域，一旦某个区域着火且不能有效控制时，该空间要能防止火灾蔓延至其他区域。防火隔间所处位置是两个防火分区之间3h防火墙的分隔点，防火隔间的墙体应为3h防火墙或1.5h的防火门。

（4）避难层。是高层建筑中用作消防避难的楼层，一般建筑高度超过100m的高层建筑，为了消防安全专门设置的供人们疏散避难的楼层。在防火分隔上，通过避难层，亦可以从空间上有效阻隔火灾和烟气的竖向蔓延。

（5）安全空间分隔。指在空间上划出一条空白地带，截断热量和烟气的传播蔓延可燃物媒介，从而达到防火分隔的目的，适用于展厅、航站楼等高大空间，当防火墙、防火卷帘或者防火水幕划分防火分区存在困难时,可运用防火隔离带、第三空间等新型的设计理念进行防火分隔。

(二)防火分隔按分隔方式分类

按照分隔方式分类,防火分隔可分为固定式和联动式两种。

1. 固定式

固定式包括防火墙、楼板、防火玻璃等。

2. 联动式

联动式包括防火门、防火窗、防火卷帘以及防火水幕等。

这些分隔方式的特点和要求在上文已做详细阐述,在此不做赘述。

在实际城市综合体防火分隔设计中,往往呈现两种不同分类形式的交叉应用,表7-1总结了不同分类形式交叉使用的工况,以及对应的分隔安全度。较强的空间紧密度之间需要较强的空间联系,需采用较弱的分隔方式,反之亦然。此外,固定式的防火分隔相对来说安全系数较高,联动式的防火虽然可以加强空间联系,但存在一定设备故障的风险,需要注意平时的管理维护。

表 7-1 防火分隔的形式

分类	序号	分隔形式	固定式	联动式	分隔程度
点式	A	防火门	•		一般
线式	B	防火墙/楼板	•		强
	C	防火玻璃	•		一般
	D	楼板	•		强
	E	防火卷帘		•	一般
	F	水雾喷淋		•	弱
空间式	G	外街	•		弱
	H	下沉广场	•		弱
	I	防火隔间		•	一般
	J	敞开中庭		•	弱
	K	避难层	•		强
	L	安全空间间隔	•		一般

注:图中的·表示同时符合两种防火分隔分类方式。

第二节　外街和室外庭院分隔技术

大进深建筑利用外街分隔建筑,外街作为公共空间和交通空间,在功能上是一种联系作用,但由于其属于室外空间,火灾风险系数低,可以作为一种有效的防火分隔。但外街和室外庭院的设置，在一定程度上切断了建筑室内空间和功能流线的连续性，常常不被采用，但是若能结合建筑总体布局、流线，合理安排外街和室外庭院，将形成良好的消防条件和丰富的空间效果。

一、防火技术要求

能够作为有效的防火分隔的外街和室外庭院，其空间形态及布置上应满足下述基本要求：

（1）外街宜结合消防环道设置。外街作为室外街道，宜设置消防车道，且设置室外消火栓，为消防救援和室外扑救创造便利条件。

（2）要保证足够的防火间距。外街、室外庭院两侧的建筑间距应满足相应的防火间距，且不应小于9m。

（3）外街需要足够开敞。为保证外街作为室外空间，分隔两侧建筑物，在有屋顶覆盖时，外街、室外庭院的顶部开敞率应超过60%。

二、项目实例分析

某商业综合体项目总建筑面积约 30 万 m^2，占地约 4.4 万 m^2，由两栋塔楼和与之相连的裙房组成。两栋塔楼各自独立，按防火间距对角布置；裙房占地面积较大，约 4.9 万 m^2，与两栋塔楼的各自两条边相接，进深很深，所以在消防策略上采用外街的方式来进行分隔。北侧的外街顶部敞开，总宽度约 15m，东西向长约 150m，两端完全敞开，消防车可以直接进入救援。南北向设置了一条宽约 6m 的开敞弧形走廊，如图 7-1 所示的项目平面图。另设有一个中庭也是顶部敞开设计。整个建筑敞开的外廊、外街和中庭相结合，将建筑群体分隔成多个体块，巧妙地解决了大体量商业空间的防火分隔和大进深商业空间的疏散距离问题。

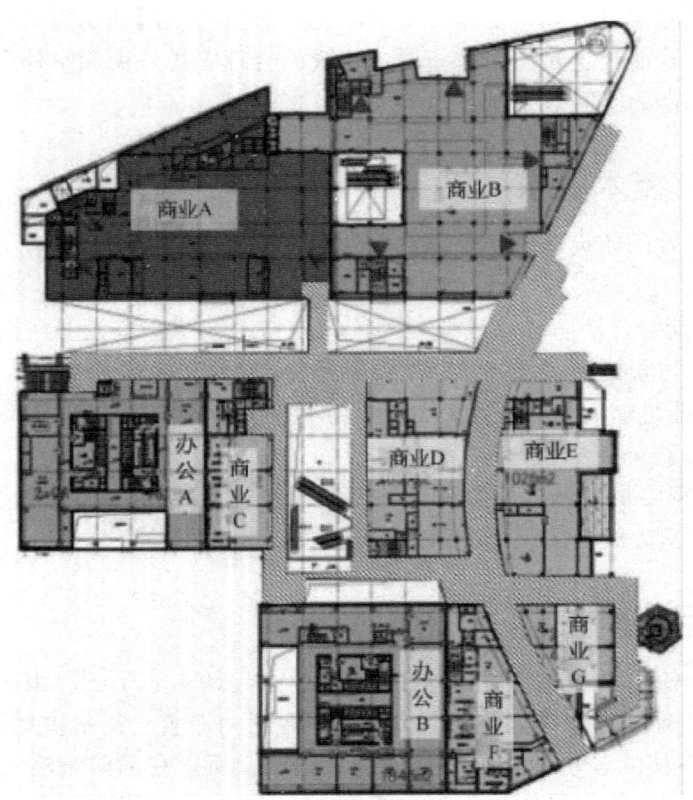

图 7-1 某商业综合体项目平面图

第三节 地下空间防火分隔技术

在大型地下开发项目中，因为其体量巨大，传统的防火墙等分隔方式对建筑空间的连续性影响较大。地下城市综合体，特别是地下商业建筑的大量涌现，给防火分隔带来了极大挑战。在不降低建筑防火分隔水平的前提之下，下沉广场和其他同类的空间分隔技术不失为一个很好的替代解决方案。

一、下沉广场分隔

1. 防火技术要求

如上文所述，在建筑上起到连通地上和地下空间的同时，还是很好的防火分隔手段。为使下沉广场起到防火分隔的作用，下沉广场应满足下述要求：

（1）设置控制水平火蔓延的措施。为了控制面向下沉广场的不同防火分区的水平火蔓延，不同防火分区通向下沉式广场等室外开敞空间的安全出口最近边缘之间的水平距离不应小于13m。

（2）下沉广场的尺寸和功能要求。应保证充足的面积以起到在空间上阻止火灾蔓延的目的，下沉式广场短边不小于13m，室外开敞空间除了用于人员疏散外不得用于其他商业或可能导致火灾蔓延的用途，其中用于疏散区域的净面积不应小于169m²。

（3）下沉广场风雨篷设置要求。下沉广场应作为室外开敞区域，确需设置防风雨篷时，防风雨篷不应完全封闭，四周开口部位应均匀布置，开口的面积不应小于该空间地面面积的25%，开口高度不应小于1m；开口设置百叶时，百叶的有效排烟面积可按百叶通风口面积的60%计算。

（4）消防救援设置考虑。若下沉广场的其中一端与车行通道连接，地下商业发生火灾时，在满足一定条件的情况下，可以考虑消防车直接利用下沉广场和车行通道停靠在地下一层，从而方便消防队员迅速到达地下火场进行灭火战斗。

2. 项目实例分析

在上海世博轴地下商业改造项目中，地下一层和地下二层的商业面积超过10万m²，沿着世博轴呈狭长分布，利用下沉广场将过长的商业空间分隔，丰富空间体验的同时，也形成了良好的防火分隔，降低了地下空间火灾蔓延的危险性。

而上海某广场项目是另一个利用了下沉广场解决建筑防火分隔的案例（图7-2）。该项目是一个大体量且人员密集的大型公共建筑，总建筑面积62775m²，由一个1850座的音乐剧剧场和地下车库组成。其特点是剧院的主要使用平面位于地下，地面上为剧场池座观众厅、观众厅大堂和舞台主台上空空间。剧院的±0.00层平面是剧院地面的入口空间，在这一层建筑北部主入口布置有大堂的上层环廊，环绕-7.50层大堂上空，通向观众厅二层楼座，以及剧院的售票、咖啡等用房。剧院观众厅大堂空间位于地下-7.5m处，这也是剧院的主要入口空间，由±0.00层室外场地沿下沉广场两翼弧形室外楼梯拾级而下。观众厅大堂内和观众厅池座及一、二层楼座相连接，共有-7.5m，-3.3m、±0.00三处不同标高平面，并通过大堂内两个圆形景观楼梯相联系。

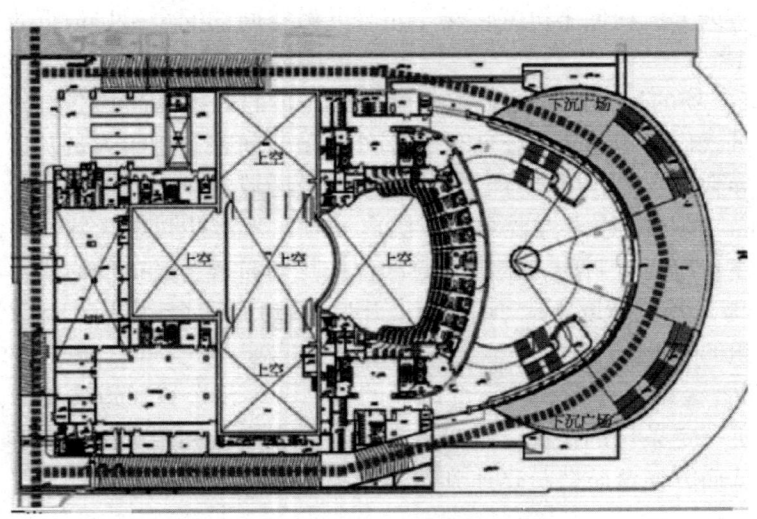

图 7-2　上海某广场项目总平面图

在地下有如此大量人员密集场所的建筑对于消防疏散带来很大的挑战。针对此类建筑，消防设计采用了利用大面积下沉广场来进行消防救援和人员疏散的策略，下沉广场不但可以用作人员疏散和防火分隔，还有可能为消防车通行并且展开提供火灾扑救。消防环道在观众大堂入口区域放宽到 15m，形成一个近 $1500m^2$ 的下沉广场。

除了常规的地上消防环道之外，地下消防环道从陕西南路靠近永嘉路侧入口，通过消防环道逐步下降到 −7.5m 标高的大堂，环绕大堂沿茂名南路侧又上升至室外路面。

二、第三空间分隔

城市综合体群内部多地块的地下开发空间往往通过对市政地下公共通道连成一片，这些地下公共通道是未来各地块二级开发的接口和连接界面。由于地下公共通道不隶属于任何一个地块，在开发商对各地块进行二级开发的过程中往往只会解决本地块内的消防问题而忽略地下公共通道的消防设计，导致地下公共通道的消防设计成为设计盲区。如图 7-3 所示，此类地下公共通道在防火分隔上可作为"第三空间"，起到分隔不同地块的作用。

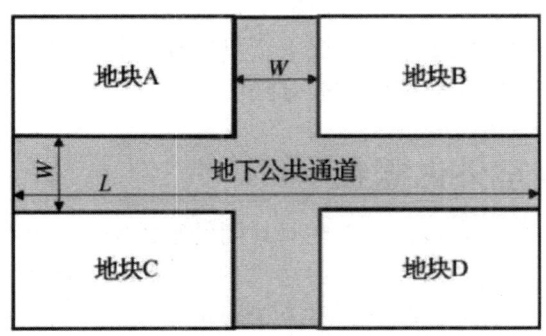

图 7-3 典型的多地块地下开发空间示意图

地下通道的宽度需要能够防止火灾的蔓延。若地块的对应功能为商业,根据相关规范,喷淋失效后商业的火灾规模可以达到 20MW。可以推算出通道的最小宽度不宜小于 8m;若地块的对应功能为车库,则其火灾规模较商业小,喷淋失效后为 3MW,可推算出通道的最小宽度不宜小于 3m。据此,保守建议当地块功能为商业和车库时,相应的通道宽度分别不得小于 10m 和 4m,确保某一地块的火灾不会通过地下公共通道蔓延至另一相邻地块。

为进一步提高第三空间的安全度,地下公共通道与地块交界面应采取一定的防火分隔措施:

(1)当地块功能为车库时,应直接采用防火墙进行分隔,局部车行出入口处可采用防火卷帘分隔。

(2)当地块的规划功能为商业时,通常来说有以下三种分隔方式可供选择:

①防火墙与防火门相结合的分隔方式。该方式为规范推荐的分隔方式,可靠性较高;但是若地下通道为商业客流的主要购物通道之一,采用此方式将影响店铺面向购物通道一侧的通透性。

②防火玻璃加喷淋保护的形式。该分隔方式亦能在一定程度上起到阻止或减缓火灾蔓延的作用,且相关规范已明确该分隔方式可以用于中庭的防火分隔;建议对防火玻璃施加喷淋保护,保证该分隔方式的消防安全性。这种分隔方式可以弥补防火墙与防火门相结合的分隔方式的缺点,满足店铺的通透性要求。

③店铺面向公共通道一侧设置防火卷帘的形式。该分隔方式与卷帘产品的可靠性和安装工艺有很大关系,采用此种方式应选择可靠性较高的卷帘产品来保证分隔的有效性。

第四节　室内空间室外化防火分隔技术

利用室外空间作为安全区域来做功能空间的防火分隔是一个重要的消防理念。但在有些项目中,室内与室外的概念界定并不十分清晰。譬如,将一个相对封闭的空间设置一定数量的开口,且辅以火灾时自动开启的窗口,形成有效的火灾排烟模式和良好的气流组织,在建筑之间防火间距足够的情况下,可以探讨将建筑之间的共享空间室外化,作为一个防火分隔方式,实现空间的防火分隔。

一、室内空间室外化概念

所谓室内空间室外化,系指建筑中相对封闭的较大空间,在四周或屋顶开启足够的常开或联动开启的开口。使之达到在火灾模式下空间足够开敞的效果,从而实现室外空间的作用,从空间上阻止火灾的蔓延,不至于影响相邻的建筑单体和构造。此类建筑一般由一个相对封闭的罩子,把几个建筑单体连接在一起,形成单体之间的共享空间,在建筑上加强了建筑单体之间的联系,也形成了很好的公共流动空间。为实现室内空间室外化,用作此功能的共享空间需要达到如下三个方面的设计要素:

(1)空间功能定性。共享空间是一个单纯的交通空间,不是商业功能区,不布置固定的商业经营设施。在火灾情况下,该空间无可燃物,就不会形成火灾蔓延的路径。

(2)足够的防火间距。作为一种空间防火分隔方式,保证足够的防火间距是该设计理念成立的前提,足够的防火间距可以有效地阻止烟气和热量对相邻建筑单体的影响。除了满足规范规定的建筑防火建筑要求,还可以基于火灾场景,通过对辐射计算,适当增大不同建筑单体之间的防火间距。

(3)火灾工况下保证充分开敞。为了实现室外化的效果,在火灾工况下应能保证足够的开敞度,其联动开启的排烟窗面积和常开的开口面积之和应不小于共享空间面积的25%。

二、项目实例分析

该设计概念较为典型的项目案例是北京芳草地侨福广场项目。比如图7-4所示,该项目是透明环保罩下笼罩的大规模建筑物,内部四座建筑的立面也采用玻璃幕墙,形成双幕墙的结构。如图7-5所示,环保罩下四座建筑单体分别为A座21层、B座21层、C座11层、D座12层。由于有一个特殊的环保罩,使侨福广场既不同于普通的大空间中庭建筑,又不同于一般的建筑群;同时,其高大宽广的共享空间又为建筑之间的防火分隔提供了很好的空间,这种新颖的设计在消防设计方面有其自身的特点和挑战。

（a）室外

（b）室内

图 7-4 北京芳草地侨福广场实景图

由图 7-4b 可以看到，侨福广场项目的共享空间比较复杂，建筑单体的边界也是凹凸曲折且漫长多变。在这种边界进行不同的防火分隔是十分困难的，传统的防火墙分隔方案对于建筑效果影响很大，而大量使用防火卷帘又会带来整体可靠性的问题，如果卷帘降落失效，则防火分隔形同虚设。

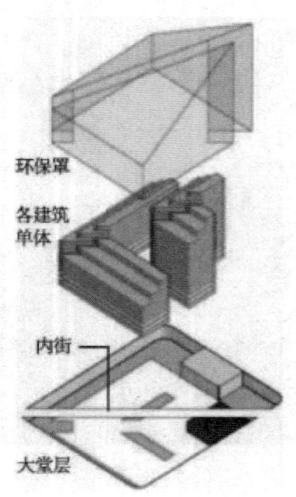

（a）构成图

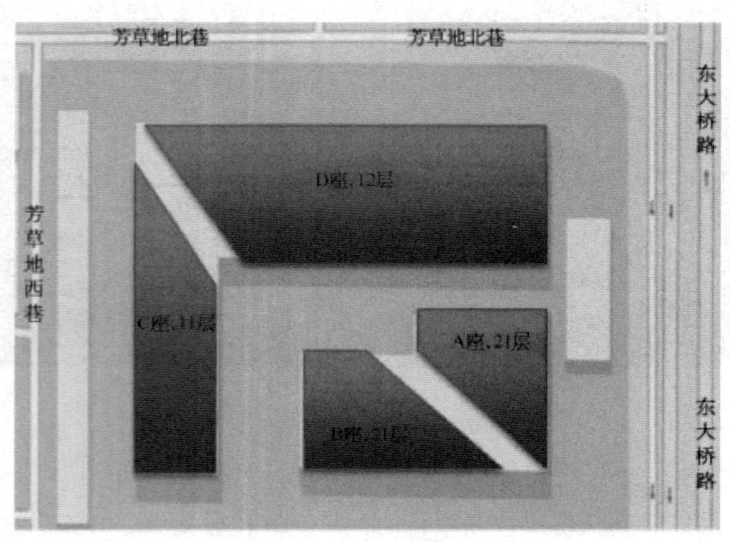

（b）平面图

图 7-5　项目建筑示意图

因此，项目创造性地采用室内空间必要时室外化的理念，将共享空间作为室外空间处理，采取一定的加强措施和替代解决方案，将该空间作为一种空间分隔措施。基本设计理念如下：

（1）环保罩下的四座高层建筑为各自独立的建筑单体，而非一栋建筑。

（2）通过在共享空间屋顶及高位幕墙开设大量自动排烟窗，并且在低位开设补风百叶，通过下沉广场将室外空气补充进入共享空间内，形成火灾时良好的气流组织。自动排烟窗上设置 ETFE 膜，在一定温度下受热熔融，形成孔洞；因此在自然排烟窗火灾时联动开启发生故障时，仍可通过 ETFE 膜的熔融实现自然排烟。ETFE 膜受热熔融的实验图，如图 7-6 所示。实验发现，ETFE 膜受热熔融后形成孔洞，但不会产生熔滴滴落，因此也不会伤及下面的人员。

（a）屋顶排烟窗　　　　　（b）ETFE 膜受热实验图

图 7-6　屋顶排烟窗和 ETFE 膜受热实验图

（3）各建筑单体之间的防火间距较大。A、B、C、D 座各个建筑单体之间的防火间距均远大于规范要求的 13m 防火间距，约为 20m，这就保证了在火灾情况下共享空间上部有较大的蓄烟空间，使烟气达到屋顶之间不致使烟气发生较大的水平蔓延；同时，较大的防火间距也阻止了热量的辐射和传递。共享空间的烟气蔓延和排烟效果通过实际热烟实验得到了验证，如图 7-7 所示。

图 7-7　共享空间热烟实验图

（4）在室外化设计定位之下，共享空间的消防系统按照室外来考虑，设置室外消火栓系统，同时引入消防车道到共享的空间内，作为消防加强的措施。消防车道的设计如图7-8所示。

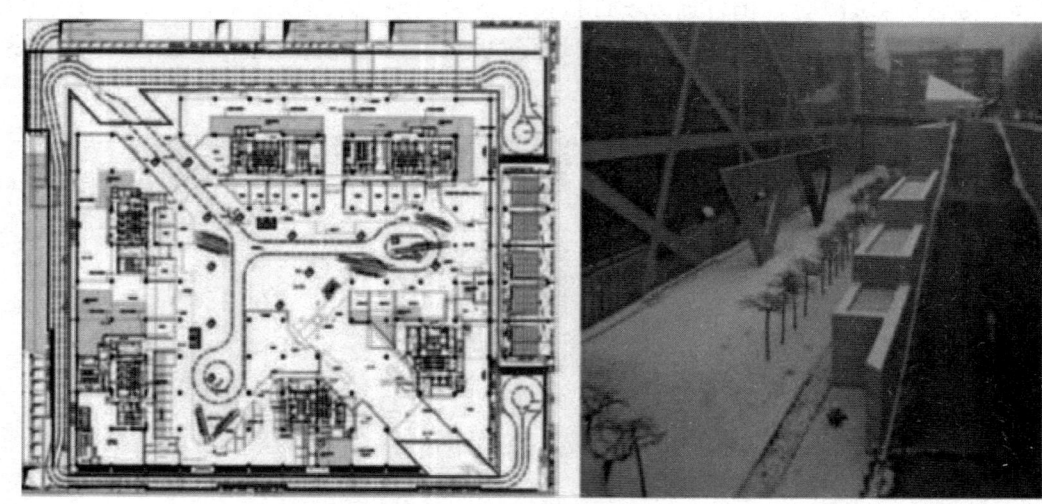

图7-8　消防车道设计

第五节　防火玻璃加喷淋保护的防火分隔技术

在一些特殊的建筑形式中，如中庭、步行街店铺、房中房等，需要保证商业界面的通透性以及人员疏散时的畅通，在保证防火分隔安全性的条件下，往往采用防火玻璃等替代解决方案。在采用该方式进行防火分隔时，往往在消防设计理念上也进行特殊的考量，且需要考虑分隔物的耐火隔热性和耐火完整性要求。

一、防火玻璃及组件的技术要求

在实际应用中，在中庭、步行街店铺、房中房等场所，往往采用喷淋保护的C类防火玻璃，达到1h耐火时间，其设计概念如图7-9所示。用于防火分隔的防火玻璃需要满足一系列技术条件，从而达到防火分隔的目的。

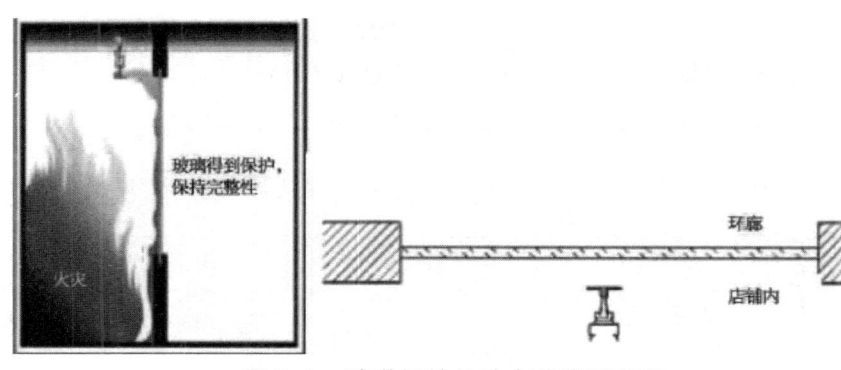

图 7-9 喷淋保护的防火玻璃示意图

1. 分隔构件的整体耐火性能

《镶玻璃构件耐火试验方法 GB/T12513—2006》要求除防火玻璃本身的耐火时间满足要求，其镶玻璃构件应达到同样的耐火时间。

2. 实验测试的标准性

《建筑用安全玻璃第1部分：防火玻璃》（GB15763.1—2009）规定，防火玻璃试样应镶在与实际工程配套使用的框架系统内，受火尺寸不得小于1200mm×600mm；强调防火玻璃和实际工程配套使用的支撑框架结构的重要关系，强调防火玻璃试样与工程实际安装尺寸 1∶1 的关系，受检试样受火尺寸应选择实际使用的最大尺寸。实验测试应按照 ISO834 标准火曲线进行升温测试，图 7-10 为防火玻璃在实验炉中的测试情形。标准温升曲线公式见式（7-1）：

$$T = 345 \log_{10}(8t+1) + T_0 \tag{7-1}$$

式中，T 为实验炉内空气的平均温度（℃）；z 为实验开始后的时间（min）；T_0 为炉内初始温度，取了 20℃。

图 7-10 防火玻璃测试实验

根据式（7-1），绘制实验炉内标准温升的曲线（图7-11）。由图可知，若防火玻璃要达到60min耐火极限，实验炉的最高温度可达到945℃。

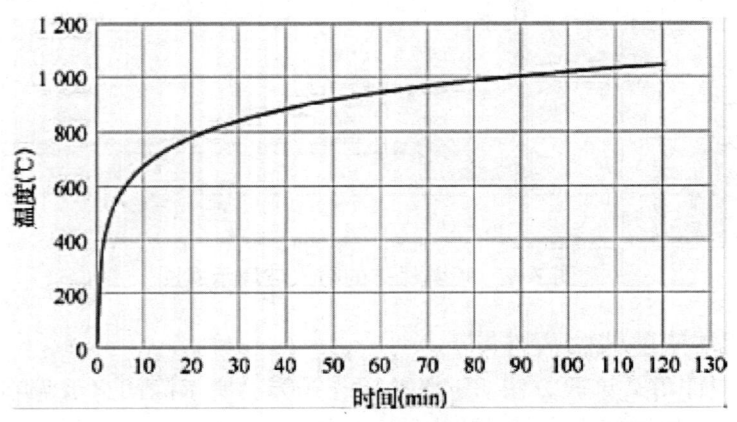

图 7-11　标准升温曲线

3. 保护防火玻璃的喷淋系统要求

保护商铺防火玻璃隔墙的闭式自动喷水系统应设独立的供水泵与供水管网及水泵接合器；消防用水量应计入总消防用水量。建议满足下列技术指标：

（1）应采用流量系数K=80的边墙型快速响应喷头，喷头的喷水强度不应小于0.5L/（s·m），喷水保护长度应按室内商业街中单个铺面防火玻璃隔墙的最大总长度计算。

（2）系统的喷水持续时间不应小于2h。

（3）喷头应布置在商铺防火玻璃隔墙的内侧，喷头间距应为 2 ~ 2.5m。

（4）喷头距离防火玻璃墙应为200mm，喷头和吊顶的距离应为120mm。

二、项目实例分析

水幕喷淋通常用于建筑中庭空间的防火分隔。在一些高大空间中，比如机场航站楼，或者一些通高中庭内的小型商业体，与中庭等可燃物较少的大空间相比，这些房中房是火灾风险源，但是由于需要保证商业界面的通透性以及人员疏散时的畅通，不适宜设置防火墙或防火卷帘，可以用水幕喷淋与防火玻璃结合进行保护和隔离。

某商业综合体项目的商场位于地上一层至五层，设计有五层通高的中庭，中庭中心为一个水晶树状结构的主题商店区域，并通过上下层交错的廊桥与周围中庭通廊相连接，是商场的视觉中心，如图7-12所示。图中蓝色区域为中庭内的水晶体造型店铺，即房中房，采用水幕喷淋与防火玻璃结合进行保护和隔离。因为中庭和主题商店的曲线结构，不便安装防火卷帘，如图7-13所示。同时，防火卷帘在火灾条件下的可靠性也难以保证。

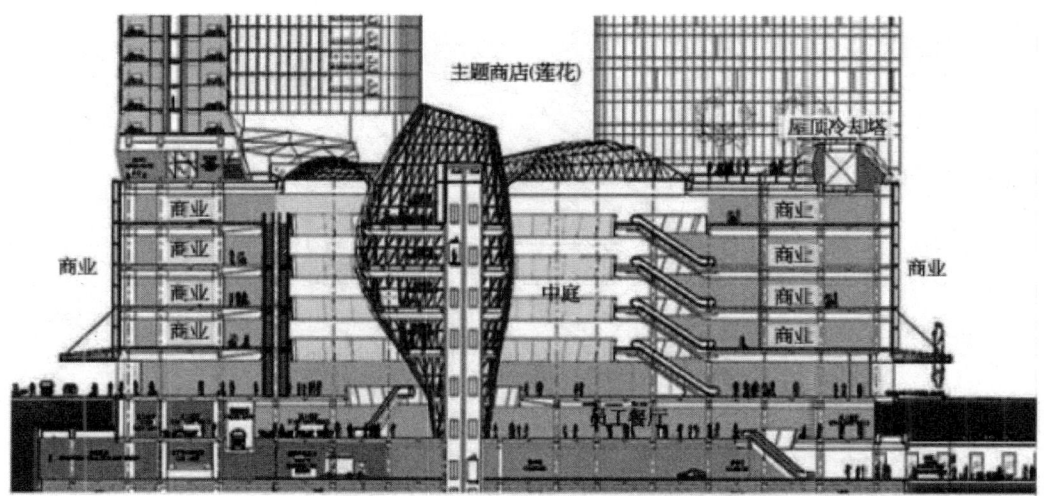

图 7-12　某商业综合体中庭及主题商店剖面图

图 7-13　中庭主题商店设计效果图

因此，需要寻找一种可替代的防火分隔方式，在本项目中建议采取钢化玻璃和加密喷头保护相结合的替代解决方案，作为中庭与主题商店的防火单元分隔，将发生的火灾限制在各个防火单元内，从而尽快扑灭发生的火灾并给人员提供安全的疏散环境。主题商店与中庭的防火分隔平面图，如图 7-14 所示。

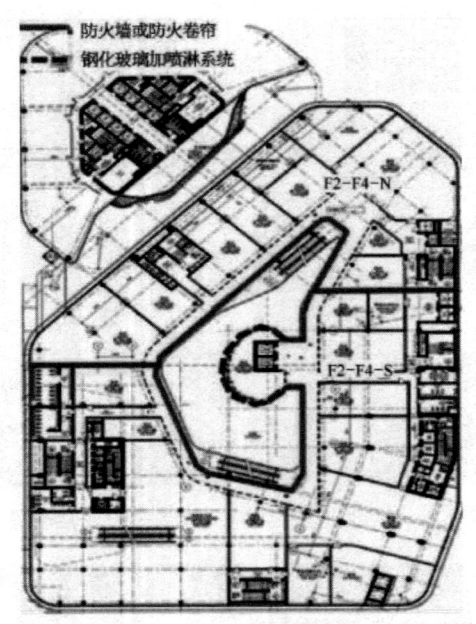

图7-14 中庭与主题商业防火分隔平面图

如火灾发生在主题商店，火焰和高温烟气将影响着火层的内侧墙。如果火灾发生在中庭，当火灾烟气到达上部楼层时，温度将会较低。因此，喷头只需安装在主题商店的内侧。

采用钢化玻璃和水喷淋系统能有效地分隔主题商店与中庭。在发生火灾时，水喷淋系统可冷却玻璃幕墙的温度并降低热量对玻璃墙所造成的结构性影响。水将覆盖玻璃墙的表面，形成一层水幕。该水幕不但能防止烟羽流及热辐射直接投射在玻璃墙上，并且可作为玻璃的保护层及隔热功能。根据英国规范，水喷淋可把楼层的火灾烟气控制在100℃以下。

第六节 安全空间防火分隔技术

前述章节论述的防火分隔是一种平面上呈现点状的空间分隔形式，只能用于相邻的两个独立使用场所（如每20000m²的地下商业之间，或者地下车库和商业之间），起到防火分隔和人员相互通行的作用，《建筑设计防火规范》对此有明确的规定。拓展此设计理念，本书针对不同城市综合体建筑，创新性地提出了新型的量体裁衣的安全空间分隔方式，主要分为两种：一种是防火隔离带，另一种是室内步行街。这两种空间分隔方式在平面上呈线形，其应用范围和灵活性更广。

一、防火隔离带

展览厅、航站楼、车站候车厅等高大空间建筑，由于建筑上空间连续性的需求，加之异形屋顶设计，采用防火墙、防火卷帘或防火水幕划分防火分区存在困难。因此，基于项目实践和空间阻隔的原理，提出"防火隔离带"的设计理念，对此类建筑进行空间分隔。

防火隔离带的设计基本理念是：为了起到空间上防止火灾蔓延的作用，在建筑物内部适当部位设置带状连续的具有一定宽度的隔离空间，以达到阻止火灾通过热对流和热辐射等传热形式引燃隔离带对侧的可燃物，防止或减缓火灾沿水平方向蔓延的目的；同时，防火隔离带又是人员疏散的主要通道，在隔离带上需要有清晰的地面疏散指示标志和直通室外的出口。该隔离带区域不布置任何固定展位和可燃物。在综合分析安全性、可行性和造价的基础上在隔离带上设置和火灾探测联动的自动排烟窗用于排烟，同时在隔离带两侧设置一定高度的挡烟垂壁形成隔离带上方的储烟仓，可以将隔离带上方挡烟垂壁之间蓄积的热烟气及时排出，排烟效率高，减少隔离带上方的烟气蓄积和对下部的辐射，且设置自然排烟窗不影响大空间的整体通透效果。防火隔离带概念示意图如7-15所示。

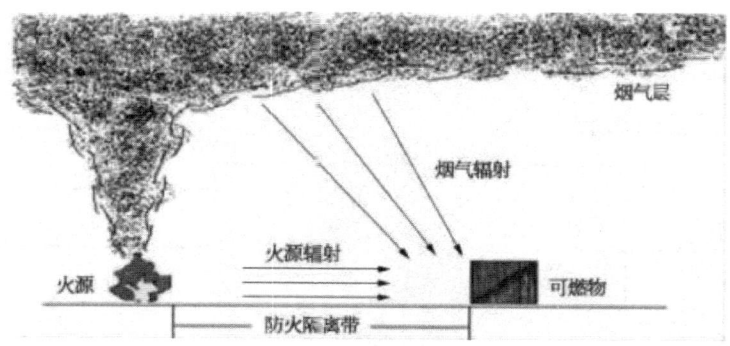

图 7-15　防火隔离带概念示意图

防火隔离带的设置需满足下述要素：

（1）防火隔离带的设置应根据建筑布局，尽可能减少对使用功能空间流线的影响。

（2）防火隔离带的设置应注意和人员流线相协调，能够直通室外，隔离带上无物品摆放且空间开阔。

（3）防火隔离带的宽度应根据空间的火灾规模计算合理确定。因防火隔离带运用于高大空间，当烟气层较高时，烟气对地面的热辐射不占主导，故应主要从防止火焰辐射引燃的角度计算防火隔离带的宽度。具体操作时，需要根据实际情况，按照大空间内实际物品的火灾规模、空间高度等，进行计算确定。

以某大型会展中心项目为例，其展览厅采用防火隔离带进行防火分隔为三个防火分区。

二、室内步行街

室内步行商业街为现代商业综合体的一种常见形式，大体量的商业综合体通过有顶棚的步行街连接，并由贯通步行街组织和吸引客流。大型商业综合体的室内步行街旨在为解决大进深建筑楼梯在首层出室外问题，在商业建筑中设置回廊式中庭，从而形成一条狭长的主动线，该空间也天然地形成一个室内步行街，将商业建筑一分为二，类似两栋建筑用有顶盖的室内街道连接。如图7-16所示，在建筑理念上，商业建筑通过有顶步行商业街连接组成一个步行街商业建筑或建筑群，是供人们进行购物、饮食、娱乐、美容、憩息等而设置的场所，包括步行街两侧的店铺，室内步行街两侧的店铺有进入街道的入口，顾客可以通过该街道在店铺之间流动。在消防设计理念上，这类建筑的消防设计也有别于一般的商业建筑，室内步行街一般界定为用作防火分隔和疏散缓冲区的空间，用作类室外空间使用，鉴于此，往往在其顶部开启大量的自动排烟窗，火灾时根据火灾探测系统联动开启，形成较好的屋顶开敞条件，从而达到类室外的效果，使得烟气迅速被排出至室外，同时也起到疏散缓冲的作用，部分楼梯在首层出来的人员经该类室外空间进行疏散缓冲，进而走出室外。室内步行街实景图如图7-17所示。

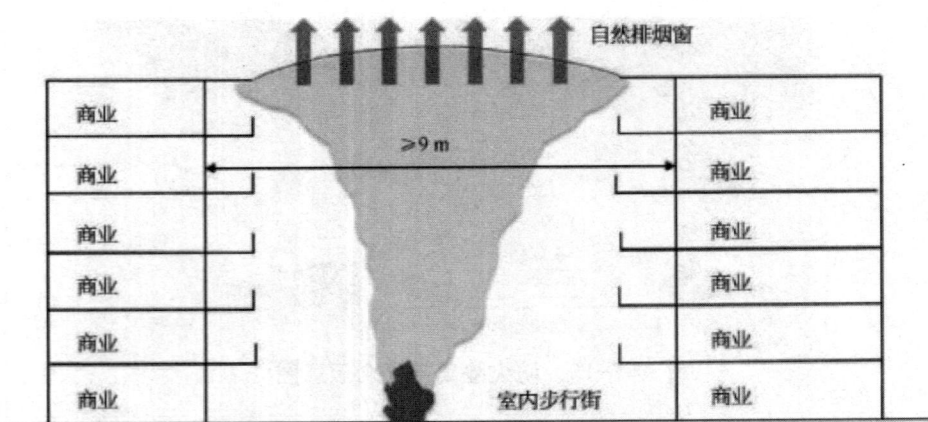

图7-16　室内步行街概念示意图

图 7-17 室内步行街实景图

利用室内步行街作为一种空间防火分隔方式,需满足以下设计要点:

(1)耐火等级要求。步行街两侧建筑的耐火等级不应低于二级。

(2)防火间距要求。建筑相对的最近距离均不应当小于规范对相应高度建筑的防火间距要求,且不应小于 9m。

(3)步行街的尺寸要求。步行街的长度不宜大于 300m,防止火灾一旦失控导致过火面积过大;步行街的顶棚下檐距地面的高度不应小于 6m。

(4)步行街两侧店铺的设计要求。步行街两侧建筑的商铺之间应设置耐火极限不低于 2h 的防火隔墙,每间商铺的建筑面积不宜大于 300m²。步行街两侧建筑的商铺,其面向步行街一侧的围护构件的耐火极限不应低于 1h,并且宜采用实体墙,其门、窗应采用乙级防火门、窗;当采用防火玻璃墙(包括门、窗)时,其耐火隔热性和耐火完整性不应低于 1h;采用了耐火完整性不低于 1h 的非隔热性防火玻璃墙(包括门、窗)时,应设置闭式自动喷水灭火系统进行保护。相邻商铺之间面向步行街一侧应设置宽度不小于 1m、耐火极限不低于 1h 的实体墙。步行街两侧建筑的商铺内外均应设置疏散照明、灯光疏散指示标志和消防应急广播系统。

(5)步行街各层开口面积。当步行街两侧的建筑为多个楼层时,每层面向步行街一侧的商铺均应设置防止火灾竖向蔓延的措施;设置回廊或挑檐时,其出挑宽度不应小于 1.2m;步行街两侧的商铺在上部各层需设置回廊和连接天桥时,应保证步行街上部各层楼板的开口面积不应小于步行街地面面积的 37%,并且开口宜均匀布置。

(6)步行街开窗要求。步行街的端部在各层均不宜封闭,确需封闭时,应在外墙上设置可开启的门窗，且可开启门窗的面积不应小于该部位外墙面积的一半。步行街的顶棚应设置自然排烟设施并宜采用常开式的排烟口，并且自然排烟口的有效面积不应小于步行街地面面积的25%。常闭式自然排烟设施应能在火灾时手动或自动开启。步行街的顶棚材料应采用不燃或难燃材料，其承重结构的耐火极限不应低于1h。步行街内不应布置可燃物。

（7）步行街内的疏散要求。步行街两侧建筑内的疏散楼梯应靠外墙设置并宜直通室外，确有困难时，可在首层直接通至步行街；首层商铺的疏散门可直接通至步行街，步行街内任一点到达最近室外安全地点的步行距离不应大于60m。步行街两侧建筑二层及以上各层商铺的疏散门至该层最近疏散楼梯口或者其他安全出口的直线距离不应大于37.5m。

（8）步行街内的消防设施要求。步行街两侧建筑的商铺外应每隔30m设置DN65的消火栓，并应配备消防软管卷盘或消防水龙头，商铺内应设置自动喷水灭火系统和火灾自动报警系统；每层回廊均应设置自动喷水灭火系统，步行街内宜设置自动跟踪定位射流灭火系统。

与步行街相连的商业设施内一旦发生火灾，要采取措施尽量把火灾控制在着火房间内，限制火势向步行街蔓延。通过以上措施防止步行街两侧商铺发生的火灾在步行街内沿水平方向或竖直方向蔓延，预防步行街自身空间内发生火灾，确保步行街的顶棚在人员疏散过程中不会垮塌。

第七章 安全疏散的消防监督管理

现代城市综合体具有功能复杂、建筑体量大、空间一体化、功能多样化、人员密度大、人员年龄分布广等显著特点，发生火灾时，城市综合体的人员疏散是城市综合体设计时须重点考虑的问题之一。传统的建筑疏散体系以从建筑物内疏散至室外作为人员安全疏散的判定准则，但随着城市综合体建筑的发展，越来越多的建筑形式与建筑空间涌现出来，在疏散设计上，出现了较多的"灰空间""屋顶平台""缓冲区域""避难空间""公共界面空间"等特殊建筑空间和建筑形式，这些新的建筑空间的出现也为城市综合体疏散技术的创新提出了新的课题。

结合这些新的建筑形式和挑战，本章对城市综合体中较为有代表性的疏散设计的关键问题进行研究和分析论述，提出了解决此类新的建筑空间形式的疏散设计新思路、新方法和新技术。不对已经成熟的传统建筑疏散体系和方法做赘述和总结。

第一节 人员疏散理论与研究方法

一、人员疏散理论

在发生火灾时，人员的生命安全往往是需考虑的重点，即首先需保证人员疏散的安全，在火灾达到对人体造成危害之前将人员疏散至安全区域。本节主要对安全疏散进行理论研究，分析人员安全疏散准则和途径，可以为后续特殊建筑发生火灾时的人员疏散研究提供理论基础。

（一）人员疏散准则

在火灾发生时，建筑内部设施应能够为被困人员提供足够的时间疏散至安全出口处，并在整个过程中人员不会受到伤害。

安全疏散主要针对的参数是时间，一般分为可用安全疏散时间（ASET）和必需安全疏散时间（RSET）。其中，可用安全疏散时间为：火灾发生时到温度上升或者烟气浓度上升或能见度下降到能够对人体构成危害时所用的时间。

当发生火灾时，其产物会对人体造成不同程度的伤害，如火焰产生的高温气体可引起灼伤、中暑、脱水和呼吸道阻塞（水肿）。暴露在火焰或热源直接辐射的范围内可引起灼伤，如果保持在66℃以上的温度或辐射热下 $3W/cm^2$ 以上，仅须1s就会引起皮肤灼伤；此外，火焰温度和热辐射可能导致人立即或其后死亡。人体对高温的耐受情况见表8-1。

表8-1 人体对高温的耐受情况

烟气温度/℃	人体耐受时间
65	可短时间忍受
110	大约忍受13min
150	大约忍受5min
180	忍受时间小于1min

人体对CO浓度的耐受情况见表8-2。

表8-2 人体对CO浓度的耐受情况

CO浓度/（mg/L）	人体生理特征或症状
200	经2~3h后出现轻度头痛
400	1h后出现头痛和恶心
800	45min后出现头痛、恶心
1300	有强烈的头痛，皮肤出现樱桃红
1600	30min时头痛、头晕，超过2h引起死亡
2000	1h后出现危险或引起死亡
3200	5~10min头痛、头晕，30min后死亡
6400	在10min内死亡
>10000	超过3min死亡

一般将温度参数界定为达到60℃，CO浓度参数界定为达到500mg/L，能见度参数界定为下降到10m时所用的时间称为可用安全疏散时间。

必需安全疏散时间为从火灾发生到被困人员疏散至安全区域所需要的时间，其中包括火灾发生时建筑内部的广播或自动报警系统的动作时间、被困人员的反应时间和行走

第七章 安全疏散的消防监督管理

至安全出口的时间。

报警时间一般是指从火灾发生到火灾报警系统报警的这段时间，一般设为60s。触发报警器的方式有以下三种，具体如下：

（1）自动喷水灭火系统的喷头破裂触发报警。

（2）探测器探测到火灾而报警。

（3）人员感知到火灾发生后手动启动报警设备。

根据经验总结出的各种用途建筑内采用不同火灾报警系统时的人员响应时间见表8-3。

表3-3 各种用途建筑内采用不同火灾报警系统时的人员响应时间

建筑物用途及人员状态	响应时间/min 报警系统类型		
	W1	W2	W3
办公楼、商业区或工业厂房、学校建筑内的人员处于清醒状态，熟悉建筑物及其报警系统和疏散措施	<1	3	>4
商店、展览馆、博物馆、休闲中心等 建筑内人员处于清醒状态，不熟悉建筑物、报警系统和疏散措施	<2	3	>6
旅馆或寄宿学校 建筑内人员可能处于睡眠状态，但熟悉建筑物和疏散措施	<2	4	>5
旅馆、公寓 建筑内人员可能处于睡眠状态，不熟悉建筑物、报警系统和疏散措施	<2	4	>6
医院、疗养院及其他社会公共福利设施 有相当数量的人员需要帮助	<3	5	>8

注：W1——实况转播指示，采用声音广播系统，如闭路电视设施的控制室。

W2——非直播（预录）声音系统、和/或视觉信息警告播放。

W3——采用警铃、警笛或其他类似报警装置的报警系统。

在火灾时所遵循的安全疏散准则即可用安全疏散时间＞必需安全疏散时间。

（二）人员疏散设备设施

不同类型的建筑应根据其使用功能、规模和建筑特点等因素合理设置安全疏散设施，其安全出口和疏散门的位置、数量、宽度以及疏散方式的选择，应满足人员安全疏散的要求。常用的安全疏散设施有安全出口、疏散楼梯、疏散滑梯、疏散走道以及疏散横通道和避难层、避难间。

1. 安全出口

安全出口是指符合规范的疏散楼梯或直通室外地平面的出口。为了在发生火灾时在地面楼层形成合理的疏散路径，迅速安全地疏散人员和搬出贵重物资，减少火灾损失，在建筑内必须设置符合规范规定数量的安全出口。安全出口一般用于单层、多层或高层建筑内，与疏散楼梯直接连接或直通室外。

建筑内的安全出口和疏散门应分散布置,且建筑内每个防火分区或一个防火分区的每个楼层、每个住宅单元的每层相邻的两个安全出口以及每个房间相邻的两个疏散门最近边缘之间的水平距离不应小于5m。公共建筑内每个防火分区或一个防火分区的每个楼层的安全出口的数量应经计算确定,并且不应少于2个,若符合《建筑设计防火规范》(2018年版)中公共建筑的相关规定,安全出口设置1个即可。

2. 疏散楼梯

疏散楼梯是指有足够的防火能力可作为竖向通道的室内楼梯和室外楼梯。作为安全出口的楼梯是建筑物中的主要垂直交通空间,它既是人员避难、垂直方向安全疏散的重要通道,又是消防队员灭火的辅助进攻路线。当建筑物发生火灾时,普通电梯没有采取有效的防火、防烟措施,且供电中断,一般会停止运行,上部楼层的人员只有通过楼梯才能疏散到室外的安全区域,因此楼梯是最主要的垂直疏散设施。常用于单层、多层及高层建筑和隧道中。可作为疏散楼梯的有:敞开楼梯、封闭楼梯间、防烟楼梯间、室外疏散楼梯和隧道中疏散楼梯,等等。

(1)敞开楼梯。敞开楼梯即普通室内楼梯,通常是在平面上三面有墙、一面无墙无门的楼梯间,敞开楼梯的隔烟阻火能力最差,在建筑中作为疏散楼梯时,需要限制其使用范围。

(2)封闭楼梯间。在楼梯间的入口处设置门,从而防止火灾的烟和热气进入的楼梯间。其设置应符合以下规定:

①楼梯间靠外墙,并直接天然采光和自然通风,当不能直接天然采光和自然通风时,按防烟楼梯间的规定设置。

②楼梯间的首层紧接主要出口时,可将走道和门厅等包括在楼梯间内,形成扩大的封闭楼梯间,但应采用乙级防火门(针对高层建筑)等防火措施与其他走道和房间隔开。

(3)防烟楼梯间。 在楼梯间的入口处设置防烟的前室、开敞式阳台或凹廊(统称前室)等设施,且通向前室和楼梯间的门均为防火门,以防止火灾的烟和热气进入的楼梯间。其设置应符合以下规定:

①楼梯间的入口处设置前室、阳台或凹廊。
②前室面积根据建筑类别应符合规范规定。
③前室和楼梯间的门均为乙级防火门,并向疏散方向开启。
④前室设有防、排烟设施。

受平面布置的限制,前室不能靠外墙设置时,必须在前室和楼梯间采用机械加压送风装置,以保障楼梯间的安全。防烟楼梯间的前室不仅起到防烟防火作用,还要使不能同时进入楼梯间的人员在前室能够短暂地等待,以缓解楼梯间的拥挤程度。

(4)室外疏散楼梯。其特点是设置在建筑外墙上,全部开敞于室外,且常布置在建筑端部,它不易受到烟气和火势的威胁,既可以供人员疏散使用,又可供消防人员登上高楼扑救使用。在结构上,它利用简单的悬挑方式,不占据室内有效的建筑面积。此外,侵入室外楼梯处的烟气能迅速被风吹走,不受风向的影响。因此,室外疏散楼梯的防烟效果和经济性都较好，但由于只设一道防火门而防护能力较差，且易造成心理上的高空恐怖感，人员拥挤时还有可能发生二次事故，所以安全性不高，应与前两种疏散楼梯配合使用。

（5）隧道口疏散楼梯。疏散楼梯也常用于隧道中，通常设置在盾构段一侧，且根据规定其设置间距不得大于250m。在发生火灾时，人们可前往附近的疏散楼梯口，拉开盖板，沿疏散楼梯向下行走至下层疏散通道，并且通过附近的竖井或通往室外的楼梯逃生至安全区域。

总之，疏散楼梯必须有较好的防烟、防火效果。防烟楼梯间前室和封闭楼梯间的内墙除了在同层开设通向公共走道的疏散门外，不应开设通向其他房间的门窗，且其墙体本身应具有较好的耐火性能，其耐火极限不应小于2h。

3. 疏散滑梯

疏散滑梯是一种特殊滑梯，在遇到火灾等突发情况时，人们顺势滑下进行逃生。疏散滑梯常用于隧道中，它和隧道中疏散楼梯的作用相似，通常设置在盾构段一侧。因利用疏散滑梯时下滑速度受人员年纪以及身体状况影响因素较小，所以疏散速度比疏散楼梯稍快，但人员只能从上往下，消防队员无法利用疏散滑梯进入火场进行救援，因此疏散滑梯需与疏散楼梯结合使用，且根据规定其设置间距不得大于120m。

4. 疏散走道

疏散走道是疏散时人员从房间内至房间门，或者从房间门至疏散楼梯或外部出口等安全出口的室内走道。在发生火灾的情况下，人员要从房间等部位向外疏散，首先要通过疏散走道，所以疏散走道是疏散的必经之路，通常为疏散的第一安全地带。其设置要求为：

（1）走道要简明直接，尽量避免弯曲，尤其不要往返转折，否则会造成疏散阻力和产生不安全感。

（2）疏散走道内不应设置阶梯、门槛、门垛和管道等凸出物，以免影响疏散。

（3）因为疏散走道是火灾发生时人员疏散的必经之路，为第一安全地带，所以必须保证它的耐火性能。走道中墙面、顶棚、地面的装修应符合《建筑内部装修设计防火规范》的要求。同时，走道与房间隔墙应砌至梁、板底部并填实所有空隙。

5. 疏散横通道

疏散横通道分为车行横通道和人行横通道，常用于隧道疏散中，常设置在隧道明挖暗埋段处，用于作为联络通道来连接两个隧道。在隧道发生火灾时，车辆通过车行横通道行驶至相邻的安全隧道中，并驶离隧道到达安全区域；车辆堵塞的情况下，人员可通过行走至人行横通道到达相邻的安全隧道中，逃生至安全区域。根据规定，人行横通道，设置间距宜取250m，设有辅助疏散设施和泡沫喷雾设施时，其间距可加大，但不应大于500m；车行横通道设置间距可取750m，并不应大于1000m。

6. 避难层/避难间

避难层是建筑内用于人员暂时躲避火灾及其烟气危害的楼层，同时避难层也可以作为运动有障碍的人员暂时避难等待救援的场所。要求设置避难层的建筑包括建筑高度大于100m的住宅和公共建筑；高层病房楼二层及以上的病房楼层和洁净手术部。第一个避难层（间）的楼地面至灭火救援场地地面的高度不应大于50m，方便对发生火灾时不能经楼梯疏散而停留在避难层的人员可采用消防云梯车进行救援。避难层的具体规定应符合相关规范规定。

在隧道中常独立设置的具有一定防火、防烟功能，火灾时专门用于人员临时避难的房间，称为避难间。

避难层（间）按其维护方式大体分为以下四种类型：

（1）敞开式避难层。敞开式避难层是指四周不设维护构件的避难层，一般设于建筑顶层或平屋顶上，但防护能力较差，不能保证烟气绝对不侵入，也不能阻挡雨雪风霜，比较适用于温暖地区。

（2）半敞开式避难层。四周设有高度不低于1.2m的防护墙，上部开设窗户和固定的金属百叶窗。这种避难层既能防止烟气侵入，又具有良好的通风条件，可以进行自然排烟，但它仍具有敞开式避难层的缺点，不适用寒冷地区。

（3）封闭式避难层（间）。四周及隔墙采用耐火防护墙，室内设有独立的空调系统和防、排烟系统，外墙及隔墙一般不开门窗，若需开启门窗，则应采用甲级防火窗。封闭式避难层（间）可防止烟气和火焰的侵害以及免受外界气候的影响。

（4）避难桥。主要适用两幢或多幢高层建筑物之间，通过架设天桥既可以获得疏散通道同时又可作为避难空间使用。

以上为不同建筑内常用的安全疏散设施，具体设置可参考相关规范。

（三）人员行为特性对安全疏散的影响

在发生火灾的情形下，建筑内的人员安全疏散受人员密度、对建筑物的熟悉程度、社会经验、身体各项条件以及心理因素等状态的影响，不同因素对于火灾安全疏散的影响见表8-4。

表8-4 不同因素对火灾安全疏散的影响

因素	对安全疏散影响
建筑物的熟悉程度	在发生火灾时，熟悉建筑物的人员能够较为容易地找到逃生疏散的路径；在同样情形下，不熟悉建筑物的人员通常是寻找进来的路径并由此逃生。但这些路径并不一定通往正确的逃生疏散口，则路径选择的正确与合理性受到影响
警惕性	由于火灾现场往往有背景音乐或噪声，而且每个人的状态也不相同，这些都必然影响人员及时发现火情和正确判断火灾的危险性从而选择及时逃生。疏散人员拥有越高的警惕性，则火灾就会越早被发现

续表

因素		对安全疏散影响
活动能力		其受性别、年龄及身体条件等很多因素的影响。数据研究显示，女性在火灾疏散中一般会通知别人或打火警电话寻求帮助，等待进一步的信息再离开房间；而男人则会想办法灭火，搜寻火灾中的人和进行营救人的年龄超过65岁时，活动能力和速度会降低，儿童的活动能力和速度与成年人相比都更低。研究表明：25～34岁的人安全逃生的概率最高，而小于5岁和大于65岁的人在火灾中安全逃生的概率最低
社会关系		火灾疏散时，人们通常会和自己平时有血缘或是其他联系的人（如家庭成员、朋友等）聚集在一起组建团体逃生。火灾被迅速发现偶尔会得益于此。但人员疏散的不确定性就会因此展开，且通常情况下疏散速度最慢的人会影响一个团体的根体速度
人流密度		人流密度对在火灾中的疏散速度有很重要的影响，人们的距离越大，密度越小，疏散人员移动就会越快、越广
人员素质特征		例如，行走的方向、年龄、反应灵敏性、速度等人员素质特征决定个人在火灾中将要采取的疏散行为。按照火场场景内的反应灵敏性可将人员分为反应敏捷的、反应一般的、反应较迟钝等几种类别；按照对有毒气体的忍耐性可将人员分为特别忍耐性、一般忍耐性、不能忍耐性等
心理因素	恐惧心理	在火灾疏散中，这种恐惧心理特征通常表现为：目瞪口呆地看着火和周围的人、不知该如何应对、在火场中横冲直撞找不到逃生路径、情绪无法平静和作出正确选择，紧急情况下运动速度比平时要快且没有头绪，人员彼此之间相互推挤出现无法协调和拥堵等，这些都会拖延疏散时间
	习惯性心理	在疏散中，人们有习惯于走向平时经常用到的疏散口和楼梯的特点，但这些疏散口和楼梯不一定是火灾时的安全出口或安全疏散楼梯，比如人们在通常用到的电梯和自动扶梯等，火灾情形时就不能保证它们的安全性，不能像平时那样正常使用
	趋光心理	趋光性本能使得人倾向于走向开阔敞亮的方向和空间，这种本能在发生火灾的情况下更明显。火场的能见度因为火灾烟气的减光性可能降到很低，甚至什么也看不见，通常黑暗中人们就会迅速走向发出一丝光亮的地方，但这种极有可能恰恰是燃烧放出的火光和光亮，致使越是接近这些亮光的地方，人们遇到危害的可能性越高
	就近心理	人们在火场内通常会选择经过最近的疏散出口和疏散楼梯疏散撤离，而这些并非一定符合消防防火设计的相关规范要求，专门设计使用的、通常具有一定时间的耐火极限，并能阻碍火灾烟气流动到疏散出口和疏散楼梯内的专业疏散部分，当人们进入那些虽然距离近但是安全性不高、不规范的出口和楼梯时，将影响安全疏散撤离
	从众心理	火场中恐惧紧张、不知所措的心理使得人们不能像平时一般正常地行走或作出判断，会有盲目跟随其他疏散人员的行为，极容易造成拥堵，也不一定判断正确，影响安全疏散

针对人员在楼梯间的疏散速度，加拿大的Pauls等学者曾经对不同场所的人员进行过多次疏散试验。结果表明人员上楼梯速度为0.5m/s，下楼梯速度为0.8m/s。也有相关的文献介绍，人员上楼梯的速度为正常行走速度的0.4倍，人员下楼梯的速度为正常行走速度的0.6倍。

此外，对于不同类型的人员疏散速度，爱丁堡大学的研究成果不仅给出了四类人员（成年男士、成年女士、儿童和老者）的平均形体尺寸，还给出了四类人员的步行速度推荐值，结果表明：后三类人员（成年女士、儿童和老者）的水平疏散速度与沿坡道、楼梯上下行的疏散速度分别为第一类人员（成年男士）的85%、66%和59%。

二、人员疏散研究方法

对于发生火灾时人员安全疏散的研究，通常会通过利用软件建立模型和模拟演练进行分析、计算可用安全疏散时间和必需安全疏散时间，以此来判断发生火灾时人员是否能够安全逃生，并分析可用的人员疏散路径，为决策者在紧急情况下确定救援预案提供理论基础。

（一）用于人员疏散计算的疏散模型分类

1. 按疏散计算模型的应用特征分类

可分为优化类模型、模拟类模型及风险评估类模型。优化类模型将疏散人群作为整体考虑而忽视了个体行为特性的影响，假设人员疏散以最有效的方式进行，忽略外部环境及人员非疏散行为的影响。模拟类模型在模拟实际疏散行为和运动时，不仅可得到比较准确的模拟结果，也能较真实地反映出疏散时人员选择的逃生路线，风险评估类模型识别火灾时与疏散有关的危险或相关事故，并对最后的风险进行量化，通过多次计算，能评估改变防火分区设计、消防措施等参数的效果。

2. 按人员特征的表示方式分类

可分为群体分析模型以及个体分析模型。群体分析模型将模型中疏散人群视为具有共同特性的群体进行分析和模拟，忽视了人员个体特性的影响。个体分析模型允许随机模型中疏散人员的个体特性，更加接近人员的决定和运动过程的实际情况。

3. 按模型中人员疏散行为的决定方法分类

可分为函数模拟行为模型、无行为准则模型、复杂行为模型、行为准则模型和人工智能模型。函数模拟行为模型中的疏散人员的疏散行为特性用一个或者多个方程表示，人员运动及行为差异可修正计算方程。无行为准则模型以疏散人群运动和建筑物空间的物理特性表示人员的疏散情况，并以此作出预测。复杂行为模型通过对人员心理和社会影响的统计数据处理疏散人员的行为特性。行为准则模型承认人员的个体差异，允许人员按照事先确定的疏散行为准则来运动。

4. 按基于模型物理空间的模拟方法分类

可分为连续性模型、网络模型及网格模型。连续性疏散模型假设疏散人员均具备对周围环境作出正确判断及反应的能力，利用力学模型对疏散人员在恐慌下拥挤的动力学特性进行模拟。网络疏散模型所设置的网络节点为房间或者疏散通道，模型按照建筑物中的实际情况用弧线（即疏散出口）将网络节点连接起来，模型中弧线设置的权值为该疏散通道的通过能力。网格疏散模型将建筑空间划为网格或网点，在人员疏散模拟过程中，任何时刻模型中的每个疏散人员对应一个准确的空间位置。精细网格疏散模型可精确地表示建筑空间几何形状及障碍物的空间位置。精细网格疏散模型的不足之处是不能模拟疏散人员在疏散通道处的拥堵状况。目前,大多数模型属于网络模型。

(1)网络模型。在设置疏散路径时,将每个结构单元设置为一个点,然后将所有的单元用线段相连,疏散路径表现为类似网状的结构,故称作网络路径模型。在此类型的疏散模型中,人员从一个结构单元移动到另外一个结构单元,较少考虑人员在移动过程中的相互作用。

美国学者 Chalmet、Francis.Gunnar、MacGrego 等人在网络疏散模型方面做了大量的研究。美国弗罗里达大学的 T.M.Kisko 采用的 EVACNET4 模型就属于此类模型。EVACNET4 在定义模型的疏散路径时,用一系列的节点和线段来描述建筑物的结构,节点代表建筑物内的不同单元,线段表示各个单元之间的通道,所有的节点和路径相连,就形成了它的疏散路径。对每个节点,该模型都定义了发生火灾时该单元的实际人数和该单元所能够容纳的最大人数。对于每条线段,用户必须设定通过该线段所用的时间和单位时间内人员的流率。在人员行走方向的选择上,它采用的是人员从高危险度的区域疏散到低危险度的区域的理论。

(2)网格模型。网格疏散模型是根据人员疏散路径的选择而言的。它根据模型和计算需要,将要疏散的单元(通常是该结构单元的二维空间)分为很多网格,每个网格设置为有人或没人状态,再根据一定的规则进行人员行走的模拟,这些网格的大小和形状随着不同疏散模型而有所区别的。

在运用网格疏散模型模拟人员疏散时,一个大的结构单元将被划分为很多小的结构单元,这些小的结构单元既可以是网格疏散模型中的最小单元,也可以是这些最小单元的组合。通过这种方式来定义疏散路径,就能精确地模拟出建筑的结构特征、建筑物中障碍物的大小与位置,以及疏散过程中不同时刻建筑物内人员所处的位置。

不同的疏散模型的疏散算法是不同的,比如 Exodus 模型在模拟人员行走时考虑的是某网格内人员受与其相邻的 8 个网格内的人员的影响;而 Simulex 模型在模拟人员行走时考虑的是某网格内人员受与其相邻的 16 个网格内的人员的影响。城市大学和武汉大学教授等采用的空间网格疏散模型也是将整个建筑物划分为不同粗细的网格空间,属于网格模拟疏散计算方法。它将某结构单元划分成比较细小的网格,每个网格只能容纳一个人,每个人向前移动时的速度快慢取决于其所在空间一定范围内的人口密度,而其方向则与前方网格是否被"占据"有关。在疏散逃生群体中,某一人的逃生速度受到前后拥挤和左右拥挤两个方面的影响。

总之,网格疏散模型能比较好地模拟疏散过程中人员的个体特征、疏散个体与疏散个体之间的相互作用等。但是,火灾所产生的危险状态对人员的影响,在当前还没有具体的结论。火灾产物对人员疏散的影响以及对人员心理的影响,都是网格疏散模型待完善的内容。

(3)社会力模型。社会力模型属于连续性模型,该模型假定组成人群的个体具有思考和对周围环境作出反应的能力,把人的主观愿望、人和人之间的相互关系以及人与环境之间的相互影响用社会力的概念来描述,即将促使行人在运动过程中改变运动状态的各种原因统称为社会力。社会力的方向和大小将随着行人对自身位置、环境以及运动目标认识的变化而改变。

社会力模型最早由德国交通专家 Helbing 提出，他把人员的心理反应量化为作用力（社会力），并引入人员疏散模型中，研究人员疏散的期望速度、期望速度方向对疏散时间的影响，成功地再现了拱形阻塞、群体效应、"欲速则不达"等典型的人员疏散行为。其中主要讨论了以下三种作用力：①用来描述人员向期望速度加速的力；②用来描述人员与其他人员和墙壁之间保持一定距离的排斥力；③用来描述吸引作用的力（存在于朋友、亲人之间等）。

社会力模型考虑了冲撞、挤压、恐慌和可视范围，通过模型模拟结果的分析发现，在平时以正常速度行走时可以安全通过的出口，当紧急情况下人员速度增加时，反而会形成拥塞，即"快就是慢"的现象，也称"欲速则不达"现象。社会力模型从行人与环境之间相互作用的角度出发，考虑了影响人员决定自身运动状态的各种因素，从而成功地描述了人流演化过程中出现的各种自组织现象。但是由于该模型的方程很复杂，要求的解析十分困难，即便是采用计算机模拟，编程过程也非常烦琐，而且不论是要加入其他随机因素还是要改变系统参数都必须重新建立模型，因此在灵活性上不具有优势，不利于推广应用。

（二）常用模型

1. Pathfinder 人员疏散仿真软件

Pathfinder 人员疏散仿真软件是由美国的 Thunderhead Engineering 公司研发的基于 Agent 的一款用于人员疏散研究的仿真软件，该软件的人员运动环境是 3D 的三角网格环境，并且可以结合仿真建筑的实际情况设定人员参数，其中包括人员肩宽等个人参数、人员行走速度、疏散出口选择等方面，从而为每一个疏散人员制定一套独有的运动模式。同时，该软件提供 3D 界面，实现可视化的结果分析。

在 Pathfinder 软件中，人员的运动模式主要包括 SFPE 模式和 Steering 模式两种。前者在疏散中对疏散路径选择的定义为以即将行走的路径长度为主要参考标准，疏散人员将根据就近原则选择疏散出口，并在仿真过程中自动感知疏散空间内的人员密度，适时调整移动速度；而后者则采用路径规划与人员碰撞相结合的处理机制制定人员疏散策略，人员疏散过程中会根据疏散距离和人员之间的距离确定疏散路径。因此，Steering 模式更符合人员疏散的实际心理，在疏散仿真中该模型也被更加广泛地应用。

该软件设计的是三维空间模型，且划分为紧密相连的不规则三角形组成的二维网格以表示模型中的障碍物。总的来说，Pathfinder 仿真软件包含以下四个适用人员疏散仿真的特点：

（1）能实现快速的内部建模，并可以直接导入 FDS、DXF、Pyrosim 等图形文件，有助于快速建模以及保证模型的准确度。

（2）利用 3D 效果形象地反映人员疏散过程中的场景，为人员疏散结果的分析提供更丰富的素材。

(3) 将建筑物按功能区域划分,并且能够展示出各区域内人员疏散过程中的路径选择。

(4) 充分利用虚拟图形仿真技术,对每一个疏散人员的运动进行虚拟演练,以便更加精确地确定各疏散人员在特定情况下的最优疏散路径以及最短的安全疏散时间。

2.Exit89疏散模型

1994年,国际防火协会的研究人员开发了Exit89疏散模型,主要用于模拟大型建筑、高密度人群的疏散。Exit89疏散模型考虑不同,人员(包括行动不便人员和儿童)的行动能力,并可跟踪个体行动轨迹;人员开始疏散时间差异的延迟时间既包括疏散前期的准备时间,也包括随机时间;路径功能可模拟计算出最短路径,可模拟经训练人员协助的疏散过程,指定路径疏散过程及使用熟悉的疏散出口的疏散过程;步速选择功能可模拟正常移动和突发事件下人员移动的差异;反向流动功能可模拟疏散路径堵塞时的情况;上下楼梯选择功能扩展了该模型的适用范围。

3.Evacnet4疏散模型

美国佛罗里达大学研究人员研究开发的Evacnet4疏散模型,可模拟疏散人员在建筑物内行走并疏散至安全区域的全过程。Evacnet4疏散模型可模拟计算整个建筑物内人群疏散完所需的时间、各个楼层内人群疏散完所需的时间、各个节点内人群疏散完所需的时间、人群在各个疏散出口的人数分配比例及整个疏散过程中的瓶颈等情况。

Evacnet4疏散模型将人群的疏散作为一个整体运动进行处理,忽略了人员的个体特性,并将人员疏散过程做如下优化假设:

(1) 疏散人员在疏散开始时同时并有序地进行疏散,并且整个过程不出现返回选择其他疏散路径的情况。

(2) 疏散人员的行为特性相同,并均具备疏散到安全地点的身体素质。

(3) 疏散的人流流量与疏散通道的宽度成正比分配。

(4) 每个可用的疏散出口都有人员进行疏散。

(5) 所有疏散人员的疏散速度相同,并保持不变。

另外,本模型为弥补疏散过程中的人员个体差异影响,设置了安全系数(一般为1.5~2.0)来计算疏散时间乘以安全系数后的数值。

4.Simulex疏散模型

苏格兰研究人员开发的Simulex疏散模拟软件,主要用于模拟大量人群在多层建筑中的疏散过程。Simulex疏散软件可模拟上千人在大型、几何形状复杂、有较多楼层的建筑物内的疏散过程。它将一个多层建筑设置为通过楼梯连接的一系列二维楼层。该疏散模型要求从每一个楼层进入楼梯出口都要在楼层平面窗口与楼梯窗口进行指定,疏散模型中的人员可经过连接从楼层到达楼梯,反之亦然。Simulex疏散模型中人员移动特性是基于对人员穿过建筑时位置的精确模拟(包括正常无遮挡行走,由于各种原因引起的步速降低、超越他人、身体旋转和避让他人等)。

5. Steps 疏散模型

作为三维疏散模型的 Steps 疏散软件，可模拟办公楼、体育馆、大型商场和地铁等人员密集场所在突发事件下的快速疏散过程。Steps 疏散模型可灵活模拟各种大型建筑类型。建筑物内的自然瓶颈可以与自动扶梯和电梯等一起被模拟，可按要求更改它们的速度、方向及运输能力。Steps 疏散模型可分配具有不同特性人员的耐心等级和适应性，也可设置不同的年龄及性别。

6. BuildingExodus 疏散模型

格林尼治大学的研究学者开发的 BuildingExodus 模型是精细网格模型。该模型主要用于模拟大型商场、车站、电影院、医院、航站楼、危险建筑以及学校等场所。该模型可设置各种人员的生理、心理、行为属性等行为特征，还可设置浓烟、温度、毒气危害等火灾风险特性，以模拟出更加符合实际状况的人员疏散模拟结果。

BuildingExodus 疏散模型不仅能模拟火灾时人员的疏散行为，还能分析出哪些人员最容易在疏散中丧生。该模型在充分利用建筑空间的前提下，以拥挤的人群、内部障碍及设有报警设备等状况下对突发事件下的人员疏散进行全过程模拟。该疏散模型在人员疏散模拟中考虑了疏散人员个体由于年龄、性别、身体状况及对疏散通道熟悉度等方面的差异而造成的疏散行为的差异。该疏散模型分析了疏散人员开始疏散位置与疏散路径选择、疏散人群的拥堵程度、疏散人员的反应时间及疏散人群到达出口的时间、各疏散出口人数、人员疏散行动时间与疏散出口流量记录等信息，对未能涉及的因素以最不利的情况进行模拟。根据研究成果证实，BuildingExodus 疏散模型能模拟计算出与实际灾害下的疏散情况基本一致的人员疏散结果。

第二节　建筑功能区段的疏散技术

随着近年来中国城镇化的迅速发展，大型城市综合体甚至若干个城市综合体组成的综合体群越来越多地出现在人们的视野中，这些城市综合体群往往承担着城市发展区域副中心的角色。由于现代建筑更多地注重人与自然的和谐关系，追求建筑与室外之间的公共空间效果，因此各综合体之间、各建筑之间往往存在一定面积的公共界面建筑空间，例如多地块地下开挖建筑的城市公共通道、大型地下商业综合体的下沉广场、超高层建筑的避难层等。这些公共界面建筑空间的功能不一，有的是人们日常休闲娱乐的场所，有的仅仅供紧急条件下人员疏散使用而平时无功能，有的可能上述功能兼有。正是由于公共界面建筑空间的功能和建筑形态的多样性，有必要对综合体公共界面建筑空间的消防设计进行研究以确保该区域的消防安全性。

一、多地块地下开挖建筑的城市公共通道

针对政府一级开发阶段的大型地下项目,相关政府部门在区域规划时往往会划分为若干个地块,后期开发商介入后再对各地块进行二级开发。由于产权归属等原因,二级开发通常只解决各地块内部的消防问题而不会重视地块之间公共通道的消防设计,因此有必要对各地块间的地下城市公共通道的消防设计进行研究,明确公共通道的消防设计要点,为以后的政府区域规划提供技术支撑。

1. 设计要求

城市公共通道不属于任何一个地块,应独立于各地块单独划分防火分区,并应独立考虑疏散设计,如图 8-1 所示。此外,考虑到各地块的二级开发过程中可能会结合地下公共通道进行疏散设计,基于此,对地下公共通道的设计应该满足以下要求:

(1) 功能限定。严格限制该通道仅仅作为人员通行区域,不布置任何商业和餐饮茶座,限制固定可燃物。

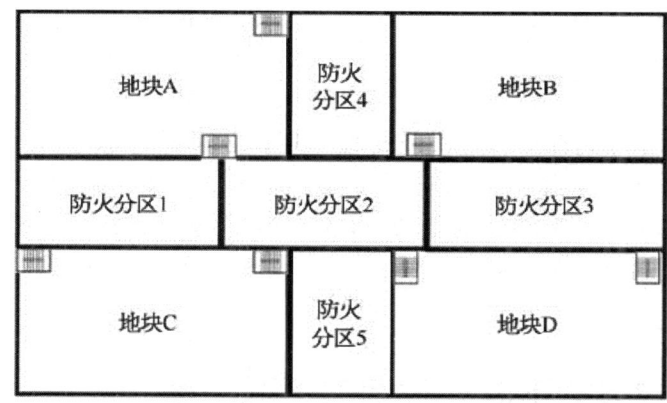

图 8-1 典型地下公共通道消防平面示意图

(2) 尺寸限定。地下公共通道的宽度不得小于 10m,保证公共通道其中一侧的功能区发生火灾后,不会通过公共通道蔓延至另一地块。该通道作为人员疏散缓冲区,兼起到防火隔离带的作用。

(3) 防火分隔。各地块面向公共通道的一侧应视地块功能设置相应的防火分隔措施。例如:当地块沿公共通道一侧功能为车库、仓储等时,应采用防火墙与公共通道分隔,局部确需连通区域应采用甲级防火门分隔;当地块沿公共通道一侧为商业功能时,若公共通道抑是日常商业客流的一条主通道,可采用防火卷帘或者防火玻璃等分隔方式对公共通道与商业进行分隔。

(4) 人员疏散。在两侧地块分别为公共通道提供和相邻地块防火分区共用的疏散楼梯,疏散楼梯的宽度应为地块自身防火分区所需宽度与市政通道所需疏散宽度之和。公共通道内的疏散距离应遵守相关消防设计规范,疏散出口的设计应保证人员在地下通道内的行走距离满足双向疏散不超过 50m,单向疏散不超过 25m。

（5）消防系统。地下公共通道内应设置喷淋系统，宜采用快速响应喷头；应设置应急广播、火灾报警系统等，保证地下公共通道内一旦发生火灾能够及时被发现并将火灾控制在初期阶段。

（6）消防联动。建议在地下公共通道内设置独立于各地块消防控制中心的区域消防应急指挥平台，保证火灾信号能够在各地块及公共通道之间及时有效地传递。该平台不仅可供相关物业人员监控包括地下公共通道在内的整个城市综合体群的消防状况，还可供火灾情况下消防指挥人员指挥灭火救援使用。该应急平台接入城市消防应急管理指挥中心，日常管理可由各毗邻地块派专人值班。

2. 实例分析

下面将以某大型规划开发片区为例，对于多地块下开挖建筑的城市公共通道技术在项目中的应用进行说明。

某大型规划开发片区定位为央企总部聚集区，包含 B02、B03 两个地块，基地总面积 13.68 万平方米，规划总建筑面积约 100 万平方米，包括地上约 60 万平方米，地下约 40 万平方米。其中 B02 分为 B02A、B02B 两个街坊，B03 分为 B03A、B03B、B03C、B03D 四个街坊。

规划区域内的不同地块之间通过在地上和地下通过市政公共通道相连，地上的市政公共道路亦作为消防车道使用，地下公共通道则单独划分防火分区并结合相邻防火分区的功能布置疏散楼梯。规划区域的地下通道周边为车库功能，通过地下公共通道将其分为若干小的区块，地下公共通道的分区面积亦按不超过 4000m² 控制，在后期进行各单体的建筑开发时，需遵照总体消防规划的条件，并且为地下公共通道防火分区预留消防条件。

二、大型单体地下商业空间的下沉广场

下沉广场（图 8-2）是一个围合式的开敞公共空间，它的整体或局部下沉于周围环境，它和地面广场的区别主要表现在空间的围合感、平面形态、地面设计和安全性等方面，是高密度中心城市开放空间制作手法之一。

1. 下沉广场的优点

下沉广场在大体量的地下商业空间较为常见，其具有以下优点：

图 8-2 下沉广场示意图

(1) 有利于地下商业的采光。

(2) 可以作为人员平时休憩娱乐的场所。

(3) 可以作为火灾时地下商业人员的疏散路径,方便地下商业人员快速到达室外安全区域。

(4) 由于其空间开阔,在一定程度上可作为防火分隔和人员疏散的安全缓冲区域。

2. 利用下沉广场进行应急疏散的要求

正是由于下沉广场在整个建筑设计中有诸多优点,因此建筑师在设计大体量的地下商业时尤其注重对下沉广场的利用。利用下沉广场进行应急疏散时应满足以下要求:

(1) 下沉广场除人员疏散外不得用于其他商业或可能导致火灾蔓延的用途,其中用于疏散的净面积不应小于 $169m^2$;分隔后的不同区域通向下沉广场等室外开敞空间的开口最近边缘之间的水平距离不应小于 13m。

(2) 下沉广场等室外开敞空间内应设置不少于 1 部直通地面的疏散楼梯。当连接下沉广场的防火分区需利用下沉广场进行疏散时,疏散楼梯的总净宽度不应小于任一防火分区通向室外开敞空间的设计疏散总净宽度。

(3) 下沉广场应作为室外开敞区域,确需设置防风雨篷时,防风雨篷不应完全封闭,四周开口部位应均匀布置,开口的面积不应小于该空间地面面积的 25%,开口高度不应小于 1m;开口设置百叶时,百叶的有效排烟面积可按百叶通风口面积的 60% 计算。

特别是当下沉广场的其中一端与车行通道连接,地下商业发生火灾时,在满足一定条件的情况下，可考虑消防车直接利用下沉广场和车行通道停靠在地下一层，从而方便消防队员迅速到达地下火场进行灭火战斗。

以某大型地下商业项目为例，该项目地下商业总面积达17万平方米，地下商业共设置了13个下沉广场，结合防火墙、商业步行街等分隔措施将地下商业分隔为9个面积小于20000m^2的防火区块。由于项目体量大、人员密集，且部分靠近下沉广场的防火分区借用下沉广场进行疏散，地下一层和地下二层利用下沉广场疏散平面图如图8-5所示，图中数字代表下沉广场编号。通过利用下沉广场疏散，在缓解地下楼梯布置数量的同时也可以大大提高疏散安全性。

三、超高层建筑的避难层

超高层建筑的避难层是不同垂直区段的公共界面空间，在传统设计中将其作为疏散缓冲区。下面将对其作为建筑界面的特殊定性进行重新梳理，结合外部救援，探讨不同高度的避难层在超高层建筑人员疏散中的安全度。

对于建筑高度超过100m的公共建筑，由于使用人员多、竖向疏散距离长，因而人员的疏散时间长，因此应设置避难层，并且避难层的设计应符合下列规定：

（1）第一个避难层（间）的楼地面至灭火救援场地地面的高度不应大于50m，两个避难层（间）之间的高度不宜大于50m。

根据目前国内主战举高消防车——50m高云梯车的操作要求，规定从首层到第一个避难层之间的高度不应大于50m，以便火灾时不能经楼梯疏散而停留在避难层的人员可采用云梯车救援下来。根据普通人爬楼梯的体力消耗情况，结合各种机电设备及管道等的布置和使用管理要求，将两个避难层之间的高度确定为不大于50m较为适宜。

（2）在避难层（间）进入楼梯间的入口处和疏散楼梯通向避难层（间）的出口处，应设置明显的指示标志；通向避难层（间）的疏散楼梯应在避难层分隔、同层错位或上下层断开，目的是使需要避难的人员不错过避难层（间）。其中，"同层错位和上下层断开"的方式是强制避难的做法，此时人员均须经避难层方能上下；"疏散楼梯在避难层分隔"的方式可以使人员选择继续通过疏散楼梯疏散还是前往避难区域避难。

（3）避难层（间）的净面积应能满足设计避难人数避难的要求，并宜按5人/m^2计算；火灾时需要集聚在避难层的人员密度较大，为不至于过分拥挤，结合我国的人体特征，规定避难层的使用面积按平均每平方米容纳不大于5人确定。

（4）避难层可兼作设备层。设备管道宜集中布置，其中的易燃、可燃液体或气体管道应集中布置，设备管道区应采用耐火极限不低于3h的防火隔墙与避难区分隔。管道井和设备间应采用耐火极限不低于2h的防火隔墙与避难区分隔，管道井和设备间的门不应直接开向避难区；确需直接开向避难区时，和避难层区出入口的距离不应小于5m，且应采用甲级防火门。

避难间内不应设置易燃、可燃液体或气体管道，不应开设除外窗、疏散门之外的其他开口；从非避难区进入避难区的部位，要采取措施防止非避难区的火灾和烟气进入避难区,如设置防烟前室。

(5)避难层应设置消防电梯出口,目的是消防队员能够及时到达避难层对停留在避难层的相关人员进行救援。

(6)为进一步保证避难层本身的消防安全性,应设置消火栓和消防软管卷盘、消防专线电话和应急广播等消防设施。

(7)应设置直接对外的可开启窗口或者独立的机械防烟设施,外窗应采用乙级防火窗。保证避难层(间)不被火灾烟气侵入,外窗采用乙级防火窗,同时能够保证避难层的下部楼层发生火灾时,火灾不会通过外窗蔓延至位于上方的避难层。

第三节　准安全区疏散技术

传统的建筑疏散体系以从建筑物内疏散至室外作为人员安全疏散的判定准则,但随着城市综合体建筑的发展,越来越多的建筑形式和建筑空间涌现出来,在疏散设计上,出现了较多的"屋顶平台""缓冲区域""避难空间"等特殊建筑空间和建筑形式,这些新的建筑空间的出现也为城市综合体疏散技术的创新提出新的课题。

基于此,本节重点讨论准安全区疏散技术在现代综合体建筑中的应用。所谓准安全区,系指在大体量建筑中与室内或室外公共活动功能融为一体的疏散临时过渡空间,也可称作人员疏散的"次安全区域";此类空间与建筑功能结合在一起,目前在城市综合体建筑特别是大型商业建筑中应用广泛,但对其功能性与疏散安全性的界面及其限定条件尚未形成系统的阐述和研究。在城市综合体建筑中,此类空间一般以下三种形式出现:大型商业综合体的室内步行街、大型商业综合体的屋顶疏散平台和地铁上盖的建筑大平台。

一、室内步行街

室内步行商业街为现代商业综合体的一种常见形式,大体量的商业综合体通过有顶棚的步行街连接,并由此贯通步行街组织和吸引客流。大型商业综合体的室内步行街旨在为解决大进深建筑楼梯在首层出室外问题,在商业建筑中设置回廊式中庭,从而形成一条狭长的主动线,该空间也天然地形成一个室内步行街,将商业建筑一分为二,类似两栋建筑用有顶盖的室内街道连接。在建筑理念之上,商业建筑通过有顶步行商业街连接组成一个步行街商业建筑或建筑群,是供人们进行购物、饮食、娱乐、美容、憩息等而设置的场所。室内步行街两侧的店铺有进入街道的入口,顾客可以通过该街道在店铺之间流动。在消防设计理念上,这类建筑的消防设计也有别于一般的商业建筑,室内步行街一般界定为用作防火分隔和疏散缓冲区的空间,用作类室外空间使用,鉴于此,往往在其顶部开启大量的自动排烟窗,火灾时通过对火灾自动报警系统联动开启,形成较好的屋顶开敞条件，以达到类室外的效果，使得烟气迅速被排出至室外，同时也起到疏散缓冲的作用，部分楼梯在首层出来的人员经该类室外空间进行疏散缓冲，进而出到室外。合理利用室内步行街解决建筑的消防疏散设计问题，需要满足规范所述的技术条件，在此不再赘述。

以某办公、商业综合体项目为例，对室内步行街在项目中的应用进行说明。

某办公、商业综合体项目由多栋高层办公塔楼以及与塔楼相连的大规模商场和室内步行街构成。建筑长度约为270m，宽度约为140m，如此大进深的建筑给楼梯布局和在首层出室外设计带来了挑战。为了解决楼梯在首层出室外的问题，引入了室内步行街的设计概念，由于设置了室内步行街，位于百货、电玩、KTV等商业靠近室内步行街一侧的楼梯间在首层无法直通室外时，可以经过室内步行街疏散至室外。室内步行街呈U形围绕北侧高层商业建筑，总长度约为270m，宽度为11～17m，内部高度约为20.7m，于2～4层设有多个回廊，作为人员流通空间。

该项目室内步行街在首层有6个出口与室外直接连通，安全出口之间的距离控制在60m以内，每个安全出口净宽度均大于3m，保证人员能迅速从最近的出口疏散至室外；并且室内步行街仅作为观赏和交通廊道，不设置任何固定商业设施，业主制定明确的管理手册，严格控制和监督其火灾荷载。

室内步行街内部设有多个中庭，中庭高度约为20.7m，为了高大空间，采用"室内步行街"概念设计的区域设为一个防烟分区，采用自然排烟。室内步行街的地面面积为5230m^2，自然排烟窗的面积达到地面面积的25%。自然排烟窗分别位于长廊采光顶高侧位、长廊采光顶顶部以及穹顶的高侧位，高侧位自然排烟窗全部采用下悬式排烟窗。所有自然排烟窗在断电情况下能够完全打开，并与火灾报警系统联动。另外，室内步行街采用其沿街的主要出入口作为自然补风口，补风口的总面积约为80m^2，面向室内步行街和回廊的商铺全部设置机械排烟系统。

二、屋顶疏散平台

随着商场建筑的个性化设计和室外退台空间的利用，越来越多的退台式商场在城市中涌现，此类建筑最大限度地利用屋顶退台，渐次与首层室外空间连接，营造多层次、梯田式的室外公共活动空间，此类空间在为市民提供休闲娱乐空间的同时，也成为商家聚拢人气、提升商业价值的所在。在消防设计上，可以充分利用该退台设计为人员疏散服务，作为一个很好的辅助疏散出口和路线，因此在人员疏散策略设计上，可以将此退台一直连通地坪的各层室外屋顶空间作为疏散缓冲区使用，解决人员疏散问题。利用屋顶平台进行疏散时需满足以下设计要求：

（1）屋顶平台除作为人员疏散使用和景观功能布置外，不得布置任何商业功能，防止该区域本身发生火灾阻碍人员逃生。

（2）屋顶平台应保证为开敞室外空间，不得设置顶棚，保证火灾下的烟气不会聚集，人员有充裕的时间疏散至街道安全区域。

（3）屋顶平台作为临时避难用的疏散缓冲区，应预留足够的面积容纳临时避难人员，应根据利用屋顶平台疏散的人员按 5 人 / m^2 校核屋顶平台面积。

（4）屋顶平台应设置楼梯直通首层室外区域，楼梯宽度应不小于任一楼层的任一防火分区通向屋顶平台的设计疏散总净宽度。因为屋顶平台为完全开敞区域，不存在烟气蓄积的情况，因此疏散楼梯可结合景观要求设计为景观楼梯。

（5）商铺面向室外屋顶平台一侧应设置相应的防火分隔措施，防止邻近屋顶平台的商铺发生火灾后蔓延至屋顶平台，进而影响人员的安全疏散。防火分隔可采用防火卷帘，亦可采用有喷淋保护的 C 类防火玻璃等。

（6）屋顶平台设置清晰的疏散引导标志，引导人员快速疏散至街道平面。

以某项目为例，对于屋顶疏散平台在项目中的应用进行说明。

某工程项目的中心广场室外空间是五栋塔楼围合的裙房屋顶室外区域，同时也是一个面积较大的室外屋顶花园，中心广场总面积约为 10000 m^2，其中包括三个水池。平台地面的高度渐进升高，其中心广场区域为三种不同的高度，分别为一层、二层和三层屋顶，如图 8-7 所示。退台式的屋顶中心广场室外空间作为大众的休闲区域面积较大，其开放式的室外空间使得此区域的通风条件良好，即使单元发生火灾，烟气也难以在此区域聚集，因此中心广场空间不会受到烟气的影响。中心广场没有用来存放可燃物的区域和空间，此区域难以发生火灾或出现室内火灾蔓延到中心广场的情况。中心广场四边的五栋建筑单体，在建筑单体内 2 ~ 4 层楼层处分别有直接通向中心广场室外空间的出口，人员可以经这些出口直接进入中心广场平台。

中心广场区域的视野比较开阔，面积较大，约 10000m^2，即使紧急情况下有较多的人员疏散到此区域，也不会发生拥挤，且中心广场每层平台都设有宽度较大的室外阶梯，在中心广场任何位置的人员都可以方便快速地疏散至首层街道平面，中心广场的不同方向设有五个可以直接连到首层的室外阶梯，总的楼梯宽度约为 22.7m。中心广场面积大，可以容纳较多人员，在火灾发生时可以作为人员疏散的临时安全区域，疏散人员可在此区域暂时躲避，并且此区域也不易发生拥堵，对于人员安全疏散十分有利。

三、地铁上盖建筑的大平台

地铁、城铁等站台的上盖开发物业是近十年来的一个开发热门，上盖项目开发利用了地铁上盖区块可开发空间大、开发价值高的特点，这种用地布局能够有效提升出行效率，并充分发挥了公共交通的运力。日本、法国和我国香港地区以及其他一些城市已经有大量上盖物业开发案例。上盖物业建筑在空间布局上普遍引入"大平台"的设计概念，将其作为上盖开发的大底板。这种特殊的建筑形式也带来了消防设计的挑战，特别是建筑整体的疏散体系，如何界定建筑的首层，以及将大平台下部的车站区域定义为地上还是地下等，都需要系统地分析研究。在疏散体系上，充分利用建筑特点，将上盖建筑的疏散体系完全独立于地下的交通建筑，上盖开发建筑疏散至架空的大平台上，将大平台作为人员疏散的安全区。同时，该平台还可以兼起到消防扑救平台的作用，在发生火灾的情况下允许消防车停靠作业。大平台人员疏散安全区的设计概念示意图如图8-3所示。

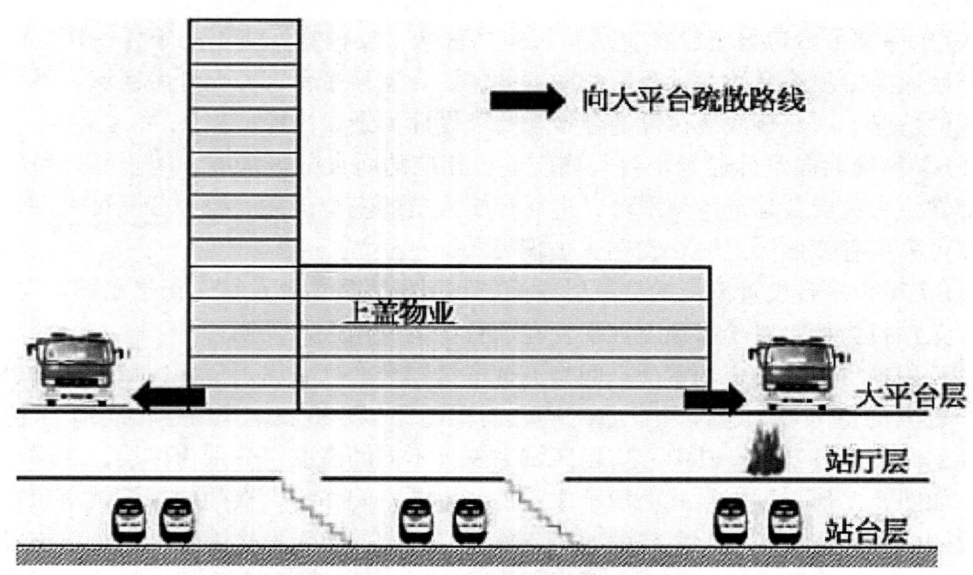

图8-3 大平台安全区示意图

1. 建议采取的设计措施

为了将大平台作为安全区域，建议在设计上采取如下措施：

（1）消防车能够到达上盖平台，进行作业和扑救。

（2）支撑大平台的柱、梁应满足4h防火要求；大平台自身通过对加大保护层厚度的措施，满足3h耐火时间要求。

（3）大平台供人员停留的疏散集散场地的面积应足够大，按照$5A/m^2$确定人员集散场地的面积，减少人员疏散到大平台的拥挤度。

（4）在大平台上设置室外消火栓，以便发生火灾时消防车能就近取水。

（5）大平台保持畅通，不做任何商业功能。

（6）大平台上设置清晰的交通疏导标志。

以某地铁上盖开发项目为例，对于地铁上盖建筑的大平台疏散技术在项目中的应用进行说明。该项目在不影响地铁、铁路运行的情况下，在空中搭建面积达6.8万平方米的平台，并在平台上建设大型商业体、商务楼宇、星级酒店和中高端住宅，如图8-4和图8-5所示。该项目以公共交通为导向，以轨道交通换乘站及其核心商业为中心，以3/5/10min步行时间为半径，建造出地上、地下共计70万平方米，集出行、工作、文化、教育、居住以及休闲等为一体的新一代城市综合体。

图 8-4　某地铁上盖大平台综合开发项目效果图

大平台为上盖开发建筑的基础，以南北路为界分为东区及西区，东区大平台上方主要设计为住宅区及绿化平台，在连接大平台的范围内设有 3 栋 12 层高的二类高层住宅、5 栋 6 层高的多层住宅及 1 栋 1 层高的住宅物业管理用房；西区大平台上方主要为商业区，在连接大平台的范围内设计有 4 层高的商业裙楼。大平台下部一层为地铁站台层、二层为出发大厅，大平台位于相对地面的三层。

2. 在疏散体系上该项目的设计定位和策略

（1）三层（大平台层）及以上层面的功能区，人员疏散直下到三层（大平台层）室外，且在三层（大平台层）沿建筑周边设置有消防车道及扑救场地，按照实际的疏散及扑救条件

图 8-5　某地铁上盖开发项目总平面图

均作为地上建筑进行消防设计；基于此，轨行区上方 3～6 层的商业裙楼、住宅塔楼、物管用房楼、公建塔楼均按照自大平台测算高度的地上建筑设计；该地铁站房作为独立的地上建筑进行消防设计，消防体系完全独立。

（2）三层（大平台层）以下至地面层之间的功能空间，以大平台层作为消防的安全面；按照实际的疏散以及扑救条件确定三层（大平台层）以下至地面层之间功能空间的分类及相应疏散体系。

①该地铁边界以南、轨道边界以北的功能空间，人员疏散直接下至地面层室外，且在地面层沿建筑周边设置有消防车道及扑救场地，此区域均作为地上建筑进行消防设计。

②大平台层和轨行区之间的 L2 区域，即轨道交通综合换乘大厅及周边商场，受下方轨行区限制，人员疏散由二层上至三层（大平台层），消防扑救层面为三层（大平台层），依照现行的消防规范参照地下空间进行消防设计。

③地下室部分位于地面层标高以下，按照规范作为地下建筑要求进行消防设计。

（3）整个上盖项目虽分为多个功能区独立设计消防体系，但是在总体上实行通信总控措施。

（4）上盖项目的综合开发、轨道交通、国铁交通三部分各自设置总消防控制室，并按照自成体系、独立设计、通信总控的原则，在南地下室一层 T16 公寓式办公楼投影下方设置总体消防控制室，综合开发、轨道交通、国铁交通三方消防信号引入，设置要求为"只监不控"。综合开发工程的总消防控制室设于地下一层，毗邻直通室外地面的楼梯，并且再细分功能设置消防控制室。

3. 建议采取的防火措施

为保证该建筑形式在发生火灾时结构安全，对大平台结构体系采取如下防火措施：

（1）在二楼楼板以下的大平台钢筋混凝土柱，满足 4h 防火要求。

（2）在三楼楼板以下的大平台钢筋混凝土梁、板，采用加大保护层厚度的措施，满足 3h 防火要求。

（3）在三楼楼板以下的大平台钢结构桁架及钢柱，采用通过国家鉴定的 3h 的厚型防火涂料，达到 3h 的防火要求。

（4）在三楼楼板以下的大平台钢梁，采用通过国家鉴定的 2h 的厚型防火涂料，达到 2h 的防火要求。

在疏散设计上，大平台及以上层面，因人员疏散可由高位直接下至大平台层，且在大平台层沿建筑周边设置消防车道及扑救场地，此区域均作为地上建筑进行消防设计；所以上盖物业的商业、住宅、办公、酒店等建筑的疏散体系可视为以到达大平台层（L3 层）即作为安全区域。

需要强调的是，大平台层以上的建筑物在大平台层也有环通的消防车道，以及有结合消防车道设置的登高面和扑救场地，符合相关消防设计规范中对地上建筑物的界定；而轨道交通区上方至大平台层的区域，虽然标高处于地面以上，但人员疏散受周边环境限制，只能向上疏散至大平台层，类似地下空间的消防疏散，故应按照地下空间进行消防设计。

第四节 安全走道疏散技术

所谓安全走道，系指在大体量建筑特别是大进深建筑中为解决疏散距离问题而设置的避难走道、开敞雨篷区等封闭或半封闭空间。此类空间在疏散上的安全等级虽然不能完全等同于室外，但其完全封闭或一端同室外开敞的建筑特点，又为人员疏散提供了很好的避难条件。

在城市综合体建筑中，此类空间一般以大型商业综合体的避难走道和首层楼梯出室外的安全走道两种形式出现。

一、避难走道

避难走道指采取防烟措施且两侧设置耐火极限不低于 3h 的防火隔墙，用于人员安全通行至室外的走道。避难走道与商店建筑中其他区域进行完整的防火分隔、设置有效的防烟设施、确定合理的宽度和疏散时间是提高避难走道安全可靠性的关键。

采用避难走道作为安全疏散方式，应满足一系列技术条件。

1. 避难走道的设计原则和宽度

在大型地下商业建筑中，避难走道的设计概念被广泛采用，地下商店建筑中设置的避难走道与地上建筑中的防烟楼梯间一样，是一条通向室外安全区域的疏散通道，属于仅次于室外的"准安全区域"。在一些设计中往往通过增加地下商店各防火分区通向避难走道的门宽解决地下商店安全疏散宽度不足的困难，甚至一些地下商店的防火分区疏散问题全部通过避难走道和相邻防火分区之间的门解决。那么合理确定进入避难走道的人员数量以及避难走道的疏散宽度，将直接影响到人员的安全疏散。当通向避难走道的防火分区有若干个且人数不相等时，由于只考虑一个防火分区着火，避难走道的净宽不应小于涉及容纳人数最多一个防火分区通向避难走道安全出口净宽的总和，在实际设计中应注意不应采用防火卷帘围合避难走道。

2. 避难走道直通室外出口的设计

避难走道只是通向室外地面的安全通道，人员的疏散最终需要到达室外地面，按照双向疏散的需要，避难走道直通地面的出口不应少于两个，并应设置在不同的方向，当避难走道只与一个防火分区相通时，避难走道直通地面的出口可设置一个，但该防火分区至少应有一个不通向该避难走道的安全出口。

避难走道作为地下商店建筑的一部分，其室内地面一般情况下都低于室外地坪标高，设置疏散楼梯是避难走道到达室外地坪的常用办法，楼梯间的设置形式应根据地下商店的层数和室内外地面的高差决定,当地下室内的地面与室外出入口地坪的高差大于1m时,应设置防烟楼梯间,其他地下商店应设置封闭楼梯间。对封闭楼梯间还需要确保其在地面的出口直通室外。当该封闭楼梯间为地上建筑与地下商店共用,且在建筑物首层采取耐火极限不低于2h的隔墙和乙级防火门进行分隔而不能自然通风时,则应按照防烟楼梯间的要求设置前室或机械加送风系统。除此之外,还可以考虑以下两种形式:一是避难走道尽头设置符合规范要求的下沉广场作为直通室外的出口;二是避难走道利用疏散坡道与室外地坪进行连接。

3. 避难走道的最大距离

避难走道归根到底只是地下商店和室外安全区域的连接通道,给予疏散人群暂时脱离火灾风险的"准安全区域",疏散人群在避难走道中的疏散时间也应该是避难走道直通室外出口设计所需要考虑的重要问题。

有研究人员对不同性别、不同年龄的人在不同状态下的行走速度进行过统计,统计数据见表8-1。

表8-1 不同年龄人员的行走速度

人员种类	成年男性	成年女性	儿童	老年人
人员比例(%)	45	45	5	5
人员体型(m)	0.47×0.24×1.7	0.44×0.27×1.59	0.42×0.24×1.0	0.5×0.28×1.6
行走速度(m/s)	1.2	1.1	0.8	0.7

从统计数据可以发现,无论是什么性别、什么年龄的人在紧急状态下进行水平行走时的速度都远远低于燃烧猛烈阶段烟气水平蔓延的速度。研究人员在确定隧道人行通道或人行疏散通道时,对于隧道初期火灾逃生人员在烟雾浓度未造成影响的情况下进行逃生时的疏散距离进行了统计分析,发现250m为上述情况下逃生人员逃生的极限距离。由此可以根据行走速度计算出逃生时间为3~6min,考虑儿童或老年人等最不利人群在最短时间内逃离地下空间,宜将疏散距离控制在60m,可以将避难走道类比于未受烟气影响的隧道空间,将60m作为避难走道内人员疏散的最大距离,这也与《建筑设计防火规范》规定的避难走道60m最大疏散距离是一致的。

以某大型综合体项目设置避难走道为例,阐述避难走道在实际案例中的应用。

该项目主体建筑包括一座大型购物中心、两栋塔楼,其中南侧塔楼为住宅,西侧塔楼为办公楼,裙房全部为商业空间,包括超市、零售、影院、餐饮等多种业态。办公塔楼地上23层,住宅塔楼地上28层,购物中心地上5层,地下两层为停车库和必要的设备机房。由于本项目体量庞大,平面接近方形布局,裙房最大进深达到130m左右,带来剪刀楼梯在首层无法直通室外的消防难题。采用避难走道作为安全区域的设计,应满足以下要求:

(1)该通道不用于除人员通行外的其他用途;其装修材料采用不燃材料,走道内任一点至室外的步行距离不超过60m。

(2)该通道两侧的墙为耐火极限不低于3h的不燃烧体隔墙,通道顶板为耐火极限不低于1.5h的不燃烧体;隔墙上不开设门窗洞口,和通道连接的其他通道确实有困难要进入该避难走道的,入口处设防烟前室,该前室的门为常闭式防火门或者火灾情况下可自动关闭的常开防火门。

(3)避难走道内顶板下不穿越与其无关的管道和线路。

(4)避难走道内应设置消火栓、消防应急照明、应急广播和消防专线电话。

二、首层楼梯出室外的安全走道

随着大型商业综合体建筑的不断涌现,商场首层的建筑面积或进深往往比较大。在消防设计上,为了满足各防火分区安全出口的数量及疏散距离的要求,在建筑内的首层易出现疏散楼梯间未能直通室外的问题。在诸多大进深的建筑中,出于商业动线考虑,往往设计有环形主动线,中间设计有商业岛,主动线通过中庭连通局部几层,但顶部楼层又与中庭分隔开,这种特殊的设计使得在消防设计中无法运用室内步行街的设计概念,对于中岛楼梯在首层出室外问题,需要采取一些创新的方法来解决。

由于中岛楼梯出口距离室外较远,人员无法直接疏散至室外,可根据建筑平面的特点,通过采用防火卷帘或者防火玻璃形成局部安全走道的形式,解决首层疏散楼梯距离室外较远的问题。同时,安全走道的设计应该满足以下要求:

(1)在楼梯通向室外的走道两侧设置耐火极限不小于3h的防火卷帘或防火玻璃。

(2)楼梯间在首层经安全走道最终到达首层对于外出口之间距离不超过30m,且安全走道不超过15m。

(3)走道的宽度不小于楼梯的宽度。

(4)走道内设独立机械排烟系统和水喷淋系统保护。

(5)走道内无可燃物。

(6)走道的地面两侧及安全出口应设置保持视觉连续的灯光疏散指示标志,并结合工程的实际情况提高应急照明的最低照度。

采用安全走道解决首层楼梯出室外的设计对火灾下的消防扑救亦十分有利,考虑到项目大进深的特点,当建筑内的中岛区域发生火灾时,消防队员可以通过安全走道进入中岛楼梯到达起火楼层,这种设计能够保证消防队员及时到达火场,避免贻误灭火时机。如图8-6所示的为某项目采用安全走道解决中间楼梯出室外问题的实例。位于商场中间部位的楼梯在首层经过回廊进入疏散走道,楼梯间前室内门到疏散通道之间采用两侧防火卷帘(图中虚线表示防火卷帘)围合,形成封闭的安全走道,供火灾时人员疏散。通过采用安全走道设计理念,首层中心区域的人员可以通过安全走道与室外安全地带连通,满足各层人员安全疏散的要求。封闭的安全走道可以有效延缓烟气扩散,延长人员安全疏散的时间。

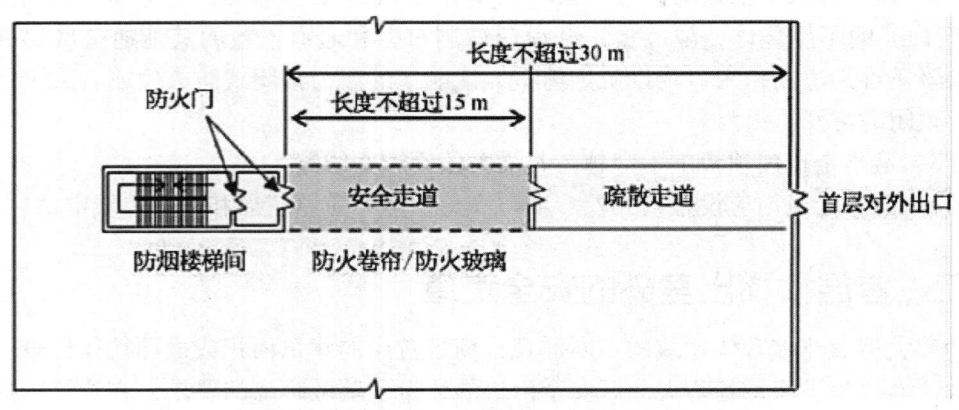

图 8-6　首层楼梯出室外安全走道示意图

第五节　辅助疏散技术

在城市综合体疏散体系中，除了上述提到的传统和创新的疏散技术，还不应忽略在特殊情况下可考虑辅助人员疏散的设施、技术和人性化的理念，本节总结了以下几种特殊的疏散技术，将其称为辅助疏散技术，主要包括电梯辅助疏散技术和分阶段疏散技术。

一、电梯辅助疏散技术

由于建筑高度的原因，超高层建筑最大的消防设计难点是人员疏散和内外部救援。超高层建筑发生火灾时，传统疏散模式是人员采用核心筒内的防烟楼梯间进行疏散。《建筑设计防火规范》规定，建筑高度大于 100m 的公共建筑，应设置避难层，避难层作为建筑内部最安全可靠的区域，可供人员在长距离疏散后休息调整或等待救援。然而，由于建筑层数多，垂直疏散距离长，疏散到室外安全区域往往需要数十分钟。火灾时超高层建筑内的人员更容易受体力不支、恐慌等影响而减缓疏散速度，甚至易发生踩踏等事故。因此，在超高层建筑消防设计中，应更多地考虑采用辅助疏散手段，提高其疏散能力和疏散安全性。

电梯辅助疏散可以很好地解决超高层建筑的垂直疏散问题，提高人员疏散的安全性和内部救援的效率。近几年，随着电梯及消防技术水平的不断发展，利用电梯进行疏散已经成为可能，且有许多利用电梯疏散成功的案例。1996 年日本广岛元町高层住宅大楼火灾，在灾后问卷调查中发现有超过半数的人使用电梯进行疏散；2001 年美国"9•11"事件，电梯在安全疏散中发挥了重要作用，挽救了大量人员。同时，也有许多采用电梯疏散的工程实例，比如英国 British Telecom 电讯塔、美国拉斯维加斯 Stratosphere

Tower、马来西亚吉隆坡 Petronas Towers、我国台湾省的台北 101 大厦等。随着超高层建筑的不断兴起,世界各国也在研究电梯疏散的规范和技术,美国 2009 年新发布的《生命安全规范 MNFPA101-2009》的附录 B 中,就新添加了一条说明,"在火灾情况下,可以有条件地使用电梯",同时允许电梯用作机场控制塔台的疏散。专家建议,应尽快完善技术条件,使相关研究成果得以实践。当然,用作疏散的电梯应满足一定的安全要求和技术条件,保证人员利用电梯辅助疏散的安全性。疏散电梯与消防电梯的使用功能有很大的相似性,疏散电梯的技术要求应该遵循或超过消防电梯,同时应重点关注下列十个方面:

(1) 楼梯仍作为主要的疏散方式,电梯作为辅助疏散手段,增加这一手段不意味着楼梯数量和宽度的减少。

(2) 高区疏散人员通过楼梯疏散到最近的避难层后,可在此等候疏散电梯,或继续通过楼梯向下疏散。

(3) 除疏散电梯外,其他普通电梯不用于疏散。

(4) 电梯井除在首层、顶部观光层和避难层开门外,其他楼层不开门。火灾时烟气不易通过电梯井蔓延。

(5) 电梯轿厢防火、防烟和防水技术。

(6) 电梯厅的防护。

(7) 电梯机房的防烟和防水技术。

(8) 供电系统。火灾时,疏散穿梭电梯改由应急电源供电。

(9) 紧急疏散时的操作。疏散电梯要兼顾平时使用和火灾时辅助疏散。平时仅用于运送观光客人在首层和顶部往返,中途不在中间楼层下客。转换为火灾运行模式后,仅在高区/中区的避难层和首层之间往返疏散人员,并且由专人驾驶。

(10) 信息沟通及电梯系统的管理和维护。

有效管理和控制的电梯辅助疏散可以大大提高疏散效率。项目案例表明,利用电梯辅助疏散,可以减少 20%~35% 的疏散时间。

我国现有的超高层建筑中,楼梯疏散仍作为超高层建筑主要的疏散方式,上海环球金融中心是国内第一个采用电梯辅助疏散的超高层建筑,在世界超高层建筑史上也是首例。如图 8-13 所示,该建筑高度超过 490m,地上 101 层,地下 3 层,共设 8 个避难层。全楼设有办公、酒店、餐饮、观光等功能,主塔楼最大预期人员数量约 22422 人,如此大体量的人员整体疏散时间非常长,并且对疏散人员的体力和心理也是一种很大的考验。基于此,设计提出了"以楼梯疏散为主,辅以电梯疏散"的疏散策略,将垂直交通系统的一部分电梯设置为辅助疏散电梯,辅助疏散电梯在发生火灾时仅停靠首层和相应的避难层,人员通过避难层进入辅助疏散电梯后疏散到首层,进而出室外。辅助疏散电梯的垂直交通策略如图 8-7 所示。

对于绝大部分的火灾事故,并不需要进行全楼疏散,但对于一些极少数的极端事故,经过管理员确认,若确有必要则可以考虑全楼疏散,这与目前《火灾自动报警系统设计规范》（GB50116—2013）的理念是一致的，也是将来超高层建筑消防设计的趋势。因此，在考虑大厦整体疏散的场景下，在接到火警时，大厦人员整体同时疏散。通过对大厦整体疏散进行仿真模拟，对比不同疏散场景下的人员疏散时间，研究利用了电梯辅助疏散对提高疏散效率的影响。对大厦内所有的22422人进行整体疏散模拟，电梯疏散模型如图8-8所示。模拟结果表明，使用楼梯间疏散，全体人员至街道层所需时间为122min，在疏散开始后，楼梯间的使用率达100%，因此分阶段疏散并不能减少疏散时间。通过减少大楼人员数目、增加楼梯间宽度或楼梯间数量，才可对疏散时间有所影响。在以穿梭电梯辅助楼梯间疏散的模拟中，指导思想是令楼梯间及穿梭电梯的疏散能力均被充分利用。选择使用楼梯间或穿梭电梯做疏散的设定，是希望位于大楼高层的人员（30层以上），尽可能使用穿梭电梯疏散，而令楼梯间可用于疏散下层的人员。疏散电梯在避难层与首层间穿梭，在采用电梯作为辅助疏散手段之后，疏散时间可以减少约30min，在同一时间内，可以大幅增加已疏散人员的百分比。仅仅利用楼梯疏散和利用电梯辅助疏散的整体疏散时间对比，如图8-9所示。

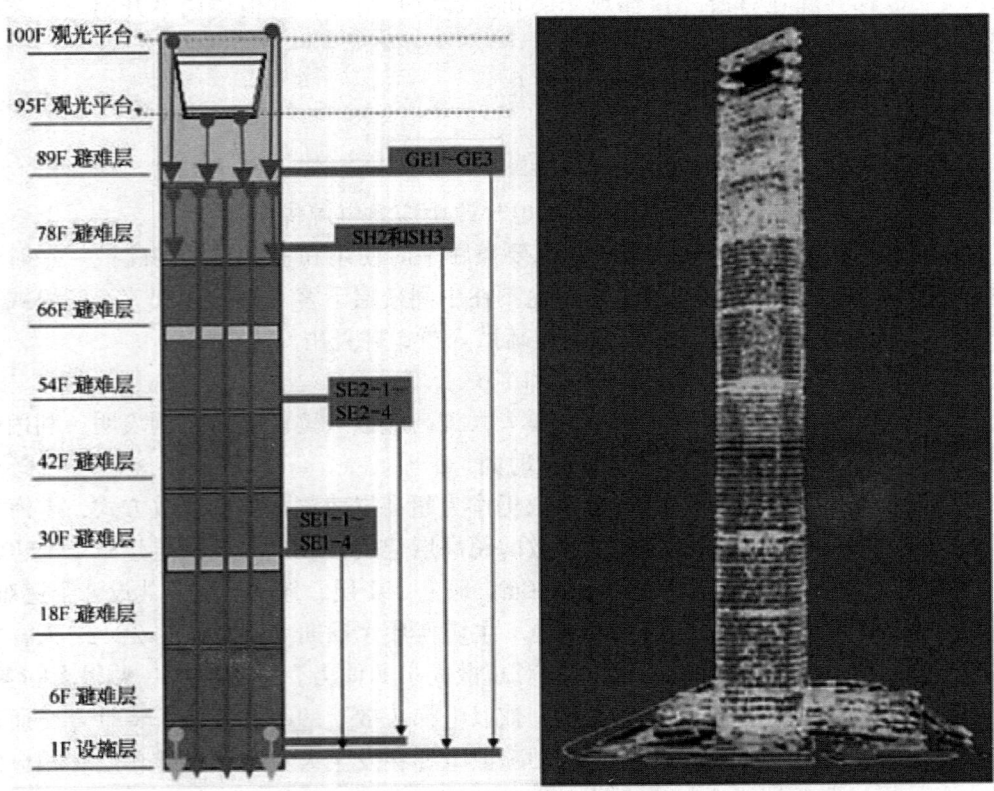

图8-7　上海环球金融中心电梯辅助疏散示意图和仿真模拟图

图 8-8　电梯疏散模型

电梯辅助疏散技术可以很好地解决超高层建筑的垂直疏散问题，提高人员疏散的安全性和内部救援的效率。以楼梯疏散为主、电梯疏散为辅，上层人员尽量使用电梯，下层人员尽量使用楼梯的疏散方案，可作为解决超高层建筑人员疏散安全的辅助手段。截至目前，国内有超过十余座超高层建筑设计采用了电梯辅助疏散。

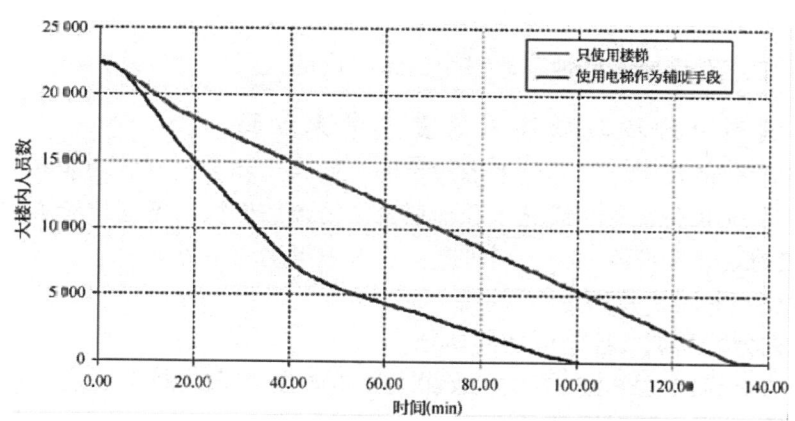

图 8-9　楼梯疏散与电梯辅助疏散对比图

需要说明的是，电梯辅助疏散策略可以很好地提高疏散效率，但不能作为减少疏散楼梯数量和宽度的条件。

二、分阶段疏散技术

（一）概述

针对大型交通用房、大型地下商业建筑等城市综合体建筑，该类建筑具有建筑面积巨大、各功能区相互分隔又相互关联、人员密度大等显著特点，一旦此类建筑发生火灾，在考虑火灾疏散的同时，还要考虑人员踩踏等次生事故。因此，对大型城市综合体建筑，是否需要全区域通知人员疏散，应做慎重考量。在很多情况下，全区域疏散是不必要且不符合实际情况的。

大型交通枢纽建筑及大型地下商业建筑的建筑面积巨大，火灾对灾害区域外的人员所产生的威胁通常并且不是直接和迫切的，在火灾规模较小的情况下并没有必要立即对整个建筑物内的人员进行疏散。若消防安全系统设计合理、消防安全管理措施科学到位，任何区域的火灾都能够被及时发现和扑灭，也就是说即使发生火灾，也不易发展到失控状态，这就意味着火灾区域以外的区域发出疏散警报的可能性很低，整个建筑物发出疏散警报的可能性更低。另外，若整个建筑物整体疏散，势必严重影响其正常运营，并可能导致潜在的安全风险，如威胁航空安全、威胁车站安全、造成踩踏事故、带来安防威胁等难以预计和处理的次生灾害。同时，远离火源防火分区的大量人员疏散易造成人员不必要的踩踏和拥堵，人员疏散的无序性和从众心理可能对近火源区的相关防火分区疏散带来延缓的不利影响。

因此，为了保证大型交通枢纽、大型地下商业建筑运营的连续性及防止可能发生的次生灾害，一般情况下没有必要对整个建筑物内的人员进行疏散，而是采用分阶段疏散技术，即首先疏散受火灾等紧急事件直接影响区域的人员，将其疏散至相对安全的区域，然后再疏散至室外安全区域；其他安全区域的人员不必立即疏散，只在极端失控事件时根据事先制定的应对措施有序地疏散整个建筑物内的人员。

（二）利用分阶段疏散技术的重点考虑方面

利用分阶段疏散技术，要充分考虑建筑的平面布局和各区域的功能联系、防火防烟分隔、各消防系统联动设置的情况，合理划分报警疏散区域。不同位置火灾影响导致需要疏散的区域的划分应具体分析，同时应重点考虑下述三个方面：

（1）建筑的平面布局和功能联系。

（2）防火分区和烟气控制区域的划分。

（3）消防设施同时联动的能力，如报警、排烟、疏散广播等系统的联动能力，尤其是楼梯间正压送风的同时联动能力。

需要注意的是，航站楼、交通枢纽、大型地下商业建筑等谨慎地发出疏散警报，优先疏散着火区域的管理措施并不意味着限制火灾区域以外区域人员的疏散。对未受影响的区域，仍需确保区域内人员具有合理的疏散路线及安全出口。

(三) 分阶段疏散技术应用实例

以某大型城市副中心项目为例具体介绍分阶段疏散技术在实际工程中的运用。

同本章第二节第二部分的项目案例，该项目由多个大型综合商业地块联合开发，该项目具有地下部分相互贯通、商业面积规模大功能多、人员密度相对较高、正常运营时内部交通流线复杂的重要特点。A3、A5 地块地下共 3 层，地下一层、地下二层为商业，地下三层的主要功能为车库。A6 地块地下共 2 层，地下一层为商业及设备用房，地下二层为车库。A4 地块为住宅部分，地下无商业。设计中地下两层商业总面积约 17 万平方米，跨越多个地块，通过防火墙、有顶盖的下沉广场、地下商业街、防烟前室进行防火分隔，划分为 9 个不同的防火区块，每个防火区块的面积小于 2 万平方米，其巨大的体量形成人员密集的地下商业街区。

由于本项目地下商业体量巨大，包含 9 个面积不超过 20000m² 的防火分隔区块，不同商业区块之间通过防火墙、防烟楼梯间、防火隔间和下沉广场分隔，从防火分隔上 9 个防火区块是相互独立的。在发生火灾的情况下，若地下 17 万平方米的商业以及其他附属设备、车库整体疏散，将带来很大的联动设计难题和潜在的人员踩踏危险，以及远离着火区的不必要的运营中断，这就需根据火灾场景提出量体裁衣的疏散策略和联动策略。在基于目前 9 个防火区块良好的防火分隔和建筑功能相对独立的设计理念下，根据不同位置发生火灾的情形，优化报警联动方案，制定人员疏散方案如下：

（1）当与下沉广场相邻的某一防火分区内发生火灾时，火灾报警和广播通知如下区域内人员疏散：

①着火防火分区。

②与着火防火分区相邻的同层防火分区。

③与着火防火分区相邻的下沉广场周围相邻防火分区（B2、B1 层）。

④与着火防火分区相邻的下沉广场周围相邻首层防火分区。

⑤着火防火分区所在地块的 B3 层车库防火分区（当着火防火分区跨地块时，其所跨地块的车库区均疏散）。

（2）当与下沉广场不相邻的某一防火分区内发生火灾时，火灾报警和广播通知如下区域内人员疏散：

①着火防火分区。

②与着火防火分区相邻的同层防火分区，以及和相邻防火分区毗邻的下沉广场周围相邻防火分区（B2、B1、首层）。

③着火防火分区所在地块的 B3 层车库防火分区（当着火防火分区跨地块时，其所跨地块的车库区均疏散）。

按照防火分区进行消防报警和广播联动，从人员疏散角度更快速高效，疏散报警联动量体裁衣，减少了不必要的远离着火区域防火分区的疏散，从商业运营上看是较为合理和清晰的设置方案。

以 A3 地块下沉广场一邻近商铺内发生火灾为例，F1 防火分隔地块内的地下楼层及首层所有防火分区、下沉广场SP1、地下商业街1以及与下沉广场SP1和地下商业街1相邻的其他防火分隔地块内的防火分区在联动接收火警信号后,在有组织人员疏散诱导的情况下,快速组织疏散,各防火分区人员除利用自身内部疏散楼梯疏散外,可部分借用下沉广场进行疏散。各层报警广播联动区域如图8-10~图8-12所示,图中红色线条绿色阴影部分为优化的报警联动区域,主要考虑着火防火分区所在的防火区块整体疏散,及与该防火分区共用下沉广场的其他区块的B2、B1、首层相关防火分区。

图8-10 疏散场景下B2层联动区域和报警区域示意图

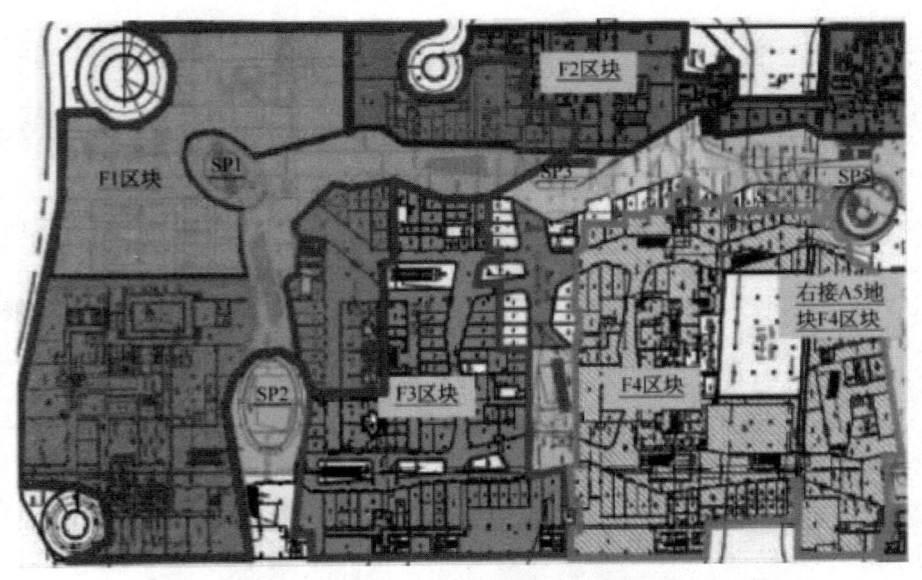

图8-11 疏散场景下B1层联动区域和报警区域示意图

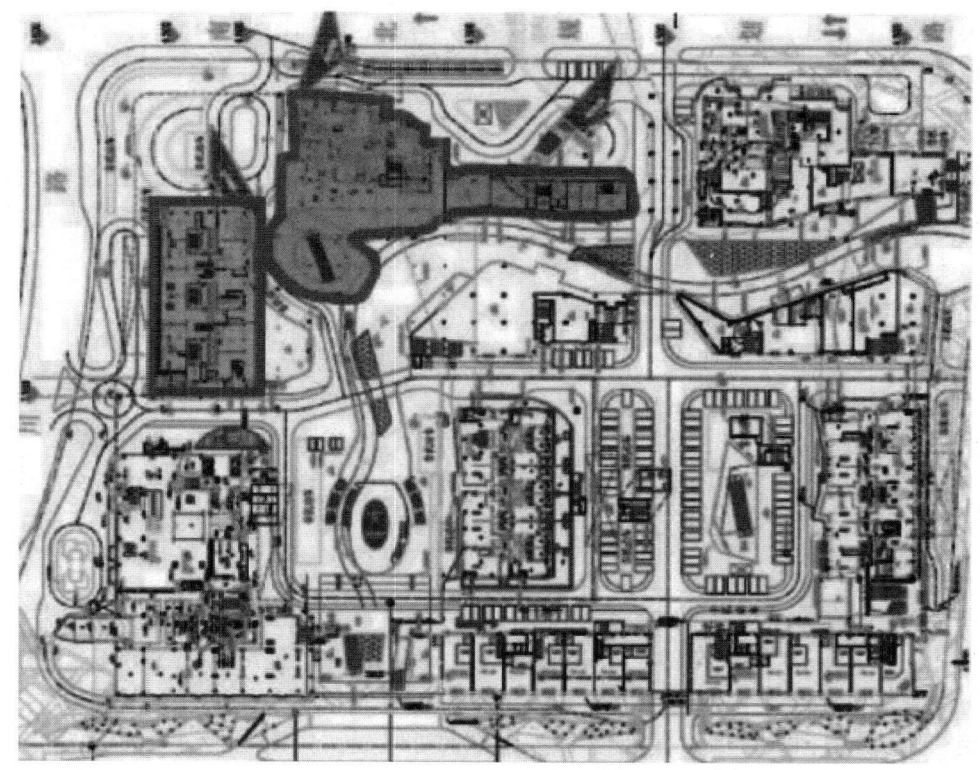

图 8-12 疏散场景下 L1 层联动区域和报警区域示意图

第六节 安全疏散与自救逃生

从目前全国的火灾统计看，火灾时造成人员伤亡的直接原因主要有以下三点：一是单位不重视安全疏散，把疏散门、疏散通道封堵，或者不留疏散门；二是单位员工不会组织现场群众逃生，遇到火灾不是首先组织现场群众逃生，而是自己溜之大吉；三是人们不懂得正确的逃生方法，平时学习时不用心，遇到火灾惊恐万状，慌乱不知所措，结果被浓烟活活熏死。可见，发生火灾时单位做好人员的安全疏散，使员工掌握逃生自救的方法，对减少人员伤亡和财产损失具有重要意义。所以，单位应当就引导疏散和自救逃生对职工进行宣传教育和培训，使每个人都能正确掌握引导疏散和逃生自救的方法。

一、安全疏散的组织

《消防法》第四十四条规定，人员密集场所发生火灾时，该场所的现场工作人员应当立即组织引导在场人员疏散。现场的救援指挥者,首先应当了解火场有无被困人员及其被困地点和救援的通道,并根据不同火灾现场的特点正确地组织和指挥人员和物资的安全疏散。

(一)人员的安全疏散

发生火灾时,单位应立即启动灭火和应急疏散预案,按预案中规定的程序和路线组织人员疏散,使受火势威胁的人员尽快脱离危险,最大限度地避免或者减轻群死群伤的恶性后果。疏散过程中应注意以下六点:

1. 稳定被困人员的情绪,防止混乱

火灾现场往往是火光冲天,浓烟滚滚,尤其在夜间或断电的情况下,更是漆黑一片,给人一种非常恐怖的感觉。此时,没有经过特殊心理训练的人往往会惊慌失措、手忙脚乱,不知如何是好。所以,现场的指挥者,首先自己应当沉着冷静,果敢机警,采取喊话的方式稳定大家的情绪。告诉大家,我是什么负责人,现在是什么位置的什么东西着火,请大家不要慌乱,积极配合,听我指挥,按指定路线尽快撤离火灾现场,使在场人员安全疏散。

2. 告知注意事项,做好必要的准备

为让火灾现场的人员能够安全顺利地疏散,现场组织者还应当把疏散中应注意的事项告诉大家。如把干毛巾或身上的衣服弄湿捂住自己的口鼻,如果没有湿毛巾,千万不要急跑,以免被烟呛到。因为急跑会加大肺部的呼吸量。应该采用短呼吸法,用鼻子呼吸,迅速撤出烟雾区。需要疏散装备的,还应当告知必要的使用方法。

3. 维持疏散秩序,防止相互拥挤

安全疏散时一定要维持好秩序,注意防止互相拥挤,有人跌倒时,要设法阻断人流,迅速扶起摔倒的人员,防止出现踩踏事故。对老弱病残、婴幼儿等火灾高危群体,还应当做好背、拉、抬、搀扶等帮扶工作。在疏散通道的拐弯、岔道等容易走错方向的地方,应设立"哨位"指示方向,防止现场人员在疏散时误入死胡同或进入危险区域。

4. 选择正确定路线和方法疏散

按照平时制定的灭火和应急疏散预案,选择正确的路线疏散,在疏散时,如人员较多或现场能见度较低时,应在熟悉疏散通道人员的带领下,鱼贯地撤离起火点。带领人可用绳子牵领,用"跟着我"的喊话或前后扯着衣襟的方法将人员撤至室外或安全地点。当烟雾弥漫走道或楼梯间时,要及时启动机械排烟系统排烟,并尽可能地引导现场人员从远离着火区的疏散楼梯疏散。

5. 疏散结束,应清点人数

在组织人员疏散到安全地点后,对于大批的人员应当注意清点人数,防止有遗漏未逃出的人员。尤其是婴幼儿、学生、老弱病残等火灾高危群体的人员,要做详细清点。

6. 制止脱险者重返火场

脱离险境的人员，往往因某种心理的驱使，不顾一切，想重新回到原处达到目的，如自己的亲人还被围困在房间里，急于救出亲人；怕珍贵的财物被烧，急切地想抢救出来等。这不仅会使他们重新陷入危险境地，并且给火场扑救工作带来困难。所以，火场的指挥人员应组织专人安排好脱险人员，做好安慰工作，以保证他们的安全。

（二）物资的安全疏散

为了最大限度地减少火灾损失，防止火势蔓延和扩大，对于火场上的物资，尤其是非常有价值的物资，应当有组织地进行疏散。因为物资的疏散通常都是由失火单位组织，所以，单位的消防安全管理人员应当负责物资疏散的组织工作。

1. 应重点疏散的物资

（1）有可能扩大火势和有爆炸危险的物资。例如，起火点附近的汽油、柴油油桶，充装有气体的钢瓶以及其他易燃易爆和有毒的危险品，遇水可发出易燃气体的物资等。

（2）性质重要、价值昂贵的物资。例如，重要档案资料、高级仪器设备、珍贵文物以及经济价值较大的生产原料、产品、设备等。这些物资一旦被毁，很难恢复，无法挽回。

（3）影响灭火战斗的物资。比如，妨碍灭火行动的物资、怕水的物资（电石、糖、纸张）等。

2. 疏散物资的要求

（1）将参加疏散的职工或群众编成组，指定负责人，使整个疏散工作有秩序地进行。

（2）首先疏散受水、火、烟威胁最大的物资。

（3）疏散出来的物资应堆放在上风向的安全地点，不得堵塞通道，并派人看护。

（4）尽量利用各类搬运机械进行疏散，如企业单位的起重机、输送机、汽车、装卸机等。

（5）怕水的物资应用苫布进行保护。

二、火场逃生自救的方法及注意事项

人们面对突如其来的火灾威胁，往往会惊慌失措，作出一些非理性的举动，从而丧失火灾初期逃生的绝好时机，造成不少人在火灾中受伤，乃至丧生。在相同的处境下，同为火灾所困，有人葬身火海，也有人死里逃生幸免于难。这固然和火势的大小、起火时间、楼层高度和建筑物内有无报警、排烟、灭火设施等因素有关，但也取决于受困者的自救、互救能力和逃生知识。身处火场，如果被困者能强制自己保持头脑冷静，积极采取措施自救互救，是可以突出火海重围，成功逃生的。因此，我们必须学会正确的逃生方法。

（一）火场逃生自救的方法

1. 熟悉环境，有备无患

一般来说，人们对长期生活居住的地域环境比较熟悉，若遇到火灾即可迅速撤离火灾现场，因而人员伤亡较少。倘若到陌生的地方，尤其是去商场、影剧院或住宾馆时，都应留意大门、楼梯、进出口通道及紧急备用出口的方位和特征，做到心中有数。一旦遇到火灾险情时，不至于迷失方向而盲目地闯入火海。比如，在1985年的哈尔滨天鹅饭店火灾中，几位日本游客在住进饭店时就摸清了周围的环境，把安全出口牢记在心，因而得以逃生。

2. 头脑冷静，临危不乱

火灾突然发生后，对身处火场者来说，惊慌失措是最致命的弱点。保持清醒的头脑，冷静思考，才能作出快速反应，选择最佳的逃生方法。尤其楼房着火时，更不能惊慌失措，以免做出错误的决断，如冒险跳楼。可以用一种简单的自我暗示法使自己冷静下来，如单调地、缓慢地默念"不要慌，我会逃出去的""我感觉很好，十分镇定"，直到紧张的心理被消除为止。消除紧张心理后，遇险者就会临危不乱，利用平时掌握的逃生知识实施逃生自救。

3. 找准时机，果断逃生

面对突如其来的火灾，初起时，有扑救能力的成年人，可以尝试用现有的灭火器材灭火，同时要记住报火警。如果火势已经比较大，超出自己的扑救能力范围时，就不要再尝试灭火了，这时的任务就是选择合适的逃生方法果断逃生，如是房间内起火，逃离房间时要随手关门，这样可以控制火势和延长逃生的时间。然后朝背火的方向，沿着疏散指示标志，从最近的安全通道迅速离开火场；如果是房间外着火，开门查看火情前要先试一下门把手或门板，如果是凉的，可以将门打开一条小缝判断外面的情况后再选择逃生方案。如果门把手已经很热，说明大火已经离房间不远，这时须做好必要的准备，冲出着火带。

4. 湿巾捂鼻，闯过浓烟区

现代建筑虽然比较牢固，但几乎所有的装饰材料，诸如塑料壁纸、化纤地板、聚苯乙烯泡沫板、人造宝丽板等，均为易燃物品。这些化学装饰材料燃烧时会散发出有毒的气体，随着浓烟以快于人奔跑时速4~8倍的速度迅速蔓延，人们即使不被烧死，也会因烟雾窒息死亡。据统计资料表明，葬身火海的人，大多不是被火烧死，而是吸入浓烟中毒窒息而死。1972年，日本千日百货大楼火灾，死亡的118人中，有93人因烟气中毒而死；1980年，美国米高梅饭店大火，死亡的84人中，有67人因烟气中毒而死；1993年，唐山西林百货大楼大火，79个丧生者，除了一个是坠楼死亡，其余全部是中毒窒息死亡后被焚烧的。由此可见，遇到火灾时，防止烟雾和有毒气体的侵袭尤为重要。

在火场逃生必须经过浓烟区时，逃生者可以戴上平时备用的防毒面具，如现场没有防毒面具时，可就地取材，把毛巾用水打湿，折叠起来，捂住口鼻，能起到很好的防烟作用，一般情况下，毛巾折成 8 层即可消除 60% 的烟雾，在这种情况下，人在充满强烈刺激性烟雾的十五米走廊里缓慢行走，没有刺激性感觉。在使用湿毛巾时，应将毛巾的含水量控制在毛巾本身重量的三倍以下。在穿越烟雾区时，即使感觉到呼吸阻力增大，也绝不能将毛巾从口鼻上拿开，否则可能立即中毒。因烟气及毒气比空气轻，贴近地面的空气，烟气浓度比较小，含氧量较多，所以在逃生时，不管是戴着面具还是用毛巾捂住口鼻，都要弯身低行，手扶墙壁，必要时可以在地上匍匐前进，从而减少烟气的侵袭。在火场上发现烟雾中毒者时，应立即将其送往医院抢救。

5. 鼓足勇气，冲出着火带

当火场逃生必须通过火势不猛的着火地带时，再着急也不能在毫无保护和准备的情况下乱冲，否则与自跳火坑没什么两样，为尽量避免被火灼伤，冲过着火带前，应将自己身上的衣帽、鞋袜浇湿，然后用浸湿的棉被或毯子盖住头和身体，鼓足勇气，屏住呼吸，迅速果断地冲过着火带，也可成功逃生。

6. 巧用地形，利用自然条件逃生

不同的建筑有不同的结构特点，有些地形是可以用来逃生的。如建筑上附设的落水管、毗邻的阳台、邻近的楼顶以及楼顶上的水箱等，都可能为人们提供死里逃生的一线生机。这些都需要人们平时注意留心观察，熟记于心。着火后，火焰挟着浓烟滚滚而来，所以首先要辨别逃离的方向，选择逃生的方法。比如，前述方法都不可用时，就可以利用这些自然条件逃生。当向下逃生的疏散通道被烧塌，或被浓烟烈火封堵时，也可沿疏散楼梯跑到楼顶的天台，等待消防队的云车梯救援。

7. 利用避难层或避难间逃生

在高层建筑和大型建筑物内，在电梯、楼梯、公共厕所附近，以及袋形走廊末端一般都设有避难间。特别是超高层建筑，一般都是每隔不超过 15 层设置一个避难层。是因为高层建筑内的人员向上和向下疏散都需要较长时间而设置的。避难层所有的建筑材料都有很高的耐火极限，具有较长时间抵抗火烧的能力。而且设置了独立的通风、空调系统，保障避难者有较长时间等待救援。发生火灾时，可将一时无法疏散到地面的人员、行动不便的人员，以及在灭火期间不能中断工作的人员，比如医护人员和广播、通信工作人员等，暂时疏散到避难间。在短时间内无法疏散到地面的其他被困人员，也可先疏散到避难层逃生。

8. 充分利用各种逃生器材和设施

高层、多层公共建筑内一般都设有高空缓降器、救生袋或救生绳，被困人员可以在专业人员的帮助下通过这些设施安全地离开危险的楼层。缓降器由挂钩、吊带、绳索及速度控制器等组成，它可以用专用安装器具牢固地安装在窗台、阳台等地方，被困人员把安全带套在身体两腋下，拉紧松紧扣，从背火面的窗台或阳台逃生。救生袋是两端开口，供逃生者从高处进入其内部的长条形带状物，被困者依靠自身的重量和不同的姿势来控制降落的速度，通过缓慢降落地面而脱险。如果没有这些专门设施，而安全通道又已被堵，救援人员不能及时赶到的情况下，被困人员绝对不能放弃求生的意愿，此时当力求镇静，利用现场之物品或地形地物，设法逃生。比如，可以利用身边的绳索或床单、窗帘、衣服等自制简易救生绳，一端紧拴在牢固的门框、桌腿或者其他重物上，再顺着绳子慢慢滑至安全楼层或地面逃生。

9. 开辟暂时避难场所，固守待援

在火势较大，各种通道被切断，身处没有避难间的建筑，一时又无人救的情况下，被困人员应开辟临时避难场所与浓烟烈火搏斗。当被困在房间里时，可紧闭房门，用湿毛巾堵塞缝隙，减少烟气、火焰进入，并用水浇湿房门，躲在窗户下、卫生间或到阳台避烟，其间要不断向房间墙上、门窗、地面及周边物品洒水，淋湿房间的一切可燃物，以延缓火势向室内蔓延。同时，可向室外扔出小东西，引起别人注意，在夜晚可向外打手电，发出求救信号，直到救援人员到来，救助被困人员脱险。

10. 慎重跳楼

跳楼一向是造成火场人员伤亡的又一主要原因。无论如何，从较高楼层跳楼逃生，都是一种风险极高、不可轻取的逃生选择。但人们被高温烟气步步紧逼，实在无计可施、无路可走时，跳楼也就必然成为挑战死亡的生存豪赌。被困人员万般无奈之下一旦采用跳楼逃生，应注意尽量想方设法缩短与地面的距离，并且先行抛掷一些柔软物品，如棉被、床垫等，减少降落到地面时的冲击。如有可能，楼下救援者应积极施救，或布置充气垫等物兜接，力求最大限度地减少伤亡。

（二）火场逃生的注意事项

1. 积极互救，相互帮助

火灾发生后，受灾者间要积极互救，可以用敲门、呼喊等方式告知其他人尽快逃生，在疏散途中要扶老携幼，相互帮助。

2. 不要因为贪财而延误逃生时机

在火场中，人的生命是最重要的。身处险境，应尽快撤离，不要因害羞或顾及自己的贵重物品，而把宝贵的逃生时间浪费在穿衣或者寻找搬离贵重物品上。已经逃离险境的人员，切忌重回险地，自投罗网。

3. 撤离时不可搭乘电梯

火灾发生时，烟气沿水平方向的蔓延速度为每秒0.7～0.8米，沿竖直方向的蔓延速度为每秒3～4米。普通客梯就像烟囱一样，很快会充满烟雾；另外，火灾时正常供电被切断，普通客梯只有一路供电，一旦断电，就会将人困在电梯里面，造成新的危险。被困人员应从安全楼梯进行疏散。

4. 防止被火烧身

在火灾现场，如果身上着了火，千万不要四处乱跑，拼命拍打，因为奔跑时会形成一股小风，带来大量的新鲜空气，就像给火炉扇风似的，拍打也会加快空气的流动，使火越烧越旺。此外，身上着火的人到处乱跑，还会把火带到其他场所，引起新的起火点。由于身上着火时，一般总是先烧衣服，所以，这时最要紧的是设法先将衣服脱掉，如果来不及脱衣服，也可卧倒在地上打滚，把身上的火苗压灭。在场的其他人员也可用湿麻袋、毯子等物把着火人包裹起来以熄灭火焰；或者向着火人身上浇水，帮助受害者将烧着的衣服撕下；或者跳入附近池塘、小河中将身上的火熄掉。

总之，只有平时注意学习火灾逃生自救的知识，掌握了火灾逃生自救的方法，才能在发生火灾时，临危不乱，冷静地选择恰当的逃生方法，顺利逃生。

第八章 消防监督管理系统的设计

近年来,随着我国社会经济发展速度加快,城镇化建设进程加快。各类现代化建筑各项火灾问题会对人们的生命以及财产安全产生较大损失,因此做好防火监督活动至关重要。但是从目前防火监督工作开展的现状来看,防火监督活动仍需进一步地创新优化,便于有效构建社会主义和谐社会。本章从消防监督管理系统设计的重要作用出发,分析消防防火管理工作的现状,提出设计并实现消防监督管理系统的措施。

第一节 消防监督管理系统的设计概述

一、消防监督管理系统设计的重要作用

在新时期消防工作开展中,消防监督管理系统的设计工作是一项重要内容,此项内容涉及范围较广。通过良好的消防监督管理系统,当发生火灾之后能第一时间出警。在消防防火监督中,相关消防人员要注重提高警惕意识,能集中察觉到周边环境存有的各项安全隐患,这样能对各项问题第一时间集中处理,对于问题发展集中控制,事先采取有效预防和控制措施。通过良好的消防监督管理系统设计,能够实现对人力资源、物力和社会资源、财力和社会资源的集中分配,强化防火监督的工作成效。

防监督管理系统设计是有效保障我国广大民族和群众的生命财产安全的最好方式,进行消防监督管理系统的设计工作,能够合理地进行消防管理工作的分配,明确消防管

理工作的责任划分，全面提高消防员工作的安全性以及消防灭火工作的质量，促使消防管理能稳定和落实，为我国人民的生活提供良好的安全保障。随着我国的信息化发展，发生火灾的概率也逐渐提升，很多电子设备爆炸、电热毯着火等火灾风险事故频繁发生，导致火灾发生没有规律性可循。在这种情况下，消防管理人员要提高警觉性，才能集中控制各类火灾风险。消防监督管理系统设计工作中，要更加注重针对可能出现的火灾风险事件提前做好预防，降低对火灾的危害，所以目前全面做好消防监督管理系统设计是积极构建稳定生活环境的重要措施。

二、消防防火管理工作的现状

（一）消防安全工作得不到重视

对于消防安全工作得不到重视的问题，不仅可以体现在人们的日常生活中，也可以体现在各个部门的日常工作中。例如，在大多数公共区域，他们拥有的消防通道基本上都被一些随意堆放的垃圾占据。同时，公共区域的消火栓周围的清洁度无法保证。这样一来，如果发生火灾事故，由于杂物的存在，防火门就不能及时打开，不仅会影响消防控制，还会在一定程度上阻碍人员的疏散。另外，大多数居民的消费者安全意识不强。这主要体现在居民不将家用灭火器放置在厨房等一些特殊的地方。即使在公共场所，相关部门也没有配备相对完善的消防设备。

（二）基础建设创新有限

消防监督管理存在基础设施问题。在监测设备方面，很多地区不仅没有及时更换先进的设备类型，而且经常出现设备停用的情况。不但无法准确判断火灾风险的发生率，而且难以及时预警火灾，延误事故防控；当前，社会已经进入信息时代，监管工作应及时适应信息模式。然而，由于信息技术的应用，许多监管部门还停留在表面，制作监管统计表，远程沟通监管状况。没有整合先进的信息技术，没有建立完整的网络信息管理平台，限制了消防监管的优化升级。

（三）监督机制尚不健全

消防监督机制存在的问题也是制约监督工作顺利开展的重要因素。一方面，许多消防监管部门还注重传统的工作模式，在责任网络建设上存在各种漏洞。在制度细化、工作单一化方面存在不足，缺乏与时俱进的细化监理建设，工作人员职责划分不明确，监理职责落实存在严重不足；另一方面，监管需要加强。缺乏严格的监督和检查是一个主要关注的重点。在生活中发生人为火灾事故的当事人监督与处罚较少，致使许多消防安全规范难以实际实施。监督工作只是监督，难以提高效果。

（四）监督人员素质不足

消防监督管理系统需要一支兼具先进监督意识和监督能力的工作队伍，以此作为消防防火监督工作中的重要保障，但就目前各监督部门工作人员综合能力而言，还存在严重不足，很多监督人员对监督工作报以应付心理，没有意识到安全防控工作的重要性，在实际监督工作中未能严格遵循工作要求细致地开展监督工作；同时，不少监督人员专业能力有限，而且缺乏必要的工作经验，无法有效遵循工作要求，再加上人才培养机制的不健全，以至于监督人员的综合素质大受影响，对于防火监督实效性提升产生较大阻碍。

三、实现消防监督管理系统措施

（一）构建消防检查队伍

建设一支消防安全检测队伍对消防安全检测工作具有重要的突破作用。消防检查部门可以在单位内进行考核，选拔高质量人才进行消防检查队伍的构建，同时建立消防安全科学办公场所，以保证层层落实消防责任，进而有效改进原本消防检查队伍中力量薄弱、人员不足等问题。相关地区政府需要基于地方政府的主导，合理地构建一支消防监督管理队伍，组织社会各界的力量，确保其在消防管理工作中可能存在的各种问题有效地解决。与此同时，还需要进一步科学评价和监督准则制定，确保能够对其管理人员工作行为进行合理约束，同时还需要科学延伸检察队伍，使其合理融入各个小区和居民委员会，确保相关人员具有更高的自我救助能力和自我保护能力，保障消防安全工作具有更大的覆盖面积。可以通过消防部门和社区进行联动的方式，优化消防管理模式，推进社区消防管理事业的进一步发展。

在监督人员工作意识培养上，应着重考虑以往监督工作中出现的态度不端正、责任意识不强、服务意识不佳等思想问题，并在实际工作中定期组织思想教育，明确工作中容易出现的各种错误思想认知，结合信息技术应用下的人员管理制度与工作考评机制，对因个人工作意识不合理而造成的工作失误问题加以明确。

（二）深入落实消防安全监督责任制

在消防监督管理系统设计的过程中，要充分利用安全监督责任制来贯彻实现消防工作的总体目标和方针，要始终坚持从地方政府部门领导、专业单位监督管理到对企业负责的社会监督理念，消防监督管理作为一项社会性的活动，需要确保其参与的主体具有较高的多元化，可以从根本上实现加强安全意识宣传和学习消防知识、增强消防专业技能等作用。消防安全部门应该把安全消防标准化工作纳入民生保障建设规划中，并交由专门的消防监督管理分部负责，确保其安全监督管理系统有效地满足人们日益增长的经济社会需要。

在监督力度强化过程中，要先对各项消防事故问题加以明确，要联合公安、社区、市场监督管理局等单位进行联合监督，认真开展消防检查工作，确保被管理目标处于完善的监督管控中，各个单位和部门均应建设消防监督责任机制，将监督管理职责落实到具体的负责人，防止责权混乱，相互推诿的现象发生。监督巩固中，要从规范化监督规划开始，按照区域内易发火灾事故点，构建串联监管体系，通过分级管理制度的严格落实,将各项防火监督指标均一连贯,确保能够全面而准确地完成各项监督任务。在监管执法中要将过程公开化,依据火灾防控的相关法律规范公正执法、严格执法,使监督执法环节置于阳光之下,既保证监督工作的规范性,又能增进群众认知,使监督工作更遵其责、落其实,取得应有的监督效果。

(三)优化建筑消防设施的工程设计

建筑工程建设消防系统时,如果想要确保建筑消防具有更高的安全性,有效避免各类安全隐患。随着我国经济水平的提高,许多建筑的设计为追求美观、艺术、智能等属性改变了原有的建筑设计风格,传统的防火设计已经不能很好地兼容在这些建筑物之中,这种情况下,消防安全部门应该利用不同建筑物其自身所具备的特点,通过现代科学技术手段来模拟现场可能发生火灾的情况,从而制定出一套符合该类型消防建筑物的防火设计要求的设计。在消防工程的施工和验收环节,检查部门都需要对其设计进行严格的把关,合理地优化和完善消防工程设计。同时,还要严格地对比目前的施工状况和设计图纸,确保在现场进行检查人员的检查具有较高的专门性,避免验收过程流于形式。各级部门都需要针对现场的具体情况,科学地引进专业的验收人员和机构,强化项目的工程验收管理,同时还要求定期向全国社会各界报告和公布项目验收的结果,对其他施工单位科学地构建信誉档案,如果在过程中发现某一个施工单位在长期的工作中已经出现质量不合格的情况,则需及时地建立项目黑名单,保障整个项目的施工安全。

(四)加强消防安全宣传

充分调动社会的传媒组织利用线上资源去宣传消防安全知识,对消防安全知识加大宣传,对各种典型案例进行全面普及,对其相关人员进行有效的警示教育,全面普及火场自救知识、初期火灾扑救知识和火灾报警知识,确保社会大众具有更高的安全意识,从而实现其逃生自救能力的有效增强。在线下通过开展消防安全讲座、举办消防安全知识竞赛等方式,加强对群众消防知识的宣传教育。这种线上宣传与线下的宣传有机结合起来的方法,能够极大地提升群众的消防安全意识水平。只有人民群众的消防意识得到提高,才能够从根本上减少火灾的发生。在密集的场所,还需督促有关经营单位加强对企业内工作人员的火灾应急知识培训及消防安全知识培训,进行火灾逃生和疏散演习的科学性开展,使得员工对火灾的风险有更为充分的了解和认识,进而保证工作人员全面地掌握火灾逃生的路线,使各级工作人员的应急意识和能力得到有效提高。

综上所述,当前我国消防安全管理面临的形势十分复杂,任务越来越重,难度越来越大,传统粗放式的监督管理模式已难以适应社会的快速发展和变化,产生了诸多隐患。因此,消防安全监督管理部门应深入分析需要解决的主要问题,设计消防监督管理系统,将创新的管理理念和更先进的技术手段融入消防监督管理系统建设中,通过更高效、高质量的监督、管理和服务,降低火灾发生的概率,避免人民的生命财产安全损失。

第二节　系统功能需求分析

　　在深入了解消防监督管理系统工作的工作流程和具体需求后，本文进行了详细的需求分析。系统的需求分析主要是了解用户的问题，分析用户的需求，并作出能够解决这些问题的软件系统。只有反复与客户进行沟通，并对相关的知识进行学习，才能作出一个好的需求分析。如果需求分析做得不好，那么做出来的软件系统对实际问题的解决也不能达到理想的效果。下面，将对消防监督管理系统的技术架构设计、业务流程、系统功能以及非功能性需求进行详尽的分析。

一、需求分析概述

　　在对消防监督管理所需要的功能进行调查了解之后，了解到该系统需要实现首页、基础信息、受理登记、监督检查、火灾调查、行政处罚、档案管理、决策分析和系统维护等九部分。

　　因此，本文确定了消防监督管理系统需要的具体功能主要包括首页功能、基础信息功能、受理登记功能、监督检查功能、火灾调查功能、行政处罚功能、档案管理功能、决策分析功能、系统维护功能等。其中，首页功能包括待办事项、工作查询、批语管理等；基础信息功能包括单位维护、管辖审批、建筑管理、户籍化管理、资料库入库审核等；受理登记功能包括举报投诉受理登记、火灾事故调查登记、火灾重新认定登记、行政处罚受案登记、产品复检受理；监督检查功能包括生成检查任务、本人检查任务、隐患跟踪管理、隐患统计分析、执法统计、查询统计等；火灾调查功能包括生成火调任务、火灾事故调查、火灾重新认定、延期认定、查询统计等；行政处罚功能包括受理登记、处罚任务、拘留登记、当场处罚、刑事案件、查询统计等；档案管理功能包括任务重新归档、任务挂接单位；决策分析功能包括单位分析、建筑分析、检查分析、隐患分析、单位预警；系统维护功能包括代码表管理、文书管理、执法单位、处罚知识库、角色管理、流程管理、项目移交、数据同步管理，等等。

　　消防监督管理系统的总体功能如图10-1所示。

第八章 消防监督管理系统的设计

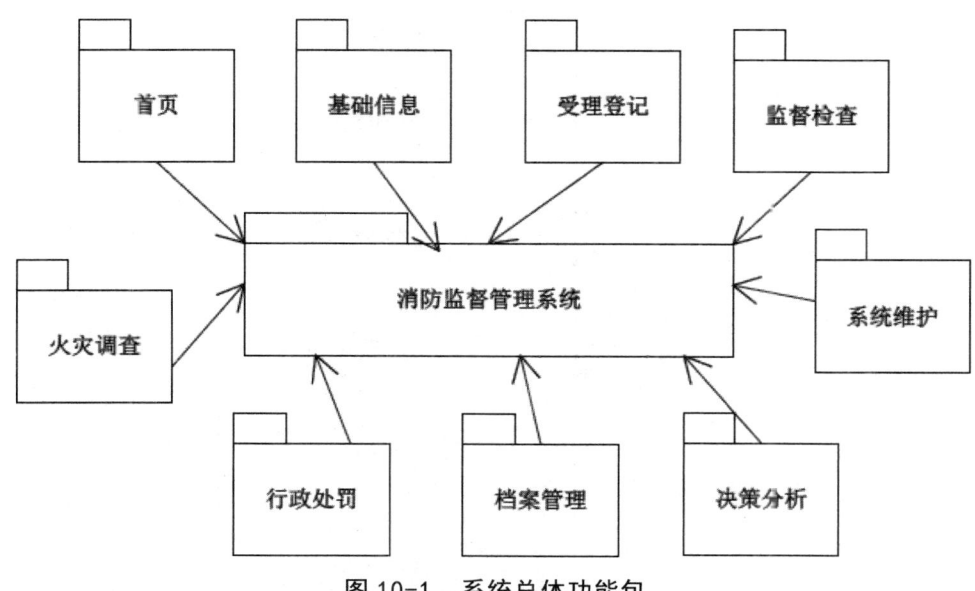

图 10-1 系统总体功能包

二、系统功能分析

功能性需求分析是开发消防监督管理系统的重要环节。本文将围绕首页功能、基础信息功能、受理登记功能、监督检查功能、火灾调查功能、行政处罚功能、档案管理功能、决策分析功能以及系统维护功能进行详细的分析。

（一）首页功能分析

首页模块主要提供系统的入口页面，完成对待办事项、工作查询、批语管理等的设置，登录之后可以查看相关所需要的信息。

消防监督管理系统首页功能的用例图如图 10-2 所示。

消防监督管理实务

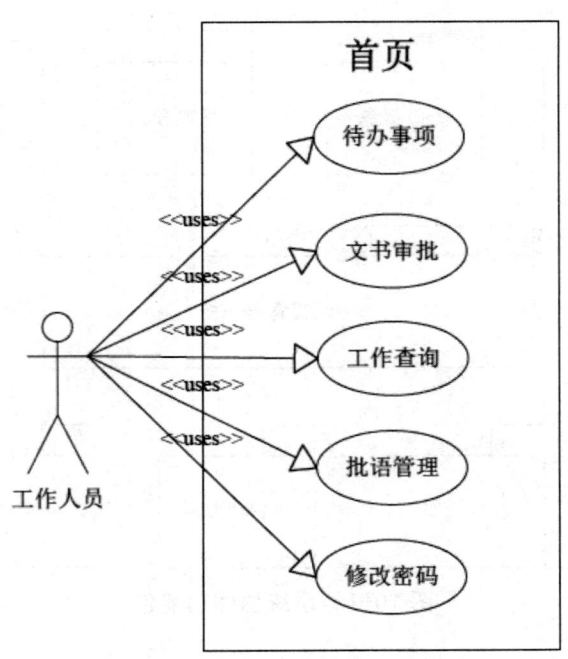

图 10-2　首页管理用例

消防监督管理系统首页模块的用例规约表如表 10-1 所示。

表 10-1　首页用例规约

用例名称	首页
主要功能用例	处理代办事项，进行文书审批，工作查询，对批语进行管理，修改账号的密码
描述	消防工作人员可以登录系统首页进行对待办事项、文书、批语等的更改与查看
前置条件	工作人员登陆消防监督管理系统，进入首页模块
基本事件流	消防工作人员进入首页模块，点击想要进行的操作，如需要完成的事项，文书的审批，批语的管理，点击确定，系统反馈设置结果
后置条件	无
异常事件流	无

（二）基础信息功能分析

消防监督管理系统的基础信息模块具有单位维护与查询功能、管辖审批功能、建筑信息管理功能、户籍化管理和查询统计功能、资料库入库审核功能及查询统计的功能。

消防监督的管理系统基础信息模块的用例图如图 10-3 所示。

第八章 消防监督管理系统的设计

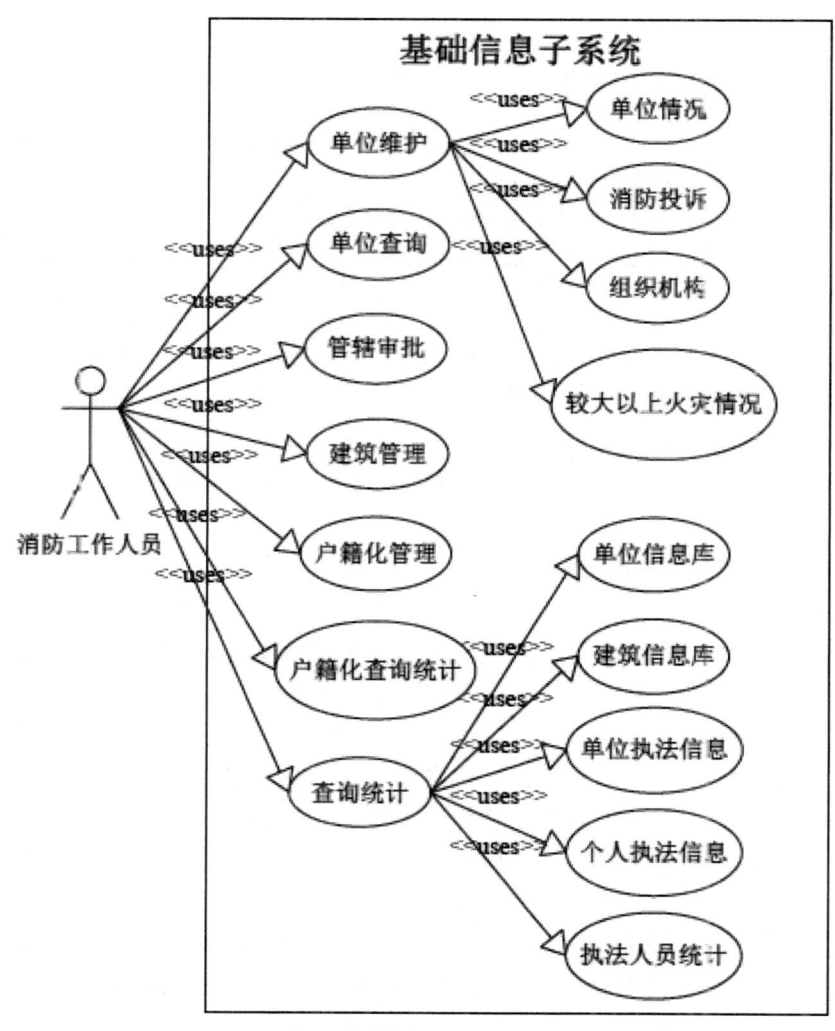

图 10-3 基础信息设置用例

消防监督管理系统基础信息模块的用例规约表如表 10-2 所示。

表 10-2　基础信息用例规约

用例名称	基础信息
主要功能用例	可以进行单位维护和查询功能、管辖审批、建筑信息维护和查询功能、户籍化管理和查询功能、查询统计
描述	消防工作人员可以进行对单位的维护，对管辖的审批通过，对建筑信息的维护，对个人档案和单位执法档案的维护与查询
前置条件	消防工作人员登陆消防监督管理系统，进入基础信息模块
基本事件流	1. 消防工作人员进入基础信息子系统，可以查询单位信息，并对单位信息进行维护 2. 消防工作人员进入基础信息子系统，可以对其消防管辖的区域进行消防审批 3. 消防工作人员进入基础信息子系统，可以对建筑的安全等进行审批 4. 消防工作人员进入基础信息子系统，可以查询个人执法档案与单位执法档案，并在得到上级审核通过之后可以进行修改
后置条件	无
异常事件流	无

（三）受理登记功能分析

消防监督管理系统受理登记模块功能包括有审核验收受理登记、安全检查受理登记、备案抽查受理登记、举报投诉受理登记、大型活动安全检查、监督复查申请登记、火灾事故调查受理登记、火灾认定复核受理登记、火灾重新认定登记。审核验收受理登记是对建筑工程设计审核、竣工验收项目进行受理登记，并且对设计审核进行局部变更，对竣工验收项目进行复验；安全检查受理登记是对公众聚集场所投入使用、营业前安全检查项目进行受理登记；备案抽查受理登记是对建设工程设计备案、验收备案项目进行受理登记；举报投诉受理登记是对举报投诉消防违法行为核查项目进行受理登记；大型活动安全检查是对大型群众性活动举办前的消防安全检查进行受理登记；监督复查申请登记是对监督检查后不合格的单位及行政处罚中对被检查的单位进行"三停"处罚后的单位进行复查；火灾事故调查受理登记是对接到报警的火灾事故调查项目进行受理登记；火灾认定复核受理登记是对火灾发生后复核的结果进行受理登记；火灾重新认定登记是对火灾的调查结果进行重新的认定之后的受理登记；行政处罚受理登记是对于消防不合格的单位进行行政处罚的受理登记。

消防监督管理系统受理登记模块的用例规约表如表 10-3 所示。

表 10-3　受理登记用例规约

用例名称	受理登记
主要功能用例	进行审核验收受理登记、安全检查受理登记、备案抽查受理登记、举报投诉受理登记、大型活动安全检查、监督复查申请登记、火灾事故调查受理登记、火灾认定复核受理登记、火灾重新认定登记系统需求分析
描述	消防工作人员需要受理登记审核验、受理登记安全检查、受理登记备案抽查、受理登记举报投诉、安全检查大型活动、申请登记监督复查、受理登记火灾事故调查结果、受理登记火灾认定复核结果、登记火灾重新认定结果
前置条件	消防工作人员登陆消防监督管理系统，进入受理登记模块
基本事件流	1. 消防工作人员进入受理登记模块，选择审核验收受理登记，对建筑工程设计审核、竣工验收项目进行受理登记 2. 消防工作人员进入受理登记模块，选择安全检查受理登记，对公众聚集场所投入使用、营业前安全检查项目进行受理登记 3. 消防工作人员进入受理登记模块，选择备案抽查受理登记，对建设工程设计备案、验收备案项目进行受理登记 4. 消防工作人员进入受理登记模块，选择举报投诉受理登记，对举报投诉消防违法行为核查项目进行受理登记 5. 消防工作人员进入受理登记模块，选择大型活动安全检查，对大型群众性活动举办前的消防安全检查进行受理登记 6. 消防工作人员进入受理登记模块，选择监督复查申请登记，对监督检查后不合格的单位及行政处罚中对被检查的单位进行"三停"处罚后的单位进行复查 7. 消防工作人员进入受理登记模块，选择火灾事故调查受理登记，对接到报警的火灾事故调查项目进行受理登记 8. 消防工作人员进入受理登记模块，选择火灾认定复核受理登记，对火灾发生后复核的结具进行受理登记 9. 消防工作人员进入受理登记模块，选择火灾重新认定登记，对火灾的调查结果进行重新认定之后的受理登记。
后置条件	无
异常事件流	无

（四）监督检查功能分析

消防监督管理系统中的监督检查模块主要包括生成检查任务、本人检查任务、对任务分工管理、隐患跟踪管理、执法统计、查询统计。生成检查任务中包含的功能有日常监督检查、抽样计划、监督抽查。在日常监督检查中可以进行任务监督检查、日常检查；在抽样计划功能中可以进行查询年度抽样计划、分次抽查；在监督检查功能中有单位监督抽查。本人检查任务模块中包含的功能有本人未结任务、复查任务以及临时查询。任务分工管理模块中包括的功能有本单位数据录入、抽查任务分工、任务分工调整。本单位数据录入功能中包括的操作有消防执法情况统计、数据录入；抽查任务分工功能中的操作有显示抽查后的单位列表页面，包括选择抽查的年份和抽查次数，显示最新的抽查单位的信息,包括单位编码、单位名称、地址、法人代表、联系电话、单位类别;任务分工调整功能中包括的操作有查看被查单位名称、预定检查日期、检查日期、检查类型、承办人、状态、操作信息,变更主承办人和协办人。隐患跟踪模块中包括的功能有复查隐患跟踪登记、一般隐患单位分析、重大隐患销案情况。执法统计模块中的功能有消防机构动态统计、各单位执法工作月报与全支队汇总月报。查询统计模块中包括的功能有监督抽查计划、监督检查任务、法律文书管理以及其他文档管理。

消防监督管理系统监督检查模块的用例图如图 10-4 所示。

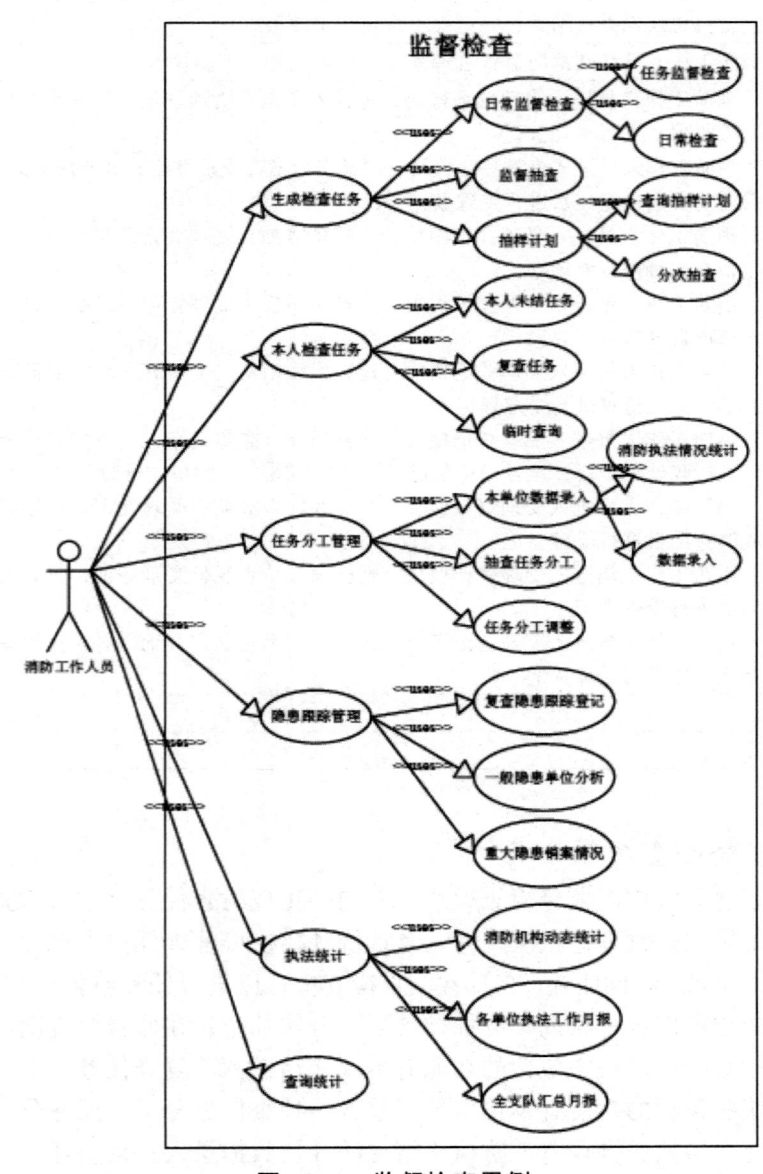

图 10-4 监督检查用例

消防监督管理系统监督检查模块的用例规约表如表 10-4 所示。

表 10-4 监督检查用例规约

用例名称	监督检查
主要功能用例	生成检查任务、本人检查任务、对任务分工管理、隐患跟踪管理、执法统计、查询统计
描述	消防工作人员可以生成自己的检查任务，对自己的检查任务进行查询，对任务分工进行管理，对隐患进行跟踪管理，对消防机构的动态、各单位执法工作月报、全支队汇总月报进行执法统计，查询统计
前置条件	消防工作人员登陆消防监督管理系统，进入监督检查模块
基本事件流	1. 消防工作人员进入系统中的监督检查模块，选择生成检查任务，点击日常监督检查、抽样计划或者监督抽查进行操作，点击保存确认生成检查任务，写入数据库 2. 消防工作人员进入系统中的监督检查模块，选择本人检查任务，点击本人未结任务、复查任务或者临时查询进行操作 3. 消防工作人员进入系统中的监督检查模块，选择任务分工管理，点击本单位数据录入、抽查任务分工或者任务分工调整进行操作，确认保存 4. 消防工作人员进入系统中的监督检查模块，选择隐患跟踪管理，点击复查隐患跟踪登记、一般隐患单位分析或者重大隐患销案情况进行相应操作，确认保存 5. 消防工作人员进入系统中的监督检查模块，选择执法统计，点击消防机构动态统计、各单位执法工作月报或者全支队汇总月报进行查看。 6. 消防工作人员进入系统中的监督检查模块，选择查询统计，点击监督抽查计划、监督检查任务、法律文书管理或者其他文档管理进行查看。
后置条件	无
异常事件流	无

（五）火灾调查功能分析

消防监督管理系统中的火灾调查模块的功能主要包括生成火灾任务，对于火灾事故进行调查，火灾重新认定，延期认定，查询统计，等等。火灾调查模块中所涉及的法律法规及文档包括最新修订的《消防法》、中华人民共和国的住房和城乡建设部令第 51 号《建设工程消防设计审查验收管理暂行规定》、公安部第 121 号令《火灾事故调查规定》《火灾报告表》《建设工程质量管理条例》《火灾现场勘察通知书》《火灾案件登记表》《保护火灾现场通知书》《火灾原因认定书》《火灾事故责任书》《解除保护火灾现场通知书》《火灾重新认定受理登记表》《火灾原因重新认定决定书》以及《火灾事故责任重新认定决定书》。

消防监督管理系统火灾调查模块的用例图如图 10-5 所示。

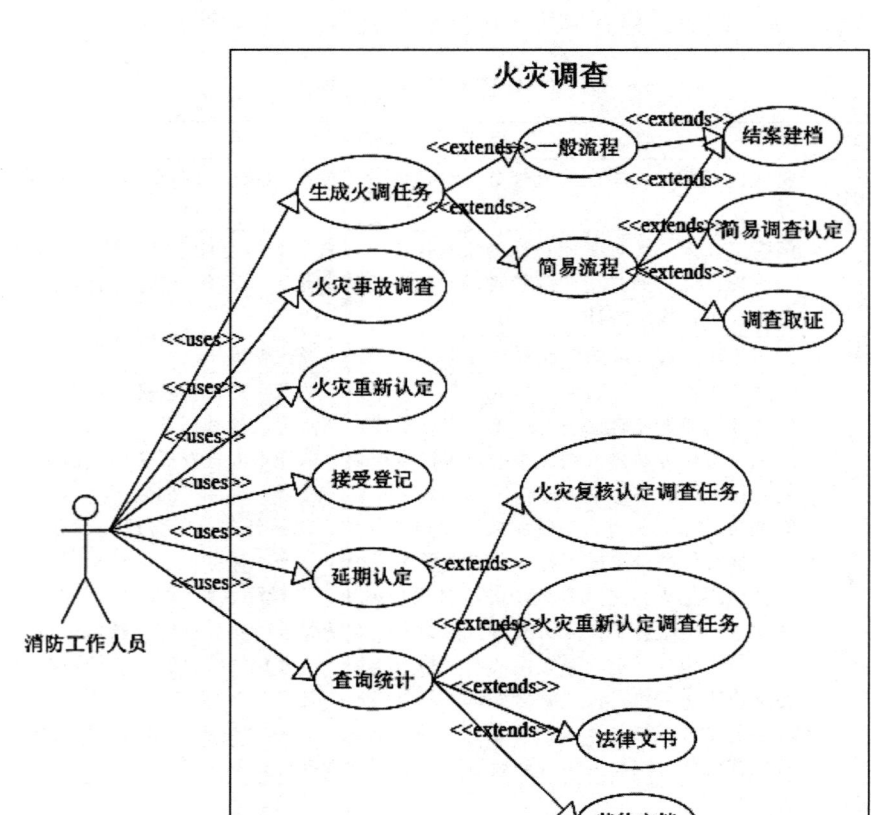

图 10-5 火灾调查用例

消防监督管理系统火灾调查模块的用例规约表如表 10-5 所示。

表 10-5　火灾调查用例规约

用例名称	火灾调查
主要功能用例	生成火调任务，对火灾事故进行调查、火灾重新认定、延期认定、查询统计
描述	消防工作人员完成对火调任务的生成、对火灾事故的调查、对火灾的重新认定、延期认定及统计查询工作
前置条件	消防工作人员登陆消防监督管理系统，进入火灾调查模块
基本事件流	1. 消防工作人员进入系统中的火灾调查模块，选择生成火调任务，然后选择一般流程还是简易流程进行点击确认，进行操作，生成火调任务。选定专业，点击箭头进行确认 2. 消防工作人员进入系统中的火灾调查模块，选择对火灾事故进行调查，保存调查结果 3. 消防工作人员进入系统中的火灾调查模块，选择火灾重新认定，对火灾事故的认定结果进行重新认定，修改结果并进行保存 4. 消防工作人员进入系统中的火灾调查模块，选择延期认定，进行操作并保存 5. 消防工作人员进入系统中的火灾调查模块，选择查询统计，进行相应的查询
后置条件	无

第八章 消防监督管理系统的设计

异常事件流	无

（六）行政处罚功能分析

消防监督管理系统的行政处罚模块主要包括受案登记、处罚任务、拘留登记、当场处罚、刑事案件、查询统计等。受案登记主要是来自以下三个方面，分别是监督检查过程中的受案、火灾调查中的受案和单独受案。处罚任务中列出了本人需承办的所有处罚任务。拘留登记中需要对进行拘留的承办人进行登记。刑事案件包括受案登记和办案任务。查询统计提供全面的查询功能，可以查看此"处罚"业务到目前为止所制作的法律文书、法律文书的数量及法律文书的状态。

消防监督管理系统行政处罚模块的用例规约表如表10-6所示。

表10-6 行政处罚用例规约

用例名称	行政处罚
主要功能用例	受案登记 处罚任务 拘留登记 当场处罚 刑事案件 查询统计
描述	消防工作人员完成对受理的案件进行登记，对受案的承办人进行处罚任务或者拘留登记，对刑事案件进行登记，也可以进行查询统计
前置条件	消防工作人员登陆消防监督管理系统，进入行政处罚模块
基本事件流	1.消防工作人员进入系统中的行政处罚模块，选择受案登记，确定要受理的案件是监督检查过程中的受案、火灾调查中的受案还是单独受案，然后点击保存 2.消防工作人员进入系统中的行政处罚模块，选择处罚任务，决定是否要对受理的案件进行处罚，然后保存确认 3.消防工作人员进入系统中的行政处罚模块，选择拘留登记，对进行拘留的承办人进行登记 4.消防工作人员进入系统中的行政处罚模块，选择刑事案件，然后确定是受案任务登记还是办案任务，然后进行操作 5.消防工作人员进入系统中的行政处罚模块，选择查询统计，查看此"处罚"业务到目前为止所制作的法律文书、法律文书的数量以及法律文书的状态
后置条件	无
异常事件流	无

（七）决策分析功能

消防监督管理系统中的决策分析模块的功能有单位分析、建筑分析、检查分析、隐患分析、单位预警。单位分析是提供统计图表对于监管单位信息进行统计分析；建筑分析是提供统计表对建筑信息进行统计分析；检查分析是提供统计表对监督检查信息进行统计分析；隐患分析包括一般隐患单位分析、重大隐患销案情况、一般隐患统计、重大隐患统计、隐患种类统计五个功能；单位预警可查询并罗列出某段检查时间内出现"发生火灾""重大火灾隐患""隐患已整改完毕""一般隐患整改""未检查"或者"检查未发现问题"等情况的单位相关信息。

消防监督管理系统决策分析模块的用例规约表如表10-7所示。

表 10-7　决策分析用例规约

用例名称	决策分析
主要功能用例	单位分析、建筑分析、检查分析、隐患分析、单位预警
描述	消防工作人员进入决策分析功能模块完成对单位、建筑、检查、隐患的分析，并进行单位预警
前置条件	消防工作人员登陆消防监督管理系统，进入决策分析模块
基本事件流	1.消防工作人员进入系统中的决策分析功能模块，选择单位分析，提供统计图表对监管单位信息进行统计分析操作 2.消防工作人员进入系统中的决策分析功能模块，选择建筑分析，提供统计表对建筑信息进行统计分析操作 3.消防工作人员进入系统中的决策分析功能模块，选择隐患分析，如果是要进行一般隐患单位分析，则需要查看一般隐患单位的信息；如果要进行重大隐患销案情况分析，需要查看重大隐患单位的销案情况；如果要进行一般隐患统计，则需要统计监督检查过程中发现隐患的单位；如果是要进行重大隐患统计，则需要统计监督检查过程中发现的重大隐患的单位数；如果要进行隐患种类统计，则需要对一般隐患种类进行统计 4.消防工作人员进入系统中的决策分析功能模块，选择单位预警，可查询段检查时间内出现"发生火灾""重大火灾隐患""隐患已整改完毕""一般隐患整改""未检查"或"检查未发现问题"等情况的单位相关信息
后置条件	无
异常事件流	无

（八）系统维护功能

消防监督管理系统中的系统维护模块的功能有代码表管理、文书管理、执法单位、处罚知识库、角色管理、流程管理、代办提醒、换承办人、项目操作、节假日设置、备案抽查比例以及日志查询等维护。

三、业务流程分析

业务流程分析是系统需求分析的重要组成成分，能够解释系统功能的具体操作流程。消防监督管理系统的业务流程分析主要对于首页功能、基础信息功能、受理登记功能、监督检查功能、火灾调查功能、行政处罚功能、档案管理功能、决策分析功能、系统维护功能这几项模块中涉及的操作流程进行了分析。

（一）首页业务流程

消防监督管理系统中的首页模块提供了系统的入口页面。工作人员登录完成之后，可以完成对待办事项、工作查询、批语管理等的设置。普通用户登录之后可以查看相关所需要的信息。其中，首页模块操作流程如图 10-6 所示。

第八章 消防监督管理系统的设计

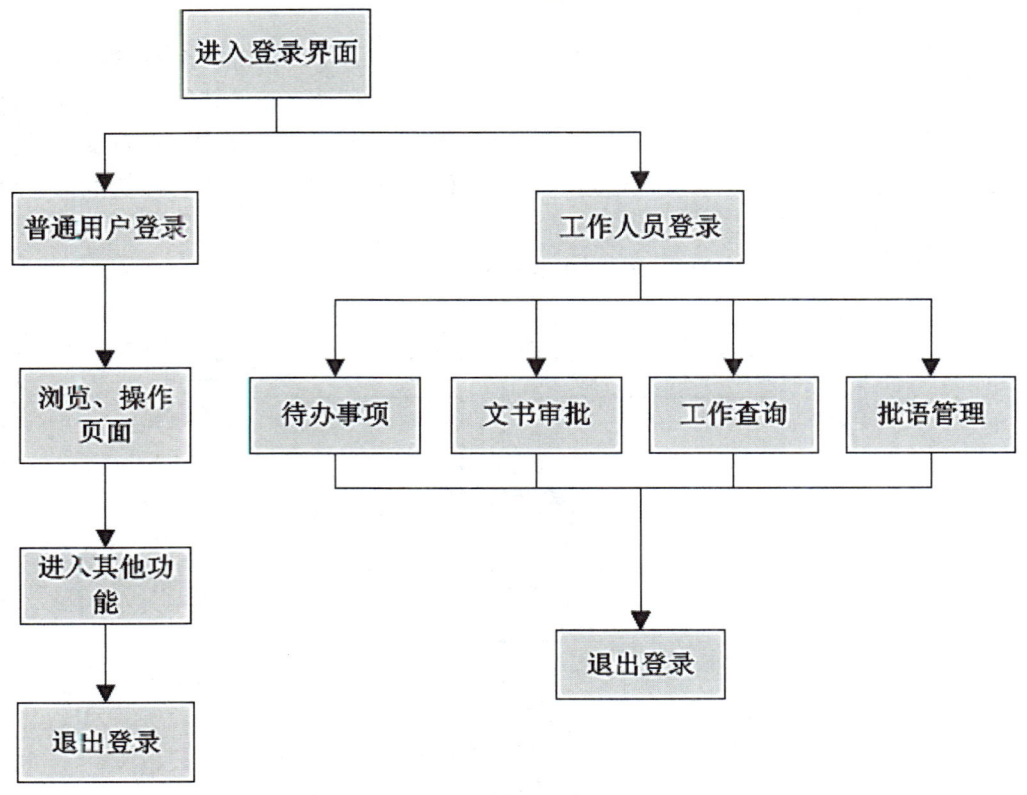

图 10-6 首页流程活动

（二）基础信息业务流程

消防监督管理系统中的基础信息模块主要是对各单位进行维护、管辖审批、建筑管理、户籍化管理以及资料库入库审核等，流程如图 10-7 所示。

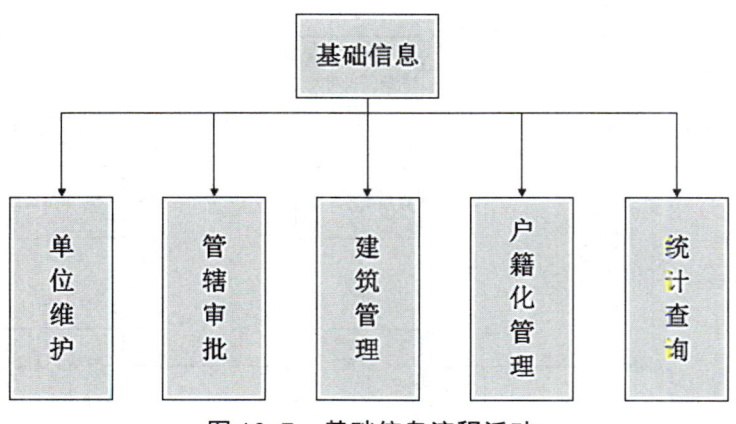

图 10-7 基础信息流程活动

309

（三）受理登记业务流程

消防监督管理系统的受理登记功能主要完成对案件的受理情况。当有安全检查中受案、火灾调查过程中受案或者单独受案的，需先进行受案登记表的填写，然后发送进行审批。如未通过受理，则要对其发送不予受理审批表，让其进行整改并重新发送进行审批，审批通过的自动结案。如受理通过，则需要调查取证，进行行政处理的审批，审批通过之后进行手工结案。

受理登记功能具体操作流程如图 10-8 所示。

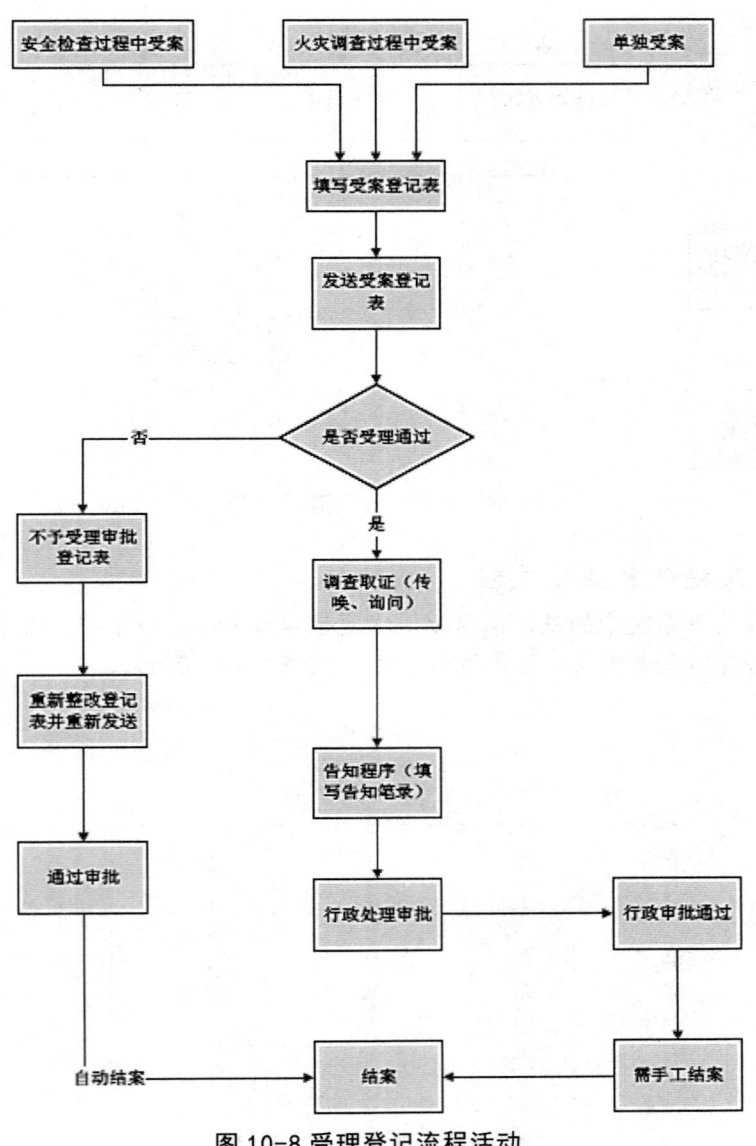

图 10-8 受理登记流程活动

（四）监督检查业务流程

消防监督管理系统中的监督检查模块的功能主要包括生成检查任务、本人检查任务、任务分工管理、隐患跟踪管理、隐患统计分析、执法统计、查询统计等。消防安全专项检查需针对需要作出整改要求和接受处罚与处理的消防单位，指定两名以上的专职人，监督检查业务的具体操作流程如图10-9所示。

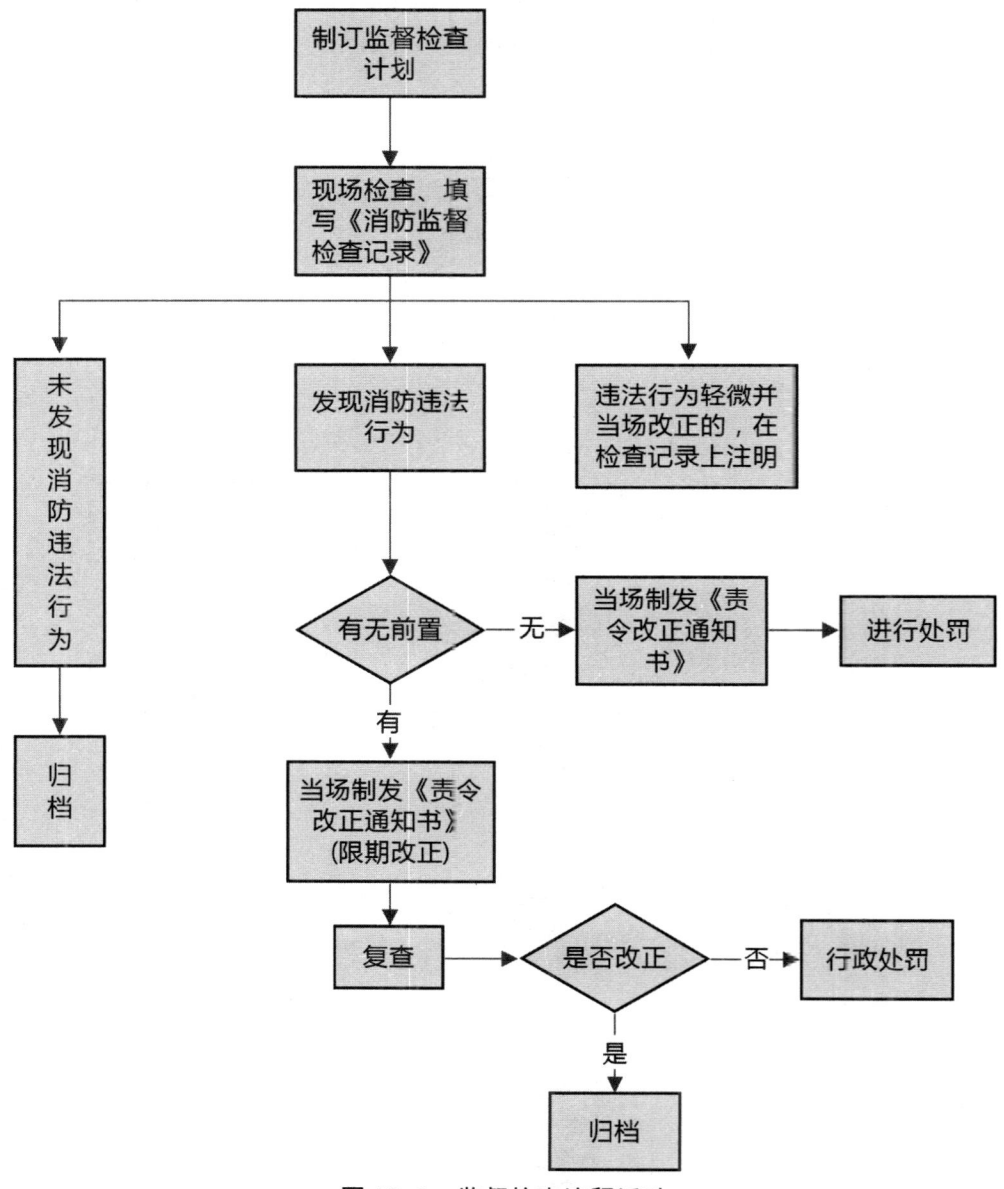

图 10-9　监督检查流程活动

消防监督管理实务

下面，介绍任务分工管理模块的业务流程。进入任务分工管理模块之后，系统自动显示抽查后的单位列表页面，下面列表显示最新的抽查单位的信息，包括单位编码、单位名称、单位地址、法人代表、联系电话以及单位类别等。可通过设置主承办人、检查日期、截止日期、及协办人的信息进行对单位的分工。分工后，在承办人的提醒事项中出现检查任务提醒。点击任务分工管理巾的任务分工调整，会示单位的信息，包括被查单位名称、预定检查日期、检查日期、检查类型、承办人、状态、操作信息。点击操作中的"更换"，进入分工调整，可更改主承办人和协办人。

其中，任务分工业务的具体操作流程如图10-10所示。

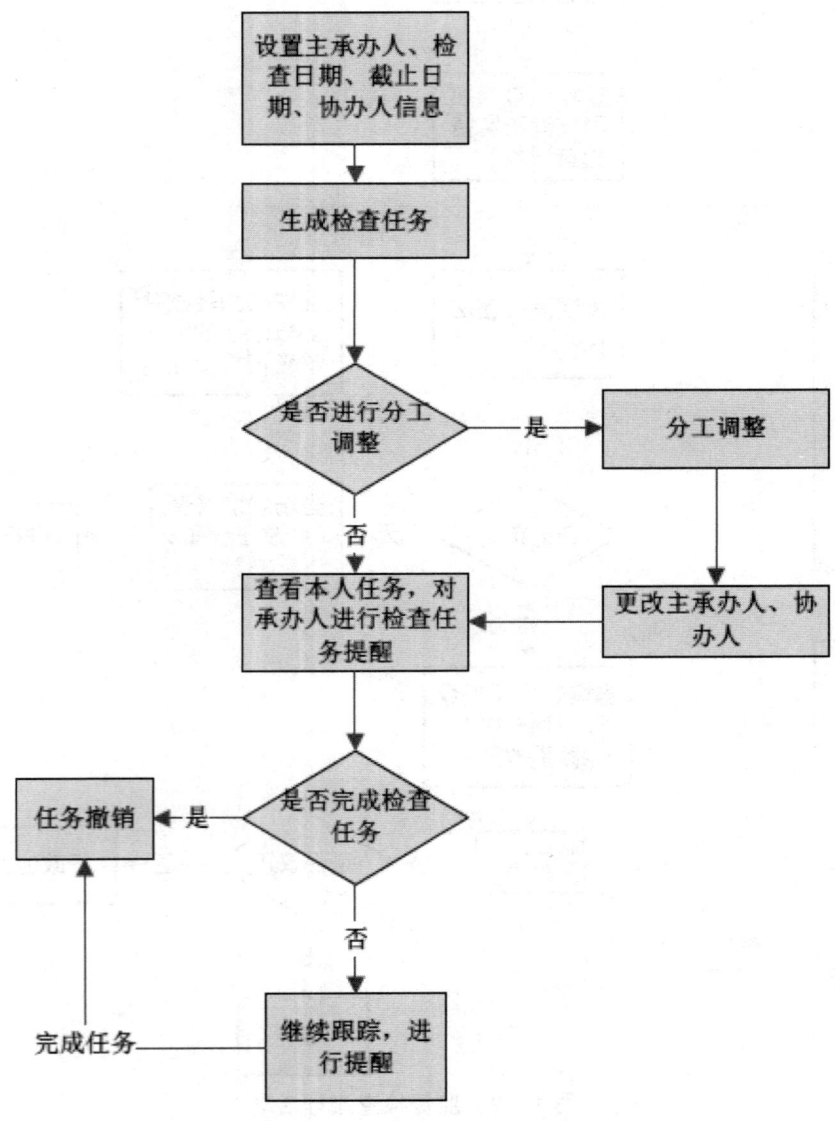

图10-10　任务分工业务流程活动

（五）火灾调查业务流程

消防监督管理系统中的火灾调查模块的主要任务是生成火调任务，对火灾事故进行调查，火灾重新认定、延期认定、查询统计等。具体流程为当火灾发生之后，首先需要对火灾案件进行登记，选择火灾项目类别为单位或非单位，如果是单位，则填写火灾单位；如果是非单位，则填写火灾发生地点，然后再填写《火灾案件登记表》并发送审批；然后领导确定火灾调查承办人，承办人分为主承办人和协办人员，一般来说不得少于 2 人；然后承办人进入火灾调查项目，填写《火灾现场保护通知书》，并且进入火灾现场进行勘察；在勘察完成后需要填写《火灾报告报》，办案过程中，《火灾报告表》可以随时进行修改；调查完成之后承办人需要填写《火灾原因认定书》，如果找到责任人需要填写《火灾事故责任书》；前面流程完成之后可以解除《火灾现场保护通知书》来解除对火灾现场的保护；后续如果需依法追究刑事责任的需要填写《刑事案件登记表》，如果有违反消防法律、法规有关规定的，需要进行受案登记并予以行政处罚；最后上传和项目有关的各种文档（如火灾现场照片、平面图等），然后结案完成。

其中，火灾调查具体操作流程如图 10-11 所示。

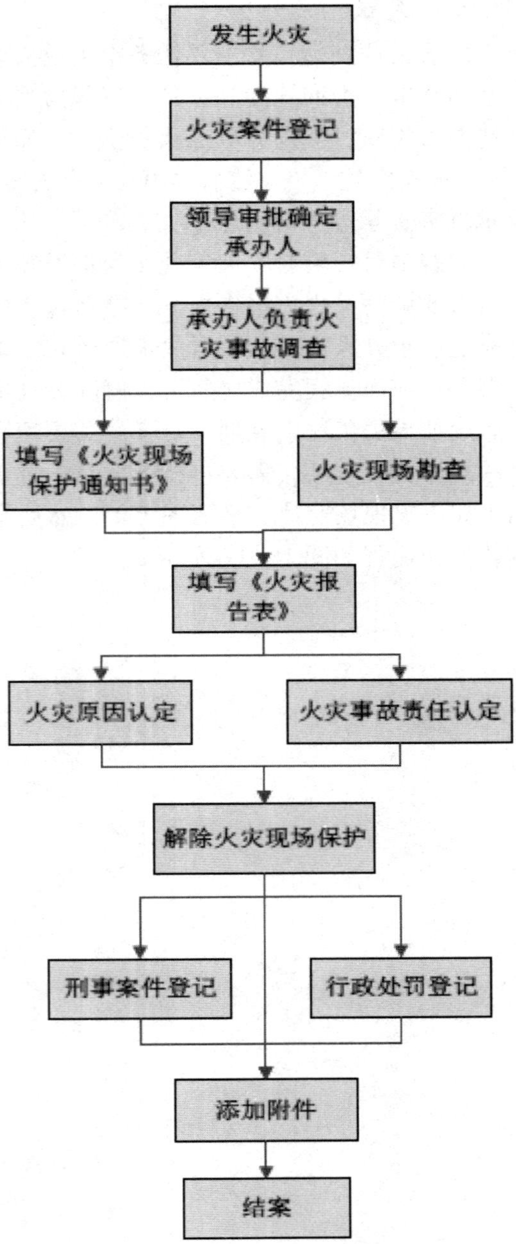

图 10-11　火灾调查流程活动

（六）行政处罚业务流程

消防监督管理系统中的行政处罚模块包括受理登记、处罚任务、拘留登记、当场处罚、刑事案件、查询统计等功能。行政处罚的主要流程为首先判断需受案的是属于单独受案和监督检查过程中受案还是火灾调查过程中受案，然后填写的受案登记表，发送给上级领导进行审批。审批过程中需要确定一名主办人和一名以上协办人。接着承办人进入处罚项目，如果不予处罚，则需要填写不予处罚审批表，进行发送和审批，如果需要进行处罚，则需调查取证，主要有传唤、询问、讯问，接着进行告知程序，决定是否需要听证程序，然后行政处罚审批，告知笔录生成后需要进行公安行政处罚审批。最后进行结案。不予处理的案件，《不予处理审批表》审批通过后，项目将自动结案。需要行政处罚案件的《公安行政处罚决定书》签发后，可通过"结案"功能进行手工结案。其中，处罚项目必须进行处罚或者进行不予处理操作，否则将无法结案。

行政处罚具体操作流程如图10-12所示。

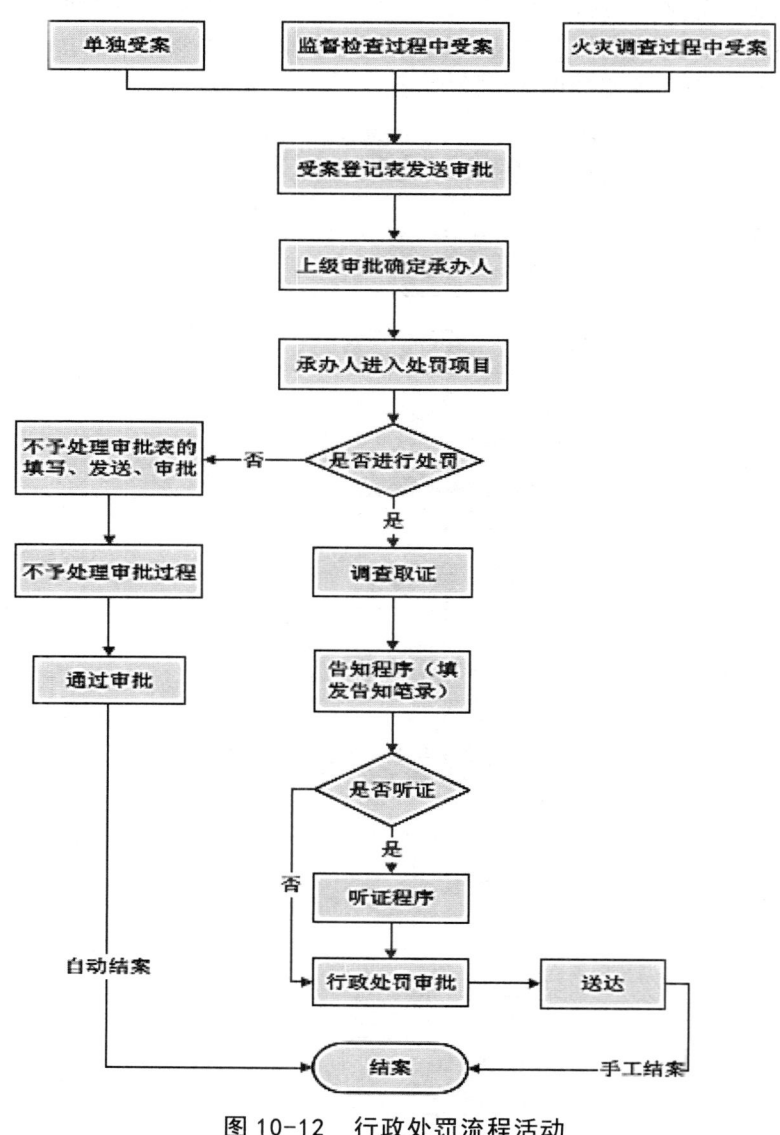

图 10-12　行政处罚流程活动

（七）档案管理业务流程

消防监督管理系统中的档案管理模块包括任务重新归档，任务挂接单位功能。档案管理的流程主要为首先由案卷经办人员审定纸质的档案，确认归档材料是否完整准确，然后确定专门的档案管理人员对档案进行管理审核。档案管理人员首先需要按照档案管理规定对档案进行整理排序，然后对于档案进行页码的编制，做到不漏页和不重页，完成之后进行档案的电子扫描，再确定档案的类别，其中，消防监督管理档案主要分为建筑工程消防监督、开业（使用）或举办大型活动前消防安全检查、消防监督检查、消防产品质量检查、火灾事故调查、火灾统计 6 类。完成之后录入档案管理系统进行存档，将纸质版档案装订成册进行分类保存。并应当每年定期对保管期满的档案进行鉴定。保管期满且无继续保存价值的档案，应当编制销毁清册，经审核批准后按规定销毁。

档案管理具体操作流程如图 10-13 所示。

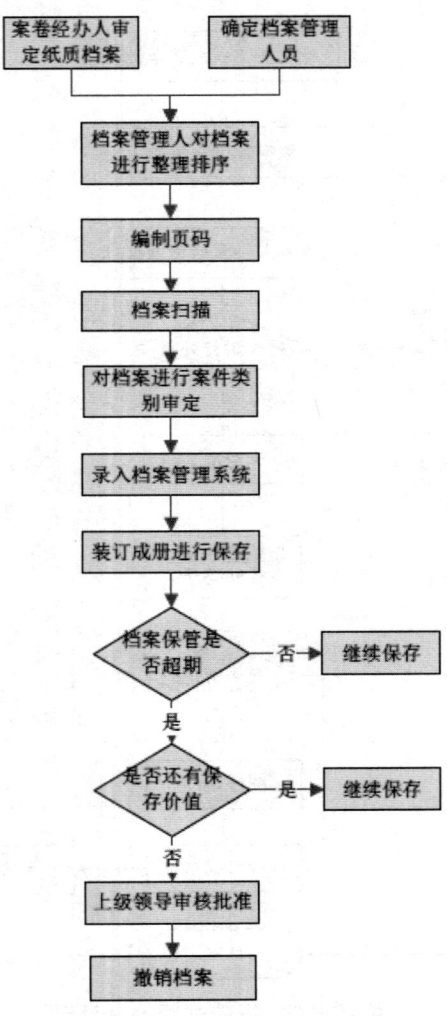

图 10-13　档案管理流程活动

四、非功能性需求分析

消防监督管理系统主要是供针对消防工作人员使用的,该系统不仅要满足工作人员对于首页功能、基础信息功能、受理登记功能、监督检查功能、火灾调查功能、行政处罚功能、档案管理功能、决策分析功能、查询统计功能、系统维护功能等功能的使用,还需满足一些非功能性需求,消防监督管理系统在设计过程中,注重保障系统的适应性、可靠性、可维护性以及安全性等非功能性需求。

(一)适应性原则

系统的使用人员主要是消防监督的管理人员,这些人员可能不具备很高的计算机知识水平,所以系统在设计时要充分考虑到适应性的需求。

首先系统的使用要十分简洁,操作不能过于烦琐,且工作的业务流程要与系统应用之前的业务流程大体相近,这样可以使管理人员更快地掌握系统的使用。另外,系统的界面要美观大方,设计要人性化,便于使用浏览。

(二)可靠性原则

系统的可靠性主要是指用户在使用消防监督管理系统的过程中,如果出现操作错误、网络连接失败等异常现象时,系统会进行人性化的提示,从而方便用户发现错误。对于某些常见的错误,系统还能自动地采取相应的解决措施进行修复。

(三)可维护性原则

系统的可维护性主要是指对系统修改时所花费的努力。它不强求系统维护人员与编写系统的人员必须是同一个人。同时,为了更加方便地对系统进行维护,需要对可维护性需求进行分析。在对系统的可维护性进行分析时,需要从易用性、安全性及稳定性等方面进行设计。

(四)安全性原则

系统的安全性是一切系统进行操作的前提,只有保障系统的安全性,用户才能没有后顾之忧地在消防监督管理系统中进行相应的操作。消防监督管理系统对进行每一项功能的用户操作进行检测,对于存在问题的操作进行限制,并且通过系统日志对潜在危险进行记录,从而很好地保障了系统的安全性。

第三节　消防监督管理系统的架构模式与开发技术

在对消防监督管理系统进行详尽的需求分析后，本章将对消防监督管理系统进行设计，系统共分为首页功能、基础信息功能、受理登记功能、监督检查功能、火灾调查功能、行政处罚功能、档案管理功能、决策分析功能、系统维护功能等。下面，本文将围绕系统的技术架构设计、系统部署、功能架构以及数据库设计等方面展开叙述。

一、系统技术构架设计

在对消防监督管理系统的设计过程中，本文采用基于J2EE平台的JAVA语言对系统进行底层开发，在软件开发的过程中用到了能够在浏览器端与服务器端进行操作的B/S架构。另外，本系统还采用视图－模型－控制器的方式，首先利用MVC模型将用户请求提交至系统，随后利用Spring框架、Struts2框架、Hibernate框架等对数据库间的数据进行操作处理。

消防监督管理系统所涉及的层次主要有视图层、控制层及数据库层三个层次。用户可以在视图层与系统进行交互，选择相应的功能操作，如首页功能、基础信息功能、受理登记功能、监督检查功能、火灾调查功能、行政处罚功能、档案管理功能、决策分析功能、查询统计功能、系统维护功能等；用户的请求将在控制层被处理，处理过程中需要和数据库进行数据交互，传递所需的数据信息；用户请求被处理完成后，处理结果将会在视图层反馈给用户。

二、功能结构设计

在上述所进行的详细的需求分析的基础上，现将对消防监督管理系统的功能结构进行设计。消防监督管理系统所包含的功能主要有首页功能、基础信息功能、受理登记功能、监督检查功能、火灾调查功能、行政处罚功能、档案管理功能、决策分析功能、系统维护功能这几个方面，下面将逐一进行展开介绍。

（一）首页功能

首页功能模块主要提供了系统的入口页面，完成了对待办事项、文书审批、工作查询、批语管理等的设置。登录之后可以查看相关所需要的信息。其中，待办事项功能可以完成对待办事项的新增、保存、删除功能；文书审批功能可以完成对文书的新增、审

第八章 消防监督管理系统的设计

批通过、删除功能；工作查询功能可以完成对工作的查询功能；批语管理功能可以完成对文件批语的新增、保存、删除功能。

（二）基础信息功能

基础信息功能模块具有单位维护和查询功能、管辖审批、建筑信息维护和查询功能、户籍化管理和查询功能、查询统计的功能。其中，单位维护功能可以完成对消防管辖单位的信息的新增、修改、删除和保存；管辖审批功能可以完成对管辖单位的审批通过、审批不通过、删除、新增审批的功能；户籍化管理功能可以完成对单位或者个人的户籍进行新增、信息修改以及删除。

（三）受理登记功能

受理登记功能模块包括审核验收受理登记、安全检查受理登记、备案抽查受理登记、举报投诉受理登记、大型活动安全检查、监督复查申请登记、火灾事故调查受理登记、火灾认定复核受理登记、火灾重新认定登记。审核验收受理登记功能可以对建筑工程设计审核、竣工验收项目进行受理登记的新增、删除和修改；安全检查受理登记功能可以在公众聚集场所投入使用、营业前安全检查项目进行受理登记的新增、删除和修改；备案抽查受理登记功能可以对于建设工程设计备案、验收备案项目进行受理登记的新增、删除和修改；举报投诉受理登记功能可以对举报投诉消防违法行为核查项目进行受理登记的新增、删除和修改；大型活动安全检查功能对于大型群众性活动举办前的消防安全检查进行受理登记的新增、删除和修改；火灾事故调查受理登记功能可以对接到报警的火灾事故调查项目进行受理登记的新增、删除和修改；火灾认定复核受理登记功能可以对火灾发生后复核的结果进行受理登记的新增、删除和修改；火灾重新认定登记功能可以对火灾的调查结果进行重新的认定之后的受理登记进行新增、删除和修改。

（四）监督检查功能

监督检查功能模块主要包括生成检查任务、本人检查任务、对任务分工管理、隐患跟踪管理、执法统计、查询统计。生成检查任务功能包含有对日常监督检查任务、抽样计划任务、监督抽查任务的新增、删除和修改。本人检查任务功能包含有对检查任务的临时查询。任务分工管理功能可以对本单位的数据进行录入，对任务分工进行修改和新增、更换承办人。隐患跟踪功能中可以修改隐患跟踪进度，对复查隐患跟踪的登记进行新增和删除，查看重大隐患销案情况。执法统计功能可以对各单位执法工作月报、全支队汇总月报进行新增、删除和修改。查询统计功能可以查看监督抽查计划、监督检查任务、法律文书管理、其他文档管理。

（五）火灾调查功能

火灾调查功能模块的功能主要包括生成火调任务、对火灾事故进行调查、火灾重新认定、延期认定、查询统计等。生成火调任务的功能主要是对火调任务进行新增与删除；火灾事故调查任务是对火灾发生的结果进行增加；火灾重新认定功能是对火灾认定结果进行修改；延期认定功能是对火灾的认定时间进行修改；查询统计功能可以对所有的火调任务及火灾事故认定结果进行查看。

（六）行政处罚功能

行政处罚功能模块主要包括受案登记、处罚任务、拘留登记、当场处罚、刑事案件、查询统计等。受案登记功能是对监督检查过程中的受案、火灾调查中的受案和单独受案进行新增、修改和删除；处罚任务是对于本人需承办的所有处罚任务进行新增；拘留登记功能是对需要进行拘留的承办人进行信息的新增。

（七）档案管理功能

档案管理功能模块包括档案归档管理、任务重新归档。档案归档管理功能是对建筑工程消防监督、开业（使用）或举办大型活动前的消防安全检查、消防监督检查、消防产品质量检查、火灾事故调查、火灾统计6类档案设置起始日期和保存年限，进行归档处理并保存。任务重新归档功能是对档案进行重新分类并且保存。

（八）决策分析功能

决策分析功能模块的功能有单位分析、建筑分析、检查分析、隐患分析、单位预警。单位分析功能是新增统计图表对监管单位信息进行统计分析；建筑分析功能是新增统计表对建筑信息进行统计分析；检查分析功能是新增统计表对监督检查信息进行统计分析；隐患分析功能包括查看一般隐患单位分析、重大隐患销案情况，新增了监督检查过程中发现的含有隐患的单位和含有重大隐患的单位；单位预警功能可检索某段检查时间内出现"发生火灾""重大火灾隐患""隐患已整改完毕""一般隐患整改""未检查"或"检查未发现问题"等情况的单位相关信息。

（九）系统维护功能

系统维护功能模块的功能有代码表管理、文书管理、执法单位、处罚知识库、角色管理、流程管理、代办提醒、换承办人、项目操作、节假日设置、备案抽查比例、日志查询等维护。代码表管理功能可以对所有的代码表进行修改、删除及新增代码表；文书管理功能可以实现对所有法律文书的管理，包括新增、定义、修改、设置属性等；执法单位功能可以实现对所有参与执法的单位信息进行修改、删除及新增；处罚知识库功能可以实现对各种法律法规、规章制度、技术标准进行修改、删除和新增；角色管理功能可以提供角色的新增、修改和删除，并分配权限给具体人员；流程管理功能要对审批过程中所需的流程进行定义、维护及管理；换承办人功能可以实现单位承办人的修改；节假日设置功能是设置对每个法定节假日的提醒；日志查询功能可以实现对日志的新增、修改及检索功能。

三、功能模块设计

消防监督管理系统主要包括首页功能、基础信息功能、受理登记功能、监督检查功能、火灾调查功能、行政处罚功能、档案管理功能、决策分析功能、系统维护功能。下面将围绕这些基本的功能展开叙述。

（一）首页功能设计

在对消防监督管理系统的首页功能模块进行设计的过程中，所设计的类主要包括首页设置控制类 Home Page Action.java 和首页设置总逻辑类 Home Page Manage.java，其中首页设置总逻辑类包括待办事项逻辑类 Todo List Manage.java、文书审批逻辑类 Document Examination Manage.java、工作查询逻辑类 Work Query Manage.java、批语管理逻辑类 Comment Management Manage.java。其中，待办事项逻辑类用到的实体类为 List Message.java、文书审批逻辑类用到的实体类为 Document Message.java，工作查询逻辑类用到的实体类为 Work Message.java、批语管理逻辑类用到的实体类为 Comment Message.java。创建待办事项实体类的对象为 listM，文书审批实体类的对象为 docM，工作查询实体类的对象为 workM，批语管理实体类的对象为 comM。

其中，待办事项逻辑类所涉及的方法有待办事项添加的方法 addList（）、待办事项删除方法 deleteList（）；文书审批逻辑类所涉及的方法有文书审批添加方法 addDocument（）、文书审批删除方法 deleteDocument（）、文书审批修改方法 modifyDocument（）；工作查询逻辑类所涉及的方法有工作信息查询方法 searchWorkInformation（）；批语管理逻辑类所涉及的方法有批语管理添加方法 addComment（）、批语管理删除方法 deleteComment（），以及批语管理修改方法 modifyComment（）。

首页功能中的各个类及其方法描述如表 10-8 所示。

表 10-8 首页类方法

类名	方法名	方法介绍
TodoListManage.java	1.addList（） 2.deleteList（）	1.新增待办事项 2.删除待办事项
DocumentExaminationManage.java	1.addDocument（） 2.deleteDocument（） 3.modifyDocument（）	1.新添文书审批 2.删除文书审批 3.修改文书审批
WorkQueryManage.java	1.searchWorkInformation（）	1.查询工作信息
CommentManagementManage.java	1.addComment（） 2.deleteComment（） 3.modifyComment（）	1.新增批语 2.删除批语 3.修改批语

（二）基础信息功能设计

在对消防监督管理系统的基础信息模块进行设计的过程中，所设计的类主要包括基础信息控制类 BasicInformation Action.java 和基础信息总逻辑类 Basic Information Manage.java，其中基础信息总逻辑类包括单位维护逻辑类 Unit Maintenance Manage.

java、管辖审批逻辑类 Jurisdiction Examination Manage.java、建筑管理逻辑类 Building Management Manage.java、户籍化管理逻辑类 Household Registration Manage.java。其中，单位维护逻辑类用到的实体类为 UnitMessage.java、管辖审批逻辑类用到的实体类为 Jurisdiction Examination Message.java、建筑管理逻辑类用到的实体类为 Building Management Message.java、户籍化管理逻辑类用到的实体类为 Household Registration Message.java。创建单位维护实体类的对象为 maintenanceM，管辖审批实体类的对象为 jurisdictionM，建筑管理实体类的对象为 buildingM，户籍化管理实体类的对象为 householdM。

基础信息功能中，单位维护逻辑类所设计的方法主要有新增单位信息 add UnitInfo（ ）、添加单位类别 add UnitType（ ）、确定承办人 add Director（ ）、修改单位信息 modify Unit（ ）；管辖审批逻辑类所设计的方法主要有确定承办人 add Director（ ）、新增审批 add Jurisdiction（ ）、删除审批 delet Jurisdiction（ ）；户籍化管理逻辑类所设计的方法主要有确定承办人 addDirector（ ）、新增的户籍信息 add Household Registration（ ）、修改户籍信息 modify Household Registration（ ）、删除户籍信息 delet Household Registration（ ）；建筑管理逻辑类所设计的方法主要有确定承办人 addDirector（ ）、新增建筑的信息 add Building（ ）、删除建筑的信息 delete Building（ ）、修改建筑的信息 modify Building（ ）。

（三）受理登记功能设计

受理登记模块进行设计的过程中，设计的类主要包括受理登记控制类 Accept And Register Action.java 与受理登记总逻辑类 Accept And Register Manage.java。其中，受理登记总逻辑类中包含审核验收受理登记逻辑类 Audit Acceptance Manage.java、安全检查受理登记逻辑类 Security CheckM anage.java、备案抽查受理登记逻辑类 Spot Check Mange.java、举报投诉受理登记逻辑类 Report Complaints Manage.java、火灾事故调查受理登记逻辑类 Fire Investigation Manage.java。审核验收受理登记逻辑类用到的实体类为 Audit Acceptance Message.java、安全检查受理登记逻辑类用到的实体类为 Security Check Message.java、备案抽查受理登记逻辑类用到的实体类为 Spot Check Message.java 和举报投诉受理登记逻辑类用到的实体类为 Report Complaints Message.java、火灾事故调查受理登记逻辑类用到的实体类为 Fire Investigation Message.java。创建审核验收受理登记实体类的对象为 auditM，安全检查受理登记实体类的对象为 securityM，备案抽查受理登记实体类的对象为 spotM，举报投诉受理登记实体类的对象为 reportM，火灾事故调查受理登记实体类的对象为 fireM。

受理登记模块中，审核验收受理登记逻辑类所设计认定的方法主要有对建筑工程设计审核、竣工验收项目的新增 addAudit（ ）、删除 deleteAudit（ ）和修改 modifyAudit（ ）；安全检查受理登记逻辑类所设计认定的方法主要有对公众聚集场所投入使用及营业前安全检查项目进行的新增 addSecurity（ ）、删除 deleteSecurity（ ）和修改 modifySecurity（ ）；备案抽查受理登记逻辑类所设计认定的方法主要有对建设工程设计备案、验收备案项目进行的新增addSpot（）、删除deleteSpot（）和修改modifySpot（）；举报投诉受理登记逻辑类所设计认定的方法主要有对举报投诉消防违法行为核查项目进行的新增addComplaints（）、删除deleteComplaints（）和修改modifyComplaints（）；火灾事故调查受理登记逻辑类所设计认定的方法主要有对于接到报警的火灾事故调查项目进行的新增addFire（）、删除deleteFire（）和修改modifyFire（）。

（四）监督检查功能设计

监督检查模块主要包括监督检查控制类Supervise And Check Action.java与监督检查总逻辑类SuperviseAnd Check Manage.java两个类。监督检查总逻辑类中包含实现该模块基本功能的逻辑类，主要生成检查任务逻辑类Build Check ask Manage.java、本人检查任务逻辑类Check Task Manage.java、任务分工管理逻辑类TaskDivisionManage.java、隐患跟踪管理逻辑类Hidden Trouble Tracking Manage.java。生成检查任务逻辑类对应的实体类是Build Check Task Message.java、本人检查任务逻辑类对应的实体类是Check Task Message.java、任务分工管理逻辑类对应的实体类是Task Division Message.java、隐患跟踪管理逻辑类对应的实体类是Hidden Trouble Tracking Message.java。创建生成检查任务实体类的对象为build TaskM，本人检查任务实体类的对象为taskM，任务分工管理实体类的对象为task DivisionM，隐患跟踪管理实体类的对象为hidden rackingM。

生成检查任务逻辑类中设计的方法有新增检查任务addCheckTask（）、设置任务预期完成时间setExpectedTime（）、设置检查类型setCheckType（）、删除任务deleteTaks（）；本人检查任务逻辑类中设计的方法有查看本人任务checkTask（）；任务分工管理逻辑类中设计的方法有新增的任务addTask（）、更换承办人changeOrganizer（）、修改任务modifyTask（）；隐患跟踪管理逻辑类中设计的方法有修改跟踪进度modifyTrackingProgress（）、新增隐患信息addHiddenTrouble（）、删除隐患deleteHiddenTrouble（）等。

（五）火灾调查功能设计

在对火灾调查模块进行设计的过程中，所设计的类主要包括火灾调查控制类Fire Investigation Action.java和火灾调查总逻辑类Fire Investigation Manage.java。其中，火灾调查总逻辑类中包含生成火调任务逻辑类Generate Fire-tuning Task Manage.java、火灾事故调查逻辑类Fire Investigation Manage.java、火灾重新认定逻辑类Fire Re-determination Manage.java、延期认定逻辑类Deferred Determination Manage.java。生成火调任务逻辑类对应的实体类为Generate Firetuning Task Message.java、火灾事故调查逻辑类对应的实体类为Fire Investigation Message.java、火灾重新认定逻辑类对应的实体类为Fire Re-determination Message.java、火灾延期认定对应的实体类为Deferred Determination Message.java。创建生成火调任务实体类的对象为generate FireTaskM，火灾事故调查实体类的对象为fire InvestigationM，火灾重新认定实体类的对象为fireRedeterminationM，延期认定实体类的对象为 deferredDeterminationM。

火灾调查模块中生成火调任务逻辑类所包含的方法主要有确定承办人 setDirector（ ）、设置火灾地点 setAddress（ ）；火灾事故调查逻辑类所包含的方法主要有新增附件 addAttachments（ ）、新增报告表 addReportForm（ ）、设置火灾原因 setCause（ ）、确定负责人 setCharger（ ）；火灾重新认定逻辑类所包含的方法主要有确定承办人 setDirector（ ）、修改火灾原因 modifyCause（ ）、添加火灾原因重新认定决定书 addRe-determinationDecision（ ）；延期认定逻辑类所包含的方法主要有确定承办人 setDirector（ ）、修改火灾认定截止时间 modifyDeadline（ ）。

（六）行政处罚功能设计

在对行政处罚模块进行设计的过程中，所设计的类主要包括行政处罚控制类 Administer Sanction Action.java 与行政处罚总逻辑类 Administer Sanction Manage.java。行政处罚总逻辑类包括确认受案登记逻辑类 Register Case Manage.java、拘留登记逻辑类 Register Detention Manage.java、处罚任务逻辑类 Punishment Task Manage.java、刑事案件逻辑类 Criminal Case Manage.java。受案登记逻辑类对应的实体类为 Register Case Message.java、拘留登记逻辑类对应的实体类为 Register Detention Message.java、处罚任务逻辑类对应的实体类为 Punishment Task Message.java、刑事案件逻辑类对应的实体类为 Criminal Case Message.java。创建受案登记实体类的对象为 caseM，拘留登记实体类的对象为 detentionM，处罚为任务实体类的对象为 punishmentM，刑事案件实体类的对象为 criminalM。

行政处罚模块中受案登记逻辑类所包含的方法主要有设置受案时间 setCaseTime（ ）、设置受案类型 setCaseType（ ）、设置承办人 setDirector（ ）、删除受案登记 deleteCase（ ）；拘留登记逻辑类所包含的方法主要有添加笔录 addTranscripts（ ）、新增拘留信息 addDetentionInfo（ ）、设置负责人 setDirector（ ）；处罚任务逻辑类所包含的方法主要有设置处罚对象 setPunishmentPeople（ ）、设置处罚类型 setPunishmentType（ ），设置处罚时间 setPunishmentTime（ ）；刑事案件逻辑类所包含的方法主要有设置登记刑事案件时间 setCaseTime（ ）、设置承办人 setDirector（ ）、修改登记信息 modifyCase（ ）。

（七）档案管理功能设计

消防监督管理系统的档案管理模块中所设计的控制类有档案管理控制类 File Management Action.java 和档案管理总逻辑类 File Management Manage.java。其中，档案管理控制总逻辑类中包含档案归档管理逻辑类 FileArchiveManage.java、任务重新归档逻辑类 File ReArchive Manage.java。其中，档案归档管理逻辑类对应的实体类为 File Archive Message.java，任务重新归档逻辑类的实体类为 File Re Archive Message.java。创建档案归档管理实体类的对象为 fileArchiveM，任务重新归档实体类的对象为 file Re ArchiveM。

其中，档案管理模块中档案归档管理逻辑类所包含的方法主要有新增档案 addFile（）、设置结案状态 setCaseState（）、获取案卷类别 setCaseType（）、设置承办人 setDirector（）；任务重新归档逻辑类所包含的方法主要有修改入档时间 modifyFileTime（）、修改承办人 modifyDirector（）。

（八）决策分析功能设计

消防监督管理系统的决策分析模块的类主要包括决策分析控制类 Additional Function Action.java 与决策分析总逻辑类 Additional Function Manage.java，其中，决策分析总逻辑类中包含单位分析逻辑类 Unit Analysis Manage.java、建筑分析逻辑类 Structure Analysis Manage.java、检查分析逻辑类 Check Analysis Manage.java、隐患分析逻辑类 Hidden Danger Analysis Manage.java。单位分析逻辑类对应的实体类是 Unit Analysis Message.java、建筑分析逻辑类对应的实体类是 Structure Analysis Message.java、检查分析逻辑类对应的实体类是 Check Analysis Message.java、隐患分析逻辑类对应的实体类是 HiddenDangerAnalysis Message.java。创建的单位分析实体类的对象为 unitAnalyM，建筑分析实体类的对象为 structure AnalyM，检查分析实体类的对象为 check AnalyM，隐患分析实体类的对象为 hidden DangerM。

其中，决策分析模块中的单位分析逻辑类所包含的方法主要有对监管单位信息的统计图表的新增 addUnitInfo（）、修改 modifyUnitInfo（）、删除 deleteUnitInfo（）、检索 searchUnit（）；建筑分析逻辑类所包含的方法主要有对建筑信息统计表的新增 addStructureInfo（）、修改 modifyStructureInfo（）、删除 deleteStructureInfo（）、条件检索 searchStructure（）；检查分析逻辑类所包含的方法主要有对监督检查信息的统计表的新增 addCheckInfo（）、修改 modifyCheckInfo（）、删除 deleteCheckInfo（）、条件检索 searchCheck（）；隐患分析逻辑类所包含的方法主要有新增具隐患单位信息 addRiskUnit（）、新增具有重大隐患单位信息 addMajorRiskUnit（）、设置整改期限 setDeadline（）、检索隐患单位 sesrchRiskUnit（）。

（九）系统维护功能设计

系统维护模块的类主要包括系统维护控制类 System Maintenance Action.java 与系统维护总逻辑类 Additional Function Manage.java，其系统维护总逻辑类中包含代码表管理逻辑类 CodeTable Manege.java、文书管理逻辑类 Document Management.java、处罚知识库逻辑类 Punisment Base Manage.java、角色管理逻辑类 Role Manage.java、流程管理逻辑类 Process Manage.java、日志查询逻辑类 Log Query Manange.java。其中，代码表管理逻辑类对应的实体类为 Code Table Message.java、文书管理逻辑类对应的实体类为 Document Message.java、处罚知识库对应的实体类为 PunishmentBaseMessage.java、角色管理逻辑类对应的实体类为 Role Message.java、流程管理逻辑类对应的实体类为 Process Manage.java、日志查询逻辑类对应的实体类为 LogQuery Message.java。创建代码表管理的实体类的对象为 codeTableM，文书管理的实体类的对象为 documentM，处罚知识库的实体类的对象为 punishmentBaseM，角色管理的实体类的对象为 RoleM，流程管理的实体类的对象为 processM，日志查询的实体类的对象为 logQueryM。

其中，系统维护模块中的代码表管理逻辑类所包含的方法主要有新增代码表 addCodeTable( )、修改代码表 modifyCodeTable( )、索引代码表 searchCodeTable( )；文书管理逻辑类所包含的方法主要有对法律文书流程的设置 setLegalDocumentFlow( )、对法律文书的定义 defineLegalDocument( )、新增 addLegalDocument( )、修改 modifyLegalDocument( )；处罚知识库逻辑类所包含的方法主要有修改法律法规中的条款 modifyLawItem( )，修改具体违法行为和与之相关处罚种类的关联 modifyRelation( )、新增规章制度 addRegulations( )、新增的技术标准 addTechnicalStandard( )；角色管理逻辑类所包含的方法主要有设置角色权限 setRoleAuthority( )、对角色进行新增 addRole( )、删除 deleteRole( )、修改 modifuRole( )、并对角色进行索引 searchRole( )；流程管理逻辑类所包含的方法主要有对流程图的新增 addFlowChart( )、删除 deleteFlowChart( )、修改 modifyFlowChart( )，对审批过程的流程进行定义 defineApprovalFolow( )、修改 modifyApprovalFlow( )；日志查询逻辑类包含的方法主要有新增工作日志 addWorkLog( )、修改工作日志 modifyWorkLog( )、删除工作日志 deleteWorkLog( )、索引工作的日志 searchWorkLog( )。

四、数据库设计

消防监督管理系统是在结合消防监督管理工作的实际需求的基础上，在 SQLSERVER2014 环境下设计完成的，下面将围绕消防监督管理系统数据库设计的 E-R 图及所用到的数据表展开介绍。

在进行详尽的需求分析后，本文决定将 SQLSERVER2014 作为消防监督数据库，其中，系统中有很多数据库是用来保存消防监督检查公文的，但本文由于篇幅所限，这里仅对部分公文的数据库概念设计和系统其他数据库的概念设计进行介绍。下面将通过 E-R 图的方式，对这些数据信息间的联系进行展现。

1. 登录信息表

登录信息表主要是用来存储系统的登陆者的信息，它的属性主要包括登录账号、密码、登录者编号、登录者姓名、性别、身份证号、注册时间、单位编号、管理权限。

登录信息表的 E-R 图如图 10-14 所示。

第八章 消防监督管理系统的设计

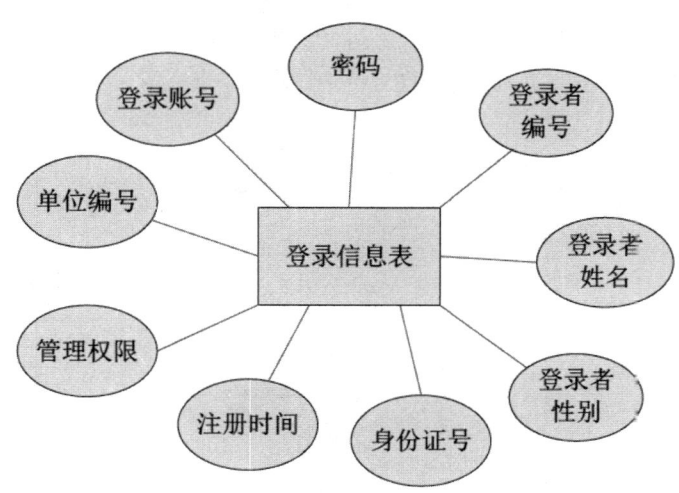

图 10-14 登录信息表 E-R 模型

2. 单位信息表

单位信息表主要是用于存储消防监督管理部门所管辖的所有单位的信息，它的属性主要包括单位编号、单位名称、单位概况、单位地址、主责承办人姓名、承办人联系电话、法人姓名、法人联系电话以及是否为消防安全重点单位等。

单位信息表的 E-R 图如图 10-15 所示。

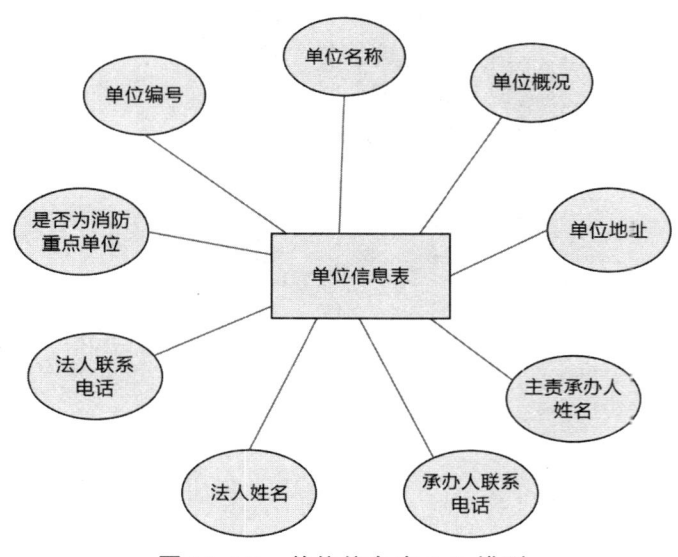

图 10-15 单位信息表 E-R 模型

3. 火灾事故调查登记表

火灾事故调查登记表主要是用来存储消防监督管理部门对于所有发生的火灾事故进

327

行调查的登记表，它的属性主要包括记录编号、单位编号、单位名称、单位地址、法人姓名、法人联系电话、起火原因、起火时间、火灾等级等。

火灾事故调查登记表的 E-R 图如图 10-16 所示。

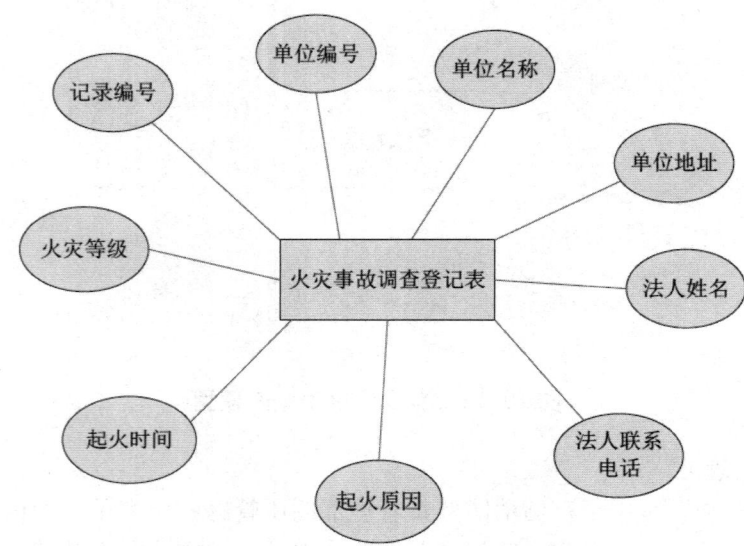

图 10-16　火灾事故调查表 E-R 模型

4. 延期认定决定表

延期认定决定表主要是用于存储消防监督管理部门对于火灾事故进行延期认定的登记表，它的属性主要包括记录编号、单位编号、单位名称、单位地址、火调截止日期、延期时限、延期原因、承办人以及备注等。

延期认定决定表的 E-R 图如图 10-17 所示。

图 10-17　延期认定决定表 E-R 模型

5. 检查任务表

检查任务表主要是用来存储消防监督管理部门的工作人员监督检查任务的，它的属性主要包括记录编号、单位编号、单位名称、单位地址、预定检查日期、检查类型、检查状态、承办人以及备注等。

检查任务表的 E-R 图如图 10-18 所示。

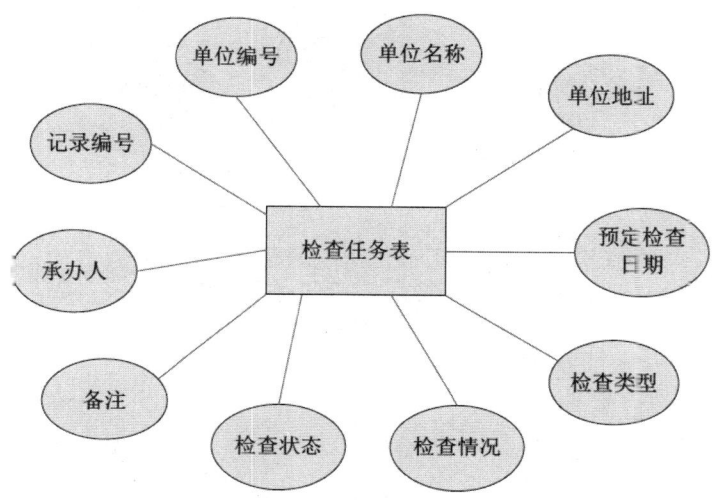

图 10-18　检查任务表 E-R 模型

6. 责令限期改正通知表

责令限期改正通知表主要是用于存储消防监督管理部门责令检查有问题的单位进行改正的信息的，它的属性主要包括记录编号、单位编号、单位名称、单位地址、火灾隐患、消防违法行为、检查日期、改正截止的日期、检查状态、承办人等。

责令限期改正通知表的 E-R 图如图 10-19 所示。

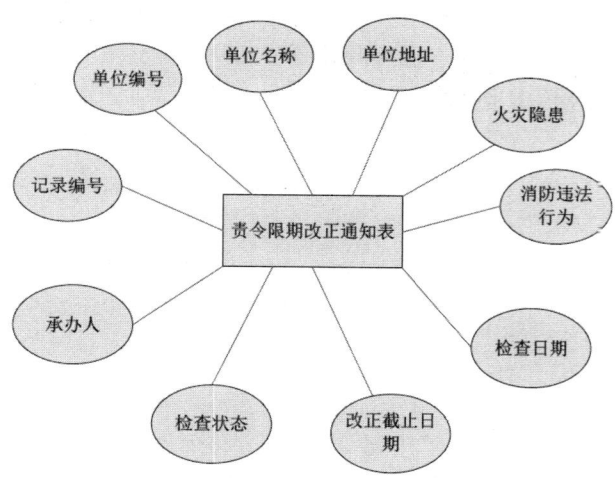

图 10-19　责令限期改正通知表 E-R 模型

7. 行政处罚登记表

行政处罚登记表主要是用来存储消防监督管理部门对需要进行行政处罚的单位进行处罚的信息的，它的属性主要包括记录编号、处罚单位编号、处罚单位名称、处罚单位地址、处罚原因、处罚类型、登记时间、承办人以及备注等。

行政处罚登记表的 E-R 图如图 10-20 所示。

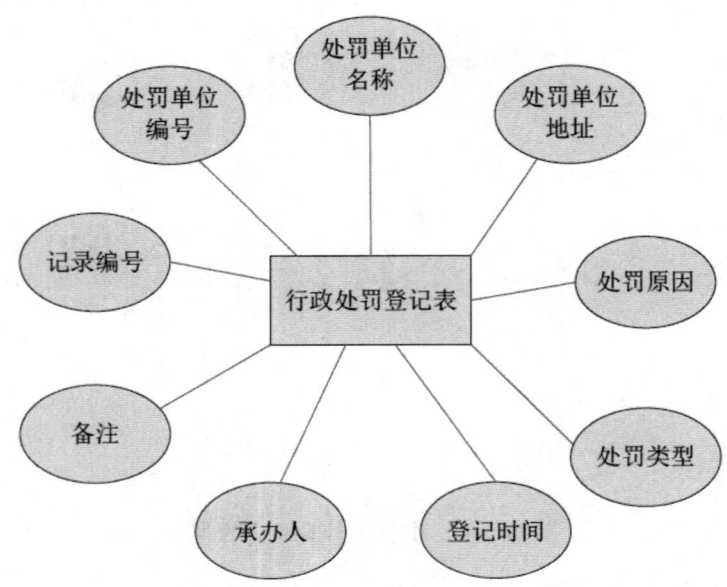

图 10-20　行政处罚登记表 E-R 模型

8. 档案归档登记表

档案归档登记表主要是用于存储各单位档案的信息的，它的属性主要包括档案编号、单位编号、单位名称、单位地址、承办人姓名、承办人联系方式、法人姓名、法人联系电话、入档时间、案卷类别、保存年限等。

档案归档登记表的 E-R 图如图 10-21 所示。

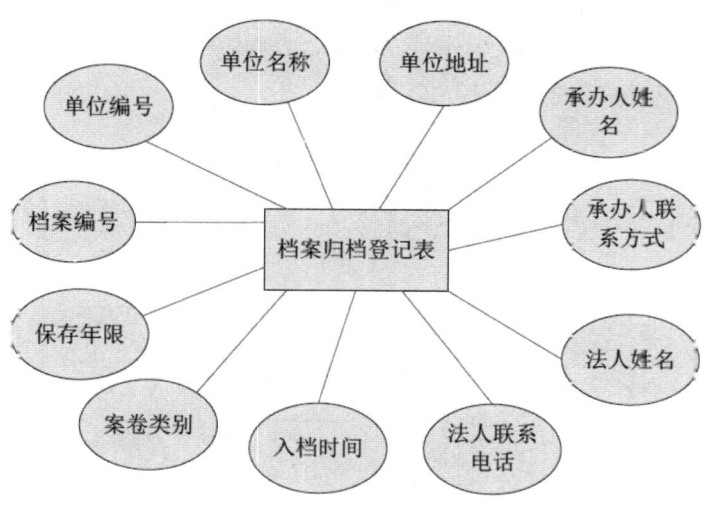

图 10-21 档案归档登记表 E-R 模型

9. 违法行为举报、投诉查处情况表

违法行为举报和投诉查处情况表主要是用于存储投诉查处情况的基本信息的,它的属性主要包括投诉编号、投诉人姓名、投诉人联系电话、被投诉单位名称、投诉形式、受理时间、受理人员、投诉内容以及备注等。

违法行为举报、投诉查处情况表的 E-R 图如图 10-22 所示。

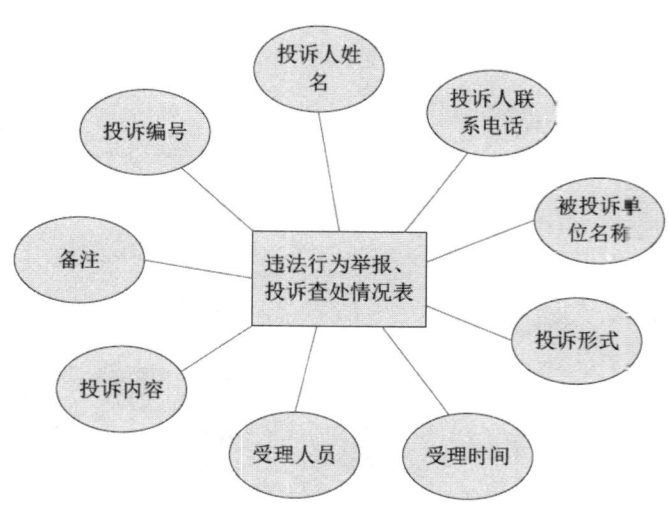

图 10-22 违法行为举报、投诉查处情况表 E-R 模型

10. 隐患情况登记表

隐患情况登记表主要是用于存储具有隐患的单位的基本信息的,它的属性主要包括

记录编号、单位编号、单位名称、单位地址、法人姓名、法人联系电话、承办人姓名、承办人联系电话、隐患内容、整改措施、整改完成期限以及备注等。

隐患情况登记表 E-R 图如图 10-23 所示。

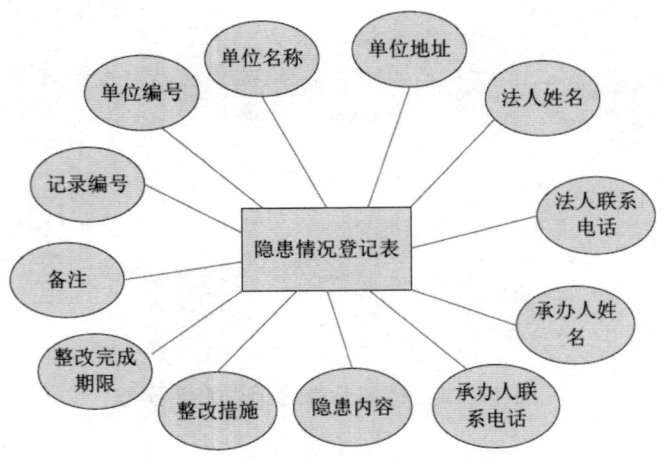

图 10-23　隐患情况登记表 E-R 模型

11. 系统整体的 E-R 图如图 10-24 所示。

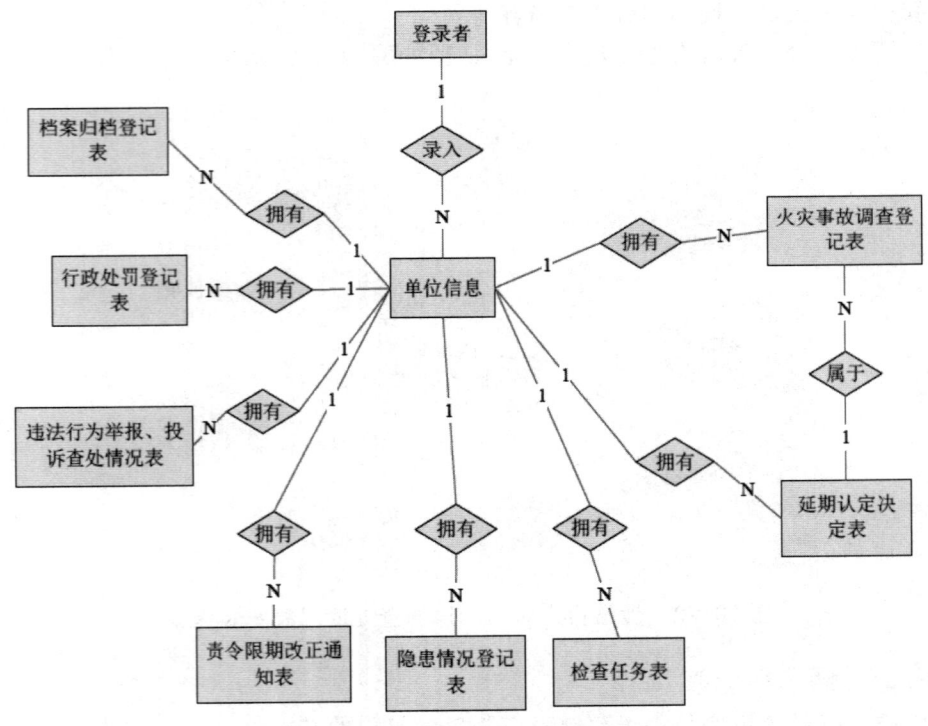

图 10-24　系统整体设计 E-R 模型

第九章 城市消防物联网与消防监督管理

第一节 城市消防物联网的基本定义和系统构架

城市各类资源高度聚集，复杂程度高，因此在应对突发灾害时，易造成大规模人员财物损失。作为城市安全保障的重要力量之一。消防工作的成效是关系到城市能否快速发展的关键。城市消防物联网是一种先进的城市安全运行和管理理念，是物联网理念与技术在消防领域的实际应用与具体体现，应该首先明确其定义、构架原则、技术构架和系统构架等方面的内容。

一、城市消防物联网的定义

城市消防物联网是通过物联网信息传感与通信等技术，将社会化消防监督管理和消防救援机构灭火救援涉及的各类要素所需的消防信息连接起来，构建高感度的消防基础环境，实现实时、动态、互动及融合的消防信息采集、传递和处理，能全面促进与提高政府及相关机构实施社会消防监督与管理水平，显著增强消防救援机构灭火救援的指挥、调度、决策和处置能力。

其中，社会化消防监督管理涉及的要素主要包括生产企业、消防安全的重点单位、公共场所、公共消防设施、各类重大危险源等；消防救援机构灭火救援涉及的要素主要包括消防人员、消防装备、受灾对象、灾害现场、战勤保障物资、社会应急救援与保障力量等各类信息。

二、城市消防物联网的构建原则

城市消防物联网的构建应遵循必要性、可行性、可操作性、经济性、开放性五项基本原则。

（一）必要性原则

城市消防物联网是一项庞大、复杂的系统工程，涉及的基础感知对象十分复杂。因此在设计建设时，需循序渐进、先重后全，优先选择消防现实工作中有必要实施感知的对象为关键点，逐步进行建设。

（二）可行性原则

城市消防物联网涉及的很多技术还存在一定的应用障碍，因此建设消防物联网是受技术局限性影响的。所以在现实中，需要选择具有切实可行的技术手段，实现感知。

（三）可操作性原则

城市消防物联网的建设是提供高效的日常防火监督管理手段、高效的现场调度处置、高效的资源管理为目标的。因此，在消防设计建设中要遵循在消防实际工作中便于操作使用的原则，降低对人工的要求。

（四）经济性原则

城市消防物联网的建设与发展，重要的一环是考虑成本和运行费用，既要最大限度地覆盖到城市消防工作的方方面面，又要实现成本经济合理、可接受。

（五）开放性原则

城市消防物联网的建设还需要考虑随着物联网技术的发展与消防工作的拓展，在建立统一标准的基础上，不断调整其结构和内涵，形成开放和兼容的体系，最大限度地适应新时期的社会发展。

三、城市消防物联网的技术构架

城市消防物联网体系总体技术构架自下而上主要包括感知层、网络层、处理层和应用层等四个层面，以及用以保证城市消防物联网良性运转和发展的运维管理和标准管理两个部分。感知层对应于人体结构的皮肤和五官，主要用于城市消防物联网基础信息的获取（如消火栓压力信息、人员位置信息等）；网络层对应人体结构的神经系统，主要为广域的信息传递和应用提供良好的信道，将感知层获取的大量基础信息，通过各种形式的数据传输网络（4G、5G网络，光纤宽带网络等），传送到城市消防物联网数据中心；处理层对应于人体结构的大脑，主要将城市消防物联网输送来的海量数据，通过数据中心的信息交换与挖掘，实现数据处理和共享，并以服务形式提供给城市消防物联网的各种应用；应用层对应于人体的各种行为、参与不同社会角色，包含针对城市消防物联网不同应用对象、功能开发的各类专用平台（系统），通过数据中心的信息与交换平台提供的各类接口，获取城市消防物联网运行的信息，并且通过各类终端设备向下响应各用户或节点，实现城市消防物联网运行可感、可知、可控，从而为新时期消防的可持续发展提供支撑。城市消防物联网的技术架构见图 11-1。

（一）感知层

即传感器层，用于采集信息。作为城市消防物联网的各类基础类信息来源，其主要实现感知功能，包括识别各类消防装备和采集相关状态信息。具体功能是对对象状态、位置、数量、行为、环境状况和物质属性等动态或静态的信息进行大规模、分布式的获取及状况辨识。感知层涉及的关键技术主要包括传感器技术、射频识别技术和无线定位技术等。

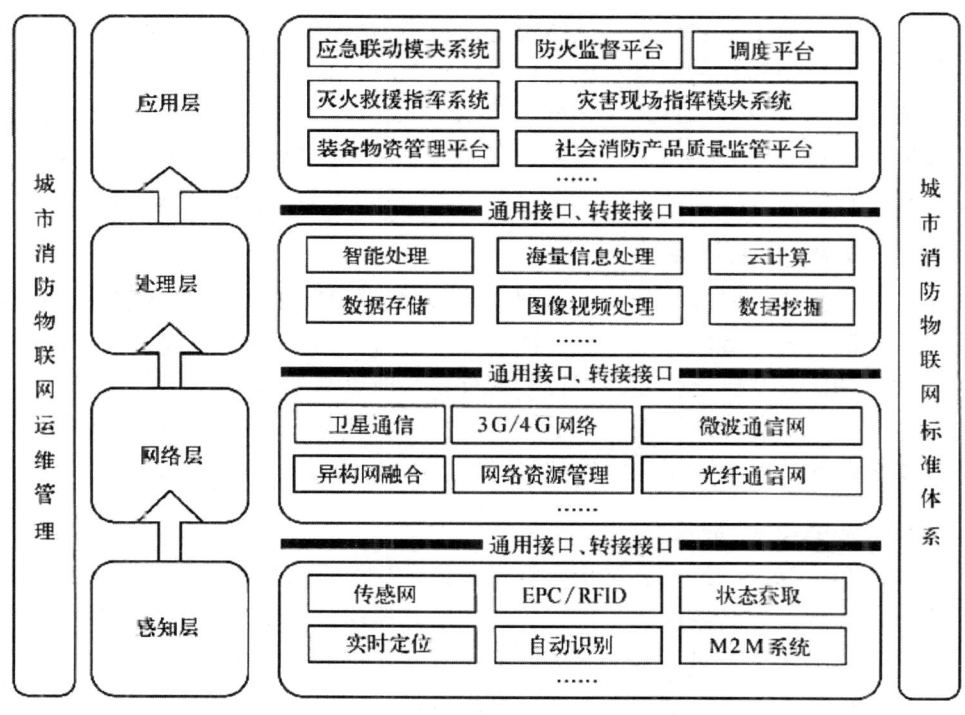

图 11-1 城市消防物联网标准体系

（二）网络层

即传输网络，用来传输信息。网络层的主要任务是将感知到的数据通过移动通信网、互联网、企业内部网、各类专网和小型局域网等网络进行安全可靠的传递。网络层是把感知层采集到的数据传输到数据中心的一个过程，它的另一个过程则是从数据中心传输到终端的智能化控制设备。网络层涉及的关键技术适应于各种现场环境，构建稳定、无缝的数据传输网络通信，如 IPv6、分时长期演进（Time Division Long Term Evolution，

TD-LTE）和分频长期演讲（Frequency Division Duplexing Long Term Evolution，FDD-LTE）、全球微波互联接入（Worldwide Interoperability for Microwave Access，WiMAX）等。

（三）处理层

即信息处理，用于支持信息传输和处理。处理层主要包括大数据中心和消防物联网应用相关的统一数据支撑平台。其依托基础硬件设施和软件服务，通过对传输汇集的各类消防信息数据的分析、整合、存储、重造、管理，实现共性应用数据的功能构造。处理层涉及的关键技术包括云计算技术、大数据技术及对非结构化数据和半结构化数据智能处理的技术等。

（四）应用层

即信息处理平台，用于为用户提供特定的服务。应用层通过与消防需求结合实现消防智能化辅助决策及广泛的公共信息共享与互通等功能，利用经过分析处理的感知数据为用户提供丰富的应用体验。根据具体用途和不同的对象，其应用类型可以划分为查询型、扫描型、监控型和控制型以及更高类型的辅助决策型等。应用层涉及的关键技术包括面向服务的体系架构（Service-Oriented Architecture，SOA）和中间件技术，重点包括各种物联网计算系统的感知信息处理、交互与优化软件和算法、物联网计算系统体系结构与软件平台研发等。

（五）运维管理部分

即运行和维护管理措施，用于保证城市消防物联网高效运转和健康发展的运行、维护、管理、控制、安全等保证措施。具体功能是对城市消防物联网中的系统、终端、传感器等软硬件性能、状态进行监测和控制的过程，通过高度的监测、控制与管理，达到消防物联网可靠、安全和高效的运行目的。运维管理部分涉及的关键技术包括了状态侦测技术、安全监测技术、数据访问控制策略等。

（六）标准管理部分

即体系内相关标准的统一、结构化管理，用于规范消防物联网体系架构，协调各层次、各系统、各厂商之间数据和工作流程的共享和通用。促使消防物联网的良性工作和有序发展。具体功能是针对城市消防物联网体系，通过确定、建模、优化、决策等的系统分析，建立标准系统及标准体系，从而实现城市消防物联网体系分主体、分层次、分顺序地协同工作。标准管理部分涉及的关键技术包括编码标准化技术、自动识别标准化技术、网络传输标准化技术、服务管理标准化技术等。

四、城市消防物联网的系统构架

城市感知消防支撑体系从消防的灭火救援现场和防火监督检查两个方面，运用先进的技术装备和工作机制的多层次、全方位地解决城市发展面临的各种问题，可为城市消防安全提供有力保障。根据现阶段的消防业务，消防物联网可分为城市消防监督管理感知系统、灭火应急救援感知系统、综合战勤保障感知系统三个系统。其中，城市消防监督安全管理感知系统包括公共消防资源感知子系统、火灾高危单位消防信息感知子系统、消防安全重点薄弱场所（区域）消防信息感知子系统；灭火应急救援感知系统包括消防力量调度指挥感知子系统、灾害现场处置力量分布感知子系统、灾害现场态势感知子系统；综合战勤保障感知系统包括消防车辆装备感知子系统、消防装备器材感知子系统、灭火药剂动态感知子系统、其他战勤保障物资感知子系统。未来随着消防工作的发展、上级部门对消防职能的调整和充实，还可继续对消防物联网体系进行进一步拓展。城市消防物联网组成见图11-2。

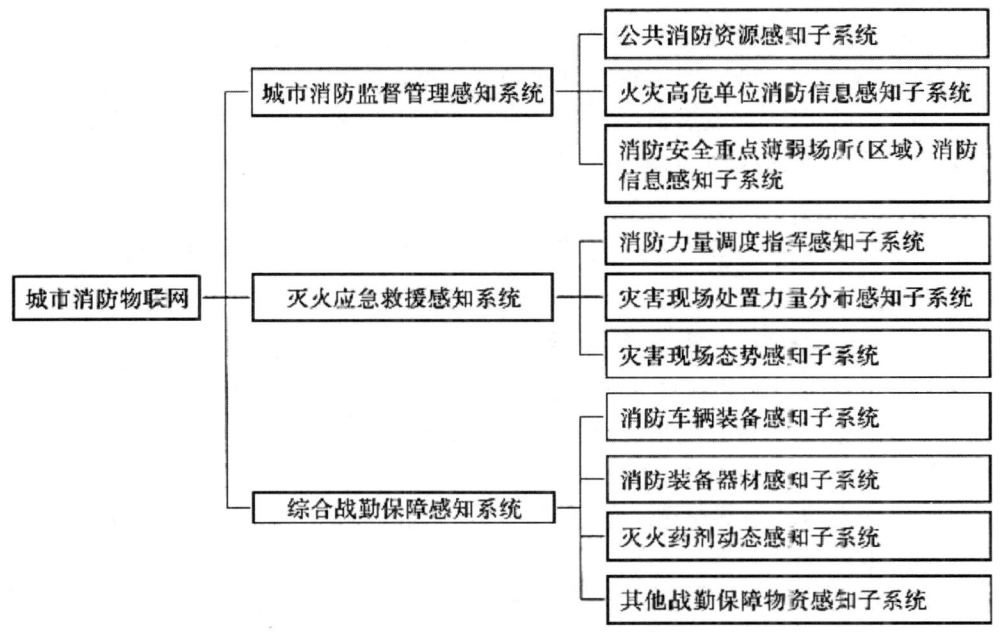

图11-2 感知消防物联网组成

（一）消防监督管理感知系统

（1）建立公共消防资源感知子系统，基于城市地理信息数据库（卫星图、航拍图、三维图），获取城市消防水源、消防力量、道路交通等公共消防资源，以及环境气象、医疗、电力、燃气等社会应急联动资源的定位及状态等实时数字化信息。

（2）建立火灾高危单位消防信息感知子系统，获取人员密集场所、易燃易爆单位、高层建筑、地下公共建筑等场所的建筑内部结构和消防设施的相关实时状态信息。

（3）建立消防安全重点薄弱场所（区域）消防信息感知子系统，获取城乡接合部、城市老街区、住宿和生产储存经营合用场所（俗称"三合一"场所）、"城中村"、"棚户区"等消防安全薄弱环节场所（区域）的位置、火情等信息。

为消防救援机构实现远程、实时、动态、高效的日常防火监督管理提供手段，同时也为灭火应急救援提供辅助信息支撑。

（二）灭火应急救援感知系统

（1）建立消防力量调度指挥感知子系统，实时动态获取已经调度的首批出动和增援消防力量（车辆、人员、装备器材、灭火药剂）的出警队站、出动响应、行进轨迹等信息（包括相关的名称、数量、位置、时间、距离等），以及调度指挥的指令信息、战勤保障力量的出动信息、可以供调度消防力量与社会应急联动资源信息等。

（2）建立灾害现场处置力量分布感知子系统，实时动态获取灾害现场的消防车辆、消防指挥员、战斗员（含内攻人员）、关键和特种灭火救援装备器材、灭火剂、消防水源（含市政消火栓）等的数量、位置、状态信息。

（3）建立灾害现场态势感知子系统，针对高层/超高层、地下建筑工程、大空间建筑、城市综合体、大型石化装置等的重特大火场现场处置需求，动态获取现场着火区域、烟气扩散、强热辐射等火灾发展情况信息，有毒有害易燃易爆气（液）体的种类、浓度、扩散区域等的化学灾害事故泄漏与扩散态势信息，现场受灾人员的数量位置信息，及现场的气象环境、地理环境、现场视频等信息。

为灭火应急救援的快速响应、科学调派、现场指挥、高效处置等提供科学手段和技术支撑。

（三）综合战勤保障感知系统

（1）建立消防车辆装备感知子系统，实时动态获取各类消防车辆的分布、出动和待命状态，维修和可用状态及车载消防系统（水泵、车载炮、举高车工作斗、排烟照明）运行状态等信息。

（2）建立消防装备器材感知子系统，实时动态获取车载、库存消防装备器材（含集装箱模块）的位置、数量、品种、规格、可用状态等信息。

（3）建立灭火药剂动态感知子系统，实时动态获取车载、库存、社会单位储备的水、泡沫液、干粉等灭火药剂的数量、分布等信息及灾害现场的可用灭火剂总量统计信息。

（4）建立其他战勤保障物资感知子系统，实时动态获取大型工程机械、供电、供气、供油、排水、医疗等其他战勤保障物资的数量、分布、调度等信息。

为消防装备器材的优化配置、日常管理、资源调配、实时调度等提供技术支撑手段。

第二节　城市消防物联网的组成系统

随着城市现代化程度的加快，不同种类灾害发生的概率及损失也在升高。这是由城市生产集中、人口集中、建筑集中、财富集中的特点所造成的。为改善城市消防安全环境，保卫城市经济建设成果，实现人民安居乐业，为应对未来城市的发展，迎接经济发展带来的各种挑战,全面发挥消防救援机构的优势,保障城市公共安全,进行城市消防感知系统建设具有十分关键的作用。通过城市消防感知系统对城市消防综合资源的整合利用,从而为最终实现城市安全的目标迈进一步。

城市感知消防支撑体系是消防信息化的基础,是一个复杂的系统工程,涉及消防的方方面面,它既涉及消防的灭火救援现场和防火监督检查,也涉及消防物资和消防人员的调度等方面。其目标是最终实现全社会消防安全责任体系、公共消防基础设施保障体系、消防应急救援体系和宣传教育体系更加完善,消防工作和经济社会发展相匹配、相适应,城市防御火灾等灾害事故的综合实力有效增强,人民群众的消防安全感、满意度进一步提升。

一、消防监督管理感知系统

我国的消防工作贯彻"预防为主、防消结合"的方针,火灾预防既是消防工作的重点,也是基础。构建合理的城市监督管理感知系统是提高城市消防整体水平的一项重要基础性工作,也是从源头上预防火灾事故和降低火灾危害的有效措施。

城市监督管理感知系统主要对消防基础设施进行感知,并结合消防救援机构日常防火监督工作的需求进行建设。城市监督管理感知系统由公共消防资源感知子系统、火灾高危单位消防信息感知子系统和消防安全重点薄弱场所(区域)消防信息感知子系统组成,实现远程、实时、动态、高效的日常防火监督管理提供手段,同时也为灭火应急救援提供辅助信息支撑。

(一)公共消防资源感知子系统

公共消防资源是城市安全重要的基础设施和城市公用事业,关系到城市经济社会的可持续发展、公共安全、社会稳定与人们的生活质量。公共消防资源主要由消防供水、消防道路、消防站点和消防通信组成。公共消防资源是消防工作的重要基础,直接影响着灭火救援行动的展开。

1. 消防供水

水作为主要的灭火剂,在火灾扑救中,具有无法替代的作用。良好的消防供水为消防救援的及时开展提供有力的保障。消防供水是指市政消火栓(消防水鹤)、天然水源取水设施、消防蓄水池和消防供水管网等消防供水设施。完备的消防供水设施的建设为保卫经济建设和人民群众生命财产安全发挥了重要作用。

(1)市政消火栓现状。市政消火栓对于城市消防安全起到了重要的作用,是市政消防给水管网上的取水灭火设施,其主要作用是为消防车提供水源,保证火场消防供水,在一定意义上是城市的保护神,也是城市文明程度的重要标志之一。

虽然随着城市建设的推进,市政消火栓的建设日趋完善,但是目前的城市市政消火栓建设还存在着一些问题和差距。主要表现在以下四个方面:

①城市市政消火栓存在"旧账未清,又添新账"的现象。随着城市规模的不断扩大,

新建道路不断出现，但是新建道路的建设过程中，政府有关部门却没有统一规划建设市政消火栓，市政消火栓建设资金不能及时到位，使得新的欠账出现。

②消火栓布置安装不规范。《建筑防火设计规范》对室外消火栓安装有着明确的规定： a.室外消火栓应沿道路设置，道路宽度超过60m时，宜在道路两边设置消火栓，并宜靠近十字路口。b.消火栓距路边不应超过2m，距房屋外墙不宜小于5m。c.室外消火栓的间距不应超过120m。d.室外消火栓的保护半径不应超过150m等。

除此之外，国家对室外消火栓的安装编制了通用图集，但是一部分市政消火栓在建设过程中却没有按照规定施工，有的出水口方向错误，有的安装在绿化带内，有的埋置深度过低等，严重影响了市政消火栓的正常使用。

③城市市政建设与管理脱节。一些城市在市政消火栓建设完成以后，却不能做好维护保养管理工作，不能确保市政消火栓的完好率，造成"有栓不能用"的现象，严重影响灭火救援工作。主要表现在： a.一些城市在道路维修和绿化过程中未按照规范规定调整或重新安装消火栓，使原有市政消火栓被埋压、圈占。b.部分市政消火栓在使用中，由于偷盗、破坏、车辆碰撞等原因造成损坏或组件不全，缺少安全帽、出水口盖的现象普遍存在。c.违章使用市政消火栓。市政消火栓是专门用于消防队扑救火灾使用，然而个别单位和个人却未经批准擅自使用市政消火栓，且在使用过程中不正确使用造成部分消火栓损坏。d.水压不足或无水。部位市政消火栓的压力达不到0.1MPa，一些供水单位为了防止盗水、减少维护费用等原因将一部分市政消火栓的供水阀门关闭无法正常供水。

④跨区域救援的消防战斗员不能及时展开救火作业。由于城市的不断发展，火灾的规模也越来越大，跨区域的火灾救援工作也越来越多，但跨区域增援的消防战斗员对救援区域并不熟悉，不利于消防救援工作的及时进行。

（2）天然水源取水设施现状。天然水源是由地理条件自然形成的可供消防用水的水源，如江河、海洋、湖泊、池塘、沟溪等。当发生火灾事故时，可以为消防车取水提供便利，为扑救火灾提供必备的条件。天然水源取水设施虽然简单却十分重要，特别是在城市消防供水管网为枝状时，天然水源成为消防给水的一项必备补充。天然水源具有其他消防供水设施不可比拟的优势，因此我国许多邻近河流、湖泊的城市在消防规划中都将天然水源作为一种抗御火灾的重要设施加以规划和利用。在消防供水不足或者用水高峰季节，天然水源是消防供水最为可靠、也是最后的一道防线。

通常的天然水源取水点都要修建通向城市道路的消防车通道以及取水平台，就像一个码头，供消防车驶入取水。但是，市政施工中又忽视了自然河流、自然水塘、湖泊等取水点的建设，致使发生火灾时消防车停放不便、消防机动泵摆放不便，要舍近求远，使良好的自然资源不能得到很好的利用。更有很多城市未开展天然取水码头工程建设，天然水源取水设施存在以下问题：

①建设初期易忽视。建设一个取水码头费用较高，因其利用度低，政府往往忽视建设。同时，水位有涨有落，考虑到防洪码头必须建得足够高，又不能太高，否则影响消

防车吸水能力。由于目前我国的法规、标准对消防取水码头的建设没有具体的要求，造成许多已建成的消防取水码头的实用性很差，在火灾之中不能很好地发挥作用或根本不能发挥作用。

②消防天然取水点可同时停靠消防车的数量不明确。在进行取水点建设时，虽然标志了"消防取水点"禁止停车和堆物，但是没有规定"禁区"具体是多大的范围，同时也没有按照取水点实际的周边情况，确定可同时容纳取水的消防车数量，若在紧急情况下，极易造成拥堵，从而影响取水的效率。

③天然取水点的水位情况不明确。天然水源多数具有明显的枯水和丰水期，对于水库、水塘、河流、湖泊等天然水源在不同季节不同时间，有着不同的蓄水量的计算方式及方法，而盲目地依靠静态的取水点的信息，进行取水作业，会面临无水可取的窘境。

（3）消防蓄水池现状。凡储存消防用水的水池均称为消防水池。消防水池的位置和蓄水量信息对消防作战尤为重要。消防水池内的消防用水一经取用之后，要尽快补水，以供在短时间内可能发生第二次火灾使用（如在火灾危险性较大的高层工业建筑和重要的工厂企业单位，有可能在较短时间内发生第二次火灾），或检修后补充。一般情况下，补水时间不宜超过48h。在消防水池的周围应设消防车道，方便消防车从水池内取水灭火，消防车道应能通向被保护的建筑。

消防蓄水池设施存在以下问题：

①消防水池蓄水量不足。某石油化工企业占地面积25亩（约16665m²），共有容量2000多吨的油罐4个，分别位于3个区域，总的石油量近万吨，消防设施相对完善，消防意识相对较强。但是该企业的消防池内水深不足半米，而该水池设计深度至少有2m，属于严重违规，一旦发生火灾，仅存的水量太少，无法救火，即使供到了消防栓上，也不能达到应有的压力，只能是"望罐莫及"。而城市部分小区的楼层楼顶的消防蓄水池从未蓄水，一旦发生火情，消防栓无水灭火，后果将不堪设想。

②消防水池的位置需要进一步明确。为缓解火灾时消防用水的不足，许多建筑、工程也设置了消防水池。但根据建筑结构的不同，设置的消防水池位置也不尽相同，这就给消防救援机构用水带来一定的困扰。

（4）消防供水管网的现状。消防供水管网是室外给水系统的一个重要组成部分。在有消防给水系统的城市，大多数都是消防与生活、生产用水系统合并，只有在合并不经济或技术上不可能时，才采用独立的消防给水系统。

①生产生活管网与消防管网不独立。供水管道一般是基于生产生活用水考虑建设的，早期的供水管网没有考虑消防用水的要求，消防和生产生活用水是合并使用的。消防供水管网面临以下问题：部分管网铺设较早，供水管道口径较小，目前已经不适合继续使用；部分管网虽然铺设了较大的管道，但是经多年使用，管道内壁积垢生锈，管道口径逐年减小，压力降低，而且早期规划供水管网枝状多，未形成环状管网，满足不了灭火所需的水量和压力要求；部分管网年久失修或在道路建设、房产建造等情况中被人为破坏，造成自来水的大量流失；部分管网未分段控制，一处破裂，将影响整个市政消

防供水；部分管网由自来水厂和加压站单电源控制，很容易出现停电即停水的现象，消防供水缺乏延续性、安全性；部分管网在生产生活用水高峰时，管道水量少、压力低，严重影响市政消火栓灭火的水量和水压要求。

②市政管道压力不足。部分消火栓的最低压力低于规定的0.18MPa的要求。2006年7月13日，宁波江东星火塑胶厂发生火灾，该厂位置在城郊接合部，早期规划的消防供水管径小、压力小。两辆消防车停靠该管线进行消火栓补水，补水时间长，另外还有七八辆消防车很难在这条消防供水管线上补水，造成消防供水不足，使前面主战车的水压压力偏小，喷射的水柱很难直接打到火点，在消防队到达后的一段时间内火势得不到进一步控制，致使火势向四周蔓延扩大，造成不良影响。

消防水源是否充足直接影响着灭火救援行动的展开。目前，消防部门还没有对全部的消防水源进行统一动态管理，无法实时了解天然湖泊、人工水池的状态和消火栓的压力，只能依靠派人员定期实地检查的方式，对属地的消防水源进行检查记录。因此，需要建立一种高效、便捷、可以实时掌握消防水源状态信息的采集感知手段，实现消防辖区内水源数据的精确记录。

（5）感知实现方案。借助物联网技术、传感网络技术对消防水源进行统一动态的管理，建立消防水源管理平台与数据库。

①天然取水点。a.水源位置感知。建立基于卫星定位技术、地理信息系统（Geographic Information System，GIS）技术的地理位置采集系统，将采集到的数据通过无线网络汇总到统一的监测管理平台，实现消防天然水源位置的管理。b.水位感知。在重要部位安装具有通信功能的液位传感器，定期传送消防水源水量数据。c.可停靠车辆数感知。预先根据天然水源的规模、容量、周边环境等因素，制订可以容纳消防车停靠数量的方案，并进行数据平台上信息的标定。现场树立警告牌，划定禁停区，安装基于视频监控报警功能的监控系统，实时监管占用情况。

②消防水池。a.位置感知。通过卫星定位技术、GIS技术的地理位置的标定，并汇总到水源管理平台，实现消防水池位置的显示及记录。b.水量感知。通过在消防水池关键点建立无线液位传感系统，实现消防水池水量的实时感知。

③市政消火栓。a.位置感知。通过卫星定位技术、GIS技术的地理位置的标定，并汇总到水源管理平台，实现市政消火栓位置的显示及记录。b.水压感知。利用感知网络技术、无线通信技术、芯片制造技术、天然能源及节能技术，建立消防栓实时压力传感系统，通过数据的定期汇总，增强对市政消火栓状态的感知能力。

④市政供水管网。a.泵站位置感知。建立统一、规范的数据格式，获取水务部门相关实时数据。b.压力感知。在主要的关键点建立基于传感网络技术的压力监测系统，在压力发生变化时，实时发送数据至消防水源管理平台。c.流量感知。通过在管网泵站建立具有通信功能的流量感知系统，将流量信息实时传输到感知平台。

同时，可以使用固移结合的方式，使用移动式手持机和固定建设的方式，灵活采集数据。并建立统一的水源数据库及管理平台，用以实现水源数据的实时存储及可视化的界面显示。

（6）预期目标。通过物联网技术，精确掌握消防水源的位置、压力、流量等关键数据，实时传递到信息中心，实现消防水源的智能化管理，为灭火救援行动的展开提供可靠的水源信息数据，增强消防信息掌控能力，使现场消防队伍能够快速制订有针对性的供水方案，同时有助于完善维护保养档案资料，提高维护保养效率。

2. 消防道路

道路从词义上讲就是供各种无轨车辆和行人通行的基础设施。按其使用特点分为城市道路、公路、厂矿道路、林区道路及乡村道路等，与消防相关的道路信息主要是指消防车道的基础数据、被占用的情况以及公共道路的拥堵情况等。

（1）消防车道现状。《建筑设计防火规范》及相关消防设计规范对消防车通道给出了明确的要求。对消防车道的宽度、净空高度、承压能力等作出了规定，但是在现实生活中消防车道被占用的情况比比皆是。

随着人们生活水平的改善、活动范围增大、出行模式改变、道路交通设施的兴建，城市汽车饱有率不断上升。为缓解中心城区停车难的问题，许多城区、社区、居民小区不得不将消防车道作为居民停车场。此外，由于规划缺位、管理失控、无序发展，在生活生产经营过程中，一些城乡接合部、城市老街区占用消防车道设置集市、货场，"城中村""棚户区"、连片村寨内的道路甚至无法满足消防车通行要求，这些问题给人民群众的生命和财产安全带来的潜在威胁无法估量。

（2）公共道路现状。面对火灾特别是重大火灾，必须与火情抢时间。但从消防队到火灾事发现场毕竟有一定的距离，一旦道路拥堵，对于出警速度的影响非常大，将耽误灭火的最佳时机。

消防站的布点是按接警后5min内到达火场设计的。实际上，由于道路拥堵，现在的实际情况一般要15~20min才能到达。火灾从起火到猛烈阶段，是15min。消防车如果5min赶到火场，一支水枪就能扑灭；如果是15min后，经过轰燃，就形成了全方位立体燃烧火势，很难扑灭。根据全国发生的各类重特大火灾事故的具体情况看，当地消防队基本都是在火灾达到猛烈燃烧阶段才赶到着火现场，除一小部分是由于报警时间过晚，大部分原因则是行车路线拥堵，导致消防车辆行车速度缓慢，最终使小火酿成大灾。

如何在接到火警后，根据道路实时状况，及时确定最佳行车路线？城市主干道应急车道专车专用，确保畅通，将对及时有效扑灭火灾，减少火灾损失起到至关重要的作用。目前，市局已经将全市3.7万多个道路监控视频共享给消防局使用。消防局可以查看、调用市局的道路监控图像，在灭火救援指挥调度和现场作战中发挥了重大作用。

道路拥堵是消防出警不畅的首要原因，特别是上下班高峰期，拥堵情况之严重更是让消防车"寸步难行"，消防车通道必须保持畅通无阻。公共道路的畅通情况、消防车道的空间允许能力和承载能力直接影响消防处置是否能及时展开，对消防通道和公共车道的感知在整个感知消防系统中是不可或缺的一部分。

（3）感知实现方案。

①消防车道。a.通过与停靠能力感知。建立消防车道信息数据库，对本市居民小区和单位所有消防车道通过能力（高度、宽度、回车场地大小）和停靠能力（消防车登高场地、架空部分的承重）进行预先采集、分析，并将数据预先录入，在出警时指挥员可将相关信息告知前方参战车辆，科学引导车辆进入和停靠。b.占用感知。现场树立警告牌，划定禁停区，重点部位安装基于视频监控报警功能的监控系统，实时监管占用情况。

②公共道路拥堵感知。接入上海智能交通系统拥堵信息，形成公共道路信息共享机制，实现消防指挥中心对公共道路拥堵的信息感知，并通过智能道路技术和道路视频分析技术的充分应用，制定消防车辆出动实时路线。

（4）预期目标。通过道路感知系统，实时获取消防车道、公共道路的道路信息，通过视频分析判断等技术，保证居民小区等处的消防通道畅通，实现日常占道预警，优化车辆的出警线路，避让拥堵路段。为消防车辆快速到达现场提供可靠保障，进而提高消防救援处置的效率。

3. 消防站点

消防站是消防队员工作（执勤备战）的场所，它是保护城市消防安全的公共消防设施，建设和布局应符合《城市消防站建设标准》。

（1）消防站点现状。以上海为例，目前上海市市消防局建成了基于H.264视频编码技术体制的远程视频监控系统，该系统已覆盖120个基层中队。系统主要功能包括：

在中队的通信室、车库、门卫、操场安装视频监控点，并在本地保存30天录像资料。局监控中心可通过公安网实时监看任意中队的视频图像，并可调阅录像。

监控软件实现通过中队接警装置向视频服务器发送触发信号，一旦某中队火警出动能及时在监控屏幕上跳出该中队的图像信息，并且具有自动录像功能。

分级监控，局监控中心可以对所有中队进行监控和管理。各支队（监控分中心）只能监控和管理所辖中队。

近年来，上海市消防局每逢重要节日、重大保卫任务前夕均利用该系统组织全局范围的战备视频抽查，全方位考察部队战备训练灭火救援工作情况，大大促进了基层部队正规化建设。

同时，消防站配备了电子围栏系统，由电子围栏主机和前端探测围栏组成。电子围栏主机是产生和接收高压脉冲信号，并在前端探测围栏处于触网、短路、断路状态时能产生报警信号，并把入侵信号发送到安全报警中心；前端探测围栏由杆及金属导线等构件组成的有形周界。通过控制键盘或控制软件，可实现多级联网。发生异常情况时，主动发送到信息中心监控设备上，从而保证管理人员能及时了解报警区域的情况，快速地作出处理。

（2）感知实现方案。①位置感知。利用卫星定位技术，完善基于GIS图形技术的消防站点显示平台，详细记录显示城市所有消防站地理匹配的布局分布及功能。②通信室、车库、训练场感知。利用消防远程视频监控系统及电子围栏，实时监控人员在岗情况、车辆在库情况、人员训练情况,为消防站感知系统提供翔实的视频数据。

(3)预期目标。通过消防站点的感知,可以实现对消防站点位置、功能的详细数据获取,使公共消防站布点规划更趋合理。促使队伍管理的手段更加多样,管理更加高效实时。

4. 消防通信

消防通信,是指利用有线、无线、计算机以及简易通信方法,以传送符号、信号、文字、图像、声音等形式表述消防信息的一种专用通信方式。消防通信服务对象对内是消防救援机构及与消防灭火救援工作直接相关的部门与单位;对于外是受理社会公众的火灾报警和其他灾害事故报警。

消防通信是消防工作中一项必不可少的重要组成部分,有着不可替代的作用。"十一五"期间,上海消防建设完成了计算机、有线、无线、卫星等基础通信网络,为消防灭火救援调度指挥打下了坚实的基础。

(1)火警受理系统现状。以上海为例,火警受理系统包括火警受理信息系统、火警调度机、火警数字录音录时装置等软硬件。随着"多台合一"系统的建设,现在的火警受理系统是集中接警、统一指挥、信息共享的模式,使消防救援机构更加快速接警、准确接警、快速反应、明确各方面的职责,为整个消防工作提供有力支持。

(2)计算机通信网络现状。以上海为例,目前,上海市消防救援机构网络系统主要由3张网络组成:内网(办公网)、部局指挥调度网和市局应急联动网,其中内网与部局指挥调度网逻辑隔离,内网、部局指挥调度网和市局应急联动网物理隔离。

(3)有线通信网现状。以上海为例,目前,上海消防机构的机关电话交换机设备采用程控交换机。该交换机与公网和公安语音专网分别互联互通,局机关与公安单位使用内部分机进行通话,与各支队、115个中队通过了公共交换电话网络(Public Switched Telephone Network,PSTN)实现语音通信。

(4)无线通信网现状。以上海为例,上海消防局充分利用4G网络技术和安全接入技术,建设了移动接入平台,通过4G网络加密通道,实现了消防业务应用向移动终端延伸和拓展,为灭火救援和消防监督执法移动终端应用提供了网络支撑,同时也是对350M无线常规通信系统三级通信网进行补充和完善。通过补充完善配备转信台、固定台、车载台、手持台,上海市消防局完成了4G图像管理平台建设。各支队通信指挥车配置安装的3G车载终端和云台摄像机,已在灭火救援和执勤备战工作中发挥了作用。

消防救援机构是一支与火灾及其他各种灾害事故做斗争的军事化、专业化队伍。因此,它的任务性质和行动特点,决定了对消防通信的要求,即迅速、准确、不间断。

上海市消防无线通信网采用自建的350M无线常规通信系统(以下简称350M常规系统)和市公安局800M无线集群系统(以下简称800M集群系统)同时并存、同步运行、互补互备的方式,组成了三级网组网模式。

消防一级网(城市消防辖区覆盖网)主要负责市消防指挥中心与消防支队、现场指挥员之间的通信联络,现主要采用800M集群系统,350M常规系统作为备用。

消防二级网（火场指挥网）适用于保障火场及其他灾害事故现场范围内各级消防指挥人员之间的通信联络。采用800M集群系统和350M常规系统混合使用的工作模式。

消防三级网（灭火救援战斗网）适用于火场及其他灾害事故现场各参战消防中队内部，指挥员、战斗班班长、水枪手、消防战斗车辆驾驶员以及特勤抢险班战斗员之间的通信联络。采用350M常规系统，多采用同频单工的方式。

同时，对于无线通信盲区和地铁、隧道、地下室等地下空间，采用无线中转台、组建临时网络，以保证现场联络畅通。

目前，800M集群系统用于城市覆盖网和火场指挥网。350M常规系统用于800M集群系统城市覆盖网的备份及灭火救援战斗网。

（5）卫星通信网现状。以上海为例，上海消防局卫星通信系统于2010年4月建成并投入使用。目前，局卫星通信系统主要包括卫星地面站一台、动中通卫星车一辆、静中通卫星车一辆、全自动便携式卫星站一套和背负式卫星站一套。卫星通信网使用托管式网管系统，能分别使用部局或局自行租用的卫星链路。

局卫星通信系统可实现以下四种功能：①在任意时间、任意地点建立灾害现场与部局指挥中心或局指挥中心的综合业务数据的互联互通。②实现在同一时段内有两个灾害救援现场或演练现场，每个现场有一路视频、一路语音传输至部局指挥中心或市局指挥中心。③实现在特大灾害救援现场，构建由部局移动指挥中心、灾害地总队和上海消防局指挥中心组成的卫星通信指挥网。④能与地面有线通信网络和无线通信网络相结合，互为补充、支持，实现天地一体的通信网络。

（6）感知实现方案。工作状态感知。针对消防通信系统的工作状态建立有效的判断机制，分析归类影响通信系统正常工作的关键因素，从而建立自动识别系统工作状态的方法。

无线基站感知。可以使用带通信功能的无线基站水浸、断电传感器，通过无线、有线通信传输网络，并建立基于状态信息的智能警示系统，实现对无线基站工作状态的感知。

（7）预期目标。通过通信感知系统，快速掌握消防火警受理系统、计算机通信网络、有线通信网、无线通信网、卫星通信网的工作信息，及时判断工作状态。同时，保证消防无线基站的可用状态，具可靠的通信能力。

（二）火灾高危单位消防信息感知子系统

火灾高危单位是指消防安全重点单位中，容易造成群死群伤火灾危害的人员密集场所、易燃易爆单位，以及高层建筑、地下公共建筑等，这类单位是消防部门监管的消防安全重点单位中的重中之重。

1. 人员密集场所

《消防法》第七十三条："……（四）人员密集场所，是指公众聚集场所，医院的门诊楼、病房楼，学校的教学楼、图书馆、食堂和集体宿舍，养老院，福利院，托儿所，幼儿园，公共图书馆的阅览室，公共展览馆、博物馆的展示厅，劳动密集型企业的生产加工车间和员工集体宿舍，旅游、宗教活动场所等。"

(1) 人员密集场所消防现状

由于人员密集性场所人员密度较大，一旦发生火灾极易导致人员群死群伤或造成重大经济损失，所以一直是消防的重点监管对象。

人员密集场所主要存在的火灾隐患有：

①部分人员密集场所消防设计存在先天隐患。部分设置在其他建筑内的人员密集场所，由于建筑本身使用性质的局限，不能设置此类场所，或此类场所本身未按消防技术规范进行设计，未通过消防行政许可，就已营业或者投入使用。

②装修采用易燃可燃材料。由于装修风格多样、施工周期短、装修成本低等原因，在场所内甚至是疏散通道内大量采用木材、塑料、纤维织品等可燃易燃材料进行装修，直接导致火灾荷载大幅度增加。

③消防设施先天不足，安全出口、疏散通道的设置不符合要求。由于投资成本不足，以及平面布局和装修需要，部分场所未按设计要求安装消防设施，配备灭火器材；有的场所会在安全出口处采用侧拉门、卷帘门、旋转门等，即使采用平开门，门也不是朝向疏散方向开启；有的占用疏散通道内搭建仓库、办公用房，造成疏散宽度不够，或堵塞、封闭疏散通道和安全出口，有的场所为了防盗和声光效果，将室外门窗用铁栅栏等封死，阻碍了火灾中人员逃生和灭火救援的通道。

④消防安全管理制度未落实，消防安全管理不到位。各类人员密集场所用火、用电、防火检查、控制室值班、员工培训、消防设施维修保养、火灾隐患整改、灭火和应急疏散演练以及消防安全操作规程等必须建立消防安全管理制度。有的虽然建立了内部管理制度，但是不符合本单位或公共场所安全管理的实际，制度内容不具体、不全面，有的规定内容与现行消防法律法规规定不相一致，缺乏可操作性。

⑤建筑消防设施器材不能保持完好有效。部分场所未落实消防安全责任，不能定期组织对建筑消防设施进行维护保养，甚至不进行维护保养，致使建筑消防设施不能保持完好有效，火灾事故中不能发挥应有的作用。

⑥公众消防安全意识淡薄，缺乏必要的自救和逃生知识。在我国，由于没有系统的消防安全教育体制，大多数国民的消防安全意识比较差。在人员密集的场所中，特别是公众聚集的场所，公众普遍缺少防火常识，不知道如何正确报火警，未掌握初期火灾扑救和火场自救逃生的技能，一旦发生火灾极易造成群死群伤事故。

（2）感知实现方案。建立统一的人员密集场所管理平台和数据库，实时显示该类场所各种消防设施的状态信息，并进行统一的监管。

①单位主出入口与消防车道感知。建立基于视频判断技术的人员密集场所视频处理联动平台，采用视频结构化等处理技术，实时监测单位主出入口与消防车道的通畅程度，发现阻塞现象立即在平台上显示报警，并联动企业与相关管理部门实施排除。

②室外消火栓感知。通过建立基于传感网技术的带有无线通信功能的室外消火栓压力探测装置，实时进行消防栓工作状态监测，并且将数据汇总至人员密集场所管理数据库。

③室内消火栓系统感知。通过视频监控报警系统，实时监控室内消火栓系统是否被遮挡、圈占、埋压。

④自动灭火系统感知。建立自动灭火系统信号接入机制以及接入信息标准，通过有线网络的信号同步，获取自动灭火系统的可用状态、工作状态、作业区域等信息，传送至城市消防远程监控系统。

⑤火灾自动报警系统感知。通过通信协议转换技术，在单位消防控制室自动报警系统上安装接入模块，建立消防设施状态信息监测系统，获取探测火灾报警器的工作状态等信息，传送至城市消防远程监控系统。

⑥消防控制室感知。可以建立具有消防控制室值班远程查岗功能的视频监控系统，通过视频的云计算技术，在消防控制室无人在岗时，自动发出告警信号，通过网络传输，传送至城市消防远程监控系统。

⑦防烟排烟系统感知。可以建立防排烟系统的接入机制以及接入信息标准，同步获取工作状态、作业区域信息，传送至城市消防远程监控系统。

⑧电力线路及电气装置感知。通过使用电力线路电压电流实时监测技术及装置，实时探测电线是否过流过压，发生异常时主动发出报警信息，并传送至城市消防远程监控系统。

⑨应急照明系统感知。通过消防应急照明接入机制以及接入信息标准，使平台及时接收报警信息，有效判断工作状态，并且传送至城市消防远程监控系统。

⑩疏散标志感知。可以建立消防疏散指示系统接入机制以及接入信息标准，通过加装工作电路反路告警装置，有效判断工作状态，并传送至城市消防远程监控系统。

⑪与防火卷帘感知。建立基于视频判断技术的防火门、卷帘启闭探知装置，在非正常状态下，通过有线或无线网络，自动发送警报信号至城市消防远程监控系统。

⑫灭火器及疏散通道感知。可使用针对室内灭火器、疏散通道的视频判断技术与装置，通过比对预设值，发现是否异常，并有效关联巡检系统，安排人员快速检查。

⑬应急广播、消防电源及配电感知。可以通过建立针对消防广播、消防电源及配电的电源信号分析系统，通过电源开关量信号的智能识别，快速判断正常工作状态，同时将状态信号传送至城市消防远程监控系统。

（3）预期目标。

快速获取人员密集场所消防设施的有效状态及消防从业人员在岗情况等信息，切实有效地发现、整改火灾隐患，最大限度地上优化人员密集场所的消防安全环境，有效改善人员密集场所的消防安全状况，并形成长效机制，杜绝重特大火灾事故的发生，从而减少人民群众的生命财产损失，为加强人员密集场所的消防安全监督工作建立完善的操作平台。

2. 高层建筑

（1）高层建筑现状。高层建筑主要是建筑高度大于27m的住宅建筑和建筑高度大于24m的非单层厂房、仓库与其他民用建筑。

高层建筑火灾具有以下特点：

①火势蔓延快。高层建筑的楼梯间、电梯井、管道井、风道、电缆井等竖向井道多，一旦防火分隔未正确处理，发生火灾时极易造成烟囱效应，成为火势迅速蔓延的新途径。尤其是高级宾馆、综合楼和图书馆、办公楼等高层建筑，一般室内可燃物较多，一旦起火，燃烧猛烈，蔓延迅速。据测定，在火灾初期阶段，因为空气对流，在水平方向烟气扩散的速度为0.3m/s，在火灾燃烧猛烈阶段，各管井烟气的扩散速度则可达3～4m/s。假如高度为100m的高层建筑发生火灾，在无阻挡的情况下，半分钟左右，烟气就能顺竖向管井扩散到顶层，其扩散速度是水平方向的10倍以上。

②疏散困难。高层建筑的特点：一是层数多，垂直距离长，部分建筑水平空间大，疏散到室外安全区域的距离长；二是人员众多、分散，许多人对建筑物内的安全疏散路线不熟悉；三是发生火灾时由于建筑内部防火分隔不严，导致火势和烟雾快速蔓延，增加了疏散的难度。

③扑救难度大。高层建筑物体量庞大，结构复杂，各区域使用功能多样，在发生初期火灾时应依靠自身的室内消防设施自救，但由于目前我国经济条件、管理水平所限，建筑内部的消防设施的配备率和完好率还不高，因此扑救高层建筑火灾往往遇到较大困难。

（2）感知实现方案。建立高层建筑消防信息管理平台与数据库，实时显示该类场所各种消防设施的状态信息，并进行统一的监管。在人员密集场所各类感知内容的基础上，还需结合高层建筑的特点进一步开展下列内容：

①避难层与避难间感知。建立基于视频判断技术的视频监控系统，并建立高层建筑疏散避难处理联动机制，有效管理高层建筑设立的避难层和避难间的启用状态。

②消防电梯感知。使用固定的视频探测技术及结构化技术实时监控电梯的启闭状态，快速掌握消防电梯是否停用。

③消防登高面感知。通过对消防登高面的固定视频探测技术，对消防登高面进行实时监控，确保不被占用。

④回车场地感知。通过固定的视频探测技术，对于回车场地进行实时监控，保障消防环形通道畅通，不被占用。

⑤楼顶停机坪感知。通过固定的视频探测技术，实时监测灯光指示系统的可用情况及场地占用情况。

（3）预期目标。有效掌握高层建筑关键消防设施的使用状态和消防从业人员在岗情况等信息，提高发生火灾后高层人员的逃生概率，减少生命财产损失，建立完善的消防安保联动机制，落实消防安全管理措施，解决疏散出口封闭、疏散楼梯堵塞、高层避难场所占用等问题，避免发生火灾时消防通道阻塞，高喷车、云梯车等灭火救援车辆无法靠近的窘境，减少高层建筑火灾带来的损失。

3. 地下公共建筑

（1）地下公共建筑现状。地下公共建筑，一般出口较少、密闭性好、透风条件差，火灾中可燃物产生大量的烟雾，将从起火部位以 1m/s 的速度向四周对流扩散，直到布满整个空间，呈现聚积不散的状态。因此，一旦发生火灾，后果不堪设想。地下建筑的火灾特性有：

①不完全燃烧产物和有毒气体含量多，烟气难以排出。地下建筑因其密封性好，火灾后大量物质的燃烧速度与燃烧的充分性受到影响，造成燃烧速度慢、阴燃时间长、产生的浓烟和大量有毒气体难以排出，给灾害现场的人员疏散造成困难，给火灾扑救带来困难。

②部分场所人员流量大、内部结构复杂、进出通道少，导向标志不易发现，安全疏散困难。多数地下商城、娱乐场所内部结构复杂，有的互相贯通，特别是环形地下商城，方向性模糊程度更为严重。场所内的安全疏散指示标志大多设在顶棚，不易于辨别。

③储存物品种类杂、可燃物数量多，给防火灭火工作造成极大的困难。有的地下商品批发市场，平均火灾荷载密度为 100～300kg/m^2，如发生火灾在得不到充足空气的情况下，燃烧时间将会持续 6~18h，是地面同样荷载燃烧时间的 3 倍。

④内部纵深大、层数多，灭火战斗困难，火场人员难找。凡大型地下商城、汽车库，其建筑都有较大的长度，火灾中战斗人员如从一点向内进攻，受高温、浓烟和光照度的影响很难进行内部搜救，在有限时间内，及时对被困人员展开救助。

⑤有些地下空间特别是人防工程，在使用中存在功能改变、结构调整，消防的设施设备未能及时依据现行法律法规进行改造，导致场所内部一旦发生火灾，无法及时发现和初期扑救。

（2）感知实现方案。建立地下建设消防管理平台和数据库，实时显示该类场所人员与环境信息，并进行统一的监管。在人员密集场所各类感知内容的基础上，还需要结合地下建筑的特点进一步开展以下工作。

①视频监控信息感知。建立安防视频监控接入机制以及接入信息标准，接入地下建筑固定安防视频系统，采集地下建筑内的人员与环境信息。便于发生火灾时，消防救援机构现场救援时搜救受困人员。

②可燃和有毒气体探测信息感知。建立可燃和有毒气体探测系统接入机制以及接入信息标准，固定安装可燃和有毒气体探测装置，获取地下建筑火灾或其他灾害时的可燃、有毒气体信息。

（3）预期目标。有效掌握地下建筑内的人员及环境状况，为消防设施和消防通道日常监督检查提供技术支撑。同时提高发生灾害时消防救援机构处置地下建筑时快速寻找受困人员的效率，降低恶劣环境对消防一线救援人员造成的人身危害，有效提高地下空间的安全水平。

4. 易燃易爆单位

（1）易燃易爆单位现状。易燃易爆场所发生火灾，燃烧猛烈，蔓延迅速，并伴有爆炸发生，化学物品性质各异，反应强烈，能产生大量的有毒、有害产物，具有较强的破坏性和腐蚀性，火场情况瞬息多变，十分复杂，对周围的建筑物、设施破坏严重，易造成较多的人员伤亡。易燃易爆场所发生火灾特点有：

①燃烧速度快，突发性强，容易发生爆炸。

②爆炸危险性大，容易出现大面积燃烧。

③易扩大事故，易出现多次复燃和爆炸。

④火势变化大，温度高，灭火、救人难度大，扑救时间长。

（2）感知实现方案。建立易燃易爆单位统一管理平台，用以分析易燃易爆单位安全保障水平，细化社会消防力量，同时便于消防现场作战时的力量调集。

①专职消防站位置感知。建立基于卫星定位技术的专职消防站点地理位置采集系统，并通过GIS图形技术在管理平台显示，使得消防指挥中心直接掌握易燃易爆单位可供调用的专职消防队位置。

②可燃气体探测系统感知。建立易燃易爆单位基于环境监测的可燃气体探测系统接入机制以及接入信息标准，将现场探测的环境状况，传输到统一管理平台，使消防队伍直接掌握现场信息。

③气象感知。建立现场气象系统接入机制以及接入信息标准，共享采集现场风速风向、温度湿度数据，使消防救援机构快速掌握现场的气象条件。

④重点区域高空瞭望感知。建立重点区域视频图像接入机制以及接入信息标准，获取重点区域视频信息。

（3）预期目标。有效掌握易燃易爆单位的各种关键因素，达到日常有效检查易燃易爆单位消防安全制度的落实情况，避免内部日常检查的形式化，督促整改缺少安全机构或落实相关职能部门的中小型易燃易爆企业，监督企业火灾隐患整改，规范消防设施的建设，切实加强易燃易爆场所的消防安全工作，有效地防止易燃易爆场所发生火灾爆炸事故，并为灾时消防救援机构的科学处置提供可靠的信息支撑。

（三）消防安全重点薄弱场所（区域）消防信息感知子系统

消防安全重点薄弱场所（区域）是指城乡接合部、城市老街区、住宿与生产储存经营合用场所（俗称"三合一"场所）"城中村""棚户区"等的统称。这些场所是城市发展进程中的必然产物。这些场所的存在往往伴随着各种消防隐患，成为消防部门需要重点监管的对象。

1. 城乡接合部消防安全管理现状

城乡接合部是指兼具城市和乡村的土地利用性质的城市与乡村地区的过渡地带。随着城市化过程，城市不断向外围扩展，使得毗邻乡村地区的土地利用从农业转变为工业、商业、居住区以及其他职能，并兴建城市服务设施，从而形成包括郊区的城乡交错带。城乡接合部的消防安全管理弱项主要有：

（1）行政区划不清，导致管理矛盾，成为管理空白。城乡接合部由于土地批租、房地产开发而导致土地管理分割，城乡单位犬牙交错，"地两府"以及"一地多主"的现象普遍带来较突出的跨区的管理矛盾。

（2）外来人口聚集，素质良莠不齐，带来社会问题。在城乡部由于其优越的区位、廉价的租屋，加上管理较薄弱，使大量外来人口在此集聚，虽然给这一过渡带的经济发展增添了活力，但同时带来消防、环卫、治安等许多社会问题。

（3）随着城市的发展，交错地区逐渐外扩，范围广，消防监管难度大。

城乡接合部消防安全环境的特点是消防车通道狭窄、转弯半径小；防火间距小，冬季取暖可燃材料堆垛密集；可燃易燃棚户区多，给消防规划、消防监督和管理以及火灾扑救带来更加严重的困难。小范围的自发小群体和居住、暂居地点，易发生重特大群死群伤恶性火灾事故，当地消防部门力不从心，给社会、经济造成重大影响。

因此，需要通过技术手段有效监控城乡接合部，极早发展城乡接合部的消防隐患，减少城乡接合部面临的消防安全威胁；不留死角，从而确保城乡接合部消防环境的发展变化与市区的发展相一致、相协调。

2. 城市老街区、"城中村"、棚户区消防安全管理现状

（1）城市老街区消防安全管理现状。城市老街区是城市历史变迁的见证，随着城市的发展，越来越多的老街区消失了，保留下来的老街区为了自身发展也逐渐改造成为集"休闲、旅游、购物"为一体的繁华街市。城市老街区消防安全管理的弱项主要有：

①建筑物密集，消防通道狭窄。

②商业街发展迅速，人员密集。

③建筑物内部多为木结构，易燃。

（2）城中村。所谓"城中村"，是指在城市高速发展的进程中，由于农村土地全部被征用，农村集体成员由农民身份转变为居民身份后，仍居住在由原村改造而演变成的居民区，或是指在农村村落城市化进程中，因为农村土地大部分被征用，滞后于时代发展步伐、游离于现代城市管理之外的农民仍在原村居住而形成的村落。

《2013—2017年中国城中村改造建设深度调研与投资战略规划分析报告》数据显示，全国各大中城市的城中村规模依然巨大。

"城中村"是城市的一块"夹缝地"，这一区域消防安全管理的弱项主要是：

①人口杂乱，"城中村"由村民、市民和流动人口混合构成。人员整体消防意识淡漠。

②城市规划滞后，违法违章建筑相当集中，"一线天""握手楼""贴面楼"较为常见。房屋密度一旦发生火灾不易救援。

③基础设施不完善，各种管线杂乱无章，街巷狭窄、拥挤，存在严重的消防隐患。

3. 住宿与生产储存经营合用场所、小商品市场现状

住宿与生产储存经营合用场所、小商品市场具有人员流动量大、货物多、可燃物多、火灾荷载大等特点，这一场所的消防安全的管理弱项主要是：

（1）此类场所存在严重的消防安全隐患，安全出口不满足消防安全要求，疏散通道不畅，严重影响人员疏散逃生和灭火救援。

（2）现场人员消防安全意识淡薄，火灾发生后不能及时报警，延误了灭火救援的

时机,且逃生意识淡薄。

4. 消防安全重点薄弱场所(区域)感知系统总体感知实现方案

重点区域感知。通过对建立适用于城乡接合部的视频监控系统,获取重点区域的消防车通道、消防水源和火灾情况等图像信息。有效监控消防车通道的畅通性、消防水源可用性以及火灾的早期预警等信息。

二、灭火应急救援感知系统

随着城市化、工业化进程的加快,大型人为灾害、自然灾害的处置对消防救援机构灭火应急救援工作提出了更新、更高的要求。因此,研究基于物联网技术的灭火救援感知系统,建立灾害现场救援人员分布感知、一线战斗员火场综合信息智能感知、火灾现场实时信息采集与指挥、火场进攻路线智能管理等系统的构架,能够实现火灾现场受困人员、灾害现场、救援现场周边等相关信息的实时感知,进而实现火灾扑救、应急救援指挥的智能化管理,提高灭火救援能力。

(一)消防力量调度指挥感知子系统

消防力量调度指挥是在灭火救援战斗行动中,对消防力量进行指挥、组织、安排、调配的过程,是灭火救援行动的基础、前提和重要组成部分。调度指挥又是一项周密而严谨的工作,需要针对不同等级的火情、不同的救援对象、不同的受警方式、不同的消防队现状来制订和调整调度指挥方案。同时随着灾情的发展,不断调整调度指挥方案,规范调度指挥程序,完善消防调度指挥体系,确保灭火救援力量调度准确、及时、规范。

1. 车辆调度感知

(1)消防车辆调度现状。随卫星定位技术在消防通信调度指挥系统建设中得到普遍重视和发展,消防车辆调动可利用卫星定位技术实现车辆的动态管理,在指挥中心的电子地图上显示出行车路线和消防车辆位置信息。指挥中心的调度员根据情况,通过无线通信设备,及时对参战车辆进行调度指挥和行车路线矫正。

合理的调度需要多重信息资源的支撑,才能够形成科学的调度方案。灭火救援过程中,车辆停靠的位置直接影响灭火救援行动的展开,车辆的类型、随车的装备、车辆的车况都是指挥调度的重要因素,但是目前消防车辆与指挥中心信息交互渠道少,很难作出有效的信息反馈,从而影响科学有效的调度。

因此,需要进一步加强指挥中心与消防车辆之间的信息交互,实现消防指挥中心对消防车辆的快速、准确、科学的跟踪、调度、指挥和实时的车辆动态管理。利用高科技全面实时掌握消防车辆的实时位置,精确了解车辆的分布状况,提高消防车辆抢险救援的效率,进一步降低火灾损失,保障人民的财产安全。

(2)感知实现方案。基于统一的消防力量调度平台,建立车辆现场采集终端与指挥中心通信信道,通过综合分析判别,分析匹配最合适的可调度的车辆位置,同时进行面向大量终端的数据快速处理和压力均衡处理,满足城市大范围内同时对多车辆实时监测信息的并发处理需求。

①出入库情况感知。建设基于物联网的消防车辆、消防车库等相关对象的数字化采集传输终端,在车库出入口位置安装数据采集装置,在车顶位置安装射频识别(Radio Frequency Identification,RFID)芯片,形成信号的读取采集交互,通过网络汇总到车辆调度平台。

②位置及运动轨迹感知。通过建立集卫星定位系统、GIS以及无线通信技术于一体的软、硬件综合采集和显示系统,自动采集车辆所处的位置信息,定期记录回传,自动、准确地记录和重放行车轨迹及出警与灭火的全过程。

③指令接受反馈感知。建立消防车与指挥中心指令反馈机制,通过引入信号手段,形成调度指挥双向信息交互。

④工作状态感知。通过消防车辆总线系统或在重点部位设置传感器对消防车辆发动机、水泵水(泡沫)箱、电瓶等的关键参数进行采集。并且配备可查看该类型的显示终端,实现消防车辆工作的准确显示。

(3)预期目标。通过消防车辆感知调度系统的建设,弥补现有系统在车辆动态、车辆部件工况、指令交互等方面的不足,进一步提升指挥调度的科学性。

2. 人员调度感知

(1)人员调度感知现状。作为消防灾害处置工作的主体,消防现场人员的充裕程度、分布位置以及配备的合理程度对及时、有效地开展救援工作起到举足轻重的作用,是消防处置成功的重要条件之一。因此,要求指挥人员能够在出现灾害事件时,第一时间安排相应人员进行处理,并根据事态的发展,快速调整,协同处理。

然而在救援处置现场,指挥中心或者现场指挥部很难快速确定灾害现场各战斗力量所处的位置,难以全面掌握各级指挥员的到场情况,从而无法科学组织调动人员和快速科学地决策。时常发生调度中心通过无线对讲机或公共通信设备与灾害现场人员无法联系,调度不畅。现场救援人员也无法快速找到现场指挥部,从而影响指令的接收,导致救援效率的下降。在灾情严重或指挥中心无法作出决策需要相关领导、专家参与救援处置决策时,无法在决策过程中多角度多方面查看现场实况,为决策提供技术支持。

在实施灭火救援过程中,消防员分布位置、进攻路线的选择、供水线路、分水阵地的设置,水枪(炮)阵地的位置是成功扑救火灾的关键因素之一。为实现救援的迅速、安全和实现灭火攻防最大效能,现场指挥员不但需要以知识为基础的定性分析,更需要以数据为基础的定量分析,从灾害救援全局视角出发,根据灾害随时间的发展和变化,动态地调整阵地的设置,从而充分把握火场的主要方面、发挥灭火剂的效能和技战术措施。然而,把数据和知识有机转化为现场正确布置信息,其过程相当复杂,人工处理的能力十分有限。

因此,迅速获取灾害现场各个层面救援人员的地理位置非常必要。从指引现场救援人员向最近现场指挥部获取指挥命令;综合分析灾害现场特点,从全局整体视角,合理布置救援现场指挥部的位置,两个方面展开科学的人员调度模式。

（2）感知实现方案。通过大量位置信息、工况信息、图像信息等数据的采集，建立具有随现场决策动态调整、动态反馈的调度管理模块，并且建立相应的现场人员调度的策略模型。

①指战员位置感知。在消防指战员个人装具上嵌入基于 RFID 技术和地理图形匹配技术的实时定位模块，在现场架设多点射频读取模块，读取定位模块信号，通过定位算法，结合现场 GIS 图形，实时反映出现场指战员的位置。

②分水阵地及水枪（炮）阵地感知。运用数据的动态采集传输技术，在水枪（炮）、分水器、水带上安装的感应芯片，可以将水枪（炮）、分水器、水带的压力、位置、所属单位等信息上传到指挥中心或现场指挥部，使前方指挥员随时掌握战斗力量分布。

③各级指战员出警情况感知。在消防个人装具上配备数据采集模块，在消防车辆上安装相应的信息读取和发送模块，获取上车指战员身份信息。并且将采集的信息实时上传至指挥中心。

④灭火救援专家感知。配发一体化的灭火指挥调度终端，通过视频传输技术，使灭火救援专家直观地掌握消防出警状态、救援现场多角度情况。

（3）预期目标。通过融合消防指战员出动情况、位置信息的统一调度系统，能够快速掌握参战力量的构成和数量，为现场指挥提供坚实的基础。同时，全方位展示消防处置过程的显示系统，可即时引导专家等各方人员，根据现场实况反馈，作出正确的指导意见。

3. 装备器材物资调度感知

（1）装备器材物资调度现状。在紧急突发救援事故发生后能否将必要的装备器材物资快速地运达救援现场，关系到应急救援的效果甚至是成败。因此，消防部门逐步建立相应装备器材的储备、调拨、配送网络，保障了处理各类事故现场所需的重点设备器材及物资的有效调度。

根据有关规定和标准，消防部门制定了相应装备、器材、物资的配备标准，并在平时做好物资的保管工作，保证装备处于良好的使用状态，确保一旦发生灾害事故能立即投入使用。但是在救援处置过程中，不同物资所起到的作用也是不同的。就现场救援处置而言，装备物资的时间效用价值也是不同的。而目前消防部门并未针对这一时间特性，展开有条理、有步骤的调度规划。从而易造成现场缺乏有针对性的装备器材物资，造成救援的延缓。

由于火灾、危险品泄漏等救援现场，事故会在短时间内产生较大的变化，灾害规模发展迅速，救援处置紧迫性强，对调度装备器材物资的时间性要求高。传统的调度方式已经不能满足科学处置的需要，因此需要从物资调度伊始，对出入库情况、位置及运动轨迹、工作状态等信息进行实时获取，实时跟踪，确保急需的消防装备器材能够尽快地运抵现场。

因此，装备器材物资的调度需要满足消防的特定需求，以追求时间效益最大化和灾害损失最小化为目标，通过快速准确地调集救援灾害现场所需的装备器材物资，保障消防救援机构处置的成功。

（2）感知实现方案。面向灭火救援指挥调度的需要，建立的区域危险源数据库，根据装备器材物资的分类方法和感知途径，基于现有调度指挥平台，建立相关物资的管理调度子系统。

①出入库情况、位置及运动轨迹感知。以科学合理的调拨、运输理论和技术保障手段，通过基于感知网络技术的出入库管理手段和管理规范，结合车辆调度感知系统相关技术，利用固定、移动感知终端实时采集装备器材物资调度线路，提高物资的输送效率。

②工作状态感知。一是建立调度-反馈的双向交互模型，建立基于物资地理位置的时间换算图形化平台；二是在市级层面上，整合装备物资数据库，记录不同区域存储点所存储物资的种类、数量、状态、分布特点等基础数据，形成统一调度和分配模式；三是对各种装备出勤、训练、备勤、维修、报废等状态进行实时录入和动态感知，并进行后台实时统计管理。

（3）预期目标。克服消防物资调度单向管理的不足，有效满足物资调度快速、准确的要求，充分利用车辆、装备、人员等相关资源，实现消防物资调度现代化和自动化，从而提高消防现场的快速反应能力、科学决策能力和作战能力，充分满足消防救援机构抢险救援和联合作战的需要，最大可能地减少火灾造成的直接和间接损失。

4. 社会应急力量及物资调度感知

（1）社会应急力量及物资调度感知现状。任何重大自然灾害或突发性公共事件，其所需物资的数量和种类往往是惊人的，所涉及的应急物资种类繁多，如医药、医疗器械、食品、被装、帐篷、燃料、饮用水、交通工具等，同时需要不同救援队伍相互配合、共同处置。所以在处理应急救援事件上，社会应急力量以及物资的供给和调用起到非常关键的作用。

而目前各应急物资生产企业、运输和储备单位很难进行信息共享和数据交换，不能在各个环节进行监测调度。在突发事件发生时，很难及时提供急需的物资来应对突发事件。如在吉林松花江水污染事件中，就出现了因找不到活性炭而无法及时进行污水处理的情况。社会救援处置器材调度不明，社会保障物资调度情况不清，严重影响了救援处置的成功率。

因此，建立一个以应急救援为主体的互联互通、信息共享、统一的社会应急力量与物资管理调度平台，一方面可以快速查找可供调用的社会应急物资，最快、最优地找到所需物资的存储点；另一方面整合消防专业队伍和社会救援队伍力量，加强功能组合，从而保证应急救援的顺利展开。

（2）预知实现方案。建立统一的社会应急器材装备信息和社会应急救援物资生产、储备情况信息数据库，实现基础数据的资源共享。

①社会灭火药剂调度感知。建立消防部门与生产厂家的快速直接沟通平台，利用分散在不同地区和不同部门的应急物资储备量实时跟踪监测技术，及时掌握应急物资的存量情况，便于在应急条件下的装备物资动员和筹措。

②处置器材与保障物资调度感知。建立社会应急资源信息共享的调度管理体制，建立由政府专门部门统筹的社会应急资源信息管理平台，统一负责相关物资的调度管理。

③社会应急力量出动感知。建立应急部门之间联动信息接入标准，建立大消防环境下力量调度整合平台，实现联合作战、联合调度的运作模式，有效整合社会资源，共同发挥应急救援的作用，从而达到社会资源共享化。

（3）预期目标。完善社会应急力量和物资信息共享机制，提升城市应对各类灾害事故和突发公共事件的能力，提高接处警调度指挥科学辅助决策水平的重要前提，实现各警种和社会力量联合作战、快速反应。克服针对上海市应急联动中心条块纵横、各自为政、重复建设、重复开发、标准不一、无法共享等问题，建立科学有效的管理体制。

（二）灾害现场处置力量分布感知子系统

灾害救援的成功关键在于科学的决策手段，准确、可靠、全面的现场处置力量分布信息是提供科学决策的重要前提。灾害现场力量分布感知是实现以达到对有限力量的最优分配为目标的现场救援力量部署情况的统计，通过获取对灾害救援效率具有影响因素的车辆、人员、装备等信息，定性以及定量分析，最大限度地发挥现场各处置力量功能，使消防指挥决策具有更强的科学性、适用性和实用性。

1. 消防车辆分布感知

（1）感知实现方案。①灾害现场车辆分布感知。通过建设基于卫星定位技术的消防车辆定位系统，建立灾害现场数量分布实时采集数据库。②车辆投入战斗状态感知。根据现场指挥部或指挥中心作战的力量安排，感知是否进入态势标绘指定外围集结、取水、供水、出水作业位置。③现场车辆工作状态感知。通过消防车辆总线系统或在重点部位设置传感器对消防车辆发动机、水泵、举高臂、水箱、泡沫箱等的关键工作状态参数进行采集。并配备可查看上述信息的显示终端，实现消防车辆工作的准确显示。

（2）预期目标。使现场指挥部及指挥中心直观了解现场车辆数量，车辆的停靠位置、战斗状态和工作状态，有效地提高参战车辆之间的协同作战能力和救援现场的整体工作效率。

2. 消防人员分布感知

（1）消防人员分布感知现状。目前，消防队员普遍缺乏消防员个人安全救援指示设备，仅配备了无线对讲机和呼救器。在充满不确定性的大型灾害事故现场，内政人员的生命体征信息、位置信息和呼救信息，无法有效传输到后方指挥平台，使指挥员难以实时了解攻坚组人员，相关信息。当火场发生突变危及消防救援人员生命安全时，也无法及时采取增援救助措施，对人员安全保护产生重大影响，致使救援人员易产生畏难心理，从而影响现场指挥决策的实施。另外，缺乏足够的现场人员位置信息，指挥员无法根据灾害发生情况和发展趋势，及时作出合理的指挥决策，随时将战斗员进行协同调配构成最佳战斗体系。也无法快速寻找现场的灭火专家，获得专业、有效的现场指导，从而降低指挥效率。

因此，需要根据现场的人员分布态势和救援需求，使得指挥员主动获取消防现场所有相关指挥员、战斗员、攻坚组人员的位置与生命参数信息，快速找到现场灭火专家。进而根据消防人员信息，动态调整救援处置方案，科学准确地进行现场指挥。

（2）感知实现方案。①人员位置感知。通过以磁场模型为基础的应急救援人员追踪定位技术，建立救援人员运动分类数据模型，通过应急环境中定位信号的连续传输通道技术，以及携带性及小型化设计，建立可用于复杂建筑物内、外的应急救援人员三维追踪定位系统，实现应急救援人员室内、外实时追踪定位，为现场救援人员的科学调度和生命安全提供可靠的技术保障。②生命体征感知。通过对生命体征监测指标选取及测试技术，建立应急救援人员现场信息无线传感网络系统硬件和软件，通过生命体征监测指标评判技术，建立应急救援人员现场信息处理"体域网"，实现突发事件现场环境、生命体征和个人装备工况等信息实时反馈，为突发事件现场指挥人员的科学决策和应急救援人员的安全保障提供技术手段。③室外人员定位。基于地磁定位技术、卫星导航定位技术、射频识别定位技术，在消防人员的防护装备或随身器材上嵌入相关定位模块，实时获取消防人员的位置、分布、数量等信息，通过无线网络实时传输到现场指挥部和指挥中心。

（3）预期目标。解决复杂环境下（特别是高层、地下、大空间建筑等）灭火救援攻坚队员的实时追踪定位难题，为现场指挥调度提供精确的人员分布信息，使现场的人员指挥调度更具科学性，并在消防员遇险、遇难等紧急情况下缩短搜救时间，实施快速救助，最大程度上保护参战人员的生命安全，为科学制定战斗编成、合理调配现场人力资源提供技术支撑。

3. 灾害现场器材装备感知

（1）灾害现场器材装备现状。灾害现场器材装备感知对象主要包含所有消防现场使用的、重要或特殊的器材和装备，主要包括消防员个人防护装备，灭火装备，抢险救援装备，防化侦检、输转、洗消装备等。现场指挥需要根据灾害现场力量分布的实际情况，迅速收集掌握现场所有消防装备需求，确定详细的行动方案，并根据现场需求变化应对指挥。现场指挥员要通过各种手段，有效掌握参战救援人员灭火救援装备位置与工作状态、接收部分重要装备的探测数据和环境监测数据等。通过对这些数据的深入分析，正确部署和调整力量，根据战斗进程和现场情况变化，因势利导。同时，为上级指挥员和参战单位的决策行动提供依据，并且为以后总结战评作为依据。

因此，消防指挥需要实时掌控所有到场装备器材的信息，并对其实现动态的管理和科学的调度。

（2）感知实现方案。各类消防装备感知。根据灾害现场实际需求采用各种消防装备定位和识别技术，并制定现阶段技术可行的典型设计，在不影响装备结构和性能的同时，扩展数字化感知装备升级，并进行装备传感装置、系统和基于救援现场通信局域网的区域组网建设，通过基于传感网技术的系统和数据管理平台，对设备状态各有效参数的监测及数据挖掘，实现状态监测评价、故障诊断以及状态分析预测，并为指挥力量决策提供必要的依据。

（3）预期目标。快速、广泛地掌握灾害现场各类主要器材装备的数量、位置、可用状态等信息，为现场指挥员的科学调度指挥提供数据支撑。

4. 灾害现场集聚点感知

（1）灾害现场集聚点现状。灾害现场集聚点感知对象是现场临时设置人员、装备、信息的集散点，是现场指挥调度的主要内容，包括现场指挥部、医疗点、保障物资供应点、器材装备取用点、洗消点、火场集结点、到场车辆外围集聚点等。

由于灾害现场指挥涉及面广、专业性强，贯穿于从救援力量到场至灭火和抢险救援战斗撤离的全过程。灾害现场对各种救援人员、装备、信息的正确组织、指挥和调用，直接关系到灾害事故抢险救援的成败。而灾害现场一般较为复杂，现场指挥人员较难实现实时获取辅助装备力量所处的位置信息及使用情况，因此无法迅速、科学、妥善地协调各方面的人员工作，实现灾害现场整体管理。

因此，消防指挥不但需要掌控消防内部处置力量，又要兼顾协调好其他辅助力量。通过对灾害现场的全局性把握，利用快速定位和标绘技术，实现现场各任务点的一体化管理。

（2）感知实现方案。现场指挥部、医疗点、物资供应点、器材装备取用点、洗消点、火场集结点、车辆外围集聚点的位置感知。基于GIS系统，结合手持式卫星定位终端，将各任务点和作业点的地理坐标实时采集并上传，供现场指挥部准确掌握。

（3）预期目标。实时掌控现场指挥部、医疗点、物资供应点、器材装备取用点、洗消点、火场集结点、车辆外围集聚点等位置信息，便于现场指挥人员科学调配各方力量，协调行动，组织各种参战力量协调一致地行动，保证作战行动顺利进行。

（三）灾害现场态势感知子系统

在灾害发生现场环境中，各种突发情况瞬息万变，需要消防救援机构实时追踪并掌握灾害现场各方面情况。灾害态势是对能够引起灾害态势发生变化的关键要素进行获取、处理、显示，同时预测未来的发展趋势。为实现对灾害现场的态势感知，需要消防救援机构随时间发展，不断掌握火灾信息、受灾人员信息、环境信息等关键因素，对灾害发展保持预测和感知能力。现场多方面联合感知是消防灾害现场态势感知的实现基础。可以说开展救援的前导是获得准确的信息，现场态势信息的感知对于灭火救援的成功尤为重要。

1. 火灾现场信息感知

（1）感知实现方案。通过着火建筑消防、安防系统信息的接入和移动装置的现场采集，建立火灾现场信息感知系统，构建火灾现场多信息联合感知技术的信息汇集与处理平台，制定相关方法、规范与标准。

①着火区域感知。建立自动报警信号、视频监控信号统一接入标准，布设具有移动的火场图像侦察装置，如无人机、高空气球、消防员单兵图像侦察装置、测距仪等手段，

对火灾情况和着火区域进行快速侦察和测量,动态实时掌握火场的整体概况和发展程度。

②烟气扩散情况感知。通过固定或移动的视频采集装置和气体侦检装置,动态立体探测火灾现场烟气蔓延的方向、速度、范围等扩散情况。通过对建筑消防设施(火灾自动报警系统、防烟排烟系统等)的信息接入,动态掌握建筑内部火灾烟气产生、扩散以及送风排烟情况。

③火场温度情况感知。通过手持式红外热像仪、点温计、温度计、远距离激光测温仪、单兵红外视像仪等手段,从外围到内部对火场的重点部位或区域的温度情况进行实时采集,并同步传输至现场指挥部或指挥中心。

④建筑或装置变形感知。通过激光位移测量仪、噪声测量设备、视频监测设备,对着火建筑和装置的异常位移、器叫、摆动频率和幅度进行实时监控和预测报警。

⑤有毒有害易燃易爆气体感知。通过现场空中、地面的移动气体侦检装置(便携式气体侦检仪、侦察机器人等)采集或灾害现场固定设置的气体探测报警系统信息接入,对现场不同部位和区域的有毒有害易燃易爆气体的种类、浓度进行实时探测和传输,为指挥员快速判断扩散范围、扩散趋势,确定警戒疏散范围以及防护措施和处置手段等提供决策支持。

⑥核与放射性物质感知。通过固定或移动的核辐射侦检仪对核与放射性物质的种类、辐射强度进行实时探测和信息传输,为现场指挥员快速判断扩散范围、扩散趋势,确定警戒疏散范围、防护措施和处置手段等提供决策支持。通过个人剂量仪,对处置人员受辐射的累积剂量进行监控、预警和报警,确保处置人员安全。

⑦爆炸品感知。通过固体/液体爆炸物探测仪、X射线探测仪、听音器等手段,对可疑爆炸物品进行侦检探测,为现场处置人员快速确定和排除提供技术支撑。

(3)预期目标。实时掌握灾害现场的整体概况、蔓延趋势、扩散范围、危害程度等信息,并实时传输至现场指挥部或指挥中心,借助辅助决策系统,整合分析通过各种手段获取的信息、数据,为现场指挥员快速研判灾害规模、防护措施、处置手段、疏散方案、警戒范围等提供可靠的技术支撑。

2. 受灾人员位置信息感知

(1)受灾人员信息统计现状。灾害现场受灾人员是指遇难人员和脱困人员的总称。而目前在大型或受灾人员被困众多的救援现场,被救援出来的人员和遇难人员的数据实时统计比较困难。一是对火场救出人员少统计、重复统计的现象时有发生,难以确定施救出的受灾人员的准确数量;二是在有毒有害灾害现场,由于很难统计施救出的受灾人员的位置,无法为后期的医疗救护提供科学的依据;三是缺乏受灾人员分布、数量统计,无法对快速判定火灾原因提供有效帮助。

因此在发生危机事件后,及时确定受灾人员的数量、位置,可以为妥善进行应急善后处理打下良好基础。

(2)感知实现方案。受灾人员感知。通过物联网技术、视频采集技术和定位技术的集成,建立受灾人员被救地点位置采集装置,记录消防员救助受困人员、搬运遇难人

第九章 城市消防物联网与消防监督管理

员的详细场景信息。通过具有唯一性、可携带的识别标志，使受灾人员动向明确，有记录可查。

（3）预期目标。实时对受灾人员的数量、位置信息进行感知和传输，为受灾人员的统计、后续的医疗救护、火灾原因的快速判定等提供有效支撑。

3. 环境信息感知

（1）感知实现方案。建立具有高可靠性、耐高温、耐浸水、抗强电磁干扰的适合灾害现场应用环境的微功耗数据采集系统，实现不同灾害现场场景、气象信息、地理信息等的监测和综合采集。

①现场场景感知。利用空中、地面的视频采集设备对现场的场景及物理环境进行多角度、立体化地实时获取。为灾害现场的场景录入和态势标绘提供支撑。

②气象信息感知。通过气象仪、温度计、风速计等仪器设备采集或从气象部门获取，包括对温度、湿度、风速、风向、气压、降水（雪）量、能见度等气象信息进行实时监控和测量。

③地理环境信息感知。通过水质分析仪、三维激光扫描仪、气体探测仪、温度计、流速仪、高度计等仪器设备，对于灾害现场的海拔、水质、水流速度、水温、氧气浓度、事故现场周边物理环境等基础地理环境信息进行实时监控和测量。

（2）预期目标。实时对灾害对象、周边环境的场景、气象、地理环境等信息进行感知和传输，为灾情判定、趋势预判、处置对策等提供辅助决策支持。

三、综合战勤保障感知系统

面对新形势、新任务、新要求，消防救援机构需要努力打造与灭火救援作战任务相适应的综合消防战勤保障感知体系。综合战勤保障感知作为城市消防物联网中的一个分支体系，是实施重特大火灾扑救、参与处置恶性灾害事故时现场作战指挥决策的重要数据基础保障。通过技术手段整合人力、物资、装备和社会可利用资源信息，实现资源的利用最大化。

（一）消防车辆装备感知子系统

消防车是装备有各种消防器材的各种类型机动车辆的总称，属于移动式灭火救援消防装备。作为消防队伍的主要装备和人员、装备赶赴现场的主要载体，消防车在现代灭火战斗与抢险救援中发挥着重要的作用。其能否正常工作对消防处置工作的顺利展开有着至关重要的影响。消防车辆装备感知系统主要获取消防车辆的分布、状态和性能参数。

1. 消防车辆分布感知

目前，消防车辆入库统计系统对各类车辆位置的记录是通过手工位置的设置实现的，默认为中队所在的位置，无法实时反映消防车辆的实际位置。在发生火灾的情况下，统计人员无法明确消防车辆在该时间节点上真实的位置及可用状态。

因此，进一步提高消防救援机构的科学作战能力，对于消防车辆战勤管理提出了更高的要求。紧密结合消防灭火救援作战任务，动态管理、动态统计、实时显示是未来消防车辆管控的发展方向。

建设统一的消防车辆感知系统，接入多个现有系统，运用多种技术实现对消防车辆的多参数动态管理。

位置感知。运用物联网技术、卫星定位技术等室外定位技术建立车辆进出库数据采集平台，对消防车辆的进出库和行驶情况等方面进行监控。

实时动态掌握所有消防车辆的实时位置，为科学的指挥调度、动态管理提供支撑。

2. 消防车辆可用状态感知

消防各种战斗车辆作为应急救援的重要组成部分，其配备的车载消防装备是能否及时进行救援的关键因素。目前，我国消防车按用途可分为灭火类、举高类、专勤类、战勤保障类四类。消防车辆配置了各种消防器材与装备，比如水枪、水泵、云台、照明等，可以提供针对不同救援现场的各种复杂的功能。因此，在日常车辆养护过程中，不但需要保证车辆的行驶性能，同时还需要确保车在各类车载器材与装备的功能完好。

消防车辆及车载器材、装备的检测与故障排查主要仍然依靠人工清点及监测的方式进行。该手段主观因素较强，对检查人员的能力依赖性较高，易受表面现象的影响，易忽略局部细小环节，从而无法保证车辆状态的真实性与可靠性。与此同时，大量新型消防车载装备和系统的使用，对车载装备的监测与维修提出了新的要求，尤其是进口消防车辆、大型举高车等特种车辆的保养、检测缺乏针对性的理论指导和有效的检测手段。另外，车辆在库保养监测的数据通过人工录入的方式进行汇总，易造成信息脱节，信息滞后的现象。

因此，研究完善车载指挥信息装备检测与维修技术方法，补充新的针对车载器材与装备特点的监测手段，实时对消防救援机构的消防车辆以及车载装备进行监测及汇总是保证新型装备尽快形成战斗力的基础。

其感知实现方案为工作状态感知。通过消防车辆总线系统或在重点部位设置传感器对消防车辆轮胎气压、车载水箱余量、照明系统、燃油系统等的关键参数进行采集。并配备可查看该类型的显示终端，实现消防车辆工况状态的准确显示。

实时动态掌握所有消防车辆正常运转的关键参数，为科学的指挥调度、动态管理提供支持。

3. 消防车辆性能感知

简单直观地反映消防车辆的作战能力的主要方式是消防车辆的性能参数。通过消防车辆的性能参数可以了解整车性能，包括车辆最大爬坡度、最高车速、最小转弯半径、最小离地高度、满载总质量、乘员数等。同时，也可以了解车载装备性能，包括水泵额定流量、水箱储量、额定射程、装备的设备种类及数量等。这些参数为消防指挥作战时，能否快速到达灾害现场、能否提供救援活动，以及救援力量的汇集时间、作战可持续时间提供基础的数值参考依据，同时为下一步救援的科学展开提供有效数据支撑。

第九章　城市消防物联网与消防监督管理

消防车辆，性能参数主要依靠两个方面来实现。第一是车辆使用手册。车辆使用手册是消防车辆提供商用以为消防救援机构提供服务的重要说明文件，清楚地描述了车辆及车载装备的各种性能，以及正确的操作及养护方法，是充分发挥车辆的作用、避免不必要的错误操作、减少汽车故障、延长车辆使用寿命的重要依据。第二是车辆铭牌。简单地描述了车辆的总体情况信息。现实工作中，车辆使用手册往往采用纸质材质，在消防作业环境充满水、火、污物的条件下，极易受到污损，往往在紧急时刻，无法提供有效的指导意见，从而耽误宝贵的救援时间。而铭牌记录的数据过于简单，无法提供有效帮助。同时在初始培训时受众面较窄，且消防人员流动性强，对消防员快速掌握车辆性能的能力造成影响。

因此，需要通过微型数据处理的技术手段，将车辆的功能性能参数电子化，并与车辆融合，保证在任何情况下都能够快速地读取有效的信息。

（1）感知实现方案。性能参数感知。一是通过物联网技术、二维码技术能在现场快速读取所属车辆的性能参数。二是将车辆相关装备性能参数预先录入管理系统，便于指挥中心查阅。三是通过动态化、可视化的消防车参数表述形式，便于相关技术人员系统地学习、训练。

（2）预期目标。电子化的消防车辆性能参数感知方式形式多样、直观生动、更新及时、互动性强，有效地提升了指挥中心的科学调度能力和相关人员的技术操作水平。

（二）消防装备器材感知子系统

1. 消防装备器材状态感知系统

消防装备器材是消防员进行灭火扑救、灾难救援与个人防护的主要手段，是决定消防救援机构战斗力的重要因素。在先进装备和特种装备的辅助下，消防救援机构灭火救援作战能力明显提高，攻坚克难水平实力明显增强。事实证明，良好的器材装备是消防救援机构有效履行职能、实施灭火作战和抢险救援的重要基础，是确保部队"拉得出、打得赢"的重要保障。

针对消防主要器材装备，建立基于物联网的数字化标签，在车库、器材库出入口位置安装数据采集装置，形成信号的读取采集交互。通过网络汇总到信息中心。通过有效、可靠的技术手段将分散在各支队、中队的消防器材和装备有序地集成到统一的管理平台中，建立有效的管理机制。

通过使用消防装备器材状态感知系统，实现对消防救援机构主要的器材与装备工作状态的感知。利用固移结合的感知终端，通过有线/无线网络的信息传输，全面采集消防救援机构主要装备器材实时的功能状态信息。

工作状态感知。一是在装备器材管理平台中，预先录入主要装备的关键参数（出厂日期、使用寿命、标定周期等），建立有关器材工作状态数学模型。二是在关键器材装备加装信息传感模块（如空呼器压力表上加装压力信息传感模块），实时采集信息，实现动态的工作状态监控。

实时动态掌握主要装备器材正常工作的关键参数，为科学的指挥调度、动态管理提供支持。

2. 消防装备性能感知系统

针对主要器材装备性能的感知，通过基于RFID或二维码技术、解析服务技术，设立有效的信息更新方式，确保最新的使用说明书信息能及时更新。通过对可视化技术、数字化技术，对所有消防涉及的装备器材，尤其是高精尖类装备器材，进行逐一的动态、直观的参数性能介绍及操作规程演示，克服传统说明书形式的文字界面表述模式，更有效地对操作人员进行快速培训。

电子化的主要器材装备性能参数感知方式形式多样、直观生动、更新及时、互动性强。能有效提升指挥中心的科学调度能力和相关人员的技术操作水平。

（三）灭火药剂动态感知子系统

灭火药剂是指能够有效地破坏燃烧条件、终止燃烧的物质。按其状态特征分为液体灭火药剂、固体灭火药剂和气体灭火药剂三大类。按使用及存储形式来分，分为车载灭火药剂和桶装灭火药剂，各类灭火药剂是消防扑救火灾的最重要的手段。

1. 车载灭火药剂感知系统

车载灭火剂感知。一是通过消防车辆总线系统或在车载水箱、泡沫箱、干粉罐设置传感器对车载灭火剂的余量参数进行采集。并配备可查看该类型的显示终端，实现消防车载灭火剂状态的准确显示。二是以消防车辆喷射药剂的压力、管径计算的流量数据为基础，建立动态互动显示平台，经过预先的设计换算公式及数据模型计算正确的药剂使用的剩余使用时间、补充耗时时间等数据。三是运用基于物联网技术，记录生产、流转等关键信息，增强消防车载药剂的管理。

生成动态的消防车载药剂使用数据库，动态掌握消防车辆可以进行的战斗时间和后勤补充时间。建立在数字化基础上的车载药剂感知系统，实现消防药剂的综合管理，减少人员主观参与造成的误差，为消防作战成功提供有力保障。

2. 桶装灭火药剂感知系统

消防药剂在生产流通领域时，往往采用桶装形式进行保存。桶装灭火药剂具有存储数量大、药剂存储时间长的优势。是目前灭火药剂生产厂商的主要库存保管方式。桶装消防药剂集中处置时往往采用堆放形式，在运输或使用时，通过起重机械起吊，并由大型载重汽车进行运输与分配。由于灭火药剂的存储比较分散，库存桶装药剂更新通过人工方式，更新较慢，统计时间较长，不利突发事件下的消防调度与管理。

桶装灭火药剂感知。运用物联网、RFID技术，构建各类库存桶装灭火剂的动态管理系统，实时掌握存放点和库存量，克服灭火剂更新统计耗时长、更新慢的问题。生成动态的桶装药剂储备数据库，建立数字化桶装药剂感知系统，实现药剂的综合管理。

第三节　城市消防物联网支撑技术的现状与发展

　　城市消防物联网体系涉及城市安全的各个方面，具有全面应用范围广、需要布置感知节点数量和密度大、业务处理流程复杂的特点。无论是政府相关机构、消防救援机构内部或是消防行业间，面向城市消防的物联网在全面感知、可靠传输、智能处理等方面都十分复杂。为应对新时期消防工作形势的需要，就要实现各类信息之间的互联、互通与互操作，消防物联网体系涉及的相应传感、网络、处理、应用技术应能融合现有的消防数字化信息系统，并采用统一规范的标准进行数据交换、存储，并实现资源共享，即消防物联网体系及所使用的技术应具有兼容性、开放性、层次性及可扩展性等特点。

　　城市消防物联网涉及的支撑技术非常广泛，包括网络架构技术、硬件和器件技术、标志技术、通信技术、网络技术、信息处理技术、安全技术以及能量存储技术等多个领域。

一、以物联网技术为基础的智慧消防建设

　　智慧消防现阶段主要面向城市服务，因此将智慧消防和智慧城市的建设结合起来，进行统一规划和设计。其中，智慧城市的建设应包含智慧消防体系的建立。同时，智慧城市也会为智慧消防的发展提供一定的信息资源和相应的基础设施，使得上述两者间互相影响、互相促进。所以，智慧消防的建设包括以下是三个方面：

（一）自动化预警系统

　　建立智慧消防系统时，需要统一每个智能设备的通信协议，并将其连接到运营管理平台，这是一项系统集成工程。此平台需要进行自动化预警设置，主要包括自动化报警体系和实时监控体系。前者是以智能化和网络化的相关设备为基础，进行环境数据的实时监测并对其数据进行相关分析，监测重点主要趋向于水系统和用电区。而传感器的相关数据则是利用网络把采集到的数据上传到自动化报警体系中，当监测的数据超过正常范围后，就会及时提醒相关工作人员，方便及时展开救援工作和采取措施解决相应的问题。而后者主要的作用是辅助前者，当巡查人员进行巡视时，可以通过实时监测系统检查具有安全隐患的区域，从而杜绝安全事故的发生。

（二）灭火救援指挥体系的智能化

　　发生火灾时，消防人员等应对火灾的情况进行实时分析，根据具体情况制订科学、合理的灭火方案。在当前阶段的灭火工作中，相应的工作人员需要利用物联网的数字化工具进行快速、高效的分析，例如分析地理信息，进行移动指挥、无线电通信和对火灾进行在线监视等，将这些工具与消防工作紧密结合起来，能够更好地辅助相关工作人员

开展救援工作，为其提供精准服务。

（三）消防精细化管理和系统化训练

消防指战员在日常的消防训练中，可以利用信息化手段和信息管理平台辅助其开展消防演练，同时也需要消防员熟悉各项数字化设备并能熟练掌握和进行操作，利用平台提供的模拟体系及时整理出模拟预案，这个过程中，可不断模拟锻炼消防员的综合素质、作战能力和针对紧急情况下的应急处理能力。

二、物联网技术在消防监督检查中的应用

（一）加强消防器材设施的维护保养检测工作

要做好物联网技术和消防监督检查工作的衔接，首先应该做好消防器材设施的管理工作，但目前仍然面临着许多消防器材设施老旧的问题，所以，消防安全管理工作人员必须做好对自身硬件设施的更新换代和维护保养检测工作。消防防火硬件设备是物联网科技发展的重要前提，只有具备良好的消防器材设施，才能更好地利用物联网科技实现防灭火功能，保障物联网技术在消防工作和监督检查管理工作中的应用效果，从而更好地进行消防监督检查管理工作。同时，消防监督检查单位必须要求各大型建筑和公共场所对老旧的消防设备进行更新，以便为消防监督检查单位建立一个全新的物联网服务终端。在消防工作检查单位，迅速建立物联网监控管理中心，以保证其与所有消防业务接口的协调管理工作，对各个现场实施更有效的监控。

（二）加强消防隐患排除，实现更远程的监督工作

物联网科技具有时效性、智能化，能够使消防监督检查管理工作变得更为快捷、智能。因此，物联网科技消防监督检查管理工作也可以突破时间、空间的局限。运用物联网技术手段建立远程监控中心，通过物联网的监测中心，可以有效、全面地监督检查各种消防问题和隐患，以此来保证消防安全监督机构监察工作的顺利开展。远程监测中心的主要目的是有效发现并控制自动灭火器材设施出现的问题，提升各种自动灭火器材设施的运转效能，及时消除各类火灾隐患。所以，物联网科技不但丰富并补充了各类自动控制系统，及时监测当前火灾问题的信号源；还可以保证消防器材设施管理工作的科学化、合理化，提升自动灭火设施管理的现代化水平，能够从源头上预防自动灭火设施问题的出现。

（三）构建消防安全监督监查与应急管理机制

利用物联网技术能够有效防范火灾，实现对重大消防安全事件的大数据采集与分析。运用物联网信息技术对相关数据的汇总分析，并科学合理地提出相应的处理对策，可以提升灭火管理工作的效能，对消防安全监督监查工作也有着重要意义。

三、物联网技术在消防工作中的应用研究

在消防工作中,通过物联网技术的应用可以降低火灾事故的发生,有效提升消防器材设施的运行效能,从而减少人员伤亡和经济损失。研究发现,物联网技术在消防体系中的运用主要表现在以下三个方面:

(一) 在防火中的应用

当前,高层建筑中都配备了自动报警系统、自动喷水灭火系统、消防栓系统等各类防、灭火器材设施,但因整个高层中灭火设施器材的数量不足,以及高层建筑的管理人员对消防工作的关注程度不足等因素,往往导致高层建筑的消防管理工作形同虚设,在火灾事故出现时往往无法充分发挥灭火设施器材的作用。但是,如果将物联网技术运用到消防设备中,就会改善这种情况。比如,在消防器材设施中植入芯片,当探测感应器观察到压力和温度高于正常数据范围时,就会提前发出报警。城市消防安全管理中的消防安全预警装置也是通过最先进的物联网信息完成的,具体来说,以物联网信息为基础的城市防火安全工作监测体系,通过无线电波传输模块对整个建筑的所有消防管理工作情况实施监测并传递有效信号,消防监督检查人员能够利用根植在建筑内部的芯片设备所反馈的信号,预测建筑内部的防火安全管理状况。

(二) 在灭火中的应用

相比于一般普通建筑,高层建筑的防火工作越来越艰巨,在消防安全管理工作领域,利用物联网技术能够实现对整个城市资源和人员的动态监测,将监控信号传输到管理平台,并通过网络发出报警调动命令。在物联网信息技术的控制下,城市消防器材设施将处于一种即时的、动态的监视态势下,而自动化程度最高的城市消防系统将支持消防工作人员对其实施远程管理,城市消防安全管理工作远程监测体系是通过物联网信息对整个城市中的所有建筑情况实施有效的消防安全监测。在火灾出现时,消防人员可以利用消防器材设施中的监视摄像头迅速找到火势出现的具体位置,从而远程操控自动喷水灭火系统、室内消火栓,并且调节角度喷水扑救。这些高智能的消防设施,将在消防队员到达火灾事故现场前,担当起扑救的重担。在火灾事故出现时,消防救援人员到场后相关单位工作人员把供水情况、出水量大小等信号都提前注入智能芯片中,这些智能芯片就会给消防救援人员提供及时精确的供水分布情况等具体信号,从而使消防救援人员可以及时精确地了解火灾事故发生区域的消防设备分布,从而快速和科学地调整灭火车辆、部署灭火救援的力量。

(三) 在消防装备上的应用

随着物联网技术的发展,制造消防装备的厂商还可以在消防器材装备的生产加工中植入智能芯片,芯片中通常包含该装备的生产日期、使用年限、应用范围以及使用方式等。同时,制造厂商通过在消防产品器材中植入智能芯片,还能帮助消防工作人员辨别消防装备的真伪程度。在消防工作人员需要检测消防装备时,只需使用移动终端设备对

智能芯片进行扫描，就可以实现检测，简化工作流程。

四、目前城市消防物联网关键技术的研发重点

针对城市发展需求和消防自身发展需求，根据科技问题导向、科技需求导向、科研项目导向的总体思路，按照高起点高标准顶层设计、产学研用协同创新研究、可持续性深化提升研究的原则，注重解决科技问题，注重形成关键技术，注重支撑工程建设管理，集思广益、集聚智慧、集中力量，立足当前、谋划长远、统筹兼顾、突出重点，编制城市消防物联网典型对象感知技术与装备研究及应用示范的建议总体方案和分阶段实施方案，急用先研、分步推进，组织开展持续深入提升研究，努力形成技术体系可推广应用。

以提高城市消防安全为目标，从城市消防监督管理、灭火应急救援、综合战勤保障三大消防业务领域的实际科技需求出发，分三个阶段选取九类典型对象和一个共享平台开展研究并进行示范应用，形成城市消防监督管理感知体系、灭火应急救援感知体系、综合战勤保障体系的基础平台，从消防"防火、灭火、战备"三个方面全面提升城市的消防感知、处置能力。

运用物联网、云计算、大数据等技术，实现对消防九个典型对象（火灾高危单位、灭火器、社会单位建筑消防设施、城市消防水源、特种场所的特定人群、消防指战员、消防站应急救援装备、消防车辆装备、消防员个人防护装备）的感知，构建消防物联网感知信息数据共性访问平台，为建设全面、立体、实用的城市消防物联网提供技术支撑，进而全面促进与提高政府及相关机构实施社会化消防监督与管理水平，显著增强消防救援机构灭火救援的指挥、调度、决策和处置能力。

（一）面向火灾高危单位的图像探测报警系统

1. 研究目标

以提高城市火灾高危单位（人员密集场所、易燃易爆单位、高层建筑、地下公共建筑）消防监督管理水平为目标，针对火灾高危单位消防车道、疏散通道、紧急出口被占用堵塞，防火门被违规启闭等存在的巨大安全隐患，利用现有的安防视频监控设备，结合视频结构化技术，研制用火灾高危单位的图像探测报警系统，通过视频比对等方式，实现对消防车道、疏散通道、紧急出口、防火门等的自动视频监控报警，降低目前物业监管和防火监督的难度，能更为迅速地发现安全隐患，及时整改和处置，为火灾高危单位的日常监管提供有效技术手段，进而提高火灾高危单位的安全能力。

2. 需开启的研究任务

（1）消防和安防图像探测系统核心构架一体化研究。
（2）非结构化视频图像数据管理技术研究。
（3）视频图像语义检索技术研究。
（4）监控视频图像理解、描述技术研究。
（5）消防视频图像监控知识数据库的研制。

(6) 火灾高危单位视频图像探测报警平台研制。

(二) 灭火器全生命周期感知与管理系统

1. 研究目标

为了提高对灭火器的管理，针对现有灭火器生产阶段质量假冒伪劣、超期使用、后续无资质充装、维护保养不到位等突出问题，利用 RFID 技术，建立灭火器全生命周期感知与管理系统，制定灭火器电子标志编码标准，通过唯一性标志对灭火器进行有效管理，构建灭火器溯源体系，有效提高灭火器生产、充装、检验、配送、采购、维保管理水平。

2. 需开启的研究任务

（1）符合灭火器使用特性的专用电子标签研究。
（2）消防便携式移动智能读写终端及后端应用环境软件研究。
（3）应用系统和数据库数据同步及通信安全机制研究。
（4）灭火器电子标志统一编码标准研究。
（5）灭火器全生命周期感知与管理平台建设，包括数据中心平台，信息服务平台，电子标签签发子平台，灭火器生产、充装、检验、配送、采购、维保等相关数据采集与交换子平台的建设。
（6）灭火器电子标签、安全监管系统数据元以及数据通信接口等技术规范研究。

(三) 消防物联网感知信息数据共性访问平台

1. 研究目标

针对现有消防感知数据比较分散、孤立，缺乏对各类消防信息数据共享与深入挖掘，数据利用效率较低的现状，通过建设消防物联网感知信息数据共性访问平台，为现有或将要部署的消防感知设备信息（火灾自动报警系统、自动喷水灭火系统、最不利点水压感知系统、建筑三维图纸、消防安全重点单位预案信息、市政道路/市政消火栓分布信息，及本课题陆续开发和研制的各类消防感知装备信息等）提供兼容的规则接口进行封装、接入而无须进行传感器更换，将原有的各自独立的消防信息数据在统一平台上进行调用、处理、查询，实现不同消防感知信息数据源交换访问的可用、可信、可靠、可管，通过向政府部门和社会单位提供安全认证、机构注册、信息源注册、检索、组合等多项共性服务，为相关部门科学决策（消防安全信息异动监控、消防感知数据安全交互和共享）提供关键技术支撑，并且为后期开发各类消防信息门户、集成应用、数据挖掘、决策支持、市民消防服务等应用提供权威的数据来源。

2. 需开启的研究任务

（1）消防物联网感知信息数据共性访问平台注册体系研究。
（2）消防物联网感知信息数据共性访问平台信息源协同访问体系研究。
（3）消防物联网感知信息数据共性访问平台研制。

（四）消防站典型应急救援装备电子标志管理系统

1. 研究目标

针对消防站典型应急救援装备器材（破拆工具、生命探测仪、消防机器人等）管理，从平时训练、战时调度及保障保养的现实需求出发，通过技术攻关和技术融合，构建针对典型应急救援装备的电子标志编码标准，最终建立动态管理平台，实现对典型应急救援装备的实时动态监控，为全面提升应急救援装备器材的使用、管理和维护保养提供重要技术支撑。

2. 需开启的研究任务

（1）电子标签及读写器技术的优化（抗金属、防频偏、防转移）研究。
（2）典型消防装备器材电子标志编码研究。
（3）应用程序、读写器和中间件之间的软件接口研究。
（4）典型应急救援装备管理平台构建和网络架构研究。

（五）消防水源信息感知系统

1. 研究目标

针对目前天然水源水位、消防车辆停靠人工监测、消防水箱水量不清和市政消火栓压力无法精确获取等情况，通过研制低功耗的信息传感装置，精确掌握天然水源、人工水源及市政消火栓关键数据，实现消防水源的数字化管理，为灭火救援行动的展开提供可靠的信息数据，增强消防信息掌控能力，使现场的消防队伍能够快速制订有针对性的供水方案，同时可用于消防水源的日常维护管理，提高工作效率。

2. 需开启的研究任务

（1）天然水源取水点（取水码头、停车位、水位）监控与信息采集装置研制。
（2）市政消火栓消防信息采集装置研制。
（3）人工水源信息采集装置研制。
（4）消防水源数据监控平台研制。

（六）特种场所的特定人群位置与分布感知管理系统

1. 研究目标

针对特种场所的特定人群（医院、学校、养老院、残障基地、重大活动现场、特种实验室、涉密场所、监狱、看守所等）位置和分布的日常动态管理、应急疏散时快速定位与搜救的需求，通过研制人员定位信息采集装置，通过基于RFID的人员定位技术，实现特定人群所处位置信息快速采集和数字化整合，为特种场所的特定人群日常分布管理，也为消防救援机构更高效地定向引导救援提供技术保障和业务支撑。

2. 需开启的研究任务

（1）基于TDOA算法的特种场所特定人员定位技术研究。
（2）特种场所的特定人群位置与分布感知管理平台研究。

（3）定位与监控通用协议研究。

（4）特定场所定位与监控装置研究。

（七）社会单位建筑消防设施关键监控点感知系统

1. 研究目标

以提高社会单位消防监督管理水平和应急响应能力为目标，针对社会单位内的各种建筑消防设施关键监控点（排烟送风口风压、最不利点水压等）的日常监督管理需求，为改变传统的人工近距离手动采集手段存在采集效率低下、操作复杂、测量数据结果受人为因素影响大等的不足，利用传感技术、物联网技术，实现对消防设施关键监控点监管信息的远程、动态、可靠采集，保障社会单位对消防设施监控点日常检查的可靠性，进而使消防救援机构在进行应急处置时，能够快速、可靠地掌握建筑消防设施的关键工况信息，为消防部门与社会单位消防安全员有效监管相关建筑消防设施可靠性提供科学手段和有效支撑。

2. 需开启的研究任务

（1）社会单位建筑消防设施的关键监控点感知关键状态数据的分类研究。

（2）基于传感器的社会单位建筑消防设施关键状态感知技术的研究。

（3）面向社会单位建筑消防设施状态远程感知平台框架的搭建。

（4）开发便携式远程协同处置终端。

第十章 智慧消防在消防监督管理中的发展趋势

智慧消防是一种先进的解决方案,与传统消防相比,注重打通各系统间的信息孤岛、提升感知预警能力和应急指挥智慧能力。通过更早发现、更快处理,将火灾风险和影响降到最低。

真正意义上的智慧消防绝不仅仅是消防设备数据联网到平台,而是通过运用物联网、云计算、AI、区块链等高新技术,实现环境感知、行为管理、流程把控、智能研判以及科学指挥等目标。

第一节 智慧消防概述

一、智慧消防的背景

2017年4月,国务院安全生产委员会印发《关于开展电气火灾综合治理工作的通知》(2017年4号),要求用三年时间在全国范围内开展电气火灾综合治理工作,使电气产品质量、建设工程电气设计和施工质量、社会单位用电和维修安全水平、全国电气火灾事故起数等方面有明显提升。

同年10月,公安部消防局(现国家消防救援局)发布《关于学生全面发展推进"智慧消防"建设的指导教师意见》公消【2017】297号,意见要求,2018年底,地级以上城市建成消防物联网技术远程监控信息系统,目前我国已经实现的建成消防物联网应用系统的城市，截至 2017 年底，70% 以上的火灾高危单位和设有自动消防基础设施的高层对于建筑设计接入网络系统，2018 年底全部接入。各省、自治区、直辖市消防救援总队打造成为城市消防远程监控软件系统"升级版"，接入电气火灾监控整个系统或装置，实时环境监测漏电电流、线缆温度等情况；研发智慧手机 APP 系统，动态过程监控，立体呈现联网相关单位消防人员的安全运行状态，全面提升社会单位消防安全教育管理水平和消防监督行政执法效能。

二、智慧消防发展现状研究

近年来，传感技术、云计算、人工智能、虚拟现实、大数据等技术的兴起大大推动了人类社会发展。随之，智能化发展已然成为社会进步的主流方向，在消防领域，"智慧消防"的研究地位亦正逐年上升，然而，目前智慧消防并没有具体的理论定义，通常把任何借助先进计算机技术的消防相关研究均划分为智慧消防，因此本文通过对国内外相关研究进行分析总结，并且基于不同的角度将目前智慧消防的研究成果进行分类，将目前智慧消防的发展现状立体化。

（一）国外研究现状分析

D.Garrity、S.Yusuf 研究了一种基于人工智能算法的实验性消防员可穿戴设备，其作用是对穿戴者在环境中的危险温升率（例如在闪络前）进行预警，该算法和装置在英国和美国两个受控火灾行为训练环境中进行了多次闪络试验，证明该环境中预测和随后报警触发的完整性。

John-Olof 等人研究了一款具有数字定位系统的消防鞋，鞋子安装传感器，能够快速定位消防员的位置。

Shadbahr 等人使用人工神经网络（ANN）模型研究了火灾后剩余抗压强度的混凝土剪力墙。采用 BAT 优化元启发式算法对网络参数进行微调。通过与基于粒子群优化（PSO）算法的人工神经网络和多元线性回归模型的预测结果进行比较，验证了基于 BAT 的人工神经网络模型的准确性。

Sulova 和 Arsanjani 在 Google Earth 引擎平台上研究了一个自动化的、基于云的工作流数据驱动模型。此模型预测了澳大利亚各地火灾发生的概率，并确定了 2019—2020 年夏季澳大利亚野火的潜在驱动因素。

Nembhnani 等人研究了利用无人机开发智能火灾报警监控与救援系统，可以将范围内的音频、视频信息及 CO 等标志性气体浓度发送到报警主机，实现智能联动。

Biswal 和 Gorai 利用陆地遥感卫星（Landsat）数据分析了贾里煤田（Jharia coalfield）2009 年至 2019 年煤火区覆盖率的变化以及陆地卫星三个波段的数据，即热红外（TIR）、近红外（NIR）和红色波段，并分别估算了 2019 年和 2009 年的地表温度（LST）。

通过对国外研究的整理，可总结为以下四个方面：（1）以消防员为研究对象的研究内容，如消防员智能防护服、便携式升温预警设备、智能防火纺织物等。（2）以计算机技术为研究对象的研究，如基于大数据、人工智能、遥感技术、神经网络、算法、深度学习、机器学习、视图挖掘、虚拟现实等。（3）以系统平台为研究对象的研究，如智能火灾应急系统、火灾风险预警系统、客车智能破窗系统、火灾救援系统等。（4）以机器人为研究对象代替人力进行各类消防工作的研究。可见，国外智慧消防研究中渗入了更为先进且成熟的计算机技术，但实用性不够强，这些研究的应用价值在日常消防工作中未充分体现。

（二）国内研究现状分析

近年来，国内对智慧消防的研究极为迅速，研究成果在不断地快速更新，其内容同样涵盖了上述国外研究的内容，甚至更全面、更广泛，如下表10-1所示。

表10-1　国内智慧消防在不同场景应用

研究人员	研究场景	研究内容
方坤等	医院	智慧消防无线烟感报警系统在雷神山医院应急项目中的应用
刘宇鹏等	核电站	提出了一种快速实时无线消防监控系统
王琴等	交通运输	提出了新型物联网无线组网、智能传感器技术、图形可视化技术及安全隐患预测与评估的技术解决方案
万倩男	石化企业	提出了一种改进的NSGA-Ⅱ算法，将虚拟现实技术应用到石化企业，并实现三维可视化
魏聪媛	森林	建立云南省森林火险预测系统，实现了以图表或者地图的形式展示云南省过去20年的林火历史数据和未来的林火预测数据功能
闫超	高层建筑	利用Pathfinder仿真软件对高层公共建筑人员安全疏散仿真过程进行实际模拟
胡强棚等	电力企业	国网甘肃省电力公司建设"一张网、一个平台、一个中心"，实现消防设备设施集中监控和消防安全系统性管理

王培贤研究了基于AR技术的消防头盔，利用AR技术可在真实环境中增添虚拟物体和可以进行实时交互的技术特点帮助消防队员进行灭火救援活动，在快速救援的同时更有效地保护消防队员的生命安全。

王博崇、刘鸣等人优化了火焰识别技术，利用卷积神经网络提取火焰的颜色特征、运动特征、几何特征和纹理特征进而分析火灾，从而使此次研究在同类型的火焰识别技术领域中占据一定的优势。

刘全义、杨鑫等人针对森林火灾消防直升机的需求预测问题，提出了一种基于改进灰色关联分析（IGRA）与改进奇异值分解（ISVD）约简的径向基函数（RBF）神经网络预测模型。

金家胜应用最新的窄带蜂窝物联网NB-IoT无线传输技术，结合中移动推出的OneNET免费物联网云平台并配置APP客户端，设计开发了一套基于物联网技术的消防远程监控系统。

陈红亮分析了空间机器人的空间运动方式、消防机器人避障运动的特点和过程，探讨了避障运动机器人的设计方法，提出了并联可重构消防机器人的概念，即以并联机器人机构为避障功能关节模块单元的可重构消防机器人。

上述国内研究涵盖了国外研究内容，此外，国外研究的主要特点是在消防工作中应用不同计算机技术。由于中国多样化的市场效应，国内研究的内容更明显的特征是针对不同场景作出不同的智慧消防应用。简言之，国外研究主要是在宏观角度用先进技术解决特定消防问题，国内则从特定场景中应用智慧消防技术，从点到面，以此绘制智慧城市网。

（三）智慧消防发展现状分类分析

在《智慧消防实践》中，王文利等人将智慧消防分为智慧监控管理、智能楼宇消防系统、数字化灭火救援及智慧消防应急指挥系统四个模块，涵盖了整个消防工作的内容，但是书中只介绍了较为基础的机械化、数字化的应用，没有凸显"智慧"的智能化特征。中国建筑科学研究院建筑防火研究所副所长孙璇将智慧消防分为探测报警技术、自动灭火技术、火灾模化技术、区域风险评估以及消防员装备实战实训五个方面，将智慧消防工作划分得更为细致。

笔者从除消防工作角度以外的四个方面总结立体化智慧消防研究现状。

1. 使用者的角度

根据使用者的不同，关于智慧消防的研究可以从管理人员、救援人员和审查人员三个角度进行分类。管理人员即日常消防工作维保及监管人员所需的应用，如智慧消防管控平台等；救援人员为火灾发生进行救援时所需要的应用，如智能防护服；审查人员即在监管消防工作时所需应用等，如可视化 BIM。从这三个适用人群角度出发，有利于智慧消防研究的全面发展。

2. 研究者的角度

根据研究者的不同，研究内容的侧重点可以从消防工作人员和计算机技术人员两个方面进行分类。消防工作人员侧重点是为解决研究的消防问题，以计算机技术为工具进行研究；计算机技术人员侧重点则是将掌握的计算机技术应用到消防工作中。从这两个方面着手研究，对计算机技术与消防工作的相互融合有着积极意义。

3. 技术层面

根据在研究中应用到的技术可分为大数据、人工智能、遥感技术、神经网络、算法、深度学习、机器学习、视图挖掘、虚拟现实等。由于计算机技术的飞速发展，新技术不断涌现，将新技术不断应用到消防研究中提高其工作效率以及安全保障，亦是智慧消防发展的有效途径。

4. 运用场景的角度

根据不同的应用场景，关于智慧消防的研究可以从国家、企业、家庭三个角度进行分类。国家指在国家建设中应用到的研究，如国家电网电缆廊道中所需要的智慧消防技术；企业指维持企业消防安全相关的智慧消防研究，如基于物联网的智能火灾应急系统；家庭指便于家庭安装的小型救火灭火设备等，如家庭火灾报警系统的设计。从这三个场景出发，有助于根据不同情景的需求开展更具适用性的应用研究。

三、智慧消防的定义

"智慧消防"是利用物联网、人工智慧、虚拟现实、移动互联网＋等新技术，配合大数据云计算平台、消防智慧研究和专业应用，实现城市火灾智慧化，提高信息传输效率，保证消防设施完整性，提高执法管理效果，增强救援能力，减少火灾损失的发生。

消防智慧物联网系统由消防主机透明传输模块、智慧用电、消防水智慧传感终端（包括消防管道压力、消防蓄水池水位检测）、智慧烟雾传感、Web 应用终端、手机 APP 终端组成。应用物联网技术，实现智慧报警终端与 Web 平台的连接，实时掌握消防主机、电力线路、消防水系统的终端点，及时处理隐患。最大限度地减少火灾风险。

智慧消防是一种学习先进的解决问题方案，与传统建筑消防相比，注重打通各系统间的信息数据孤岛、提升感知预警管理能力和应急指挥智慧发展能力。通过更早发现、更快处理，将火灾发生风险和影响因素降到最低。

从本质上讲，智慧消防不仅是消防设备数据与平台的联网，也是物联网、云计算、人工智慧、区块链等高科技技术的运用。实现了环境意识、行为管理、过程控制、智慧判断、科学指挥等目标。

四、智慧消防的作用

相比中国传统建筑消防，智慧城市消防是利用物联网、大数据、人工进行智慧等技术让消防工作变得更加自动化、智慧化、系统化、精细化，其"智慧"之处主要问题体现在智慧防控、智慧企业管理、智慧作战、智慧指挥等四个发展方面。

（一）智慧防控：异常自动报警，提高信息传输效率

智慧消防系统集成高科技智慧终端和传感设备，利用物联网技术和大数据云平台。一旦发现危险和异常，系统将通过终端设备自动通知用户及时处理。被动探测危险对主动监测和预警，将主要危险控制在萌芽状态。

（二）智慧：系统化的日常管理，保证消防设施的完好

传统消防，消防安全设施的管理依赖于人工，常见的形式主义就是由相关工作人员对设备进行分析检查，然后登记相关研究情况。现实生活情况中，由于人的惰性，以及企业没有一个很好的监督作用机制，消防基础设施设备的相关数据信息是不精准的，一旦发生火灾，当前的资料情况或者不但不能提供帮助，甚至会误导现场作战。

智慧消防系统利用物联网和红外传感技术，能够很好地记录当前消防设备的位置和状态，如果系统损坏，可以报修，从而更好地保证消防设备的完整性。提供准确的设

备信息。

（三）智慧化战争：基于实时动态数据，更高效、更准确地作战

通过视频监控系统、物联网数据等，智慧消防可以实现现场人员、地理位置、实时数据等的一体化，并实时动态更新它们。借助这些精细化的数据，现场战斗人员可以实现精准作战，提高救援效率。

（四）智慧指挥：现场进行可视化动态分析图像，实现资源调度智慧化

智慧消防现场图像的实时传输，一幅图像连接所有系统和数据，满足可视化和动态指挥的要求。实现消防救援人员、消防车、消防设备、消防水源等各种资源的实时智慧调度，帮助以最快的速度救火，确保人员和财产的安全。

综上所述，智慧化消防就是要实现从预防控制到现场调度、从消防到安全保护的自动化、数据化、精确化和智慧化，使公众得到全方位、高效、智慧化的安全保护。

第二节　智慧消防的组成系统

智慧消防建设工作，以消防部门《消防信息化"十三五"总体规划》为指引，以大数据、云计算、物联网等信息技术为引擎，突出窄带物联网创新性应用，业务工作信息化支撑为落脚点，主要以新建和扩建为主的性质，部分升级改造增加服务为辅。特别是在系统架构方面，更是需要完整的体系支撑，才能将"智慧消防"灵活运用。

一、现阶段"智慧消防"建设与发展的意义

通过推行、固化"网格化、准确化、精细化"的管理理念，建立人、地、物、事、组织协同联动机制，让整个火灾预防、发现、扑灭形成闭环，同时，做到全流程可追溯。科学发展消防执行与监管能力，智能分析消防监控数据，及时评价工作的执行状况，提高防患于未然的能力，提升政策的执行能力和决策水平。智慧消防的建设和运营将有效控制不断上升的城市消防风险，进一步确保人民群众的生命财产。特别是 NB-IoT 技术的引入对原有技术手段无法进行管理的消防隐患有了较好的监控手段。使隐患无处逃遁，解决了政府、行业、企业的痛点、盲点问题，形成户籍化、网格化、标准化、痕迹化的大数据分析，提高了监管效率，有效解决了"有限警力难以承担无限责任"的问题，有效降低了火灾对经济发展和百姓生产生活带来的损失，有效地提升了老百姓的体验感和获得感。

二、"智慧消防"系统架构的总体原则

（一）统一标准，充分整合

首先要注意系统平台数据的一致性，需要统一标准规范，严格按照国家、地方和行业的有关标准规范实施；尚未制定标准规范的，需要补充制定，并基于统一的标准规范开展数据资源整合工作。

（二）开放性、兼容性

系统的开放性涉及网络、中间件、数据库、数据交换平台、应用软件等。按照开放性、标准化原则来建设，使系统具一定的适应性和可移植性。

（三）可扩展性

系统的性能具备一定的超前性，以保证未来3～5年不至于落后；随着计算机应用技术的不断发展，系统还具有良好的可升级性；随其他类别系统的建设内容增加，提供扩展性接口。

（四）经济适用，适度超前

根据智慧消防的特点和实际需求，在确保平台适用性的前提下，加大信息资源整合力度，统筹基础设施运行环境，优化资源配置。同时，应结合信息技术的发展，适当采用先进技术，确保平台具有较长的生命周期，系统要尽量具有人性化的设计。

（五）急用先建、分工负责

应根据"智慧消防"的发展现状，分析当前急迫的业务需求，按照有别、逐步推进、分期见效的原则开展规划设计。细化任务分工，明确部门责任，严格执行力度。

（六）稳定，可靠

应充分考虑信息技术的发展，尽量采用成熟的先进技术，确保平台在使用过程中稳定可靠地运行。同时，还应当紧密结合河长制的特点和实际要求，充分考虑系统性，从信息共享、存储分析、应用管理等各个环节注重信息性。

三、"智慧消防"系统架构的分析研究

（一）"智慧消防"系统的总体逻辑架构

总体逻辑架构分为：智慧感知层、传输通讯层、核心网、运营商 IoT 平台、物联云、应用服务层。

传输通讯层：负责数据流的传输控制。传感器被触发后会按照需求产生一定量的数据流。数据流通过基于 NB–IoT 网络传输到基站之后再连接至因特网或者其他外部网络都需要传输层。

智慧感知层：逻辑架构的底层，用于部署基础硬件设施，包括传感器、低功耗器件、

电源、信号处理等。

核心网：NB-IoT是一个可与现今运营商蜂窝网融合的低成本电信级的具有高可靠性、高性的广域网物联网技术，通过基站提供管道进行NB-IoT数据接入。

IoT平台：对物联数据进行数据存储以及加工并且提供接口进行数据推送。

物联云：提供监控管理、设备检测、接警处理等界面功能。

应用服务层：设备监控、报警监控等应用。

（二）总体拓扑架构设计

"智慧消防"各设备、设施组网，从逻辑体系结构上来讲共分为三层，底层为消防物联网（含设施、设备、网络、SAAS应用）、中间层为第三方消防监控平台，上层为消防119指挥作战平台的总体三层体系结构。顶层消防主要负责灭火作战以及消防工作督导和管理工作底层为物联网感知及系统功能实现层。中间层第三方平台主要负责日常告警过滤处置、检查，消防设施安装及运行维护工作，减少消防管理单位工作量。顶层消防主要负责灭火作战以及消防工作督导和管理工作。

系统拓扑在各功能实现方式和方法上的智能烟感、建筑智能水系统、智能消火栓，主要的运行模式和方法应保持一致。不同的只是在末端监控设备以及应用系统呈现及业务管理上，有部分不同。比如：智能烟感关注的是烟雾告警，平时静默，一旦发生就要进行告警和处置。而水资源和消火栓关注得更多的是水压，需实时关注水压和水位的运行状态，日常数据也需要传送到中心平台，超过阈值时才会触发告警。

这也为类似的智慧消防系统建设，提出了可以借鉴的方式和方法。

按照原公安部2017年10月10日发布的《关于推进"智慧消防"建设的指导意见》要求，"智慧消防"将从建设城市物联网消防远程监控系统、建设基于"大数据""一张图"的实战指挥平台、建设高层住宅智能消防预警系统、建设数字化预案编制和管理应用平台、建设"智慧"社会消防管理系统五大方面系统化、结构化的建设'智慧消防"。系统架构应突出和NB应用两大建设智慧消防，既有核心（监控）又有亮点（NB-IoT应用），后期将以此为基础进行应用扩展和功能扩充，最终实现五大功能模块。

（三）数据开放及资源共享

系统建设架构应该基于统一云平台搭建，除与城市消防通信指挥系统交流信息外，还为消防监督部门、智慧城市提供监控接口，消防监督机构可以随时登录系统平台对社会单位自身消防管理状况和消防进行监控。当火灾发生时，通过联网监控系统中的火警情况，结合远程视频调取，为灭火战斗提供现场依据，根据系统中的消防平面图，大幅度提升灭火作战效率。同时，与现有的消防单兵/车辆视频作战系统、GIS地图，以及未来的智慧城管、智慧规划等其他平台整合，提升消防工作水平。

所有系统内的数据应依照部门信息要求纳入政府信息目录当中，同时标注可共享、可开放的数据信息内容。系统内的烟感状态/告警、消火栓状态/告警、楼宇水资源状态/告警、电气线路状态/告警、防火单位监控室监控视频等数据和信息均可共享，在符合相关部门要求的情况下应对其他部门进行开放。系统开发时，也应预留标准接口，方便与其他平台进行数据互通和对接。

四、智慧消防系统的构成

智能消防技术的应用主要体现在基于现代物联网技术、大数据技术和通信技术，依托 PC 平台和手机微信平台的智能消防系统建设上。本发明利用了火灾预警系统、火灾巡警系统、智能评估系统等多个应用系统。整个系统属于典型的数字化消防控制系统，实现了火灾信息查询与功能、火灾信息反馈与处理功能、消防安全评价和分析功能。

（一）用户信息传输装置

用户个人信息技术传输装置是城市发展消防远程监控分析系统的核心前端设备，用于学生获取和传输从用户消防控制目标主机获取的各类不同用户报警信息和设备使用状态信息。是城市消防远程监控软件系统的核心设备。城市消防远程监控系统是对物联网用户的火灾报警信息、建筑工程消防基础设施运行环境状态信息、消防安全风险管理会计信息资源进行接、处理和管理，向城市消防通信指挥中心或其他接处警中心发送经确认的火灾报警信息，为消防救援机构员工提供一个查询，并为联网用户提供重要信息共享服务的系统。远程监控系统由用户需求信息传输装置、报警传输网络、报警受理系统、信息查询操作系统、用户基本信息科技服务经济系统及相关终端和接口构成。用户市场信息传输装置与远程监控中心需要通过 TCP/IP 或者无线的方式方法进行调查数据传输。

（二）火灾预警系统

通过物联网、地理信息系统和可视化室内地图等技术，实现城市消防远程系统的无缝连接，直接获取火灾报警信号，并且利用地理信息系统技术锁定消防单位的地理位置、报警位置等数据，以及视频、微信等链接，预测早期火灾，提前 7~10 秒，在预警的同时，还可以将各种信息数字化，将消防终端系统应用到城市商业、住宅和工业区，实现多维火灾隐患，因为各种消防控制设备紧密相连，高密度布局，它使得所有的消防控制设备都可以连接起来，帮助消防部门、单位等对火灾现场的隐患进行动态监控，及时发出预警信号，从源头上控制火灾的发生。

（三）消防设施监测系统

借助物联网技术、信息技术、通信技术等，可以动态监控所有关键的消防信息，如室内外消火栓水压、消火栓流量、防火门是否正常开闭、防火门启动次数、消防配电柜电流值等，并将这些关键信息及时传递给消防人员、消防管理人员和各部门负责人，作出科学的指示，同时实现消防设施的动态化。

（四）智能化分析评估系统

主要对消防队的消防履职情况和消防设备的运行水平进行评价。从报警处理率、异常处理率、巡检完成率、维修处理率和控制室在岗时间几个主要方面着手进行检查、评价，为消防单位的考核提供参考。

（五）实战指挥应用系统

借助 iot 系统对火灾现场进行动态监控，实现现场人员、车辆及其他高层建筑物的动态调整和科学配置，灾害现场可以使用无人机、消防机等智能设备，协助火灾现场进行救援。同时，利用高分辨率摄像机可以对火灾现场进行动态检测，对火灾进行合理的评估。此外，通过虚拟现实眼镜协助火灾现场进行火灾探测，并做好现场救援工作，提供有序、规范的逃生、救援。一些非常危险的火灾现场可以借助远程消防指挥车、无人机等远程指挥车，保护救援人员的安全。

（六）消防监督职能

通过建立消防监督信息数据库，实现对消防安全形势的动态监控，并对消防监督服务的发展，提高消防监督质量，提高消防安全水平提出了建议。改变传统的消防监督检查工作主要依靠消防执法人员实地查阅单位检查记录，获取单位安全信息，将消防监督检查工作纳入"智能消防"体系，无疑是对现行模式的创新和完善。通过物联网技术，广泛获取消防监督检查数据的基本信息，借助云计算平台，更科学有效地处理大量有关行业消防安全水平的信息，对于消防安全水平进行客观准确的分析和评估，可以节省人力、物力成本，提高监督检查的效率，从根本上提高各行业的消防安全水平。

五、智慧消防平台功能建设

（一）实时报警及设备状态显示

实时显示在线和离线设备的数量，可以快速查询离线设备的状态。一旦终端探测器报警或出现故障，平台首页会迅速报警，提醒人员排查隐患，隐患消除后需现场确认。

（二）电子地图应用

结合百度地图，采用中国电子信息地图导航和定位系统技术，可显示设备可以接入单位的分布基本情况，以及相关设备的安装位置、设备在线学习状态及报警状态。同时，可局部数据显示建筑物周围的卫星视图，为消防救援工作提供发展路线推荐，提高救援效率。

（三）大数据分析

建设消防物资网络和数据分析决策平台，实现对联网单位关键零部件和区域的信息化、智慧化、动态监控，开展大数据分析应用。并根据火灾问题的统计，对重点部位进行有针对性的筛选、筛选。有效地提高主管部门的工作效率，规范业主单位的消防安全工作流程。

（四）历史数据查询

长期实时收集报警、故障数据，为消防单位的运行和设备管理提供分析依据。为火灾事故的调查提供依据。

(五) CRT 平面图实时显示设备的位置和状态

平台发展提供 CRT 图形数据显示系统功能,实现报警终端在实际控制平面图中的位置可以显示,设备报警时更能快速准确地确定报警点位所在的位置,真实火警发生时可快速通过了解火警点位周边的环境情况,为现场救援工作提供帮助。

(六) 手机 APP 数据显示

移动应用程序提供了设备状态、报警信息同步显示等功能。与网络相比,手机应用程序更方便消防员查看设备的状态。

(七) 手机短信报警提示

终端进行设备报警时,web 端弹窗报警的同时通过用户还会接到电话和短信管理方式可以提醒。

(八) 微信报警信息推送功能

云平台自动将报警信息推送到相关人员的微信,多样化的报警信息推送模式避免了单一报警容易被工作人员忽略的缺点。

第三节 智慧消防的技术支撑研究

一、物联网技术在智慧消防建设中的运用研究

近年来,物联网技术迅猛发展,使我国经济的发展取得了更多的成果和进步,尽管这种情况改善了人们的生活环境,提高了人们的生活水平,但是也增加了安全风险。在这种情况下,随着公共安全建设的出现,一直被物联网视为自身发展技术支持的智慧消防,作为一种新技术引起更多关注,所以促进智慧消防与物联网的深度融合是适应时代发展的选择。

(一) 物联网技术的主要内容

1. 物联网技术内涵

被称为信息科技产业的"第三次革命"的物联网技术是伴随移动通信技术的发展而出现的。该技术通过信息传感设备,按约定的协议,可将任何物体与网络相连接,物体通过信息传播媒介进行信息交换和通信,以实现智能化识别、定位、跟踪、监管等功能。

自 1999 年提出物联网的概念后,物联网技术在各个领域快速发展,各领域也结合自身的特点进行了广泛的探索。在消防领域,为满足消防监督检查的需求,实现对火灾

重点单位的实时检测，防控火灾风险，营造良好的社会环境，结合物联网技术，消防领域也进行了诸多探索，取得了较多的成果。

2. 物联网技术在智慧消防建设中的实际作用

经过多年的发展和积累，不可否认，在当今高新技术快速发展的前提下，智慧消防以物联网技术作为技术支持，对火灾预警、报警功能的开发和完善，相对传统消防的接处警会更加先进高效，同时融合互联网技术的智慧消防建设，也必将是消防安全的发展趋势。

结合消防工作的实际情况，笔者认为，在充分发挥好物联网技术在智慧消防建设中的实际作用的同时，适当引入监控人员来熟悉、适应先进的网络技术，也是非常关键和必要的，即以人机结合的模式，丰富消防管理工作的形式和内容，将物联网技术在消防监督中的作用充分发挥出来，弥补传统技术中的许多弊端。比如，在信息收集处理的过程中，可充分利用物联网技术全面收集消防信息和数据，有针对性地进行存储，同时引入技术人才对所收集到的数据进行分类、汇总和分析，为消防救援机构防范火灾隐患以及发生火灾后灭火救援工作的开展提供决策参考和依据，在提高消防监督检查及灭火救援的效率方面将是极大的提升。同时，综合运用好物联网技术进行战术的制定，还可以确保消防救援人员的人身安全，避免不必要的人员伤亡。

(二) 物联网技术运用于智慧消防建设中

1. 火灾防控预警工作的智能化

（1）远距离监控消防水源。使用物联网技术能够把多种传感器与 NB-IoT 窄带物联网通信设备安装到消火栓、消防水池、消防水箱等位置，智能终端可以在规定时间内向中心服务器（智慧消防应用云平台）报告有关消防水源的信息，通过对使用手机、计算机以及城市消防通信指挥中心的智慧消防应用云平台来监测消防水源情况，从而实时地联网监控消防水源状况。

（2）远距离管理建筑消防设施。建筑内部配置建筑消防设施，消防管理单位务必确保建筑为消防设施的正常运行，从而更好地帮助消防人员开展火灾扑救工作。要确保消防设施的完整性，消防管理单位要强化检查力度，但是在实际工作开展中会出现一些问题。通过运用物联网技术能够动态化监督建筑物内部消防设施的运行情况，并且有助于建筑内部消防设施的智能化运用。消防管理单位可以将智能传感器安装到消防给水管网中，检查消防给水系统的压力大小。或把智能传感器安装到消防泵的就地控制柜中，便于对消防泵工作状态的监控。

（3）智能化消防安全管理系统。智能化消防安全管理系统需要把相应的芯片放到消防设备当中，成立每幢楼的数据库，而检查人员则要使用无线设备来确定设备的信息，并且把传感器安装到火灾的重点部位，一旦出现设备、设施故障问题，管理系统就会发出相应的警报声进行警示。如果建筑物内部发生火灾，那么火灾报警器就会向控制中心与消防人员发送报警信息，保证消防部门第一时间完成准备工作。

2. 灭火救援指挥的智能化

（1）建立建筑物身份系统。建筑物身份系统的建立，需要给每幢建筑物设置电子标签，而电子标签中要有建筑物的信息。工作人员在火灾现场就可以使用终端设备来获得火灾信息，从而确定建筑物的状态，帮助消防人员更好地完成消防工作，消防人员可以在第一时间了解所在区域的受灾情况。然后借助温度传感器获得火灾现场的温度信息，如果报警人员对报警信息不了解，指挥人员可以使用建筑物身份系统来确定起火位置以及火灾报警信息，然后采取相应的扑救措施。

（2）充分调度参战力量。消防工程在开展灭火救援工作时要充分调度参战力量，第一时间开展灭火救援活动。而指挥部在指挥调度时要掌握装备与车辆通行状况等。使用物联网技术来进一步完善视频监控系统，传输给工作人员关于灭火救援的信息，实现远程监控的效果。使用视频监控系统能够更好地把握交通状况，方便灭火救援工作的顺利开展。

（3）科学指挥作战现场。消防工程在开展灭火救援工作时，因为火灾现场的有毒烟气会给救援人员的健康带来严重影响，使用物联网技术能够更好地把不同的感应芯片安装到救援装备中，运用通信设备连接互联网，后方指挥部门可以尽快地把握救援现场的火灾信息，更好地调整现场救援工作。消防人员到达火灾现场之后要查询接入互联网中，通过不同的传感设备接收火灾现场信息，从而获得完整的物联网络支持。

3. 消防管理的信息化

消防工程通过动态化管理消防车辆与消防人员，使用物联网技术设计消防车或人员的电子标签，然后运用无线连接的方式成立物联网装备的管理系统。把车载终端安装到消防车辆中，收集相应的模块来获得车载装备信息，更好地确定车上装备的状态。借助无线网络传输信息到后方指挥中心，消防员也可以穿上智能化战斗服，通过接入电子芯片，更好地获得消防员的位置信息与分布情况，强化消防人员的救援指挥效果。

4. 物联网技术运用于智慧消防中的思路

物联网可以有效地把单位消防安全管理信息、火灾报警信息和建筑消防设施运行情况汇总到云计算平台，使用大数据技术，根据相关的技术标准和要求，科学地分析不同单位的风险系数与监管内容，更好地提高火灾实时预警的准确率。

（三）物联网技术在当前消防监管工作中的创新应用

1. 实现无接触监督管理

物联网技术在减少消防监督检查过程中的人员接触方面具有先天优势。消防设施、设备的状态可以通过物联网感知技术远程获取，相较于传统的消防管理方式，消防监督员无须在大楼内来回走动，这对于当前疫情防控下的消防监管工作显得尤为重要。一是通过物联网采集消防水泵房的运行情况。疫情防控期间外出检查存在一定风险，特别是人员密集场所的风险就更大了。现在，只需借助消防物联网在大屏、PC、手机上就能远程查看，当大数据分析出消防水泵房的异常信息时，消防物联网系统就会智能实时报警，既消除了社会单位的消防隐患，又保障了消防监督员的健康。二是消防通道堵塞的物联网管理。我国应急管理部消防救援局于 2019 年 12 月 12 日下发了有关进一步明确消防车通道管理方面的通知，12 月 16 日，又在全国范围内开展了打通"生命通道"的治理行动，现阶段，全国的疫情防控和复工复产又在稳步进行，因此疫情防控和消防安全需要两手抓，忽视任何一方都可能产生风险。在管理消防通道时，一定要加强物联网视频监控的引进，以此对消防通道进行实时监测，从而保障消防通道的畅通性，发现堵塞、占用等异常时，进行语音劝阻。实现消防通道管理无人值守既是疫情防控的需要，也是社会单位减人增效，信息化、智能化管理的路径。

2. 实现火灾隐患闭环管理

长期以来，多数单位消防安全管理碎片化，不成体系，虽然做了大量的工作，但是成效不大，管理人员业绩不明显，主要是没有抓住重点，没有解决主要问题，重大隐患没有及时整改。火灾隐患管理是消防安全管理的主线，隐患闭环管理是目标。消防安全管理不可能做到完美，但是管理人员对存在的火灾隐患必须掌握，根据单位情况，分清主次，逐项整改，主要问题及时整改，无法整改的，采取措施，杜绝发生恶性事故。例如，仓库值守人员使用大功率电器是常见的火灾隐患，特别是北方地区冬季违章使用大功率取暖器，由此引发的火灾屡见不鲜。智慧消防物联网云平台可以通过多个途径管控有效消除火灾隐患：一是平台的防火巡检子系统，能够强制巡检人员按要求频次和标准检查仓库，并拍照上传平台，报告上级消防安全管理人；二是平台的防火检查子系统，能够帮助检查人员不定期抽查仓库，并拍照上传平台，报告上级消防安全管理人；三是平台的物联网子系统，安装电气火灾监控系统能够实时发现用电异常，并且立即告警，上传平台，推送给消防安全管理人。

除了技术的更新迭代之外，设备效能的提升也非常关键，将不同类型、不同功能的电气设备集成到统一的控制系统中，进行统一调配，通过将这些设施设备与自己的监视系统连接，可以方便查看设备的工作状态。同时，建设智慧消防平台时还需与智慧城市建设的方针政策相匹配，如智慧消防的发展就离不开智能电力的支撑，电力部门的保障将是智慧消防发展过程中的基础，只有这一环节得到保障，才有可能完成上述所有的构想。因此，智慧消防发展的根基和方向，与智慧城市的推进程度，与物联网技术的发展速度息息相关。

总的来说，物联网技术的迅速发展，智慧城市的持续推进，都为智慧消防的发展提供了技术和政策方面的支持，也能从中看到智慧消防发展的广阔前景。不过，智慧消防的发展并非一蹴而就，并非一日之功，还需紧跟技术前进的步伐，不断拓宽智慧消防系统的内涵和外延，将更先进的技术、更强大的功能、更科学的算法集成起来，真正为社会层面的火灾风险防控，以及消防救援机构的灭火救援贡献自身的力量。

二、大数据技术在智慧消防领域的应用研究

大数据技术具有信息化水平高、运行效率高、成本耗费少、数据存储量大等特点。扩大大数据技术在生活中的应用范围,大力发展物联网技术,能够为智慧消防工作提供有效的技术支持,从而推动当前信息技术产业以及万物互联概念的发展,为社会经济创造新的增长空间,为城市消防管理提供信息支持。加强大数据技术在生活中的具体应用,与物联网形成深切合作,为智慧消防项目建设提供强有力的技术支持,从而推动社会各产业阶级的创新。在大数据背景下,智慧消防可以精准防控、智能反应、科学应对事故和灾难。

(一)大数据技术以及大数据思维

大数据(Big Data)指的是大量数据以及各种数据的集合,其显著的特点在于数据数量之大,数据种类之多,还有数据处理效率之高。简单来说,大数据就是海量的数据,利用云存储技术保存在终端,等待分析和处理。

世间万物的"可数据化"是大数据时期最显著的特点,信息技术的进步让所有的事物都能够以"数据"的形式被记录下来。世界上所有的活动都在不同程度地被记录着,成为数字化的信息,这是"万物皆数化"的内涵所在。大数据时代另一个特征就是数据产生价值。大数据时代的独有特征,使得数据有机会融合进不同领域的各个角落,数据的多元化和完整性影响到各个领域不同层面的决策,这也是数据价值之所在。大数据的特征还表现在智能化上,人们在了解大数据的价值以及万物皆数化的概念之后,对于各种事物的认知逐渐到达一个新的天地,因此在大数据基础上的各种应用逐渐显示出智能化的特征,现有的基于大数据开发的应用,如智能搜索、智能推销等,都让人们感觉到空前的便利。大数据的到来就像是一把双刃剑,一方面引起了诸多领域的历史性变革,另一方面也衍生了诸多新的问题。

大数据思维的中心内容就是在难以准确判断事情的结果时,通过计算概率来减少事件中存在的不确定因素和未知要素,利用数据之间的关联性判断事件本身存在的因果性,让人们能够明确事件的最终结果以及相应的解决思路。大数据思维存在较大的发挥空间,所涉及的维度范围广,涵盖全,能够用来处理生活中各种类型的问题。首先,在数据的基数上,在以往的社会生活中因为数据的基数不大,就算是应用大数据思维也难以保障数据来源的真实性以及计算推演过程的准确性,当前信息化水平的提升,为大数据思维的发展提供了有效条件,让数据的准确度大大提升。再就是数据的维度较广,在处理信息的过程中,仅有一方面的信息并不能做到对事件全貌进行判定,在掌握准确的信息之后,需要对多维度的信息进行收集整理,在掌握多维度的信息之后,才可以对事件进行准确定义。最后,数据的完备性,在以往的实验中,不管数据收集的全面与否,一定会有漏掉的信息,在大数据环境下,最大程度保障了数据的完备,保障了数据结合体之间的相互包含、覆盖的效果,避免了小概率事件的发生,让判断结果能够符合普遍的认识。

目前,在人们的日常生活与生产实践中,高度重视消防安全工作,尤其是在先进的

大数据技术支持下，更为实现智慧消防起到积极促进作用，这一实践应用不仅全面提升了消防管理水平，同时也进一步地增强了安全防火防控能力，使消防领域的信息化建设日趋完善。

（二）大数据在智慧消防运行中存在的问题

智慧消防是在信息时代智能化技术发展到一定程度的必然结果，尽管当前信息技术的发展已经有相对突出的结果，但是在智慧消防工程建设当中依然存在一定的不足之处。一是智慧消防工作的管理依然采用传统的行政管理方案，缺乏依据火灾现状展开的改革，一些紧急事件的管理缺乏完善的促进计划。二是在管理方式上，没有体系化的信息共享平台，对于新技术的应用较少，对先进的科学管理技术都是被动接受，因为智慧消防的技术理解根基薄弱导致难以顺利开展。三是管理制度模糊，缺乏准确的责任分配制度，易导致一项工作由多人完成，其他工作却无人参与的情况发生，极大地浪费资源。四是不具备系统的考核评估体系，缺乏对工作的精准化管理，导致效率低下，工作成果差强人意。

（三）大数据技术应用于智慧消防的优势

1. 全面感知消防信息

大数据技术应用于智慧消防领域中，可创建安全管理云平台，由此全面感知消防信息，可针对不同属性与不同密度的信息进行全面掌控与分析，还能对火灾现场形势，以及灭火资源与各类消防设施等进行透彻感知，实现全方位动态监督管理。在大数据的信息快速获取帮助下，消防系统不必再像以往依靠人力实现安全检查，而是可在快速的信息收集、提取中进行整合分析，使消防安全隐患得以及时发现，避免出现人工管理漏洞，这也是依靠大数据技术而建立起来的智慧消防的应用优势所在，在实现城市消防系统互联互通下，还可通过物联网实现远程监控，集中监测实时路况、街景地图、重点防火对象和物资装备等。运用大数据思维实施消防管理，再进一步进行数据信息汇总分析，无论是在提升平台管理方面，还是在实施灭火救援方面，都能提供可靠数据支持，为推进智慧消防建设作出极大贡献。

2. 数据信息互联共享

在以往消防工作中，由于数据收集不全面、不及时，形成"信息孤岛"现象，而在大数据应用下，不仅可将现场信息直接传送至智慧消防后台系统，而且还形成互联互通模式，使其与城市交通、通信、民政、国土与公安等部门建立密切联系，形成消防大数据资源体系，对整个城市的消防安全实现风险隐患的统一高度与统一应急管理，既降低了人员成本，又大大提升了消防管理水平。智慧消防安全管理可在进行整体趋势预测分析下，实时掌控整个消防体系运行状况，并且能作出更加精准的研判分析。例如，通过在小区内安装智慧消防系统，可实现对整个小区消防安全情况的实时监控，还可将消防数据实时传送至消防监测预警中心，既能做到随时查看，还能进行实时数据分析，使存在的消防隐患及时被发现。即使突发火灾事故，也可凭借大数据技术实现高效联动，全面提高城市消防的安全性与高效性。

3. 数据信息智能处理

通过借助大数据应用优势，不仅能使智慧消防在进行海量数据收集、整理实现智能化处理，还为加强消防管理与实施决策提供了可靠的数据支持。通过运用大数据技术进行原始数据的对比、分析及整理，既有利于消防指挥实现全方位信息研判，还能在数据信息智能处理下应用于各项消防管理工作中，充分体现了智慧消防的高效性，这无疑形成了信息处理的智慧思维模式，无论是在进行数据传输的过程中，还是实现信息共享方面，都显示出极大的应用优势。尤其针对城市重点消防设施场所的防火安全工作，可在信息智能处理下变换监测场景，并根据信息指标掌握变化规律形成预警分析系统，确保城市消防安全，为城市居民营造良好的消防安全环境。

（四）大数据技术在智慧消防领域的具体应用

1. 实现自动化火灾防控

大数据应用于智慧消防体系中，对火灾险情的监测预警能力大大增强，基本实现了自动化火灾防控。首先，加强了巡查管理能力。通过对辖区内的企业、店铺及小区等进行电子监控，不仅可加大日常巡查次数，还能进一步利用大数据技术对存在的火灾风险进行预测分析，对重点火灾防护对象起到安全监督作用。其次，进行火灾险情风险预测。利用大数据技术进行深度数据挖掘与系统分析，可进一步实现对火灾险情的预判分析，尤其是通过系统平台将以往的火灾发生情况进行整合，大大地提升了消防应急反应与防控能力。最后，精准获取警情数据信息。经由数据转换接口可以从消防指挥中心系统获得精准信息后，及时进行消防任务安排，同时还能通过系统平台或短信发送预警信息，由此快速作出应急反应，大大提升消防运行效率。

以社会中常见的消防通道的堵塞现象为案例。长时间以来，各大商场、社区以及公共办公场所的消防通道的通畅问题都由消防监督人员检查，在消防人员发现堵塞违法行为之后会责令事主改正并对其进行适当地处罚，但消防工作人员人数有限，所排查的范围也相当有限，难以根除这一现象。那么在大数据思维下，如何解决这一问题呢？首先，将一键举报功能集成到居民常用的 APP 当中，其中专设举报消防通道堵塞的路径，公众在发现消防通道堵塞的现象之后，通过 APP 上传相应的违法现场图片，统一上传到大数据处理平台，通过智能 AI 结合人工审核的双重途径，审查是否真实存在违法现象，从而对违法违规现象及时反应，分派离现场最近的调查员查处。通过吸引公众参与，采用系统联动的方式，可以让隐患排查的主体扩大，消防部门可通过大数据分析实现对城市中安全隐患的动态监测。

2. 实现灾害救援的自动处理

大数据思维具有一定的优势，可以利用大数据技术实现火灾的自动救援，减少人员伤亡和财产损失。在大数据的支持下，消防人员可以及时获取火灾现状，在数据平台中通过分析事故现场人员提供的信息，充分调动所有资源，实现及时的针对性救援工作，以避免火灾势头的扩散，消防部门需对每个建筑进行统一的信息记录，记录建筑的样貌、承载人员数量以及灭火设备检修情况等，一旦出现事故，消防人员可以及时调取信息，以便及时明确建筑的内部情况，结合场地情况精准定位火源，及时制订灭火方案。

利用大数据思维进行消防人员的分配和调用，可充分发挥大数据的监管优势，掌握消防队伍的实时情况，为救灾提供充分的时间。比如，准确掌握消防车中的水量、科学精准的调配车辆、利用大数据技术预测火灾现场可能出现的种种隐患，保障救援人员的安全。对火灾现场的把控可以充分利用大数据技术，指挥部门通过分析所得信息，及时反应并反馈给救援人员，让救援人员可以根据实际情况更改救援方案。这样能够便于管理者安排救援工作，防止人员出现伤亡，提高救火效率。通过高精度传感器，可以准确识别现场有无异常情况，指挥人员可以及时对现场施救人员进行指导，有效避免危险的发生。在大数据思维下进行的火灾救援是通过识别建筑物发生的火灾，用户采用信息传输设备将信息传递到数据分析终端，数据分析终端对事件进行综合化分析，将有关信息传输给消防部门，监管部门结合现场的实际情况，向施救人员下达指示。

2. 实现智能化救援指挥

在建设智慧消防过程中，不仅需要针对现场的火情进行快速研判与精准分析，同时还需要在人员、车辆调度与实时路况、消防设施等方面进行科学作战指挥。这一过程主要通过指挥员在全景地图信息的显示中进行指挥作战，在进行准确的火灾现场定位下进行火情分析，并对火场周边的建筑结构、人员分布等进行相关信息分析，同时迅速掌握周边的消防警力分布，立即制订灭火救援方案，并且及时下达救援任务，使消防人员在到达火灾现场之前，就能掌握基本情况并提前作出灭火部署。在整个实施过程中，无论是进行火灾信息的研判与分析，还是获取救援力量信息与制订灭火救援方案等方面，都显示出大数据的应用优势，大数据平台在进行大量数据整合、分析后，不仅对警力分布与扑救方法都能快速作出预判分析，同时还能为指挥作战决策提供可靠支持，尤其是在火灾救援任务结束后，还能结合以往救援任务进行数据对比分析，进一步进行灾后总结分析，优化救援流程，并通过系统平台实现信息共享，推广更加高效的消防救援措施，再机动灵活地运用于后续的消防作战指挥中，全面实现智能化操作，使防火救灾可在精准而有序的作战指挥中得以顺利完成，使消防工作得到最为有效的安全保障。

3. 实现精细化服务管理

在智慧消防应用大数据技术实现信息共享体系下，还需要进一步将消防资源与社会资源进行高度整合，无论在消防物资管理，还是车辆与药剂调配方面，都可实现精细化动态管理。首先，针对消防装备进行及时补充，在实施资源装备的统一管理下，需要根据上报的实际消耗情况进行采购、入库登记管理，还需按照系统记录定期进行维修养护管理，这一切均通过智慧消防系统平台进行清单管理，使之在更加精准的数据分析下，避免产生物理损耗。其次，在公共服务管理方面，智慧消防还面向社会公众提供有关消防知识与安全教育等方面的宣传教育服务，无论是通过互联网查询，还是智能手机APP的信息推送，都在大数据的技术支持下更加方便快捷，由此大大提升了消防执法的社会公信力，也可让民众在充分了解与掌握安全防火知识下，第一时间预防火灾险情，即使在火灾发生时也能不慌不乱，进行快速而准确的火灾实情报警处理，只有在全民参与下的安全防火方能实现真正的智慧消防。

4. 提升灾害信息化管理水平

除了事前防控和事中处理，也应当重视随后的数据处理工作，利用大数据技术的先天优势，对救援工作展开评估判断。通过收集火灾产生的原因以及消防人员到达现场的效率，装备适配情况以及最终的事故处理结果等，总结出在事故发生后，救援工作中出现的种种问题，广泛分析问题解决的方案，在数据分析的前提下，建立灾害防控数据库，实时记录灾害的信息情况、救援情况以及重建工作，记录各个环节出现的异常，为接下来的工作改良提供数据支持。在大数据思维下，消防人员可以完善当前采用的救援措施，还能在根本上加强对灾害救援的重视程度，构造的信息集成和处理平台，明确各个工作人员的工作职责，更好地开展消防管理工作。

三、"云计算"在消防领域的应用价值探讨

摘要："信息化可以如虎添翼"，通过"云计算""大数据"技术，能够充分利用各类信息数据，实现消防监控系统的智能化管理与消防安全的标准化管理，进而促使消防监督管理实现动态化、直观化、可视化。而以"云计算"为依托的"智慧消防"，有效弥补了传统消防安全管理的不足，遂逐渐成为当下消防领域的主要研究方向。本文围绕"云计算"在消防领域的应用价值进行了细致探讨，以期能够为"云计算"在消防领域实现跨越式发展提供助力。

（一）"云计算"的概述

"云计算"又称"网格计算"，是一种分布式计算，即通过网络"云"将数据计算处理程序进行分解，而后通过多部服务器将分解得到的小程序进行分析处理并返回给用户。与传统数据处理方式的不同之处在于：首先，"云计算"具有相当大的规模，目前国内外云数据处理的知名公司均拥有数十万的服务器，可以提供强大的软硬件支持，并且还可以在技术升级的情况下进行扩容，动态延展存储空间；其次，"云计算"不需要定义客户的具体位置，可以实现在任一位置上通过终端调取服务；另外，"云计算"的高可靠性及通用性，使得数据计算与传输更为稳定，并且可以适用于不同的应用端口；最后，"云计算"可以实现高性价比，能够大大地降低数据处理及资源整合的成本。

（二）"云计算"在消防领域的应用价值

1. 能够切实提升消防管理的效率

随着我国计算机技术与互联网技术的高速发展，一体化的消防业务信息系统已经在各个城市进行推广，并且还有相应的面向群众的公共服务平台，通过各类系统与平台，例如消防监管系统、消防救援指挥系统等实现消防体系的建设与运行维护，并且向数据

集成化发展。基于此背景,可以充分利用前期平台体系建设中形成的数据库资源,结合云计算技术来提高消防领域的管理效率。

(1) 将平台或各系统的信息整合后进行数据分析计算,并将天气情况、社情民情、水文气象、建筑形式、周边环境特点等数据信息纳入计算,从而形成消防处置的决策方案及防控重点。尤其是对于辖区内的消防管理,逐步实现由传统依靠个人对周围环境的了解程度来安排应急处置方案的模式,而转变为通过"云计算"进行分析及部署安排,实现人防与技防的高度结合,弥补了消防安全管理的不足,促使消防安全实现科技化管理,进而大大提高消防处置的效率与科学性。

(2) 通过云计算、物联网、大数据技术的综合运用,能够将信息采集终端构建成可共享资源的网络中心,并将资源接入消防监管系统,促使消防监督实现动态化管理。例如,通过"云计算+大数据"技术,消防支队领导、监督管理人员、救援指挥人员能够于统一的集成门户上对社会消防安全重点单位予以查阅管理,且消防安全重点单位数据库能够随时存储和查询重点单位的消防审核图纸、消防验收等情况,并在遇到火情时通过输入建筑物的名称,便能对建筑内的喷淋系统、消火栓位置等一览无余,从而便于迅速制订灭火方案,把握最佳的灭火时机。

2. 能够切实提升消防管理的成效

消防安全检查是消防基层管理部门的重要工作内容之一,在传统的检查方式中,大部分仍依靠消防部门人员进行实地调查,这样的调查方式增加了消防基层人员的工作量,并且由于现场的动态变化,采集到的信息也往往很快失效,导致信息更新不及时,无法面面俱到地获得准确的信息资料。而通过"云计算"技术的有效运用,能够将终端收集到的信息进行存储与调取,便于消防管理部门的实时监督管理。且消防管理部门能够通过"云计算"以及定期的"物联网"巡查技术,及时发现辖区内各监督场所或各单位的场所布局、消防设施配备等的安全隐患,从而可以进行定点的检查与重点监督,减少了日常通过人员走动巡检的工作量,可以将更多的工作精力放在人员安全教育及各类消防知识的普及上,用"设备管设备"的方式来解放人员力量,动员全民参与消防的方式,可以增加消防安全的普及面,确保消防监督管理职能落实的同时大大提高了监督管理成效。与此同时,在发生消防警情时,"云计算"技术可以发挥其强大的数据处理功能,运用数字化的管理方式,及时向消防救援人员发送警报信息并提供科学的灭火救援战斗方案。例如,可以通过云计算首先调动自动灭火装置来扑灭火源,同时根据消防战斗人员及指挥人员的位置情况迅速进行集结,并根据交通路网情况提供最为便捷的交通路线,然后通过对起火建筑物的计算来提供入场及救援方案,由此最大限度地实现高效处置,保障人民群众的生命财产安全。

3. 能够实现资源共享保障数据安全

传统的纸质管理方式,容易出现数据壁垒而导致形成"信息孤岛",从而致使不同的部门以及单位在进行信息收集时进行重复工作,导致费时费力。而"云计算"通过可以进行数据收纳的数据存储中心,将数据进行集中存放,不同部门及单位可以根据自己的需求进行查询调阅，不用进行反复的信息收集，将信息资源进行共享，大大提高信息的重复利用率和信息处理效率。同时，通过开展大数据系统建设，进一步实现了数据流、业务流、管理流的充分融合，使海量的数据信息集中至大数据平台，并通过"云计算"技术加工成为具有较高价值的消防安全分析报告与业务指令推送至各级各部门，从而形成基础信息化与救援实战化互为补充、互为促进的良性机制，保障大数据服务基层实战作用的有效发挥。

此外，通过"云数据"的方式进行存储，能够通过多种安全与容灾备份方式，实现对存储数据信息的集中存储与保护，避免数据被篡改与丢失的风险，这样一方面可以提高数据存储的安全性，另一方面使得数据查询不受时间、地点、空间等条件的约束，可以实现"7×24"的实时查询，进而为各类消防工作的顺利开展提供巨大的便利。由此可见，在消防领域通过运用"云计算"的方式，可以显著提高消防人员的工作效率，一方面减少消防管理人员的配置，减少机构冗余；另一方面扩大覆盖面，促使消防工作更为全面。

4. 能够推进消防领域可持续发展

传统的消防管理模式是每幢高层建筑、地下车库、娱乐场所、较大规模的宾馆饭店及教育医疗单位等都配备有专门的消防控制室，且各控制室根据各项业务峰值配置有足够的电脑与电机等高成本终端。然而，这种模式的实际运作中，设备负载远未达到预计标准，约占满负荷的五分之一左右，长期的低负载和低利用率导致资源的大量浪费及损耗。而"云计算"数据信息中心的实施，通过信息的高效统计和调度管理实现了最优化利用，并可以将大量的人员与硬件配备分化成为网格式的多点布局，通过芯片录入信息的方式减少终端配置，统一调配资源，从而实现资源的最大化利用与节约。同时，在某些重点应用中，通过云计算数据中心的统筹安排，可以将资源负载比例提高近六成，可以有效降低能耗约65%，帮助我国的消防领域向可持续发展转型。

与"天网"的构建类似，在消防领域中应用"云计算"将是未来技术革新的重要趋势。而与"天网"不同的是，消防"云计算"以"大数据""云计算"为依托，以"物联网"为手段，对区域终端的数十万触点进行智能化监控，且其能够运用互联网技术对物体实现远程操控，并运用多触点、网格化、海量数据吞吐的管理理念，实现消防管理的技术升级，打通不同部门间的沟通屏障，实现数据流、业务流、管理流的高度融合，并逐步成为新时期消防工作的切入点和重要突破口。

四、区块链角度下智慧消防信息共享机制的分析

随着大数据时代的到来，在建设"智慧城市"中，"智慧消防"的重要性愈发受到各方的广泛关注。智慧消防的实现不仅可以提高消防救援的水平和效率，还可以提高消防监督管理工作的开展效果，对消防工作的有效实施具有重要的促进意义。

（一）区块链技术

区块链技术具体指的是由多个独立节点所构建完成的，数据以分布式方式进行存储的数据库。不同的数据分布在不同的区块内，每一个区块对应一个哈希值，该值主要是通过对区块头的哈希函数进行计算获得，区块通过哈希值可以和前一个区块组建成一个链条。

区块链具有安全可信、去中心化、集体维护及时序性强等诸多优势。

1. 去中心化

区块链内的信息存储方式为分布式存储，所以不会集中存储于中心点的位置。

2. 时序数据

存储数据的链式区块结构上带有时间戳，极大程度增强了区块链信息存储的时间维度，确保信息具有较强的可验证性和可追溯性。

3. 集体维护

应用有效的激励制度可以确保所有阶段都参与到区域的验证过程中，切实保证了集体维护的效果。

4. 安全可信

对各个区块内部的信息都采用密码学方法进行加密，提高了信息的安全可信性。

区块链主要有以下三种：公有链、私有链和联盟链，其中公有链具体指的是人人都可以参与，对所有人处于开放的状态；私有链只对单独的实体或个体开放；联盟链只对某个特定的组织团队开放。

（二）智慧消防面临的问题

智慧消防建设的关键是数据的分析和应用，但是在实际建设智慧消防的过程中，可能会存在数据壁垒和数据孤岛类问题，再加上各政府部门之间没有建立有效的信息交换和共享平台，使得公共信息资源对消防部门的开放性较低，最终导致消防工作的开展严重缺乏外部数据的支撑。

（三）智慧消防信息共享机制的需求

1. 自动化需求

城市消防工作是否可以顺利开展直接影响城市社会和经济的发展水平。在经济越发达的地区，导致火灾发生的因素越多，火灾发生的频率也就越大，在开展消防工作时，必须将预防作为核心理念。所以，想要实现全时段地对消防工作进行监控，必须借助"科技"的力量。想要真正实现智慧消防信息共享，必须建立在信息自动化的基础上，针对整个城市建立互联互通的监控网络，对于灾情的发生进行整体性分析和判断，实现灾情预警自动化防控。

2. 智能化需求

目前，各个城市的建设或多或少都存在一定的"老毛病"，比如十分常见的老式民宅等，而建设施工中迫切需要一些新的技术、新的能源以及新的材料。在"老毛病"和"新问题"的突出矛盾下，消防应急救援的难度和风险往往较大。现阶段，提高城市消防信息的共享程度是提高消防应急救援水平的基础性工作。国内各个城市内部的消防系统的整体水平基本保持稳定，想要在短时间内提高应急救援水平，须考虑消防系统的智能化发展。

3. 精细化需求

作为国家政府的重要组成部分，消防部门和应急部门、公安机关、各级政府单位之间必须建立有效的数据信息共享和链接服务。在开展实际工作的过程中，必须保留完整的工作记录，满足政府信息公开的实际需求。建立指挥消防信息共享机制，合理引入信息化技术，全面提升城市消防水平。同时，为了促进国内各大城市的消防工作顺利开展和执行，必须推行网络信息精细化管理模式的进一步应用。

（四）区块链角度下智慧消防信息共享机制的建设

1. 自动化火灾预警的建设

利用区块链技术设计消防信息共享机制的过程中，必须将自动化预警作为重要的内容，根据指挥消防体系的"自动化"需求，设计自动化火灾预警系统的时候需要注意以下内容：

（1）建设自动预警中心。区块链技术的应用将自动预警中心分为以下四个部分：①信息中心数据库；②消防部门和其他部门之间的联盟节点；③各级政府部门的信息中心；④其他节点。

该自动预警中心可以对各类消防系统、消防设备进行实时性的监控，真正实现火灾系统的自动化。

（2）建设高效的监控系统。

①针对经济发展速度较快的区域、火灾隐患较大的区域安装高清摄像头。

②充分发挥联盟节点的功能，实现消防部门和其他部门之间的对接，真正实现信息的共享。

③建设区域分析评估系统。首先，充分利用区块链技术设计消防评估模型，对于每个城市、每个区域在灾情发生的大体位置进行分析和评估。

④利用区块链完成自动识别，为消防部门提供信息，同时将共享信息存储起来，实现火灾预警的自动化。

2. 智能化灭火应急救援的建设

智慧消防信息共享机制中，智能化灭火应急救援是最为重要的组成部分之一，而建立智能化应急救援系统，最为重要的内容就是实现应急救援信息的共享。区块链系统主要由以下五个部分构成：数据层、应用层、激励层、网络层、共识层，在建设应急救援信息共享系统时，需注意以下内容：

（1）在存储和传输数据的过程中，充分发挥时间戳技术、底层数据区块技术以及数据加密技术的功能,确保将相应的救援信息安全送达消防部门,提高消防数据存储和传输的安全性。

(2)通过发挥网络层的数据组织、数据验证以及数据传播等机制和基础,自动智能地对消防信息进行识别,确保各个部门和组织之间的信息互联互通,真正实现消防信息的共享。

(3)通过应用共识层中的共识算法,对于网络阶段中的各类消防信息进行精准的计算,确保消防部门和其他部门之间实现无误差的信息共享。

(4)为了帮助社会各界人士学习相关的消防知识,可以利用指挥消防中的各类应用场景体现,促进人们更好地理解消防知识。

(5)为了最大限度地增强人们信息分享的积极性,实现信息的共享,充分发挥经济发行机制和经济激励分配机制。

3. 精细化队伍管理的建设

在区块链视角下,在建设精细化消防队伍管理时,需要注意以下内容:

(1)模拟消防训练系统。在区块链中,联盟链大多只针对特定的组织和团体开放,因此在建设消防部门的综合训练基地时,通过区块链中的联盟链可以创建消防救援模拟训练系统和消防网络监督系统,通过系统,消防员之间可以进行交流和沟通,这样一来,消防工作开展的深度和广度都可以得到明显的提高,进而全面提高各级消防员的业务能力和实战水平。

(2)建设消防智能保障系统。区块链具有较强的时序性和集体维护性,所以在建设消防智能系统时,通过时间戳链式结构存储消防数据,极大程度增加了消防数据的时间维度。同时,通过利用区块链集体维护的优势,对消防数据信息进行加密处理,确保信息不会被随意篡改。不但实现了信息共享的程度,而且提高了管理水平。

五、人工智能在消防装备中的应用研究

人工智能(Artificial Intelligence,AI)作为多学科交叉融合的先进技术,已在多个领域得到广泛应用。随着人工智能、大数据、5G网络等先进技术的快速发展,社会层面对消防装备的技术水平和应用需求也在不断提高,基于现有技术的传统消防装备,已不能够满足当前社会对于消防救援装备的智能化、时效性、便捷智能操作等的需求。

目前,正在持续推进的智慧城市建设,其发展建设关键的一环为智慧消防建设,智慧消防建设为城市的公共安全提供基础安全保障。智慧消防建设过程中涉及的感知技术、通信网络互连互通、城市基础功能智慧化应用等也是智慧城市建设的核心和关键。基于上述分析可知,智慧消防作为一项科学技术,具有系统性和复杂性的特点。

智慧消防技术的发展建设主要依附于先进的物联网技术、数据通信技术、信息集成技术等先进人工智能的智能消防管理控制系统。目前,智慧消防技术已在智能化的消防火灾监督以及火灾应急救援实战工作中得到广泛应用和推广。为此,基于人工智能技术设计开发更加智能、操作更为便捷的消防装备势在必行。文章结合近年来国内外人工智

能技术在消防装备研究领域的应用现状进行分析，以期为消防装备的开发设计工作提供相关理论和实践参考。

（一）消防物资储备量的人工智能管理

消防救援装备物资作为消防应急救援过程中的作战必需品，在进行消防救援时能否及时、准确、合理地运送到火灾救援现场，直接关系到火灾救援的时效性。应急消防救援物资储备量智能预测，通常来讲基于消防救援物资的需求，或者基于消防救援物资的自身特征属性。消防救援的救援储备物资通常由固定的消防物资储备库进行储存，是保障消防物资安全管理的重要一环。为此，消防救援物资的储备量的精准、智能管理对于消防救援的实时性和有效性具有重要作用。

对大型火灾或者火情较为复杂的救援现场，一般需要多个消防救援单位协同作战，这期间就需要功能完备、管理功能精细、准确的消防物资储备管理系统。然而，传统的消防物资管理方法极易出现救援物资信息录入错误或者物资缺失等现象，不能做到对消防救援物资信息的准确管理。在消防救援过程中，尤其对于涉及多种消防物资的拿取及调配任务时，传统消防物资管理方法不能适应相应的需求。

随着智能物流管理技术的发展和进步，越来越多的先进技术在消防物资管理中得到应用和推广，但仅依靠传统的计算机技术、射频扫描技术，是无法全面、准确地完成消防物资管理工作的。其中，基于基础技术的消防物资管理方法，在处理消防物资的入库和出库环节时，无法将相关的消防物资库存数据信息实时更新和完善，易出现数据更新不及时，导致消防物资管理数据库中的物资数据不准确。可见，该类基于基础技术的消防物资管理方法，在消防物资管理的实时性及准确性上仍然存在一定的不足。

现阶段，基于人工智能技术的消防物资精细化管理研究，已经将部分研究成果在消防物资管理实践环节进行推广和应用。笔者分析了有关消防物资精细化研究的文献发现，目前人工智能技术在消防物资的管理研究工作中主要涉及消防物资储备物品的分类、消防救援储备物资存储量预测、消防物资库存量控制、消防物资储备件的控制等。现阶段基于人工智能的消防救援物资储备资源智能管理研究，已经取得诸多研究成果。

（二）智能消防机器人

消防作业是非常危险的，特别是当火场充满烟雾或其他有毒气体时。消防机器人作为智能化消防装备的代表，能够协助消防员参与火灾扑救，提高消防灭火的作战效率。目前，许多类型的消防机器人已被用于室内或室外火灾环境。美国和日本是最早开展对消防机器人研究及应用的国家，其研制的消防机器人多以功能集成为目标，可在高危作业环境下满足多种作业要求，并且已具备较为成熟的第三代人工智能化控制功能。

Su等人设计了一种用于智能建筑的带有一个灭火器和三个火焰传感器的消防机器人，并提出一种用于机器人火灾检测的自适应融合方法。Sandeep等人提出一种基于长波红外摄像机、紫外辐射传感器和激光雷达的智能消防机器人火灾探测算法。实验结果表明，当火势熄灭时，机器人可以立即计算出其走向火场的路径并返回到原来的起始位

第十章 智慧消防在消防监督管理中的发展趋势

置。Rangan 开发了一种消防机器人，该机器人采用模块化设计理念，包括火灾探测、路径引导和灭火操作。基于计算机视觉的火灾探测算法用于提取火灾的非静态特征，温度和紫外线传感器用于确认火灾的存在以及深度映射。

当前，我国也在开展智能消防机器人的研究工作。张慧贤等对作业现场未知环境进行信息辨识、智能感知、具有一定路径规划与轨迹预测能力的消防机器人的关键技术需求以及未来发展趋势进行了总结。研究发现，智能消防机器人需要开展火灾现场救援环境信息的重建、具有自主路径规划和感知功能、自主控制技术开发实现火灾的自主扑救等先进功能。孙上杰等基于深度学习算法开展了面向森林消防机器人的路径规划设计研究，解决了消防机器人在复杂火灾环境人工操作困难、操作误差大等问题。

（三）火灾火源点自主定位识别技术

火灾火源点的定位识别技术在火场救援中非常关键，相对于传统感烟、感温、感光类火灾检测技术，由于其自身技术特点的局限性，仅能进行火灾的报警和预警功能，不能在户外、较远的距离以及动态工作情况下应用，更不能对火灾火源的具体位置进行定位分析，无法在移动的智能消防装备中应用。伴随智能图像处理技术的发展及在工业领域中的应用，基于视觉或图像处理技术的火灾检测研究成果，在实战救援和侦察工作中得到广泛应用。基于图像的火灾火源点自主定位识别技术，通过对拍摄的火焰火源视觉图像识别，检测到动态变化的火焰特征，便可实现对火灾火源点的检测。基于图像识别的火灾火源点自主定位识别技术，不仅可以实现对可见火焰光的视频图像探测分析，同时还可以完成对红外视频火灾火源点的定位探测分析，对比传统感烟、感温、感光类火灾检测技术，基于图像识别的火焰检测识别方法适应性更强，适用的范围更加广泛。

在基于图像的火灾火焰识别研究领域，根据火焰图像能获取更多火灾现场的火焰特征。传统的火焰识别研究工作主要依赖火焰图像检测识别分类器，这时提取火焰图像中的火焰特征值，需要更多地依靠技术人员的经验。火焰识别的关键一点在于特征值的提取是否正确、有效。常用于火焰识别研究的特征包括：火焰的亮度、火焰的高度重心、火焰的初始面积变化特征以及火焰的多重分形谱特征等。近年来，随深度学习技术在目标识别检测研究工作中的应用。利用深度学习强大的特征学习和建模能力，火焰的识别精度和识别效率方面得到提升。Tian 等人提出了一种基于 Fast R-CNN 的火焰识别方法，基于 AlexNet 模型实现了火灾火焰特征的自动提取。Szegedy 等人提出了基于 GoogleNet 网络的火焰检测体系结构，该方法在检测精度和效率之间取得了一定的平衡，但仍然存在较高的误报率。现阶段常用于火灾火焰识别的深度学习算法模型主要有：R-CNN 和 YOLO、SSD 检测算法。前者采用区域建议方法生成样本候选帧，并通过卷积神经网络对样本进行分类；后者将候选帧的提取和分类两个任务合并到一个网络中，将边界定位问题转化为回归问题进行处理。前者在检测精度和定位方面具有优势，而后者的检出率更高。YOLOv3 算法采用分类效果更好的网络结构 Darknet53，利用多尺度特征进行预测，提高了小目标的识别率，保持了速度优势，提高了检测精度。

姚月姣等设计了一种港口仓库自动灭火系统，系统采用智能型主动喷水灭火系统，能够自动探测火源，并实施主动喷水灭火。Liu 等开发了一种基于红外视觉的自动喷气灭火系统，该系统解决了在浓烟、低照明度的情况下基于视觉的火灾自动定位困难问题。薛节基于红外成像理论，开展了图像型火灾探测及火源定位系统的研究，提出了一种基于双目视觉的火源的定位方法。基于人工智能和图像识别技术可在传统消防炮、消防机器人等消防装备的基础上，开发设计出具有自主识别定位火灾火源点的智能消防装备。综上可知，国内外就消防灭火自动化技术进行了较为广泛的研究，且部分研究成果在消防实战中已经得到了应用。

（四）总结与展望

人工智能技术在消防装备中的应用，不仅对提高消防装备的实战能力具有积极作用，同时为及时有效处置各种复杂火灾火情提供了新的技术解决方案。文章结合人工智能技术在消防机器人、火灾火源智能定位、智慧消防以及消防物资的智慧管理等方面的应用进行了分析总结。

相信未来随着人工智能技术的不断发展，会有更多的新技术、新方法应用到消防装备领域。笔者认为未来人工智能技术在消防装备领域的应用，将重点围绕以下两个方向发展：

（1）人工智能技术将会在更大范围的消防装备中得到应用，不再局限于先进的技术装备，特别是在消防物联网领域、智慧消防领域等将会有更为广阔的应用空间，推动智慧消防和消防物联网研究成果能够在火灾抢险救援中得到实际应用，实现对安全隐患的尽早发现、及时处理，实现消防救援全程智能化。

（2）人工智能技术将会与消防技战术紧密融合，设计开发出更加符合消防作战需求、面向火灾救援实战的智能化消防装备。不再是仅将现成的相关人工智能技术嫁接到消防装备上，而是设计开发具实战应用场景需求的智能化消防装备。

六、5G 技术在智慧消防中的应用展望

随着经济社会的发展，火灾致灾因素增多、造成的后果严重。急需加强对消防安全状况全时段、全天候、自动化的监控，急需加强对火灾风险的预警、预判、预测能力，急需加强灭火救援的科技化、智能化、专业化程度。因此，智慧消防应运而生。以往智慧消防项目受传统无线通信技术在速度、时延、功耗等方面的制约难以促成较大突破，5G 技术以其大带宽、低延时和广连接的优势助力数字化转型，牵引云计算、大数据、物联网和智慧消防的深度融合。

（一）5G 技术特点

5G 是第五代移动通信技术的简称。是新一代蜂窝移动通信技术，5G 通信至少包含以下几个方面的基本特征，即高速率、高可靠性、低时延、低能耗和广连接，可简单概括为"两高两低一广"：

（1）高速率。5G 通信一般采用频率在 30～300GHz 范围内的频谱资源，波长为

毫米波，根据香农公式，信道容量与信道带宽成正比，因此5G通信的峰值速率不低于20Gbps，是4G-LTE通信的10倍以上。

（2）高可靠性。5G发送一个32Byte的数据的成功概率可达到99.999%，此外，如果时延允许，5G还可以采用重传机制，进一步提高成功率。

（3）低时延。通信时延是指数据成功由发送方无线协议层入口点，经由无线传输，到接收方无线协议层出口点的时间。4G通信的时延在50ms左右，对于通话影响不大，而对于工业应用场景时延较长。而5G通信空口时延达到了1ms，端到端时延小于10ms。

（4）低功耗。传统传感器采用GSM、Zigbee等无线通信方式，功耗是一个很大的问题，通信设备需要经常更换电池或者充电，5G通信通过NB-IOT等通信协议使功耗大大降低。

（5）广连接。传统4G通信所连的终端数量有限，一般以手机为主，而5G通信能够连接海量设备，满足广泛采集和传感，达到100万/km²连接数密度指标要求。

（二）5G技术在智慧消防中发挥的作用

智慧消防是以移动计算、智能识别、智能处理、虚拟仿真等现代信息通信技术为支撑，为火灾预警、灭火救援和队伍管理等工作建立的智能化平台，对提升防灾、减灾、救灾能力起到极大作用，是智慧城市的重要组成部分。

一个智慧系统通常由感知、传输和计算（决策）三个层次组成，但是在4G时代难以形成规模。5G技术可使感知层利用广连接、低功耗、万物互联、海量数据等特性，传输层利用高速高可靠性等特性，在计算（决策）层5G加快了边缘计算、云计算、雾计算部署的进程，总之5G在智慧消防的各个领域都起到推波助澜的作用。

（三）5G技术在智慧消防应用中的典型场景

5G是跨时代的技术，凭借极佳的体验和更大的容量，将开启万物互联时代，将和大数据、云计算、人工智能一道带来信息通信技术的飞跃，并渗透至各个行业。文章进一步结合了智慧消防业务需求，细化出5G在智慧消防领域中的十个应用场景。

1. 云VR/AR

5G使VR/AR所需的百兆级大宽带和毫秒级短时延可由5G支持，配合云端强大的计算能力和超低延时压缩技术，可实时计算图像渲染和建模。可以打破时空限制，模拟各类训练场景，使指战员进行沉浸式的演练，提高训演练的质量。

2. 消防车联网

5G技术将消防车纳入整体车联网中，可实现自动驾驶、远控驾驶、编队行驶，其他社会车辆检测到消防车后可自动避让。

3. 远程操控

目前已有侦查、灭火等各类消防机器人，但受制于通信技术，往往操控距离有限，遇有大范围灾害事故,操控人员往往冒有极高风险,5G可实现操控人员远距离无线操作,真正确保指战员的生命安全。

4. 生命体征监测

目前的可穿戴设备受电池使用时间、时延和速度限制,无法作为独立设备存在,需要与计算机和智能手机配对。未来的消防指战员会配备便携式可穿戴生命体征监测设备,如腕表、胸带等,实时采集人体心率、血氧、血压等生命体征指标和温度、烟气浓度、移动速度、位置等环境参数,将数据上传至云端分析,若超出警戒值则回传至设备提醒本人和其他指战员,使得训练和灭火救援更加安全。

5. 超高清视频

在远程指挥、视频会议等应用中急需 4k/8k 等超高清视频,将灾害现场的画面高清无死角的实现远程传输回指挥中心,使得各级领导的决策指挥更加科学和顺畅。同时在监督执法方面,支持 5G 技术的超高清执法记录仪将消防监督全过程向社会开放,接受公众的监督。

6. 消防无人机

配备 LiDAR(激光雷达)、热成像的无人机可以进行空中监视,扫描所产生海量的实时数据量需要大带宽支持,将在三维建模、预案制作、火灾侦查等场景下广泛采用。

7. AI 消防头盔

AI 消防头盔使得现场指战员能够与指挥中心和其他队员自由沟通,不受原先对讲设备限制,并且能够判断室内烟气浓度、寻找火源以及分析潜在危险。

8. 智慧营区

依托物联网实现营区供水、供电、供气、供暖、水质的实时监控和温湿度调节,通过电子围栏技术建立安防系统,远程医疗为指战员邀请权威专家诊疗。

9. 装备物联网

将车辆、器材通过物联网连接,对灭火药剂装载率等信息实时监控,记录分析各类器材易出现的故障,不断地提高消防装备信息化水平。

10. 消防远程监控

用物联网监测建筑室内消火栓和自动喷淋系统水压、高位消防水箱和消防水池水位等状态,利用视频监控系统监控消防车道占用、消防控制室值班等情况,动态监控单位消防安全状态,全面提升消防安全管理水平和效能。

(四)5G 技术在消防救援队伍信息化建设中的应用

加强消防信息化建设,建立全地域、广覆盖的消防通信指挥调度网络,既可提升调度指挥的科学性和精准性,又是快速高效完成各类灾害事故救援任务的前提保障。

1. 搭建科学完备的信息支撑体系

目前,首要的任务是尽快制定适合各级的《消防救援队伍信息化建设五年发展规划》，部局可以结合5G技术应用规范，及早拟定适合在全国推广的消防通信数据标准、数据采集与研发技术的统一标准，用以避免因各地技术标准不一而导致的重复投资、重复建设问题。地方各省、市、乡、县应配合中央加快推进各级指挥中心的升级改造，各试点应采用应急指挥与通信平台相结合进行基础建设。各地政府可以将消防应急通信网络纳入各地城乡建设规划当中，为前期的基础工作做好数据采集工作，为5G通信技术的全面推广做好前期铺垫准备。网络中心控制机房、卫星地面站、融合通信平台等消防基础，待5G技术标准成熟统一之后，需对卫星通信指挥车、轻型卫星便捷站以及辅助器材等关键装备完成装配，进而实现关键通信装备的全面覆盖。

2. 消防指挥调度规范化方面

为实现应急区域内所有联动信息的整合共享与互联互通，强化现场预警、预报、信息收集汇总，为应急指挥决策提供一个完整的综合信息平台，智能调度中心预测智能调度与智能监控是消防的两个关键功能，智能调度技术对消防调动和运行起到节省成本、高效运行的功能，智能监控技术则对消防系统的安全性和稳定性有重要意义。

3. 建立高效畅通的指挥保障体系

各地部门应加快消防应急通信设施的建设，改进训练项目，从而达到可适应各类灾害处置的应急通信保障固化模式，与此同时，各地消防救援队伍应定期展开综合性拉动演练项目的训练，及时建立起与属地政府、通信部门、消防安全重点单位的高效合作保障机制。根据上述业务场景中易出现的问题，可利用5G技术的特性，通过物联网探头、在线直播与录播的执法记录仪等设备，开发出手机移动端应用APF，构建出以单位主体、人民群众和监管单位能够实时互通的火灾预警以及相互监督的体系。5G技术网络感应探头的综合判断，提前向辖区内火警报警中心发送预警，同时向该场所内人员的手机发送预警信息与室内结构图，帮助人群快速安全撤离。

参考文献

[1] 陈曙东. 消防物联网理论与实践 [M]. 重庆：重庆大学出版社，2020.03.
[2] 高素美，鞠全勇. 十三五江苏省高等学校重点教材 消防系统工程与应用 [M]. 北京：中国水利水电出版社，2021.01.
[3] 田娟荣. 建筑设备 [M]. 北京：机械工业出版社，2021.07.
[4] 刘景良，董菲菲. 高职高专教材 防火防爆技术 [M]. 北京：化学工业出版社，2021.10.
[5] 肖从真，王翠坤，李建辉. 超高层建筑结构新技术 [M]. 北京：中国建筑工业出版社，2021.05.
[6] 张彤彤. 超高层综合体防火性能化设计 [M]. 北京：中国建筑工业出版社，2021.09.
[7] 刘大威. 装配式建筑丛书 现代木结构设计指南 [M]. 南京：东南大学出版社，2021.10.
[8] 叶巍，刘娜娜，谢龙魁. 高等职业学校十四五规划土建类专业立体化新形态教材 建筑消防技术 [M]. 武汉：华中科学技术大学出版社，2021.12.
[9] 李宏文. 文物建筑防火保护 [M]. 北京：中国建筑工业出版社，2020.10.
[10] 栾海明. 图解《建筑设计防火规范（2018 年版）》双色版 [M]. 北京：化学工业出版社，2020.03.
[11] 张培红，尚融雪. 防火防爆 [M]. 北京：冶金工业出版社，2020.12.
[12] 闫军. 防火强制性条文速查手册 [M]. 北京：中国建筑工业出版社，2020.02.
[13] 徐志胜，孔杰主编. 高等消防工程学 [M]. 北京：机械工业出版社，2020.05.
[14] 傅英栋. 建筑防火设计综合分析与拓展 [M]. 开封：河南大学出版社，2019.08.
[15] 何以申. 建筑消防给水和自喷灭火系统应用技术分析 [M]. 上海：同济大学出版社，2019.12.
[16] 顾金龙. 大型物流仓储建筑消防安全关键技术研究 [M]. 上海：上海科学技术出版社，2019.03.
[17] 张泽江，刘微，李平立，颜明强，蒋亚强. 城市交通隧道火灾蔓延控制 绿色建筑消防安全技术 [M]. 成都：西南交通大学出版社，2020.10.
[18] 霍江华，王燕华. 消防灭火自动控制 [M]. 北京：中国原子能出版社，2019.09.
[19] 侯文宝，李德路，张刚. 建筑电气消防技术 [M]. 镇江：江苏大学出版社，2021.02.
[20] 梅胜，周鸿，何芳. 建筑给排水及消防工程系统 [M]. 北京：机械工业出版社，2020.09.

[21] 侯耀华. 建筑消防给水和灭火设施 [M]. 北京：化学工业出版社，2020.09.
[22] 王滨滨. 典型场所防火 [M]. 北京：应急管理出版社，2020.
[23] 胡林芳，郭福雁. 建筑消防工程设计 [M]. 哈尔滨：哈尔滨工程大学出版社，2017.05.
[24] 方正. 建筑消防理论与应用 [M]. 武汉：武汉大学出版社，2016.06.
[25] 刘林. 物业设备设施管理与维护 [M]. 北京：北京理工大学出版社，2020.06.
[26] 罗静，仝艳昃，谢波. 消防安全案例分析 [M]. 徐州：中国矿业大学出版社，2020.06.
[27] 应急管理部消防救援局编. 消防监督检查手册 [M]. 昆明：云南科技出版社，2019.12.
[28] 赵杨. 建设工程建筑防火设计审核、消防验收与消防监督检查一本通 [M]. 内蒙古：内蒙古大学出版社，2019.03.
[29] 易兵，蔡升，陈明章. 社会消防安全教育系列培训教材 消防安全责任人及管理人员培训教材 [M]. 北京：航空工业出版社，2017.07.
[30] 闫胜利. 消防技术装备 [M]. 北京：机械工业出版社，2019.03.
[31] 国网江苏省电力有限公司电力科学研究院. 电力消防技术 [M]. 北京：中国电力出版社，2021.05.
[32] 李作强. 消防安全技术实务 [M]. 北京：中国纺织出版社，2021.02.
[33] 华东建筑设计研究总院，上海市消防局. 消防设施物联网系统技术标准 [M]. 上海：同济大学出版社，2018.03.
[34] 李采芹，王铭珍. 中国古建筑与消防 [M]. 上海：上海科学技术出版社，2009.10.
[35] 注册消防工程师资格考试用书编委会主编. 消防安全技术实务 [M]. 成都：电子科技大学出版社，2017.06.
[36] 清大东方教育科技集团有限公司编. 汽车加油加气站消防安全培训教程 [M]. 北京：中国人民公安大学出版社，2019.11.
[37] 孙长征. 消防安全技术实务 [M]. 济南：山东人民出版社，2019.01.
[38] 方正. 高等学校消防安全管理 [M]. 武汉：武汉大学出版社，2019.02.
[39] 张子睿，巩佳伟. 网格化社会服务体系研究 [M]. 北京：九州出版社，2017.07.
[40] 韩大伟，张俊芳. 建筑防火设计原理 [M]. 杭州：浙江大学出版社，2018.03.
[41] 张网，薛思强，李野. 消防安全必知读本 [M]. 天津：天津科技翻译出版公司，2019.06.
[42] 周俊良，陈松. 消防应急救援指挥 [M]. 徐州：中国矿业大学出版社，2018.12.
[43] 毕伟民. 2019消防全攻略 消防设施 [M]. 北京：煤炭工业出版社，2019.04.
[44] 吴传嵩. 消防员灾害现场医疗救助 [M]. 北京：机械工业出版社，2018.08.
[45] 顾金龙. 城市综合体消防安全关键技术研究 [M]. 上海：上海科学技术出版社，2017.09.